U0791810

选题策划：郭洁
咨询方式：（0411）84710519 / 13322255985@163.com

21世纪新概念教材

高等学校金融学教材新系

NEW CONCEPT TEXTBOOK TOWARDS THE 21ST CENTURY

NEW TEXTBOOK SERIES IN FINANCE

彭红枫

金融学博士，山东财经大学金融学院教授、博士生导师、院长，国家级人才称号入选者、国家有突出贡献的中青年专家、教育部国家级青年人才称号入选者、国务院政府特殊津贴专家、国家社科基金重大项目首席专家、泰山学者特聘教授、山东省高校教学名师。原武汉大学经济与管理学院金融系主任、博士生导师、70后学术团队带头人。

近年来主要研究方向为金融工程、宏观金融及风险管理。主持及参加国家社科基金重大项目、国家自然科学基金重大研究计划重点支持项目、教育部人文社科重大攻关项目等10余项。在《经济研究》《世界经济》《管理科学学报》《金融研究》以及Journal of Economic Dynamics and Control、Journal of Financial Stability等杂志发表论文60多篇。成果获高等学校科学研究优秀成果奖（人文社会科学）二等奖、刘诗白经济学奖及山东省社科优秀成果一等奖。所讲授的“金融工程”获批首批国家级一流本科课程及山东省课程思政示范课程。指导学生获得全国“挑战杯”大学生课外学术科技作品竞赛一等奖及山东省、湖北省特等奖。

叶永刚

经济学博士，教授。原武汉大学经济与管理学院副院长，博士生导师，现武汉大学中国金融工程与风险研究中心主任，博士生导师。中国金融学会理事，中国金融学会金融工程研究会常务理事，中国金融学年会常务理事；湖北省政府咨询委员。

长期从事金融工程及国际金融的教学与研究工作，曾先后到美国康奈尔大学、佐治亚州立大学从事金融工程研究。在《管理世界》《金融研究》《世界经济》《经济管理》《经济学动态》《国际金融研究》等国内核心学术期刊上发表论文近60余篇；出版教材及专著20余部。

近年来，承担教育部人文社科研究重大攻关项目、国家自然科学基金项目、教育部人文社科基金项目、教育部后期重大资助项目、湖北省科技攻关重点项目等20多项。

在国内首次提出宏观金融工程的理论与分析框架，以整个经济体系为分析对象，重点研究宏观金融风险管理和经济发展问题。对中国与全球宏观金融风险的研究，其方法最为科学、数据最为全面，从整体上揭示了中国及全球主要经济体的宏观金融风险状况，为中国宏观金融风险的研究奠定了坚实的理论和量化基础。

FINANCE

DUFEP 21世纪

新概念教材

高等学校金融学教材新系

首批国家级一流本科课程教材

金融工程学

FINANCIAL ENGINEERING

（第五版）

彭红枫 叶永刚 主编

东北财经大学出版社·大连

Dongbei University of Finance & Economics Press

图书在版编目（CIP）数据

金融工程学 / 彭红枫，叶永刚主编. —5版. —大连：东北财经大学出版社，2022.2（2023.6重印）

（高等学校金融学教材新系）

ISBN 978-7-5654-4381-7

Ⅰ.金…　Ⅱ.①彭…②叶…　Ⅲ.金融工程-高等学校-教材　Ⅳ.F830.49

中国版本图书馆CIP数据核字（2021）第235389号

东北财经大学出版社出版

（大连市黑石礁尖山街217号　邮政编码　116025）

网　址：http://www.dufep.cn

读者信箱：dufep@dufe.edu.cn

大连天骄彩色印刷有限公司印刷　东北财经大学出版社发行

幅面尺寸：185mm×260mm　字数：385千字　印张：19.5　插页：1

2022年2月第5版　2023年6月第2次印刷

责任编辑：郭　洁　石建华　责任校对：喜　多

封面设计：张智波　版式设计：钟福建

定价：55.00元

教学支持　售后服务　联系电话：（0411）84710309

如有印装质量问题，请联系营销部：（0411）84710711

第五版前言

因叶永刚教授的再三坚持，我只好勉为其难，承担起《金融工程学》第五版的修订工作。叶老师是我的博士生导师，也是我进入金融工程领域的领路人，他把自己大量的时间和精力都投入到了金融工程学科建设和促进金融工程的本土化和实践化中，极大地丰富了金融工程的内涵及应用。

在过去的20多年时间里，我一直在叶永刚教授的指导下，从事金融工程的教学和研究工作。从2004年开始，我每年都给本科生讲授“金融工程”，除去出国的那段时间，几乎没有中断过。武汉大学的本科课堂是我最喜欢的课堂，在课堂上不仅有“教”，还有“学”“悟”，有交流和讨论，真正诠释了“教学相长”。在叶老师的合理规划及悉心指导下，我们“金融工程”教学团队一起努力、刻苦钻研，在2007年将“金融工程”建设成为国家精品课程，并在2013年进一步将“金融工程”建设成为国家精品资源共享课。在此过程中我受益良多，也在不断思考：到底什么样的课程才是学生喜欢的课？什么样的课程才能让学生上课时抢座位，特别是前排座位？什么样的课程才能提高学生的抬头率和点头率？我没有标准答案，但我知道这样的课程中肯定有一位负责任、会讲课的老师，有一本好的教材。2018年我调到山东财经大学工作后，在教授“金融工程”本科课程的同时，仍然坚持做好“金融工程”的课程建设工作。我和山东财经大学金融学院的新同事合作的课程“金融工程”于2020年被认定为首批国家级一流本科课程。我想，如果没有当年在叶永刚教授指导下参与“金融工程”国家精品课程及国家精品资源共享课建设的经历，没有这些年的教学相长过程，我新负责的“金融工程”课程是评不上国家一流课程的。

前段时间参加一个学术会议时，一位老朋友和我一起回忆了当年建设金融工程专业和“金融工程”课程的艰辛，又略显无奈地问我，随着金融科技的兴起，金融工程会不会从此没落了？我想他真实的意思应该是担心金融工程不再像过去那样被重视了。然而，如果“金融工程”和其他金融类课程能被学生熟练掌握和运用，“金融工程”的基本原理、方法及应用能“飞入寻常百姓家”，那岂不是恰恰证明“金融工程”课程的建设成功了吗？

围绕这个目标，我参与了这本教材的第二、三、四及五版的修订工作，目睹了这本教材自出版以来的发展和变化，见证了中国金融工程学科及金融工程实务的演变与发展过程，也见证了我们努力的过程。“金融工程”教材的建设，经历了从“工具论”到“结构论”、从“微观应用”拓宽到“宏观应用”的过程，金融工程的内涵在此过程中不断被拓展。

本次修订，我们保留了第四版的框架及篇章结构，把修订重点放在更新书中的数据和案例及增加全书的可读性上。具体来说，我们做了如下修改：

第一，增加了中国金融衍生产品最新发展的内容。自2010年以来，中国金融期货交易所相继推出沪深300股指期货、上证50股指期货、中证500股指期货、沪深300股指期权以及2年、5年、10年期国债期货，上海证券交易所和深圳证券交易所也于2019年12月推出了沪深300ETF期权，商品期权也增加了铁矿石期权、黄金期权、甲醇期权等多个种类。2021年1月22日，经国务院同意，中国证监会正式批准设立立足于绿色发展的广州期货交易所。随着金融衍生品交易品种和交易场所的不断扩大，我国金融衍生品市场日益完善，因此我们补充了相关内容。

第二，更新了书中的案例及表格中的数据，使之与身边的金融世界更贴近，更易于学生理解。我们通过查找境内外各证券及衍生品交易所、各金融机构的网站，将各种期货期权合约内容、交易情况以及相应的案例分析，都按照近期的实际情况进行更新整理，使其更为真实可信，贴近现实生活；通过向学生展示金融衍生品在日常生活中的广泛应用，从而使学生更加直观地感受到金融衍生品的魅力。

第三，进一步精练了书中的语言，仔细检查和修改了书中可能引起歧义的表达。在保留必要专业名词的基础上，删减了些许晦涩难懂的表达，尽可能地让语言通俗易懂、简单明了，从而大大降低学生学习的难度。

党的二十大报告指出，要加强和完善现代金融监管，强化金融稳定保障体系，守住不发生系统性风险的底线。这为金融工程的教学和研究提供了指导原则，在发展金融衍生品的过程中要始终将管理金融风险放在首位。本书正可以帮助读者了解与防范金融风险。

感谢东北财经大学出版社这些年来对我们的支持与厚爱，特别感谢郭洁老师对本书所付出的心血与呵护，没有郭老师的支持，本书很难坚持到第五版。感谢选用本书的老师们，他们在使用的过程中提出了很多改进的意见和建议，令我们受益匪浅。谢谢大家！

彭红枫

2021年10月于济南舜耕山下

修改于2023年6月

其他版次前言

第一版前言

在美丽的珞珈山，在一个阳光灿烂的日子里，我伏在窗前，奋笔疾书。要说的话真是太多太多了。

我要说，金融工程不是数学，金融工程不是计算机，金融工程也不是真正意义上的工程。它的本质是金融和财务。它是要创造性地运用各种金融工具和策略来解决金融和财务问题。在它需要计算机和数学时，就毫不客气地使用计算机和数学。在它不需要计算机和数学时，就毫不依恋地避开计算机和数学。懂数学和计算机的人，可以学习和运用金融工程。不懂数学和计算机的人，同样也可以学习和运用金融工程。金融工程是借用机械工程的概念。机械工程是将一个一个零部件构建成一台一台的机器去脱粒、去抽水、去发电，而金融工程则是把一个一个的金融工具作为零部件去构造一个一个的解决金融财务问题的办法和方案。

我要说，金融工程偏爱的，是那些具有创造性思维的人。记得有人在一本关于金融工程的著作中写道：桌子上放着一堆木头和一堆尼龙丝。第一个人走过桌子，看见的是木头和尼龙丝。第二个人走过桌子，看见的是尼龙丝和木头。第三个人走过桌子，看见的既不是木头也不是尼龙丝，而是一个网球拍子。第三个人就是金融工程师。金融工程学揭示的是金融创新的奥秘，它是要将每一个从事金融和财务活动的人，都培养成为金融工程师。在金融工程师眼里，所有的金融工具都是一个一个的音符，他们就是要将这些音符进行排列和组合，创造出赏心悦目而又层出不穷的旋律来。

我要说，我们面对的金融工程不只是一门课程，其也是一个系统的课程体系。如果你真想成为一名金融工程师，那么你就首先学习一门叫做公司理财的课程吧，这是金融工程的基础课程。公司理财是要教会你如何使公司的盈利变得更多，而这正是金融工程最直接的目的。

学完了公司理财的课程，你可以再读一本金融市场学的书。公司的财务活动是和金融市场密切相关的。

学完了金融市场学，你会感觉到金融市场太复杂了，你还需要进一步地去了解它。那么这时，你可以再读一本《投资学》。公司的财务活动之一是通过股票市场筹集股本，并通过股票市场的运作来提高公司的盈利水平。投资学正是教你如何去理解和把握股票市场的。

学完了投资学，你会觉得你对金融市场仍然一知半解。这时，我建议你再读一本《货币银行学》。在《货币银行学》中，你可以着重看一下货币市场是怎样运作的。在这个市场上进行交易的，主要是期限在一年以内的金融工具。

学完了货币银行学，你对货币市场和股票市场以及它们之间的相互关系便有了一个大致的了解了。这时，你充其量还只是在金融市场的山腰，离山顶还远着哪！

不要泄气，无限风光在险峰。你再读一本固定收入证券的书。它是专门研究债券的，因为公司不仅要在货币市场上筹措和投放资金，不仅要在股票市场上运用股权工具，还要在债券市场上发行债券或从事债券交易活动。债券对公司来说，同样是挡不住的诱惑。

你高兴极了，觉得自己可以当大学教授讲金融市场了。且慢，还有一门课程你得学，那就是国际金融。在金融市场体系中，外汇市场是必不可少的组成部分，公司的资产负债表中还会有不同的货币出现，在对外开放的市场经济中，公司的财务活动离不开将一种货币兑换成另一种货币的外汇交易活动。

学完了国际金融，这回可以当教授来讲金融市场了吧，再等一等吧，你得再读一本书，读一本关于衍生金融工具的书。货币市场、股票市场、债券市场，还有商品市场，对你来说，你所了解的还只是它们的现货市场，而衍生金融市场是派生于现货市场的市场。公司的财务活动不仅离不开现货市场，也离不开衍生金融市场。

好了，这下你可以当大学教授来讲金融市场学了。可是，你还是当不了金融工程师。因为要当金融工程师，你还得读一本书，即我们的这本《金融工程学》。

金融工程学是要教会你如何将现货市场上的金融工具和衍生市场上的金融工具进行创造性的运用来帮助公司理财。企业是公司，银行和非银行金融机构也是公司。学会了公司理财，个人理财就是顺理成章的事了。

还想把金融工程理解得更深刻一些吗？那好，我建议你再去学习一下金融经济学，它会教你如何对各种金融工具进行定价。在这之前，希望你能学一些数学，比如数学分析、概率论、随机过程、微分方程等等。

说了这么多，该好好地说一下我们写的这本书了。记得东北财经大学出版社邀请我写这本书时，我犹豫再三。我不是怕这本书写不出来，而是怕这本书写出来没有特色。为此，我考虑了很长时间。

我记得有一天晚上，我和我的博士研究生黄河一起在珞珈山散步，讨论如何写作本书。在山脚下，我们形成了这本书的整体框架。我们高兴极了！我们清楚地知道，这本书在我们的心目中已经写成了，而且，这本书一定会受到读者的欢迎。

本书的目标是非常明确的。它是要作为财经类专业本科生和MBA学生的教材来使用，同时，它也可以作为金融和财务实际工作者的自学教材。基于这种定位，书中尽可能地避开了一些高深的数学问题。

本书的体系是全新的。全书分为三大部分。第一部分为概论篇，其内容主要体现在第1章中，该部分论述了金融工程的基本概念、基本原理和基本方法。第二部分为工具篇，该篇由第2～6章构成，这一部分主要分析现货工具和衍生金融工具的基本原理及其配置。第三部分为综合运用篇，主要由第7～13章构成。

本书在金融工具的定价上运用的是无套利分析法。套利过程形成的价格是无套利价格，这种价格是一种理论价格，也叫做公平价格。然而，现实价格一般说来是存在着差异和背离的。对于金融工程师来说，这种差异和背离就是盈利机会。金融工程师就是在这种情况下，运用各种金融工具和手段来获取这种差价。正是在这种意义上，我们把金融工程师戏称为“屎壳郎”，而把差价称为“牛粪巴”。金融工程师就是那些善于发现“牛粪巴”和获取“牛粪巴”的人。说起来似乎有一些铜臭味，其实这是很高尚的事业。金融工程师获取“牛粪巴”的过程本身就是在消除“牛粪巴”，就是在把有“牛粪巴”的地方变成“青青的草地”。青青的草地就是“公平价格”，或者叫做“无套利价格”。

本书在金融工具的应用上运用的是积木分析法。积木分析就是将所有的金融工具看做一块一块的积木，我们的金融工程师就是搭积木的孩童。我们针对不同的金融财务问题搭出不同的“积木建筑”来。这种“搭积木”的思想贯穿全书，这种“搭积木”的技术也是金融工程的核心技术。

本书运用了案例分析法。我们将基本原理的分析与案例分析紧密结合，以加深大家对金融工程的理解，并学会运用金融工程的基本原理和基本方法去解决金融和财务的实际问题。

本书是一部试图将金融工程的基本原理与中国金融财务领域的实际紧密结合的书。我们在论述金融工程的基本原理时，注意分析中国的现实问题。我们在分析金融市场及其交易工具时，注意考察中国金融市场及其交易工具的现状。我们在进行案例分析时，尽可能以中国的案例作为分析对象。

本书不仅分析了衍生金融工具在金融工程中的应用，而且强调了现货工具在金融工程中的应用。对我国来说，目前衍生金融市场的发展刚刚起步，我们面临的很多金融财务问题只能设法通过现货工具来解决。因此，我们的金融工程目前在国内应用更多的是现货工具，而不是衍生工具。我们在衍生工具方面的当务之急是要构建衍生金融市场。

学完了我们的《金融工程学》和我所介绍的其他方面的书籍，就可以成为一名出色的金融工程师吗？不一定。书上得来终觉浅。出色的工程师还需要在实际工作中去体验和感悟。有了这些书本知识，又有了实际工作的磨炼，你距离出色的金融工程师就不远了！

在珞珈山，我们完成了这本书的构思和写作。今天，我们又在珞珈山完成了这本书的前言。我们深深地热爱珞珈山，我们深深地感激珞珈山。我们和珞珈山一起，在2002年的春天，为《金融工程学》的每一位热心读者深深祝福！

叶永刚

目录

第1章　金融工程概论

◇学习目标

- 金融工程基本概念
- 金融工程与金融工具
- 金融工程与无套利分析法
- 金融工程与积木分析法

在本章中，我们将讨论金融工程的基本概念、金融工程所运用的基本的金融工具、金融工程中涉及的无套利分析法和积木分析法，最后介绍金融工程所需了解和掌握的相关知识。

1.1　金融工程基本概念

由于金融工程是一门新兴的学科，目前在基本概念的界定上说法仍很多，我们就不在此一一列举了。我们对金融工程的定义是：

金融工程（Financial Engineering）是创造性地运用各种金融工具和策略来解决金融财务问题。

对这一定义，我们着重强调以下几点：

其一是金融工程的创造性。从某种意义上讲，金融工程就是要运用金融工具和金融策略来进行金融创新。换言之，金融工程要系统地研究金融创新的基本原理和各种技术。一般说来，人们把金融创新划分为两大类，一类为原创性创新，一类为吸纳性创新，前者是要开发出全新的金融工具和策略，后者是要拓展现有金融工具和策略的用途。

其二是金融工程的应用性。金融工程要开发出新的金融产品或利用现有的金融产品去解决金融财务问题，因此，它便具有了十分明确的应用性。对于从事金融工程的金融工程师们来说，他们必须熟悉和了解各种金融工具的基本特点和用途，然后，像机械工程师将零部件装配成具有各种用途的机器一样，将各种金融工具“装配”成各种金融策略和金融产品，去解决现实中的金融财务问题。

其三是金融工程的目的性。金融工程的目的是解决金融财务问题。金融和财务在英语中是一个单词，即Finance。正因为如此，金融工程也可以翻译为财务工程。什么是金融财务问题？最大的金融财务问题就是经营者必须盈利。因此，金融工程从这个意义上讲也可以叫做“营利工程”。经营者在营利过程中时时刻刻伴随着损失的可能性，损失的可能性就是风险。正因为如此，金融财务问题必须包括风险管理问题。从这种意义上看，金融工程也可以叫做“风险管理工程”。金融财务问题除了营利和风险管理外，还应该涉及合理避税和规避管制的内容。从这个意义来看，金融工程又可以称为“避税工程”和“避管工程”。

1.2 金融工程与金融工具

金融工程是要创造性地运用金融工具，来解决金融财务问题。金融工程运用的工具有哪些？一般分为两类，一类是理论工具，一类是实体工具。从理论工具来看，所有关于金融资产定价、风险管理、会计及财务管理等的理论，都是金融工程所需要的。从实体工具来看，我们可以划分为现货工具和衍生工具两类。而衍生工具又可以划分为远期工具、期货工具、期权工具、互换工具等。无论是现货工具还是衍生工具，都可以划分为商品市场工具、货币市场工具、外汇市场工具、债券市场工具、权益市场工具等。

金融工程使用的实体工具可以用表1-1列示。

表1-1　金融工具主要类别

商品市场	货币市场	外汇市场	债券市场	权益市场
现货工具	现货工具	现货工具	现货工具	现货工具
远期工具	远期工具	远期工具	远期工具	远期工具
期货工具	期货工具	期货工具	期货工具	期货工具
期权工具	期权工具	期权工具	期权工具	期权工具
互换工具	互换工具	互换工具	互换工具	互换工具

1.3 金融工程与无套利分析法

我们知道，金融工程与金融资产的定价密切相关。金融资产定价中普遍使用无套利分析法或者叫套利分析法。

无套利分析法与套利有直接的关系。套利是一种在没有成本和风险的情况下能够获取利润的交易活动。无套利分析法就是要寻找在没有套利机会存在时的金融资产价格。人们把这种价格叫做无套利价格。

我们以远期外汇市场为例。假定货币市场和外汇市场的行情如表1-2所示。

表1-2　货币市场和外汇市场行情表

货币市场		外汇市场	
美元利率（年）	1%	即期	1美元=6.8元人民币
人民币利率（年）	3%	1年远期	1美元=6.6元人民币

在表1-2所示的行情假定条件下，市场上势必发生套利行为。套利者会借入美元，换成人民币投资，同时，做远期交易，即卖出人民币对美元远期。

我们还可以来算一笔账：套利者借入1美元，利率为1%，一年后到期须偿还1.01美元的本息。在即期市场上，套利者用1美元兑换6.8元人民币，以3%的年利率将人民币存放1年，到期可获取7.004元人民币的本息。套利者在即期买入6.8元人民币的同时，远期卖出7.004元人民币。到期时，套利者将7.004元的本息按远期汇率6.6元人民币/美元换成1.061美元，偿还1.01美元的本息后，获利0.051美元。这种套利活动的进行，势必会使美元的利率上升，人民币的利率下降，美元即期汇率下跌，美元远期汇率上升。

如果我们假定利率不变，那么，在外汇市场上，美元即期汇率与远期汇率之间的差价应为升水2%，即美元的远期汇率比即期汇率高2%。只有在这种情况下，市场上才没有套利机会存在。

美元升水2%，意味着美元的远期汇率应服从利率平价关系，这样的远期价格即为无套利的远期价格。如果市场上的远期价格不是这样，就会产生套利行为，而套利的结果则必然如此。

以上便是远期价格的无套利分析法。远期价格是这样，即期价格、期货和期权等金融资产的价格也是这样。为什么我们把无套利分析法也叫做套利分析法？因为我们知道了无套利的价格也就意味着我们知道了套利的价格，所有偏离无套利价格的价格，都是可以套利的价格。

1.4 金融工程与积木分析法

从理论上看，金融工程必然涉及金融工具的定价。在金融工具定价的分析过程中，我们主要运用无套利分析法。从应用的角度来看，金融工程则主要运用积木分析法。

积木分析法也叫模块分析法，指的是将各种金融工具进行分解或组合，以解决金融财务问题。

我们首先来看图1-1。

在图1-1中，共有六种图形。我们可以将这六种图形看做金融工程中所运用的六块“积木”。这里的每一块积木，都可以被看做一种金融工具。金融积木分析就是要对各种金融工具进行分解或组装。

我们首先看横线上面的部分。左边的图形表示某种资产的多头交易。右边的图形表示某种资产看涨期权的多头交易和看跌期权的空头交易。这一部分的图示表明，当人们将某种资产的看涨期权多头与其看跌期权空头组合在一起时，可以形成该种资产的多头交易。

例如，我们可以做一只茶杯的多头交易。假定我们在现货市场上以1元钱买进一只茶杯，等待来日以更有利的价格卖出。其损益情况可见图1-2。

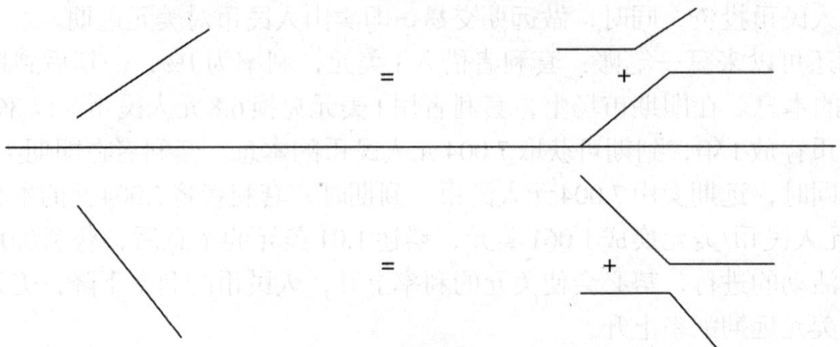

图1-1 金融工程的积木图

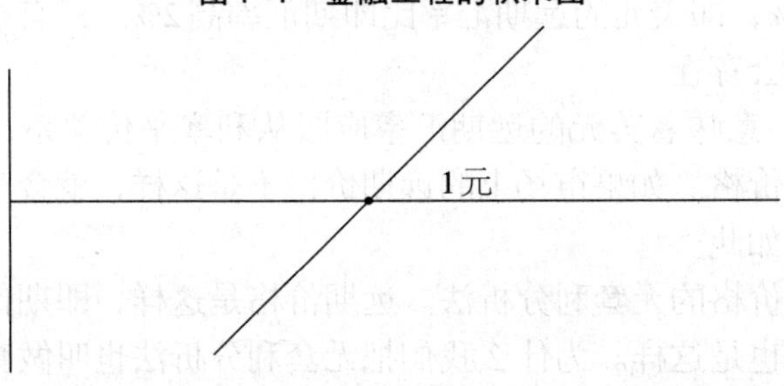

图1-2 多头图形

我们还可以运用积木分析的原理，通过茶杯的看涨期权和看跌期权的组合达到同样的目的。

假定茶杯看涨期权的协定价格和看跌期权的协定价格均为1元，在不考虑期权费的情况下，其看涨期权和看跌期权的损益图见图1-3。

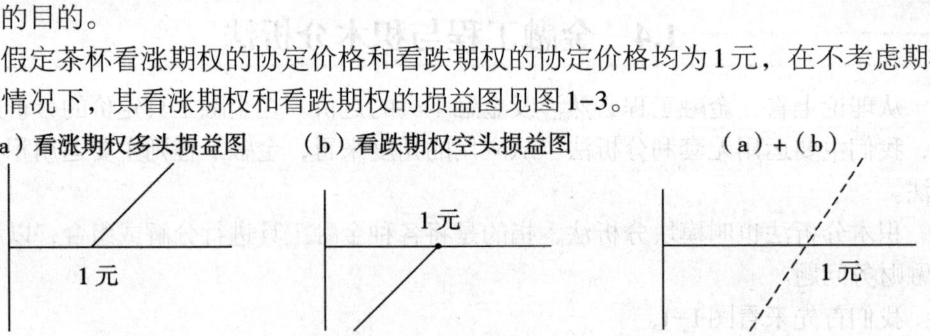

图1-3 期权损益图

图1-3中：（a）意味着我们买入一只茶杯的看涨期权；（b）意味着我们卖出一只茶杯的看跌期权；（a）+（b）则表示我们在买入茶杯看涨期权的同时，卖出茶杯看跌期权。

（a）+（b）所形成的图形与我们做茶杯现货多头交易的图形一模一样。这说明我们既可以直接做茶杯现货多头交易，也可以做茶杯期权组合交易来达到同样的目的。可见，茶杯现货多头交易可以运用茶杯看涨期权多头交易和茶杯看跌期权空头交易这两种“积木”来组合。换一个角度来看，茶杯的现货多头交易也可以分解为茶杯看涨期权多头交易和茶杯看跌期权空头交易。

看懂了图1–1横线上面的“积木”分析，我们就不难看懂横线下面的“积木”分析了。

处在横线下面左边的图形，表示某种资产的现货空头交易。这种交易可以运用看跌期权的多头交易和看涨期权的空头交易来组合。

我们还可以将横线上面的图形与横线下面的图形进行组合。我们首先将横线上面的现货多头交易与横线下面的期权交易相组合（见图1–4、图1–5）。

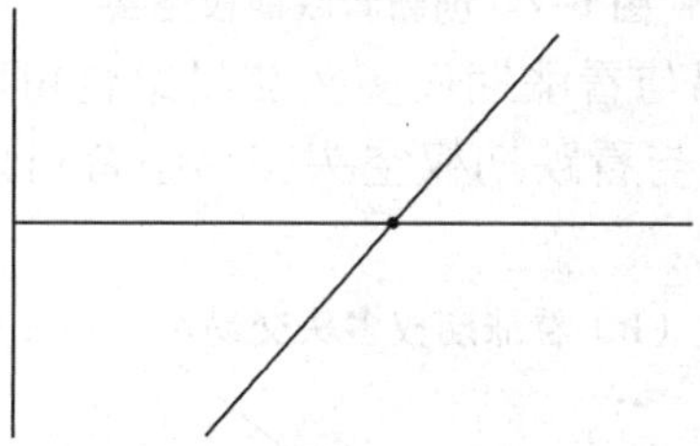

图1–4 现货多头交易

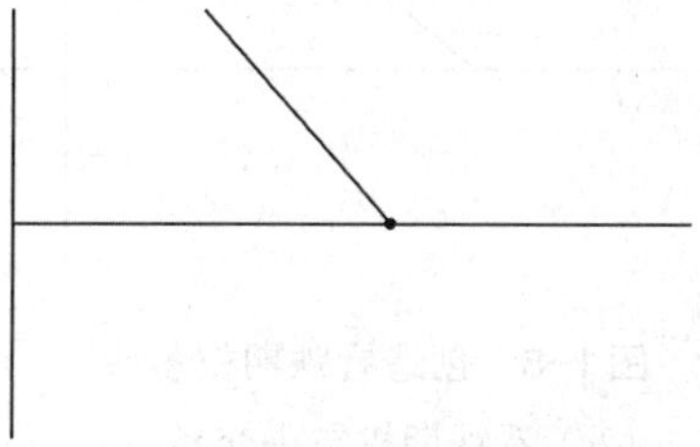

图1–5 看跌期权多头交易

将这两种交易组合在一起，我们就可以发现另一种交易工具（见图1–6），新产生的工具即看涨期权的多头交易。

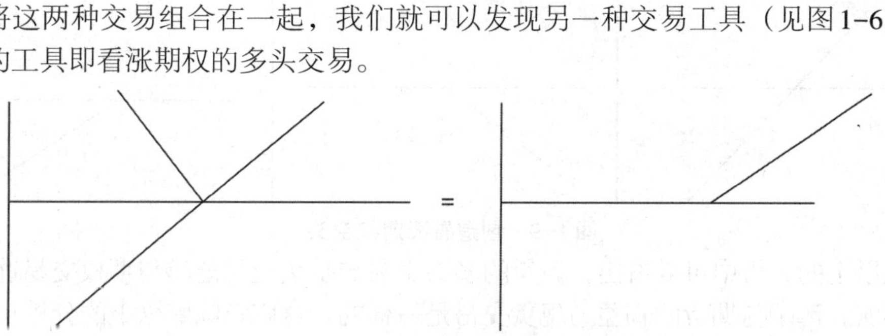

图1–6 创新看涨期权多头

现货多头交易不仅可以与看跌期权多头交易组合，还可以与看涨期权空头交易进行组合，从而形成看跌期权空头交易（见图1–7）。

我们分析了现货多头交易与横线下面期权交易组合的情况，我们再来分析现货空头交易与横线上面部分的组合。

先将现货空头交易与看涨期权多头交易组合，再将现货空头交易与看跌期权空

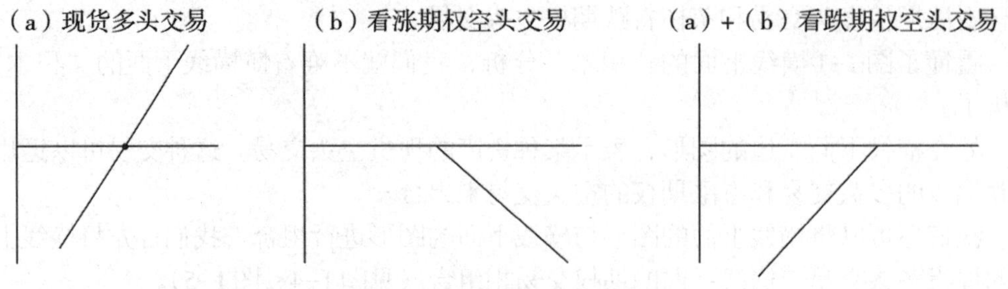

图1-7　创新看跌期权空头

头交易组合。现货空头交易与看涨期权多头交易组合可以形成看跌期权多头交易（见图1-8），现货空头交易与看跌期权空头交易组合可以形成看涨期权空头交易（见图1-9）。

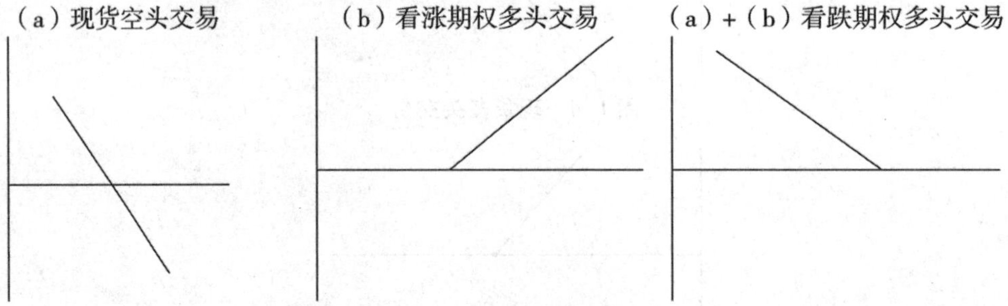

图1-8　创造看跌期权多头

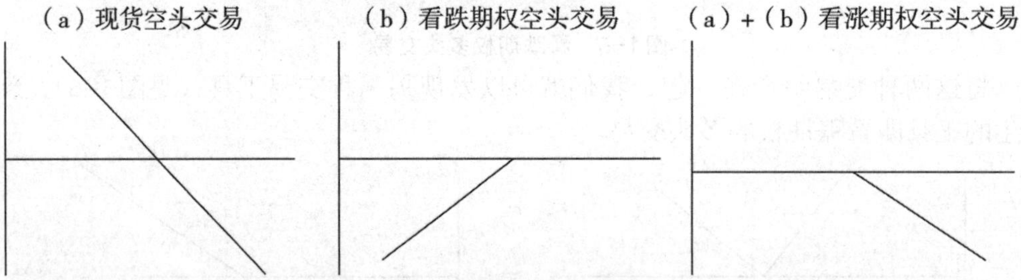

图1-9　创造看涨期权空头

从以上的分析中可以看出，现货的多头交易与空头交易能够与期权交易进行组合。其实，远期与期货的损益与现货交易是一样的，这就意味着以上的分析也适合远期和期货的分析。

积木分析法不仅可以使用损益图来进行分析，还可以运用方框图和时间线型现金流量图进行分析。我们将会在后面各章节的分析中看到这些方法的使用。

1.5　本书的结构

从整体上看，本书可以划分为互相联系的三个有机组成部分：第一部分为金融工程概论；第二部分为金融工具及其配置；第三部分为金融工具的综合运用。

在第一部分概论部分，我们主要强调金融工程的基本概念、金融工具的定价方法和金融工具的配置方法。

在第二部分金融工具及其配置的有关章节中，我们运用了层层递进的写作方法。

在第2章中，我们主要分析远期工具及其配置。远期工具的分析主要涉及远期工具与现货工具之间的关系，以及远期工具与远期工具之间的关系。

在第3章中，我们主要分析期货工具及其配置。这里的分析，不仅涉及期货工具本身，而且涉及期货与现货的关系、期货与远期的关系，还涉及各个市场之间各种工具的综合。

在第4章中，我们分析期权工具及其配置。除了分析期权工具之外，我们还分析期权与即期、远期、期货之间的关系，以及期权与各个市场之间的金融工具之间的关系。这就使金融工具配置的内容和范围更加丰富和复杂。

在第5章中，我们分析互换工具及其配置。同样，我们既分析同一市场中互换工具与其他工具之间的关系，也分析互换工具在各个市场之间的关系。

第三部分主要讨论金融工具在解决金融财务问题时的综合应用：第6章，商品价格风险管理；第7章，股票风险管理；第8章，外汇风险管理；第9章，利率风险管理。

思考与练习

（1）什么是金融工程？

（2）金融工程运用的实体工具主要有哪些类别？

（3）试举例说明什么是无套利分析法。

（4）试举例说明什么是积木分析法。

第2章　远期工具及其配置

◇学习目标

- 远期合约
- 远期外汇交易的概念、形式、特点
- 远期利率协议的产生、形式、结算和特点
- 远期交易综合协议的产生、基本内容及结算问题
- 远期交易的套期保值和投机

远期合约（Forward Contract）是衍生金融工具的四种主要工具之一，也是金融工程的基础模块（或积木）。远期合约的原理相对而言较为简单，但它却是理解其他几种衍生金融工具的基础。

远期交易是一种即期签订合同，在未来某一确定日交割有关资产的交易。

在学习远期交易的过程中，我们首先应明确“远期”的基本概念和远期合约的一般知识；接着运用无风险套利原理对远期合约的各个基础品种进行定价分析；还将了解由“远期对远期贷款”发展而来的远期利率协议和由“远期对远期互换”创新而成的综合远期协议，其中所体现的金融工程思想值得我们细细品味。在本章的最后，我们将进行案例分析，以提高分析实际问题的能力。

2.1　远期合约

2.1.1　远期价格

顾名思义，“远期”是指即期之后的未来某个时间，在金融领域里更准确地界定为：远期是金融市场现在确定所要交易的某种金融产品的价格，但交易要在未来才履行。远期交易中最常见的品种是远期外汇协议和远期利率协议。

1. 远期汇率

银行进行即期外汇买卖参考的汇价称做即期汇率，它是已知的、确定的。而银行对未来交易的外汇买卖，却没有现成的汇率可参考，那么银行是如何估算远期汇率的呢？

假设一美国客户在1年之后有一笔港元款项需支付，到时，他将从银行买入港元8 580 000元。为此他要求银行报出1年以后交割的港元对美元的汇率，即港元对美元的远期汇率。

假定，即期汇率为$1=HKD7.8，美元的年利率为6%，港元的年利率为10%。银行将通过一系列的交易对上述的远期美元对港元的交易进行保值。具体交易过程如图2-1所示。

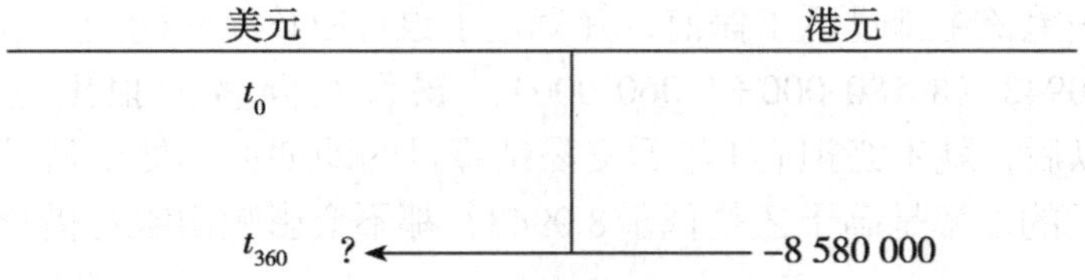

图2-1 最初交易

图2-1表示银行同意1年后向客户出售8 580 000港元。为了准备这笔数额的港元，银行现在贷出一笔港元，为期1年，1年后连本带息收回时数额恰好等于8 580 000港元。由于港元年利率为10%，因此银行应该贷出7 800 000港元，这样才能保证1年后收回的本利之和正好是8 580 000港元。

图2-2表示银行贷出7 800 000港元之后的现金流量，也表明8 580 000港元的远期流出已被完全保值。那么，银行如何得到港元的资金供给呢？答案是：银行只需在即期市场上用美元兑换7 800 000港元即可（如图2-3所示）。由于即期汇率为1美元=7.8港元，因此，银行只需出售1 000 000美元就可得到即期7 800 000港元。结果，无论是即期还是远期，港元的资金流量均被完全保值了。

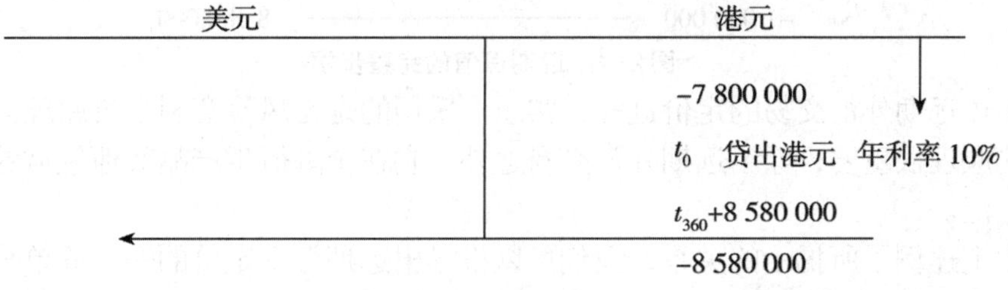

图2-2 远期港元保值

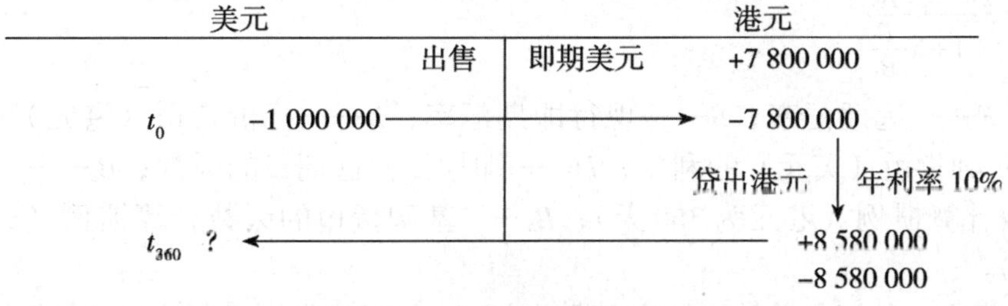

图2-3 美元兑换港元示意

至此，还剩下1 000 000即期美元的流出问题没有得到解决，不过我们可以通过借入美元来进行融资。如果银行现在就借入所需的1 000 000美元，就可以消除即期美元赤字，但1年过后，需要偿还1 060 000美元，其中包括了6%的利息。

现在我们可以得到一幅完整的循环图（图2-4）。银行已经把原先为期1年的远期港元债务8 580 000港元转变成为1 060 000美元的债务，时间也正好为1年。但在8 580 000港元债务转变为1 060 000美元债务的过程中，银行已经把由最初交易所产生的每一笔资金都进行了保值，并确定了银行应该兑入的美元数量以及正确的汇率水平8.0943（8 580 000÷1 060 000）。银行在向客户报出远期汇率为\$1=HKD8.0943以后，就不必担心1年后交易结算日的即期汇率处于何种水平，因为不管美元对港元的汇率是高于还是低于8.0943，都不会影响由银行借贷资金而产生的现金流量。

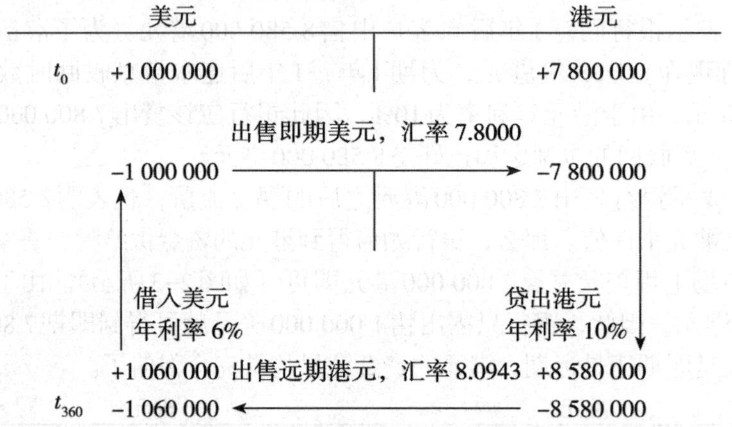

图2-4　远期保值的完整步骤

上述远期外汇交易的定价过程，实质上采用的是无风险套利定价原理。无风险套利的原理很重要，除了远期外汇交易之外，它在金融衍生产品其他领域的应用也相当广泛。

由上述例子所揭示的关系，我们可以推导出远期汇率定价的一个简单公式：

$$F = S \cdot \frac{1 + i_q \cdot \frac{D}{B_q}}{1 + i_b \cdot \frac{D}{B_b}} \qquad \cdots\cdots 2.1.1式$$

式中：F——远期汇率；S——现行即期汇率；i_q——标价货币（港元）的利率；i_b——基础货币（美元）的利率；D——即期日到远期日的天数；B_q——标价货币的天数计算惯例（港元为360天）；B_b——基础货币的天数计算惯例（美元也为360天）。

实际上，外汇市场并不是用远期汇率这一绝对值作为远期外汇交易的标价，而是采用远期汇率和即期汇率之间的差额——掉期率来标价的。我们对2.1.1式进行简单处理，便可得到计算掉期率的公式：

$$\omega = F - S = S \cdot \left(\frac{1 + i_q \cdot \dfrac{D}{B_q}}{1 + i_b \cdot \dfrac{D}{B_b}} - 1 \right) \qquad \cdots\cdots 2.1.2式$$

式中：ω——掉期率；其他所有符号的含义与前一致。

2. 远期利率

在20世纪70年代和80年代初期，国际金融市场利率变动非常剧烈，公司财务主管开始向银行寻求某种金融工具以使他们避免利率变动所造成的借款成本提高的风险。银行针对这种需要提出了一种解决方法，其形式就是“远期对远期贷款”，之所以这样命名，是因为贷款的支取和偿还日期均在将来某一时间，其中贷款所采用的利率即为远期利率。

例如，一客户要求银行提供100万美元的贷款，期限为半年，并且贷款从6个月之后开始执行，该客户要求银行确定这笔贷款的固定利率。对这样一笔6个月之后开始执行的6月期贷款的利率加以固定，银行无疑会承担风险。假定此时银行对6月期贷款利率标价为9.5%，12月期贷款的利率为9.875%，但这种利率标价表示贷款是从现在开始执行，而不是从将来某个时点开始执行。

值得一提的是，我们仍将采用无风险套利的原理来确定合理的利率水平。为了确定6个月以后开始的6月期贷款的成本，假定银行现在就以9.875%的利率借入12月期的款项，并以9.5%的利率进行一笔6月期贷款。6个月后，收回这笔贷款的本利之和再贷给该客户（这样做的目的是剔除12月期借款中的前6个月时期的资金）。如果计算无误，那么，1年之后，客户偿还的6月期借款加利息应该恰好等于银行原先12月期的借款加利息。

上述交易所引起的现金流量如表2-1所示。

表2-1 **远期对远期贷款**

	美元	
	−954 654	+954 654
t_0	贷出 6 个月	
	r=9.500%	
	+1 000 000	借入 12 月期资金
t_{180}	−1 000 000	r=9.875%
	贷出 6 个月	
	r=9.785%	
t_{360}	+1 048 926	−1 048 926

银行以9.875%的利率借入12月期的资金——954 654美元，然后以9.5%的利率贷出去，期限为6个月。6个月后，从这笔贷款收回的本利之和为100万美元，然后再把这笔资金贷给原来需要这笔款项的客户。如果银行对这笔远期对远期贷款

的利率至少定为9.785%，那么，到期收回的本金加利息将足以抵偿银行原先12月期的借款，其数额为1 048 926美元。

这个例子告诉我们，通过长借短贷，便可以确定远期利率，并为这笔贷款进行筹资，而不必担心遭受利率风险。

3.远期与未来即期的关系

上面我们为大家介绍了远期汇率和远期利率，它们是依据即期市场上的汇率和利率，采用无风险套利方法计算出来的，因此是一种客观估计。而预期则是对未来价格走势的一种主观估计。不过，应该指出的是，主观预期是应该符合客观的远期价格的，如果两者不符，市场力量将推动现行价格向两者趋于一致的方向变化。这一点将借助于利率平价理论得到证实。首先，我们来认识一下利率平价理论。

为了便于说明问题，我们不妨假设自己是一个甲国投资者，手中握有一笔可自由支配的资金，可以自由进出甲国与乙国的金融市场并进一步假定资金在国家间移动不存在任何限制与交易成本。

现在我们想把这笔资金投资于1年期存款，存在着投资于甲国金融市场还是乙国金融市场两种不同的选择。

我们记甲国金融市场上1年期存款利率为i，乙国金融市场上同种利率为i^*，即期汇率为E（直接标价法）。

如果投资于甲国金融市场，则每1单位本国货币到期价值为$1+(1\times i)=1+i$。

如果投资于乙国金融市场，则这一投资行为分为三个步骤。首先，将本国货币在外汇市场上兑换成乙国货币；其次，用所获得的乙国货币在乙国金融市场上进行为期1年的存款；最后，在存款到期后，将这一以乙国货币为面值的资金在外汇市场上兑换成本国货币。

具体看来，每1单位本国货币，可在外汇市场上即期兑换为$1/E$单位的乙国货币。将这$1/E$单位的乙国货币用于1年期存款，期满时价值为$\frac{1}{E}(1+i^*)$。在1年期满之时，假定此时的汇率为e_f，则这笔乙国货币可兑换成的本国货币为$\frac{e_f}{E}(1+i^*)$。

但是，由于1年后的即期汇率e_f是不确定的，因此这种投资方式的最终收益很难确定。面对这种“不确定性”，可采用两种交易策略：

第一种策略：即期购买1年后交割的远期合约来消除不确定性。假定这一远期汇率记为F，这样，在不承担任何风险的情况下，1单位本国货币可增值为$\frac{F}{E}(1+i^*)$。

显然，我们选择哪种投资方式取决于这两种方式收益率的高低。当$1+i>\frac{F}{E}(1+i^*)$时，我们将投资于本国金融市场，如果$1+i<\frac{F}{E}(1+i^*)$，则我们将投资于乙国金

融市场；如果$1+i=\frac{F}{E}(1+i^*)$，此时投资于两国金融市场都可以。

在市场上的其他投资者也面临着同样的决策选择。因此，如果$1+i<\frac{F}{E}(1+i^*)$，则众多投资者都会将资金投入乙国金融市场，这会导致外汇市场上即期购入乙国货币以及远期卖出乙国货币的行为，从而使得本币即期贬值（E变大），远期升值（F变小），投资于乙国金融市场的收益率下降。只有当这两种投资方式的收益率完全相同时，市场才处于平衡状态。所以，当投资者采取远期合约的套补方式交易时，市场会最终使利率与汇率间形成下列关系：

$$1+i=\frac{F}{E}(1+i^*)$$

整理得：

$$\frac{F}{E}=\frac{(1+i)}{(1+i^*)} \quad \cdots\cdots 2.1.3式$$

大家也许觉得2.1.3式很熟悉，是的，它实际上就是远期汇率中避险定价原理的根据。我们记即期汇率与远期汇率之间的升（贴）水率为ρ，即$\rho=\frac{F-E}{E}$，结合2.1.3式，不难得出：

$$\rho=\frac{i-i^*}{1+i^*}\approx i-i^* \text{（}i^*\text{很小时）} \quad \cdots\cdots 2.1.4式$$

2.1.4式就是套补的利率平价的一般形式。它的经济意义是：汇率的远期升（贴）水率等于两国货币利率之差。

第二种策略：根据自己对未来汇率变动的预期，在承担一定的汇率风险情况下进行投资活动。如果我们预期1年后的汇率为$E(e_f)$，则在乙国金融市场投资活动的最终收入为：

$$\frac{E(e_f)}{E}(1+i^*)$$

如果这一收入与投资本国金融市场的收入存在差异，则投资者会在市场上进行相应的操作以使两者相同。这样，在市场处于平衡状态时就有下式成立：

$$1+i=\frac{E(e_f)}{E}(1+i^*) \quad \cdots\cdots 2.1.5式$$

我们对之进行类似上文的整理，可得：

$$E\rho=\frac{i-i^*}{1+i^*}\approx i-i^* \quad \cdots\cdots 2.1.6式$$

式中：$E\rho$——预期的汇率远期变动率。

2.1.6式即为非套补利率平价的一般形式，它的经济含义是：预期的汇率远期变动率等于两国货币利率之差。

经过上文的分析，我们了解了利率平价的两种形式，并且认识到套补的与非套补的利率平价的成立分别是由两种类型的套利实现的。那么套补利率平价与非套补利率平价如何联系起来，$E(e_f)$ 与F之间的关系是如何确定的呢？这就涉及外汇市场上的另外一类交易者——投机者。正是他们的投机活动使以上两种利率平价统一起来，并道出了远期汇率与未来即期汇率预期之间相等的关系。我们不妨对投机者在远期汇率决定中的作用进行一下分析。

投机者总是试图在汇率的变动中谋利，当预期的汇率与相应的远期汇率不一致时，投机者就认为有利可图了。我们假定$E(e_f)>F$，这意味着投机者认为远期汇率对未来的本币币值高估了，因此他将购买远期外汇，这样，在期满后，汇率变动到预期水平时，将远期合约进行交割时获得的外币以这一预期汇率水平卖出，从而获得因这一差价所形成的利润。投机者在远期市场的交易将会使F增大，直至与预期的未来汇率相等时为止。可见，投机者的活动将使远期汇率完全由预期的未来汇率所确定，此时套补的利率平价与非套补的利率平价同时成立。

以上我们是以汇率为例来进行分析论证的，对利率也同样可以进行分析。远期利率是对不同期限的现行市场利率计算得出的结果，但它也反映了对市场现行利率走势的主观预期。例如，如果6月期利率为9.5%，12月期的利率为9.875%，通过前面的例子我们已经计算出6个月之后开始的6月期远期对远期贷款的利率等于9.785%，这种远期利率从另一个角度看也反映了现行市场对未来利率走势的一种预期，即认为利率在6个月之内将从现在的9.5%上升至9.785%。

然而，实际上，即期汇率变动并不是一定与预期相吻合的，图2-5就反映了这一点。

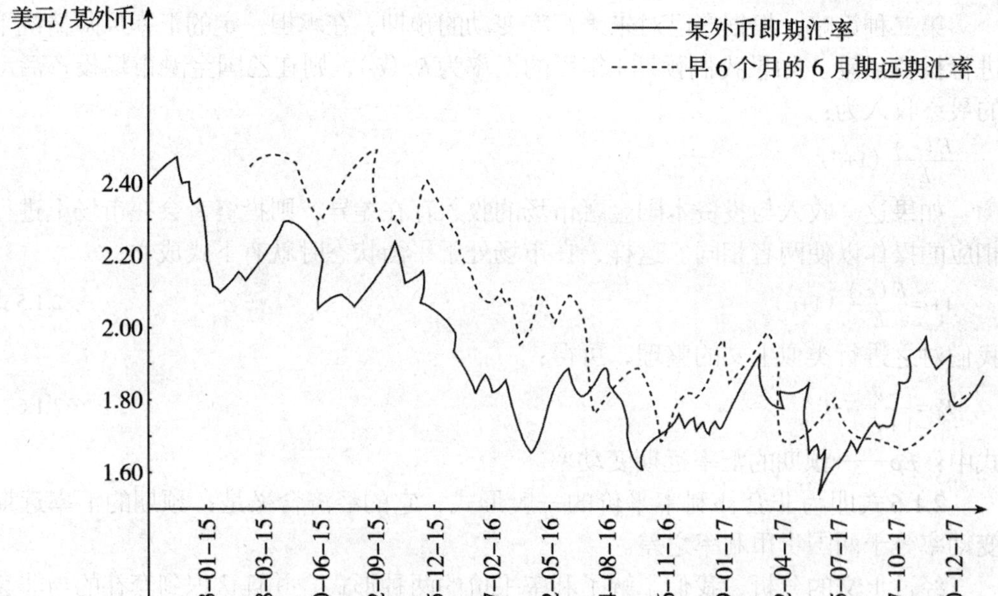

图2-5　即期汇率与6月期的远期汇率的比较

为什么会这样呢？我们注意到，在上文的利率平价的推导过程中忽略了很多实际的因素，因此得到的结论是理论上的。而市场总是在吸收消化所有可得到的信息后确定即期和远期汇率。也就是说，尽管6月期的远期汇率预示了未来6个月内的即期汇率，但在这6个月中可能发生许多经济、政治以及其他方面的事件，它们都有可能改变市场的预期，从而使得远期汇率做出相应的调整。这样想来，远期汇率与即期汇率最终出现差异也就不奇怪了。但这一点并不能否定这样的事实，即远期汇率和对未来即期汇率的预期曾经是相同的。

2.1.2 远期合约概述

远期合约是一个在未来某一时期按确定的价格购买或出售某项资产的协议。它不在规范的交易所内交易，通常是在两个金融机构之间或金融机构与其公司客户之间签订。

1.远期合约的产生

远期合约很早就产生了，但人们一般把1848年芝加哥期货交易所（CBOT）的成立作为现代远期市场的开端。

在19世纪40年代，芝加哥成为美国中西部的一个重要的商品集散中心，在这里进行交易的主要是农产品。由于农产品生产具有季节性，因此在每年的夏末和整个秋季，大量的农产品一下子挤满了芝加哥所有的市场，这一方面导致仓储远远不能满足要求，另一方面又使得农产品价格暴跌，挫伤了农民生产的积极性。为了解决这个难题，由一些商人牵头成立的芝加哥期货交易所诞生了。几年后，该交易所里有了第一张远期合约，名为“将要到达（To-Arrive）”。它允许农民在未来某个时间交割其事先已达成协议的一定数量的农产品。该合约的成功很快引起了市场人士的关注，在以后几年，新的远期品种和交易方式不断出现，远期市场不断壮大。

2.远期合约要素分析

（1）多头和空头。当远期合约的一方同意在将来某个确定的日期以确定的价格购买标的资产时，我们称这一方为多头。当另一方同意在同样的日期以同样的价格出售该标的资产时，这一方为空头。

（2）交割价格。交割价格是远期合约签署时所规定的未来买卖某种资产的价格。在合约签订日，所选择的交割价格应该使得远期合约的价值为零，即远期价格和交割价格是相同的，否则就存在套利机会。随着时间的推移，远期价格有可能改变，而交割价格始终不变。在合约开始后的任何时刻，一般来说，远期价格和交割价格并不相等，远期价格会随该合约存续期的变化而变化。例如，购买或出售3个月期的远期合约的价格不同于购买或出售6个月期的远期合约的价格。

（3）到期日。远期合约在到期日交割。空头交付标的资产给多头，多头支付等于交割价格的现金给空头。

3.远期合约损益分析

决定远期合约价格的关键变量是标的资产的市场价格。远期合约签署时的价值为零，随后它可能具有正的或负的价值，这取决于标的资产价格的变动。

我们假定K表示交割价格，S_T为合约到期时资产的即期价格，那么一单位资产远期合约多头的损益为：S_T-K。

之所以有这个结果，是因为合约到期时多头有权利以价格K购买价值为S_T的资产。类似地，一单位资产远期合约空头的损益是：$K-S_T$。

因此，这些损益可能是正的，也可能是负的（如图2-6所示）。由于合约签署时的价值为0，这意味着不需要成本就可处于远期合约的多头或空头状态。

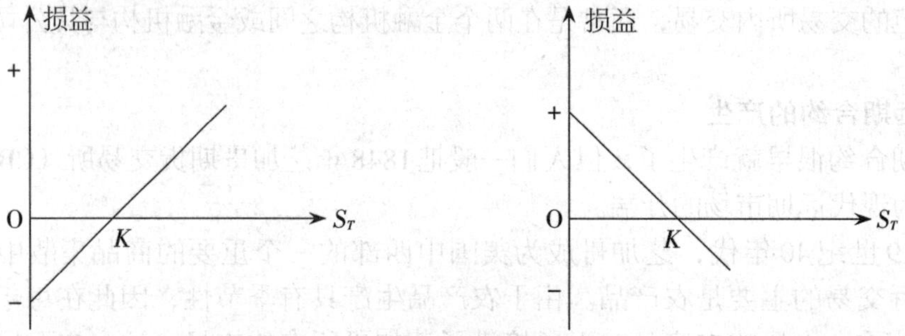

图2-6　远期合约的损益

2.2　远期合约的定价

2.2.1　套利与无套利机会

套利是一种交易策略，是指在初期现金投入为零的条件下获取无风险利率的行为。例如，你通过借入资金进行某种证券投资，到了期末最坏的结果是保本，但是也不排除获利的可能。尽管你的财富将增加多少无法确定，但在这种策略下是没有损失风险的。这种交易策略就被称为套利。如果存在套利机会，那么套利者的行为将会调节现有价格，直至套利机会不复存在。所以，套利者不会奢望在一个有效运作的金融市场中无限地获得套利收益。

从经济学角度看，套利机会的存在意味着经济中存在不均衡的状态。在不均衡的状态下，投资者并不满足他们所持有的证券组合头寸，他们要进行交易，交易的结果将引起价格变动，使价格体系由不均衡走向均衡。在新的均衡条件下，投资者会对所持有的证券组合感到满意，套利机会消失。总之，经济均衡状态下产生的价格就是无套利机会的价格。

2.2.2　相关基本假设

五个基本假设将贯穿在下文的介绍中。这些假设决定了我们探讨的理论上的远期价格与实际中的远期价格的相符程度。

假设1：市场无摩擦，即市场上没有交易成本，没有买卖价差，没有保证金要求，不限制卖空交易，没有税收。

假设2：市场参与者不会违约，即市场上没有违约风险。

假设3：市场是完全竞争市场，市场参与者是价格接受者。

假设4：市场参与者是财富的追求者，即当套利机会出现时市场参与者将进行套利活动。

假设5：价格的不断调整使得套利机会消失。

2.2.3 远期价格的决定

1.不支付收益证券的远期合约的价格决定

最容易定价的远期合约是基于不支付收益证券的远期合约。不付红利的股票和债券就是这样的证券。

由于没有套利机会，对不支付收益的证券而言，该证券远期价格F与现价S之间关系应该是（单利表示）：

$$F=S[1+r(T-t)] \quad \text{……2.2.1式}$$

为了证明以上式子，先假设$F>S[1+r(T-t)]$。一个投资者可以以无风险利率借S美元，期限为$T-t$，用来购买该证券资产，同时卖出该证券的远期合约。在时刻T，资产按合约中约定的价格F卖掉，同时归还借款本息$S[1+r(T-t)]$。这样，在时刻T就实现了$F-S[1+r(T-t)]$的利润。

再假设$F<S[1+r(T-t)]$。投资者可以卖出标的证券，将所得收入以年利率r进行投资，期限为$T-t$，同时购买该资产的远期合约。在时刻T，投资者以合约中约定的价格F购买资产，冲抵了原来的空头，实现的利润为$S[1+r(T-t)]-F$。

现在我们利用更加正规的表述讨论一个远期合约多头价值f与其交割价格K之间的关系。考虑如下两个证券组合：

组合A：一个远期合约多头加上一笔数额为$K/[1+r(T-t)]$的现金；

组合B：一单位标的证券。

在组合A中，假设现金以无风险利率投资，则到时刻T时，现金数额将达到K。在远期合约到期时，这笔钱正好可用来购买该标的证券。在时刻T，两个组合都将得到一单位的标的证券。可以知道，它们在早些时候，如时刻t时，两个组合的价值也应该相等，否则，投资者就可以通过购买相对便宜的组合、出售相对昂贵的组合来获得无风险利率。因此有：

$$f+K/[1+r(T-t)]=S$$

即：

$$f=S-K/[1+r(T-t)] \quad \text{……2.2.2式}$$

当一个新的远期合约生效时，远期价格等于合约规定的交割价格，这种选择使得该合约本身的价值为0，因此，远期价格F就是2.2.2式中令$f=0$的K值，即：

$$F=S[1+r(T-t)]$$

此式与2.2.1式是一致的。

2. 支付已知现金收益证券的远期合约的价格决定

在本节中我们考虑另一种远期合约，该远期合约的标的资产将为持有者提供可完全预测的现金收益。例如，支付已知红利的股票和付息票的债券，设I为远期合约有效期间所得收益的现值，贴现率为无风险利率。

由于没有机会套利，F和S之间的关系应是：

$$F=(S-I)[1+r(T-t)] \qquad \cdots\cdots 2.2.3式$$

为证明此式，首先假设$F>(S-I)[1+r(T-t)]$。某套利者可以借数额为S的资金，购买资产，卖出远期合约。到时刻T时，依照合约中约定条款，以价格F卖掉资产。假定用所得收入偿还部分借款，则还有$(S-I)[1+r(T-t)]$金额的借款要在T时刻归还。于是，在时刻T，实现的利润为$F-(S-I)[1+r(T-t)]$。再假设$F<(S-I)[1+r(T-t)]$，某套利者可以卖空资产，用所得收入进行投资，同时购买远期合约，在这种情况下，在时刻T，实现的利润为$(S-I)[1+r(T-t)]-F$。

现在，我们再次利用正规表述讨论一个远期合约多头价值f与其交割价格K之间的关系。我们将前面的组合B变为：

组合B：一个单位的证券加上以无风险利率借I数额的资金。

由于证券的收益可以用来偿还借款，因此在T时刻，这个组合与一单位证券具有相同的价值。组合A在T时刻也具有同样的价值。因此，在T时刻，这两个组合应具有相同的价值，即：

$$f+K/[1+r(T-t)]=S-I$$

即：

$$f=S-I-K/[1+r(T-t)] \qquad \cdots\cdots 2.2.4式$$

远期价格F就是使f=0的K值。由2.2.4式可得：

$$F=(S-I)[1+r(T-t)]$$

这与2.2.3式是一致的。

3. 支付已知红利收益率证券的远期合约

正如将在以后几节讨论的那样，可以认为货币和股票指数是提供已知红利收益率的证券。本节中我们对基于这类证券的远期合约进行一般性分析。

一个已知的红利收益率意味着表示为证券价格百分比的收益是已知的。我们假设红利收益率按照年率q连续支付。为进一步解释它的含义，假设q=0.05，即红利收益率为每年5%。当证券价格为10美元时，下一个小的时间段的红利按照每年0.50美元的比率支付。当证券价格为100美元时，下一个小的时间段的红利按照每年5美元的比率支付，依此类推。

为确定远期合约的价值，前面的组合B可以更改为：

组合B：$1/[1+q(T-t)]$个证券并且所有的收入都再投资于该证券。

组合B中拥有证券的数量随着获得红利的增加而不断增长，因此，到时刻T时，正好拥有一个单位的该证券。在时刻T时，组合A和组合B价值相等。在t时刻两者也相等，可得：

$$f+K/[1+r(T-t)]=S/[1+q(T-t)]$$

即：

$$f=S/[1+q(T-t)]-K/[1+r(T-t)] \quad \cdots\cdots 2.2.5式$$

远期价格F就是使f=0时的K值：

$$F=S[1+r(T-t)]/[1+q(T-t)] \quad \cdots\cdots 2.2.6式$$

注意，如果在远期合约有效期间红利收益率是变化的，2.2.6式仍然是成立的，此刻q等于平均红利收益率。

4.商品期货

下面我们考虑商品期货合约。这里可以看到，将商品区分为如下两大类是十分重要的，即：为投资目的而由相当多的投资者所持有（如黄金和白银）的商品和为消费目的所持有的商品。对投资目的的商品，我们可以通过套利讨论得出准确的期货价格。但是，对消费目的的商品来说，套利讨论只能给出期货价值的上限。

（1）黄金和白银

虽然黄金和白银具有一些商业用途，但它们为众多投资者所拥有，目的仅仅就是投资。如果不考虑存储成本，黄金和白银类似于无收益的证券。采用前面的符号，S是黄金当前的现货价格。由2.2.1式可知，远期价格F的计算公式为：

$$F=S[1+r(T-t)] \quad \cdots\cdots 2.2.7式$$

存储成本可看做负收益。设U为期货合约有效期间所有存储成本的现值，由式2.2.7可知：

$$F=(S+U)[1+r(T-t)] \quad \cdots\cdots 2.2.8式$$

若任何时刻的存储成本与商品价格成一定的比例u，存储成本可看做负的红利收益率。在这种情况下，由式2.2.6可知：

$$F=S[1+r(T-t)][1+u(T-t)] \quad \cdots\cdots 2.2.9式$$

（2）其他商品

对于那些持有的主要目的不是投资的商品来说，推导公式2.2.7、2.2.8和2.2.9的套利讨论需要仔细重新考虑。假设式2.2.8的等式不成立，有：

$$F>(S+U)[1+r(T-t)] \quad \cdots\cdots 2.2.10式$$

为利用该式存在的好处，某套利者就采用如下策略：

①以无风险利率借入金额为$S+U$的资金，用来购买一单位的商品和支付存储成本；

②卖出一单位商品的期货合约。

若我们认为期货合约与远期合约相同，则必将在时刻T获利$F-(S+U)[1+r(T-t)]$。对任何商品采用这套策略都没有问题。但是，当许多套利者都这样操作时，S将上涨，而F将会下跌，直到式2.2.10不再成立。因此，我们的结论是，式2.2.10不能维持很长时间。

下面再假设：

$$F<(S+U)[1+r(T-t)] \qquad \cdots\cdots 2.2.11式$$

我们可以采用某种策略来套利，该策略与不付红利股票的远期合约在远期价格很低时采用的套利相同。但是，该策略在卖出商品时存储成本支付给了卖出商品的人，一般来说这是不可能的。

对黄金和白银，我们知道许多投资者持有仅仅是为了投资。当他们发现式2.2.11中的不等式关系时，他们将从如下的策略中盈利：

①卖出商品，节约存储成本，以无风险利率将所得收入用来投资；

②购买期货合约。

相对于仅仅持有黄金和白银的投资者而言，以上策略在到期日的无风险利率为$(S+U)[1+r(T-t)]-F$，因此，式2.2.11也不能长期成立。

既然式2.2.10和式2.2.11都不能长期成立，我们一定有：$F=(S+U)[1+r(T-t)]$。

对于持有商品主要不是为了投资的情况来说，以上讨论不再适用。个人保留商品是因为其有消费价值，而非投资价值。因此，他们不会积极主动地出售商品购买期货合约，因为期货合约不能消费。因此，式2.2.11得以存在下去。由于式2.2.10不能长久成立，对于持有目的为消费的情况，我们可以说：

$$F\leqslant(S+U)[1+r(T-t)] \qquad \cdots\cdots 2.2.12式$$

若存储成本用现货价格的比例u来表示，则有：

$$F\leqslant[1+r(T-t)][1+u(T-t)] \qquad \cdots\cdots 2.2.13式$$

（3）便利收益

当$F=S[1+r(T-t)][1+u(T-t)]$时，商品使用者一定会感到持有实实在在的商品比持有期货合约更有好处，这些好处包括从暂时的当地商品短缺中获利或者具有维持生产线运行的能力。这些好处有时称为商品的便利收益。如果存储成本可知，且现值为U，便利收益y就可定义为：

$$F[1+y(T-t)]=(S+U)[1+r(T-t)]$$

若每单位的存储成本为现货价格的固定比例u，则y定义为：

$$F[1+y(T-t)]=S[1+r(T-t)][1+u(T-t)]$$

即：

$$F=S[1+r(T-t)][1+u(T-t)]/[1+y(T-t)] \qquad \cdots\cdots 2.2.14式$$

便利收益简单地衡量了式2.2.12或式2.2.13中等式左边小于右边的程度。随着合约到期日的临近，期货价格减小，这说明便利收益y大于$r+u$。对于诸如黄金这样的投资性资产，便利收益必为0，否则就会有套利机会。

便利收益反映了市场对未来商品可获得性的期望。一方面，在期货合约有效期间，商品短缺的可能性越大，则便利收益就越高。若商品使用者拥有大量的库存，则将来出现商品短缺的可能性就很小，从而便利收益会比较低。另一方面，较低的库存会导致较高的便利收益。

2.3 远期交易的种类

2.3.1 远期外汇交易

远期外汇交易又称期汇交易，是指外汇买卖双方预先签订远期外汇买卖合同，规定买卖的币种、数额、汇率及未来交割的时间，在约定的到期日由买卖双方按约定的汇率办理交割的一种预约性外汇交易。外汇市场上的远期交易期限一般有1个月、2个月、3个月、6个月或1年，这些期限的交易称为标准期限交易。除此之外的远期交易日期，则称为不规则日期（Broken Day）。

远期外汇交易按外汇交割日的固定与否划分，可分为固定交割日的远期外汇交易和不固定交割日的远期外汇交易。

1. 固定交割日的远期外汇交易

它是指事先具体规定交割时间的远期交易。这类交易的外汇交割日既不能提前，也不能推后。进出口商从订立贸易契约到收付货款，通常要经过一段时间，也就是说，他们要在将来某一时期才能获得外汇收入或支付外汇款项。为了确保这笔外汇兑换本国货币的数额不受损失，他们往往选择固定交割日的外汇交易。

2. 不固定交割日的远期外汇交易

它又称为择期交易（Option Forward），是指买卖双方在订约时事先确定交易规模和价格，但具体的交割日期不予固定，而是规定一个期限，买卖双方可以在此期限内的任何一日进行交割。择期交易的方式有两种：一种是交易双方商定某一月份作为选择交割的期限；另一种是把签订远期外汇合约的第三天至约定期满日内的任何一天选择作为交割日。后者比前者有更宽的可选择时间范围。

例如，某一进口商需要在今后1个月以内，支付给外国出口商一笔外币。如果出口商要求他必须在1个月内的某一天支付，该进口商可用一笔远期交易来保值。但在这里，进口商并不知道确切的支付日期，他可向银行做一笔本币对外币的择期交易，其选择日期确定为今后1个月。在今后1个月内的任何一天，只要出口商要求他支付，他便可按预定的汇率向银行买入外币，进行支付。

如果该进口商必须在今后的3个月以内支付，并且，在这3个月时间中，第一个月可以不支付，那么，他可向银行做本币对外币的择期交易，其选择日期为第二个月到第三个月。在第二个月到第三个月之内的任何一天，他都可按择期合同中预定的汇率，向银行买入外币，支付给出口商。

3.掉期交易

除了上述两种远期外汇交易外，还有一种交易值得我们学习，那就是掉期交易。掉期是指同时买卖相同金额、相同币种，但不同交割日货币的外汇交易。从金融工程的角度看，掉期交易是由两笔期限不同的外汇买卖构成的。按照交割期限的差异，掉期可分为一日掉期、即期对远期掉期和远期对远期掉期。

一日掉期（One-Day Swap）指两笔数额相同，交割日相差1天，方向相反的外汇交易的掉期。它有三种可能的安排：其一是今日对明日掉期；其二是明日对后日掉期；其三是即期对次日掉期。一日掉期用于银行同业的隔夜资金拆借。

即期对远期掉期是指买卖即期外汇的同时卖买同一笔远期外汇。在这种掉期中，较常见的期汇交割期限安排为1周、1个月、2个月、3个月和6个月。它主要用于避免外汇资产到期日外币即期汇率有所下降或外币负债到期时外汇即期汇率有所上升可能给人们带来的损失。

远期对远期掉期是指买进或卖出交割期限较短的远期外汇的同时卖出或买进同等数量的交割期限较长的同种远期外汇。它既可以用于避免汇率波动的风险，又可用于某一段时间的投机。

根据交易对手的数量不同，掉期交易又可分为纯粹掉期和制造掉期。

纯粹掉期（Pure Swap）指某交易者与另一交易对手同时进行两笔方向相反、数量相同、交割日不同的外汇交易。制造掉期（Engineered Swap）指一个交易者同时与一个以上的交易对手进行不同交割日的同一笔外汇的买进和卖出（如图2-7所示）。

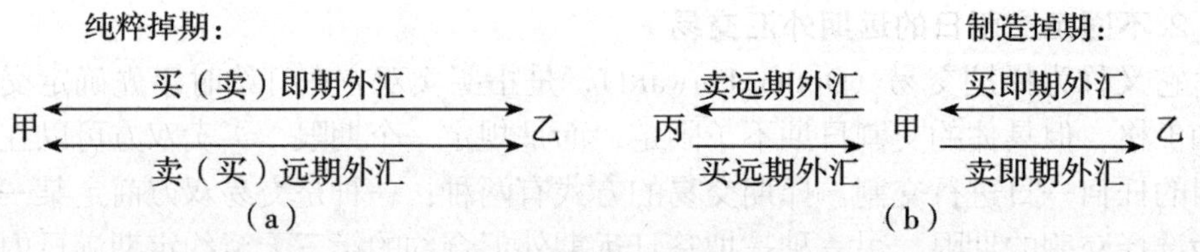

图2-7 掉期交易

2.3.2 远期利率协议

1.远期利率协议的产生

由于20世纪七八十年代利率变动非常剧烈，企业积极向银行寻求某种避免利率变动的金融工具，远期对远期贷款应运而生。但从银行的角度看，这种金融工具并没有真正流行。其原因在于，这类贷款从交易日起到最终贷款到期日的整个时期都要求银行借入资金作为融资来源。然而，银行一借款就必然动用信贷额度，这些额度对银行而言可是有限而且昂贵的金融资源！

为了说明这一点，假定某家银行可以以10%的利率从银行同业市场借入资金，以11%的利率再贷款给客户，资本的报酬率为15%。同时，根据国际清算银行资金足额原则，银行必须持有贷款总额的8%作为自有资本。那么，以银行同业存款对100万英镑的6月期客户贷款进行融资，我们可以将其资产负债表以及盈亏状况的计算简单列示如表2-2和表2-3所示。

表2-2 **资产负债表**

资　产		负债和自有资本	
客户贷款（6个月）	1 000 000	银行同业存款	920 000
		自有资本	80 000
总资产	1 000 000	总负债	1 000 000

表2-3 **盈亏计算（6个月）**

收　入		支　出	
客户贷款	55 000	银行同业存款	46 000
		自有资本	6 000
总收入	55 000	总支出	52 000

计算结果，净盈利3 000英镑，相当于资本的年报酬率为7.5%（$\frac{3\ 000}{80\ 000}\times 2$）。如果该银行把同样的融资方式展期为6个月期的远期对远期贷款，结果会怎样？参见表2-4、表2-5和表2-6。

表2-4 **前6个月资产负债表**

资　产		负债和资本	
银行同业贷款（6个月）	1 000 000	银行同业存款（12个月）	920 000
		自有资本	80 000
总计	1 000 000	总计	1 000 000

表2-5 **后6个月资产负债表**

资　产		负债和资本	
客户贷款（6个月）	1 000 000	银行同业存款（12个月）	920 000
		自有资本	80 000
总计	1 000 000	总计	1 000 000

表2-6 **盈亏计算（12个月）**

收 入		支 出	
银行同业贷款	50 000	银行同业存款	92 000
客户贷款	55 000	自有资本	12 000
总收入	105 000	总支出	104 000

可见，整个一年的盈利仅为1 000英镑，相当于1.25%的资本年报酬率，和前面的报酬率相比仅为其1/6。因此，银行不喜欢进行远期对远期贷款业务也就不足为奇了。

在这一例子中，造成银行利润流失的最主要原因是银行需要自有资本来支持和满足展期内资产负债平衡的要求。在中央银行看来，坚持资本足额原则有利于在出现违约拖欠贷款的情况下保护银行。如果资本足额要求为8%，那么从理论上看银行贷款坏账的8%可以获得补偿，可以部分避免损害银行存款者的利益。如果有办法使远期对远期贷款不反映在资产负债表上，就可以不受资本足额要求的约束，从而使银行的利润恢复到原先的水平。正是由于这样一种客观需求才导致了1983年的远期利率协议在英国伦敦的诞生。

2.远期利率协议的含义

远期利率协议（Forward Rate Agreements，FRAs）是合同双方在名义本金的基础上进行协议利率与参照利率差额支付的远期合约。协议利率为双方在合同中同意的固定利率，参照利率为合同结算日的市场利率（通常为LIBOR[1]）。

从本质上看，远期利率协议是以固定利率授予的一笔远期对远期贷款，但没有实际贷款义务。在远期利率协议条件下，撇开了本金流动问题，所以远期利率协议就成了资产负债表外的金融工具。远期利率协议的交易一方是为避免利率上升的风险，交易的另一方则希望防范利率下跌的风险，双方约定在未来某个期限内一笔资金使用时事先商定一个利率。支付该协议利率者为买方，反之，收到该协议利率者为卖方。双方在结算日根据当天的市场利率（通常是在结算日前两个营业日内使用伦敦同业拆放利率来决定结算日的市场利率）与协议利率结算利差，由利息金额大的交易一方支付一个利息差额现值给利息金额小的交易一方。

远期利率协议是在场外交易的，信用风险较大，其参与者多为大银行，非金融机构客户可以通过银行参与交易。远期利率协议主要被用来对远期利率头寸进行套期保值。市场的主要参加者是商业银行，如美国的大银行，英国的商人银行和一些清算银行，以及意大利和荷兰的银行。其次，远期利率协议被非金融机构客户用来

1 2021年3月5日，英国金融市场行为监管局（FCA）发布了一项关于LIBOR终止报价的公告：2021年12月31日之后立即停止所有英镑、欧元、瑞士法郎、日元，以及1周和2个月期美元LIBOR报价。2023年6月30日之后所有剩余期限美元利率终止报价。目前，最有可能取代LIBOR成为参考利率的是有担保隔夜融资利率（The Secured Overnight Financing Rate，SOFR）。

规避远期借款利率上升的风险，而很少用此来固定远期存款利率。再次，远期利率协议还可以用来防范长期债务的利率风险。例如，某公司有一笔7年期的美元浮动利率债务，该公司预测近一两年内美元利率有上升的风险，于是该公司通过远期利率协议把两年利率（使用三笔远期利率协议交易，分别是6×12、12×18、18×24）固定在较理想的水平。如果某一家公司或银行对短期利率趋势有正确的预测，其也可以用远期利率协议来开立一个头寸，以获取利润为目的使用远期利率。另外，还有一些银行，尤其是英国和美国的商业与投资银行，它们把该交易同金融期货、互换、期权等结合在一起，从中套利。

远期利率协议交易的币种主要有美元、英镑、欧元和日元。美元的利率协议交易占整个市场交易量的90%以上，而英镑等利率交易就较少。主要原因是美元利率波动较大，而且美元一直是国际结算的主要计价货币。

远期利率协议的报价最初以“3个月对6个月”期限的报价最为普遍，到1985年，远期利率协议报价期限从“3个月对6个月”扩大到“6个月对9个月”和“6个月对12个月”，近年来更扩大到1年至2年，并且不是整数的期限也可以通过交易双方的协商而达成交易。1985年年底以前，每笔远期利率协议交易的金额一般在500万美元至2 000万美元，而1986年以后，每笔交易的金额在2 000万美元至5 000万美元已相当普遍。

远期利率协议给银行提供了一种管理利率风险而无须改变银行资产负债表的有效工具。银行能够在不改变资产负债表的流动性的情况下调整其利率风险。由于远期利率协议的本金并未实际流动，以利息差额结算，故资金流动量较小。远期利率协议还可用来削减银行同业往来账项，这样对增加资本比例和改善银行业务的资产收益率十分有益。

3.远期利率协议与其他金融工具的比较

（1）远期利率协议与利率互换

远期利率协议与利率互换有很紧密的联系。事实上，一个利率互换可看成是一系列的远期利率协议。例如，3年期的半年固定利率对浮动利率互换的现金流与同时签订6个期限为6个月的远期利率协议的现金流几乎一致。对于这一点，在讲到“互换”时还会详细介绍。

但远期利率协议与利率互换之间同样存在两个明显的区别：①FRAs的合同利率是合同期的远期利率，依合同期不同而不同；而互换只有一个稳定的固定利率。②FRAs的结算金额是经过贴现的，且在互换期限内分期支付。

（2）远期利率协议与金融期货

远期利率协议与金融期货均被广泛地应用于短期远期利率风险管理，但二者各有优势。与金融期货相比较，远期利率协议具有简便、灵活和不必支付保证金等特点，它无须在交易所成交，对于一些没有期货合约的货币来说，远期利率协议特别具有吸引力。同时，远期利率协议不像期货交易那样有固定的交割日和标准的金额，任何具体的要求均可以通过交易双方协商达成协议。此外，期货交易须在成交前支付一定比例的保证金，而远期利率协议仅凭信用而无须支付保证金即可成交。

当然，远期利率协议也有其不利的地方。首先，远期利率协议是场外交易，有些信用等级不高的交易者往往难以找到对手来交易，而且远期利率协议不能进行对冲交易，每笔交易都是相对独立的交易，它仅能与另一笔远期利率协议掉换，而不能够出卖或冲销原协议。相反，利率期货可在交易所内自由买卖，可通过对冲交易结束其履约义务。其次，远期利率协议的信用风险将随着交易对手的变化而发生变化。同利率互换一样，它无法知道最后的风险程度，一般银行对远期利率交易用名义本金的5%来测算其信用风险限额。而期货的信用风险是极小的，几乎可以说是没有风险。

4.远期利率协议的重要术语和报价

远期利率协议与互换交易一样，有一个标准化文件，即英国银行家协会远期利率协议（缩写为FRABBA）。该协议制定于1985年，文件中除了确定远期利率协议交易的合法范畴之外，还规定了一系列重要的术语：

合同金额（Contract Amount）：名义上借款的本金总额。

合同货币（Contract Currency）：表示合同数额的货币币种。

交易日（Dealing Date）：远期利率协议成交的日期。

结算日（Settlement Date）：名义贷款开始的日期，也是利率差额支付的日期。

确定日（Fixing Date）：参考利率确定的日期。

到期日（Maturity Date）：名义贷款到期的日期。

合同期（Contract Period）：结算日至到期日之间的天数。

合同利率（Contract Rate）：在远期利率协议条件下商定的固定利率。

参考利率（Reference Rate）：在确定日用以确定结算金的以市场为基础的利率。

结算金（Settlement Sum）：在结算日，根据合同利率和参考利率之间的差额，由交易一方付给另一方的金额。

以上这些重要概念我们可以用图示来加深读者对它们的理解。远期利率协议的时间流程见图2-8。

如图2-8所示，在交易日，远期利率协议的双方同意交易的所有条件。我们假定交易日是2021年4月12日星期一，双方同意成交一份1×4金额为100万美元、利率为6.25%的远期利率协议。那么，合同货币就是美元，合同金额是100万美元，合同利率为6.25%。

“1×4”是指起算日和结算日之间为1个月，起算日至名义贷款到期日之间的时间为4个月，交易日和起算日时隔一般两天。在此例中，起算日是2021年4月14日

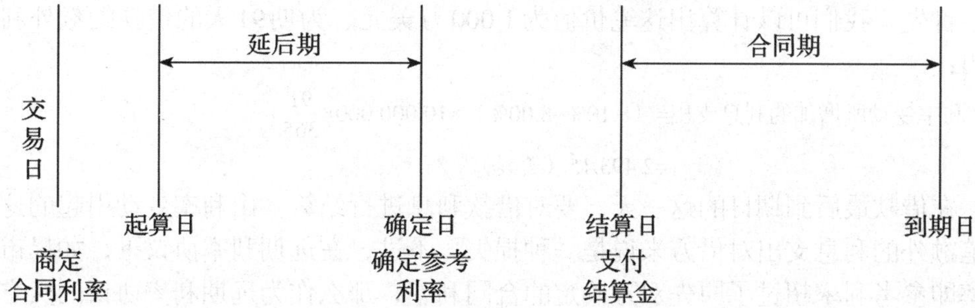

图2-8 远期利率协议时间流程图

星期三，就是说名义贷款在2021年5月14日星期五开始，恰好是起算日之后的一个月。到期日为2021年8月16日星期一（8月14日、15日为非营业日），即3个月之后。因此，起算日是2021年5月14日，到期日为8月16日，合同期95天。

远期利率协议报价以远期利率为基础，这种利率包含了现货市场收益率曲线和利率期货价格因素。远期利率协议市场报价可以通过路透终端机的"FRAT"画面得到。该市场报价仅作参考之用，实际交易价格由各报价银行决定。

例如，7月13日的美元远期利率协议市场报价如表2-7所示。表中前面一列表示期限，如果一笔远期利率协议的期限为3×6，那么该协议从交易日后的第3个月开始计息，到交易日后的第6个月结束，整个期限为3个月。后一列表示利率价格，如3×6的远期利率协议报价即合同利率为8.08%~8.14%，前者是银行买价，后者为银行卖价。

远期利率协议价格的报价-要价差额，在1985年年初是25个基本点（万分之一为1个基本点），而到1985年年底已降为12.8个基本点，以后更由于市场竞争加剧，该差额降至5个基本点。这说明该市场的交易成本越来越低，市场效率越来越高。

表2-7 美元远期利率协议市场报价

期限	合同利率（%）	期限	合同利率（%）
3×6	8.08~8.14	2×8	8.16~8.22
6×9	8.03~8.09	3×9	8.15~8.21
9×12	8.14~8.20	4×10	8.15~8.21
12×18	8.52~8.58	5×11	8.15~8.21
18×24	8.83~8.89	6×12	8.17~8.23

5.远期利率协议的结算

假设A银行计划在3个月后筹集3个月短期资金1 000万美元，为避免市场利率上升带来筹资成本增加的损失，该行作为买方参与远期利率协议。设协议利率为8%，协议金额为1 000万美元，协议天数为91天，参照利率为3个月LIBOR。如果到了结算日LIBOR为8.10%，那么该行从事远期利率协议的结果如何呢？

首先，我们可以计算出这笔价值为1 000万美元、为期91天的借款的额外利息支出：

$$利率变动所增加的利息支出=（8.10\%-8.00\%）\times 10\ 000\ 000\times\frac{91}{365}$$

$$=2\ 493.15（美元）$$

在借款最后到期日的这一天，要对借款利息进行结算。由利率变动引起的这样一笔额外的利息支出对借方来说是一种损失。不过，在远期利率协议下，如果市场利率即参考利率超过了原先双方确定的合同利率，那么作为远期利率协议的卖方要补偿远期利率协议的买方，这笔补偿就是结算金。如果结算金的支付与额外利息支出在同一天进行，那么借方的利息损失就可以从获得的结算金中得到完全补偿。因此，上例中的结算数额为2 493.15美元。

但在实际交易中，交易方一般在结算日支付结算金，也即在贷款开始之日进行支付。由于这笔起补偿作用的结算金交付日期早于利率差支付日期，因此这笔结算金还可被用于投资以获取利息。这笔利息的计算期限应是结算日至到期日。为了对这种时差进行调整，结算金总额应再减去结算金在支付时间差上所得的利息额。这样一来，我们就可以列出计算结算金的标准公式：

$$SS=\frac{(i_r-i_c)\cdot A\cdot\frac{D}{B}}{1+i_r\cdot\frac{D}{B}} \qquad \cdots\cdots 2.3.1式$$

式中：i_r——参考利率；i_c——合同利率；A——合同金额；D——合同天数；B——天数计算惯例。所有的利率均以小数标价。

结算金计算公式中，分子表示交易双方一开始商定的合同利率与最终到期日参考利率之间的差异所造成的额外利息支出；分母是对分子的贴现，反映结算金的支付是在合同期开始之日而不是在合同期结束之时。如果把上例中的数值代入2.3.1式，我们可以得出贴现后的结算金为2 443.79美元，这笔现金应在结算日支付给远期利率协议的买方。

如果将2.3.1式重新整理，可以得到更为简洁的表达式：

$$SS=\frac{(i_r-i_c)\cdot A}{\frac{B}{D}+i_r} \qquad \cdots\cdots 2.3.2式$$

上式计算出来的结算金若是正数，表示远期利率协议的卖方支付给买方结算金；反之，则由远期利率协议的买方向卖方支付结算金。也就是说，如果$i_r>i_c$，结算金将是正数，买入远期利率协议的一方就成了“多头”，即利率低时买入远期利率协议，随后利率上涨，买方就可以获得一笔正数利差权益；反之，如果$i_r<i_c$，结算金将是负数，远期利率协议的卖方即远期利率协议的“空头”将获得这笔结算金。

6. 远期利率协议的定价

远期利率协议定价，简言之，是在现货市场的不同期限之间"填塞空档"。假如某人持有一笔资金面临两种投资选择：一是做某项1年期的投资，利率为10%；二是先做6个月投资，年利率为9%，然后再做6个月投资。显然，投资组合很多，但是在一个有效的市场上各项投资选择的收益会趋于相等。

如图2–9所示，假定现在签订一项6×12的远期利率协议，由于结算金额发生在协议期限的结算日，故存在利息生利息的问题，因此，在不考虑交易成本和无套利的情况下，我们可以粗略估算一下期限在1年内远期利率协议的合理协议利率。套利公式为：

$$P\left(1+\frac{i_S}{B}\cdot D_S\right)\left(1+\frac{i_F}{B}\cdot D_F\right)=P\left(1+\frac{i_L}{B}\cdot D_L\right)$$

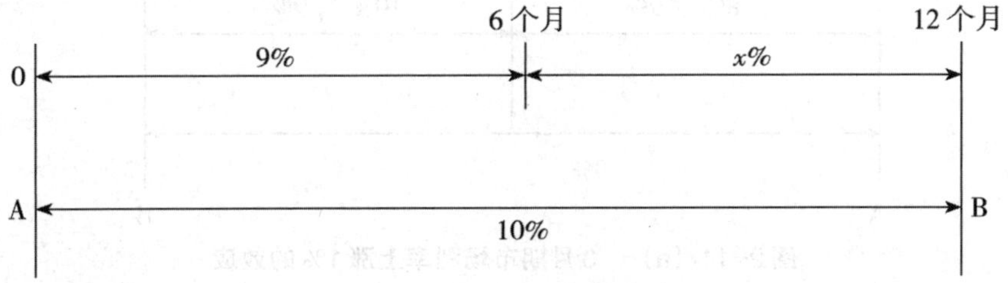

图2–9　6×12的远期利率协议

上述公式可转换为：

$$i_F=\frac{i_L D_L-i_S D_S}{D_F\left(1+i_S\cdot\frac{D_S}{B}\right)} \qquad \cdots\cdots 2.3.3式$$

式中：P——协议本金；i_S——起算日至结算日的现货市场利率；D_S——相应天数；i_L——起算日至到期日的现货市场利率；D_L——相应天数；i_F——合同利率；D_F——合同期限；B——按惯例计算的一年中的天数。全式采用单利推导。

假定i_S为9%，i_L为10%，D_S为180天，D_L为360天，则据公式可知i_F为10.53%，也就是说，理论上合理的协议利率应为10.53%。

7. 远期利率协议利率的变动调整

以上我们在求解远期利率协议利率时，所得出的远期利率协议利率数值都是确定的利率。对于那些想通过买卖远期利率协议来对现存利率风险进行保值和投机的人来说，确定的远期利率协议利率数值是十分重要的。然而，对一家银行来说，进行远期利率协议交易还必须留意远期利率协议对市场利率变动的敏感性。

为了考察远期利率协议利率怎样调整变化，我们先来看一下图2–10中所示的3×6远期利率协议的情形。

如图2–10所示，如果3月期市场利率为8%，6月期市场利率为9%，那么远期利率协议利率大约为10%。下面我们就来考察当市场利率发生变动时，远期利率协议

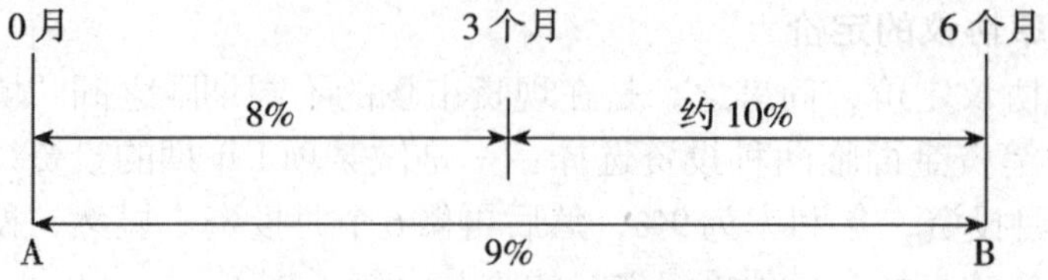

图2-10　3×6远期利率协议情形

议利率应该进行怎样的调整以适应这种变化。图2-11分析了三种情形：3月期市场利率上涨1%的效应；6月期市场利率上涨1%的效应以及3月期和6月期市场利率均上涨1%的效应。

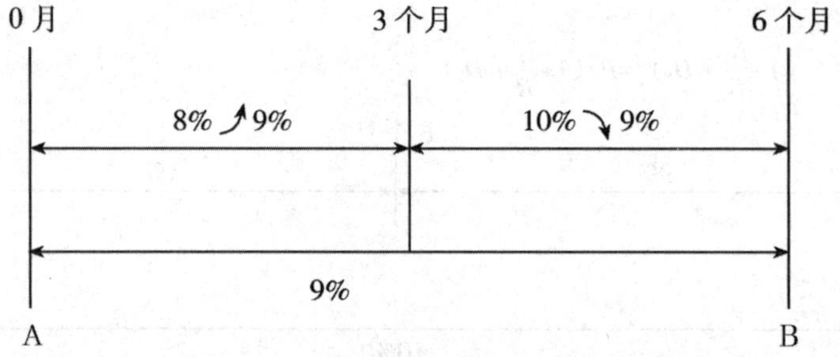

图2-11（a）　3月期市场利率上涨1%的效应

根据避险套利原理，从时点A到时点B，投资者无论采取何种投资决策，所获得的总收益均应相等。

如图2-11（a）所示，如果在前期市场利率上涨，那么远期利率协议的利率就应该下降，至于下降多少则要视滞后期与合同期的比率而定。在本例中，滞后期为3个月，合同期为3个月，两者之比为1。如果6月期的市场利率上升1%，远期利率协议的利率应该下跌大约1%。

同样，如果整个时期内市场利率上涨，远期利率协议利率也必然上涨。不过，此时远期利率协议利率上涨的幅度取决于整个时期与合同期的比率。就3×6远期利率协议而言，如果整个时期即6月期的市场利率上涨1%，远期利率协议利率预计应上涨2%左右。这种情况如图2-11（b）所示。

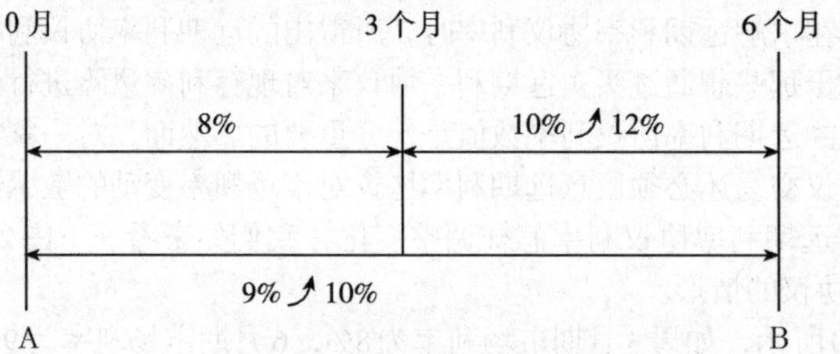

图2-11（b）　6月期市场利率上涨1%的效应

如果滞后期和整个时期的利率全面上涨，那么远期利率协议利率也应随之而上涨。例如，市场利率（3月期和6月期）均上涨1%，如图2-11（c）所示，那么可以预计远期利率协议利率也将上涨大约1%。如果我们将前面两种情形综合起来，也可以得出同样的结果。

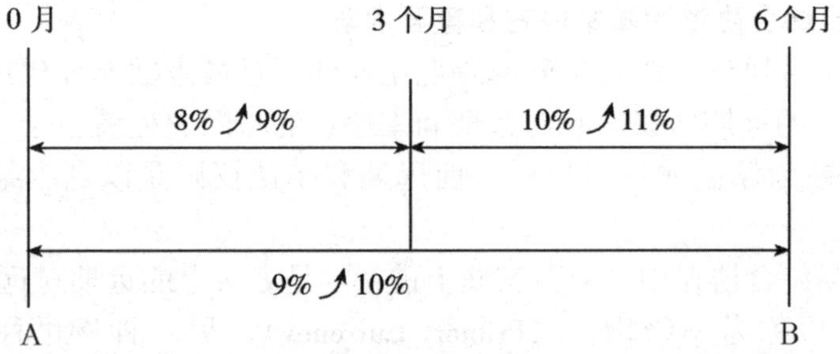

图2-11（c） 3月期和6月期市场利率均上涨1%的效应

如果对$i_F=\dfrac{i_LD_L-i_SD_S}{D_F(1+i_S\cdot\dfrac{D_S}{B})}$进行微分，也可以得出同样的数学结果。对$i_F$分别求$i_S$和$i_L$的偏导数，可得：

$$\frac{\alpha i_F}{\alpha i_S}\approx-\frac{D_S}{D_F};\ \frac{\alpha i_F}{\alpha i_L}\approx+\frac{D_L}{D_F};\ \frac{\alpha i_F}{\alpha i_{all}}\approx1$$

由于$D_F=D_L-D_S$，由前两式而得到的$\dfrac{\alpha i_F}{\alpha i_{all}}\approx1$表示远期利率协议对市场利率全面变动的结果。

对以上这些研究结果进行总结，我们可以针对某些标准的远期利率协议概括出其“变化特征”（见表2-8）。

表2-8 **标准远期利率协议的变化特征**

	$i_S\uparrow1\%$	$i_L\uparrow1\%$	i_S，$i_L\uparrow1\%$
3×6FRAs	−1	+2	+1
6×9FRAs	−2	+3	+1
9×12FRAs	−3	+4	+1
6×12FRAs	−1	+2	+1

2.3.3 远期交易综合协议

1.远期交易综合协议的产生

远期交易综合协议（Synthetic Agreement for Forward Exchange，SAFE）与远期利率协议都属于资产负债表表外工具，它们在形式上很相似。所不同的是，远期利率协议是针对货币市场上“远期对远期存（贷）款”业务的一种创新，远期交易综合协议则是对外汇市场上“远期对远期互换”的一种发展。因为从前文的阐述中我们知道，尽管远期对远期互换可用来保值或从利差中套利，但是，如同远期对远期的存（贷）款一样，远期对远期的互换由于涉及资金的实际流动而需要满足保证金的要求。正是这一点使得应用范围有限的远期对远期互换业务发展为远期交易综合协议。

2. 远期交易综合协议的基本内容和重要术语

远期交易综合协议是对未来利率差变化或外汇互换点数差变化进行保值或投机的双方所签订的远期协议。它与远期利率协议的不同之处就在于，远期交易综合协议以利率差为保值或投机目标，而远期利率协议则是以利率绝对水平为目标的。

在远期交易综合协议中，双方实质上进行的是名义上的远期对远期外汇互换。其中，一种货币称为一级货币（Primary Currency），另一种货币称为二级货币（Secondary Currency）。在以后的结算日，这两种货币进行第一次名义上的兑换，并进行差额支付；在合同到期日，再进行相反方向的名义上的兑换。一般在这两次名义兑换中，一级货币的金额是相同的。一级货币在结算日的购入方和到期日的卖出方为远期交易综合协议的买方，远期交易综合协议的卖方则是对立方。

SAFE的交易条件和规范术语由英国银行家协会编制，它与FRABBA（英国银行家协会远期利率协议，有时缩写为FRA）极其相似，但是SAFE比FRA更为复杂。下面我们将列出一些重要术语，以帮助我们加深对远期交易综合协议术语的理解。

A_1：第一合同金额　　　　A_2：第二合同金额

OER：完全汇率　　　　CFS：合同远期差额

SSR：即期结算汇率　　　　SFS：远期结算差额

此外，远期交易综合协议中交易日、起息日、确定日、结算日以及到期日之间的关系都与远期利率协议中的规定相同（参见图2-8）。

3. 远期交易综合协议的交易和结算过程

尽管SAFE和FRA本身很相似，都属于资产负债表表外业务，二者结算日和到期日的含义也一样，但前者比后者更为复杂，这主要体现在交易过程和结算过程上。在远期交易综合协议的交易日，交易双方就结算日和到期日将要兑换的一级货币的名义金额A_1和A_2达成共识；同时，交易双方还将确定相应的完全汇率和合同远期差额；最后，二级货币的名义数额也可以随之确定。在确定日，交易双方可依照伦敦银行同业拆放利率的确定方式确定即期结算汇率和远期结算差额。

在远期交易综合协议条件下，结算总金额是通过比较完全汇率、合同远期差额和即期结算汇率、远期结算差额，再进行计算获得的。具体来说，SAFE结算金额的计算有两种方式：

（1）第一种方式的计算公式为：

$$SA = D \cdot NP \cdot [\frac{F_{MC} - F_{MR}}{1 + i \cdot \frac{N}{Y}} - (SD - SC)]$$ ……2.3.4式

式中：SA——结算金额；D——“±”号，对合同买方来说为“+”号，对合同卖方来说为“-”号；NP——名义的一级货币金额；F_{MC}——合同中规定的到期日的远期汇率，F_{MR}——结算日至到期日的远期汇率；SD——合同中规定的结算日远期汇率；SC——结算日即期汇率；i——二级货币利率；N——合同期限实际天数；Y——一年的天数。当二级货币为英镑时，N多采用365天，而对于非英镑货币，N多采用360天。

（2）第二种方式采用的是掉期率形式，即用即期汇率和远期汇差一起来表示远期汇率，故2.3.4式可变形为：

$$SA = D \cdot NP \cdot [\frac{(SD - SC) + (FD - FC)}{1 + \frac{R \cdot N}{100Y}} - (SD - SC)]$$ ……2.3.5式

式中：FD——合同规定的远期汇率；FC——结算日至到期日的远期汇差；R——利率读数，而不是一个百分数；其他字母含义与2.3.4式同。假定$F_{MC}=E_{c,T}$，$F_{MR}=E_{t,T}$，$SC = E_{t,t}$，$SD = E_{c,t}$，则：$FD = E_{c,T} - E_{c,t}$，$FC = E_{t,T} - E_{t,t}$。

2.4 远期交易的应用

根据交易的目的，远期交易可分为商业性交易、金融性交易和投机性交易三类。

2.4.1 商业性远期交易

所谓商业性远期交易是指进出口商、资金借贷双方为避免贸易业务中资金借贷汇率和利率变动的风险而进行的远期外汇交易。

任何一项国际商品交易，从签订合同到债务清算，一般总需要一段时间。对于进口商来说，在此期间若外汇汇率上升，则意味着它将付出更多的本国货币购买定量的外汇，即所付增加；对于出口商来说，若在此期间外汇汇率下降，它所能得到的以外币标价的货款折算成本币的数额则比汇率下降前少，即所得减少。为了避免这种汇率变动带来损失的可能性，进出口商均有必要预先固定利率，以确知并稳定未来的收支金额，而通过远期外汇买卖就可达到这一目的。

【例2-1】澳大利亚某商人从日本进口商品，需在6个月后支付10亿日元。如果当时该进口商没有对这笔外汇风险采取任何保值措施，而是等到6个月后再以即期汇率从市场买进10亿日元，那么一旦澳元对日元贬值，购买日元的澳元成本将大大上升，进口商会因汇率下跌而遭受损失。如果该进口商预测澳元相对日元将贬值，那么，它就通过外汇市场，在汇率下跌以前购买日元，从而可以消除外汇风险暴露。其操作如下：

如果在签约时外汇市场行情为：即期汇率AUD/JPY=75.000/100；6个月远期差价500/400；6个月远期汇率74.500/700。

则该进口商以“1澳元=74.5日元”的远期汇率从银行购买10亿日元用于保值。那么，套期保值（Hedging）的澳元成本是13 422 818澳元（1 000 000 000÷74.5）。采取套期保值措施后，该进口商就能确切知道应付货款的澳元数目，而不用再考虑6个月内的即期汇率变动情况，从而避免汇率变动所造成的外汇风险。

上例中，远期汇率“1澳元=74.5日元”实际上成为是否需要套期保值的分界线。如果到期日的即期汇率低于74.5，那么进口商最好进行套期保值；而如果到期日的即期汇率高于74.5，那么就不用进行套期保值了。问题是对于大多数进口商来说，预测汇率的波动并不是一件容易的事。当然，进口商还可采取部分保值的方式，比如只将50%货款保值，这样受到的外汇风险自然减半。

如果某个出口商向海外市场销售货物，得到的货款是以外币支付的，而且在一段时间后收到，那么，该出口商就持有净外汇头寸。对于该出口商来说，为外汇头寸保值的最好方法是卖出远期外币收益。

【例2-2】中国某个商人向英国出口棉花，两个月后收汇，数量是200万英镑。

如果到期日英镑对人民币升值，而出口商未采取保值措施，则他从棉花销售中将收到更多的人民币。然而，如果英镑贬值，他就要遭受损失了。出口商如果预期英镑将贬值，他就会对其净外汇头寸进行保值，在汇率下跌以前，就在外汇市场卖出200万英镑的远期外汇。

假定外汇市场行情如下：即期汇率1英镑=8.7050/90元人民币；2个月远期差价60/80；2个月远期汇率1英镑=8.7110/70元人民币。

中国出口商以1英镑=8.7110元人民币的远期汇率，出售200万英镑的远期外汇予以保值。这样，他将收到货款2 000 000×8.7110=17 422 000元人民币，从而不再考虑2个月内即期汇率如何变化。

在这个例子中，远期汇率“1英镑=8.7110元人民币”为是否需要套期保值的分界线。如果到期时，即期汇率高于8.7110，那么出口商最好不保值；如果到期日的即期汇率低于8.7110，那么保值就比不保值优越。

上面两个例子都属于固定交割日的远期外汇交易的应用。下面让我们来看一下可选择交割日的远期外汇交易——择期交易的应用。

【例2-3】澳大利亚某商人从日本进口5亿日元商品，合同规定由日商选择8月份任意一天为付款日。为避免外汇风险，澳商按1：74.5的汇率买进8月15日交割的5亿远期日元。现有两种假设：

①设日商要求澳商在8月3日付款，澳商在8月1日按1：74的即期汇率买进5亿日元，在8月15日按1：75的即期汇率将5亿日元卖出。这种汇率变动将会给澳商带来多少损失？

②设日商要求澳商在8月30日付款。若日元活期存款年利率比澳元低1%，澳商会因此受到多少损失？

解：

①5亿日元÷74.5日元=671.14万澳元

即澳商履行远期外汇合同，需支出671.14万澳元。

5亿日元÷74日元=675.68万澳元

即澳商于8月1日买进5亿即期日元，付出675.68万澳元。

5亿日元÷75日元=666.67万澳元

即澳商于8月15日卖出5亿即期日元，获得666.67万澳元收入。

675.68万澳元+671.14万澳元-666.67万澳元=680.15万澳元

680.15万澳元-671.14万澳元=9.01万澳元

可见，汇率变动给澳商带来了9.01万澳元的损失。

②5亿日元×1%×15/365=20.548万日元

即澳商提前买入外汇，遭受了20.548万日元的利息损失。

如果澳商在5月份与银行签订一笔期限约定为8月1日至8月31日的择期外汇交易，就可以避免上述损失。

在实际经济活动中，经济主体为更有效地减少汇率变动带来的损失，并不单纯地做一笔远期外汇交易，而是将远期和即期、远期和远期结合在一起做外汇掉期交易（有关掉期交易的内容已在“远期交易种类”中作过介绍）。

【例2-4】设某港商3个月后有一笔100万美元的应收账款，6个月后有一笔100万美元的应付款。在掉期市场上，USD/HKD的即期汇率为7.7275/85，3个月期美元汇率为7.7250/60，6个月期美元汇率为7.7225/35。如果该港商进行一笔远期对远期的掉期交易，其港元收支如何？如果他要进行两笔即期对远期的掉期呢？

解：

7.725港元×100万美元=772.5万港元

7.7235港元×100万美元=772.35万港元

即该港商按7.725的汇率卖出100万3月期美元，可得到772.5万港元；按7.7235的汇率买进100万6月期美元，要支出772.35万港元。

772.5万港元-772.35万港元=0.15万港元

即如果该港商进行远期对远期掉期，在固定本币收支的同时，还可获得0.15万港元的美元贴水收益。

7.7285港元×100万美元=772.85万港元

即港商在卖出100万3月期美元的同时，买入100万即期美元，需支出772.85万港元。

7.7275港元×100万美元=772.75万港元

即港商在买入100万6个月期美元的同时，卖出100万即期美元，可得到

772.75万港元。

772.85万港元−772.75万港元=0.1万港元

即在即期外汇交易中，买入价与卖出价的差额使港商付出0.1万港元的代价。

0.15万港元−0.1万港元=0.05万港元

即如果港商进行两笔即期对远期的掉期交易，在固定本币收支的同时，只能获得0.05万港元的美元贴水收益。

以上四个例子的分析都是围绕以外汇作为标的物的远期交易展开的。下面，我们将讨论一下以利率作为标的的远期交易——远期利率协议的应用。

在未来的债权债务得以清算以前，无论对于债权方还是债务方，未来利率的变动都可能导致双方实际所得的减少或所付出的增加，因此，双方都有固定未来结算日利率的要求，远期利率交易的开展为这一要求提供了可能。

2.4.2 金融性远期交易

金融性远期交易是指银行等金融机构为避免日常业务中的利率、汇率变动的风险，相互间平衡其相关头寸的远期交易。在这里我们仅以远期外汇交易为例进行介绍。

外汇头寸是指一外汇银行在某一时点特有的各种外汇金额的情况。这种情况经常因外汇交易中的超买或超卖而发生变动。

外汇头寸计算的对象，以完成交易的外汇为限，完成交易的外汇可以分为两类：已经按一定汇率完成交易的外汇；约定于将来一定时间按一定汇率交易的外汇。因此，外汇头寸的计算对象包括：①外汇存款账户余额；②即期外汇买卖余额；③远期外汇买卖余额。此三项外汇的加减综合余额称为综合头寸，综合头寸减去远期外汇头寸称为实际头寸，而由实际头寸减去即期外汇头寸称为现金头寸。

外汇头寸调整操作的主要目的在于避免外汇风险，但对于外汇资金使用效率以及外汇买卖损益的影响也应该考虑，以此来判别到底采用即期外汇抛补还是远期外汇抛补较为有利。一般采用的方法大致有以下四种：

①即期外汇头寸的调整求之于即期外汇的抛补。

②即期外汇头寸的调整求之于远期外汇的抛补。

③远期外汇头寸的调整求之于即期外汇的抛补。

④远期外汇头寸的调整求之于远期外汇的抛补。

除非采用远期外汇交易有困难，否则银行远期外汇头寸的调整一般都会依赖远期外汇交易。例如，当远期外汇“超买”时，则需抛出这一部分期汇；若远期外汇“超卖”时，银行就需要补进同额的期汇，这样，就可以平衡银行的外汇头寸，避免汇率变动的风险。

【例2−5】英国某银行在6个月后应向外支付500万美元，同时在1年后又将收到另一笔500万美元的收入。此时，若市场上汇率较为有利，它就可以进行一笔远期对远期的掉期交易。假定此时市场上英镑对美元的汇率如表2-9所示。

表2-9 英镑对美元汇率虚拟表

日期	类型	汇率
2020.4.8	即期	1英镑=1.911/13美元
2020.10.8	远期	1英镑=1.891/94美元
2021.4.8	远期	1英镑=1.897/99美元

由表2-9可见，英镑对美元是贴水的。之所以如此，原因在于英国的利率高于美国。但我们估计，英、美两国的利率在6个月后将发生变化，届时英国的利率可能反过来低于美国，因此英镑会变为对美元升水。所以，我们可以做“6个月对12个月”的远期对远期掉期交易，即按1英镑等于1.894美元的比价，卖出英镑购买500万6个月远期美元，此时所花费用为2 639 915.5英镑。同时，再按1.897美元的比价，卖出1年期的500万远期美元，由此可得2 635 740.6英镑，整个交易使其贴出4 174.9英镑。

可是，当第6个月到期时（即距第一次交易180天），假定市场汇率果然因为利率变化而发生了变动，如表2-10所示。

表2-10 市场汇率因利率变化而变化的情况

即期汇率	1英镑=1.7500/10美元
6个月期	100/120

于是，我们按1英镑等于1.751美元的比价，将第一次交易时卖出的2 639 915.5英镑在即期市场上买回，为此要花费4 622 492美元。同时再将这笔英镑按6个月的远期售出。该笔英镑售出时，汇价为1.76美元，因而可得到4 646 251.3美元。

这样一买一卖之间，就可获利23 759.3美元，按当时即期汇率可折合13 576.7英镑。如果除去第一次掉期交易时贴出的4 174.9英镑，仍可获利9 401.8英镑。

2.4.3 投机性远期交易

投机性远期交易指建立在投机者某种预期基础上的由投机者承担汇率和利率风险的远期交易。仍以远期外汇交易为例。当投机者预期未来一定时期某种货币的汇率变动程度与该时期这种货币的远期汇率存在差异时，就会通过买进或卖出远期外汇从中获利。

在签订远期外汇合约时，投机者常常只要缴纳一定比例的保证金，这就使期汇投机规模成倍地超出投机者手中拥有的资金数量。期汇投机有买空和卖空两种基本形式。

买空（Bull）指投机者在预期即期外汇汇率将上升的基础上所进行的单纯买进远期外汇的交易。若交割日的即期汇率高于双方商定的远期汇率，他就会获得买空收益。该收益扣除买空的附加费用，便是投机利润。若投机者预期不准，他也会遭受损失。

【例2-6】设6个月远期汇率USD/JPY=100.00/1。美国某商人预期半年后即期汇率为USD/JPY=95.00/1。若该预期十分准确，在不考虑其他费用的前提下，该投机者买入6个月远期1亿日元，可获多少投机利润？

解：

1亿日元÷100.00日元=100万美元

即美商买进6个月远期1亿日元，半年后要支付100万美元。

1亿日元÷95.01日元=105.25万美元

即美商半年后卖掉1亿日元，可获105.25万美元收入。

105.25万美元−100万美元=5.25万美元

即该美商可获5.25万美元投机利润。

卖空（Bear）指投机者在预期即期外汇汇率将会下降的基础上所进行的单纯卖出远期外汇的交易。如果交割日的即期汇率低于双方商定的远期汇率，投机者买入即期外汇实现远期交割，可以获得投机利润。如果外汇汇率并未下降，该投机者会遭受损失。投机利润被认为是承担风险的报酬。

【例2-7】设3个月远期汇率GBP/USD=1.6000/10。某美国商人预期3个月后英镑即期汇率为GBP/USD=1.5500/10，并进行100万英镑的卖空交易。在不考虑其他费用的前提下，十分准确的预期会给他带来多少投机利润？

解：

1.6000美元×100万英镑=160万美元

即该美商卖出3个月远期100万英镑，可获160万美元收入。

1.5510美元×100万英镑=155.1万美元

即在交割日，该美商买进100万即期英镑，要支出155.1万美元。

160万美元−155.1万美元=4.9万美元

即美商可获4.9万美元的投机利润。

思考与练习

（1）什么是远期汇率和远期利率？

（2）远期价格与未来即期价格的关系是什么？

（3）什么是远期合约？

（4）常见的远期合约有哪几种？

（5）什么是远期利率协议？远期利率协议的产生过程是怎样的？远期利率协议是如何定价的？

（6）什么是远期交易综合协议？简述远期交易综合协议的产生过程。

第3章　期货工具及其配置

◇学习目标

- 期货交易基本概念及原理
- 期货价格与定价
- 期货交易策略
- 几种常见的期货
- 期货的应用

期货，尤其是金融期货，是20世纪七八十年代全球金融创新的四大重要成果之一，在金融交易中起着举足轻重的作用。在许多重要的金融市场上，金融期货的交易量已超过基础金融产品的交易量。当交易者面临金融风险，尤其是交易产品面临风险需要回避时，就可以直接使用金融期货合约来达到避险保值的目的。而且，通过各种金融工具与期货的配置，可以组合出各种新的金融工具，满足交易者的不同需要。

3.1　期货交易概述

期货交易最早源于农产品买卖。约700年前的欧洲和17世纪的日本就出现了期货市场。100多年前，美国芝加哥开办了谷物的期货交易，并迅速成为世界领先的期货市场。具体地讲，期货交易是指买卖双方签订一份购销契约，约定在未来的时间内按照事先确定的价格支付货款，交割货物。经过演变，期货交易只能在交易所进行，合约也有了统一的标准格式。于是，期货交易不再意味着交易物品的真实转让，而是交易双方根据契约承担买入或卖出该物品的义务和责任。

当期货交易的对象变为金融商品时，就形成了金融期货。20世纪70年代初期外汇市场上固定汇率制的崩溃，是金融期货孕育和产生的最直接原因。70年代初期浮动汇率制的实施不仅加剧了外汇市场的波动，也使得短期利率和长期利率的变动幅度更为剧烈。

汇率、利率的急剧大幅度波动，使贸易双方、银行、存款人、贷款人等金融商品持有者面临更大的风险，回避风险的要求日趋强烈。1972年，美国芝加哥商品交易所（CME）率先成立了国际货币市场（International Monetary Market，IMM），并于同年5月推出了外汇期货交易。1975年10月，芝加哥期货交易所首创了利率期货合约交易。

在20世纪80年代，金融期货的交易从美国扩大到世界其他国家。伦敦国际金融期货交易所（London International Financial Futures Exchange，LIFFE）在1982年开始营业，上市的期货交易合约主要以美元和英镑为基础。目前，伦敦国际金融期货交易所已发展成世界上重要的金融期货中心。

1986年，法国巴黎也设立了金融期货交易机构（MATIF），开始推出金融期货交易业务。自此以后，几乎每年都有新的期货交易中心成立：1988年瑞士的SOFFEX，1989年爱尔兰都柏林的IFOX，1990年德国的DTB，1991年奥地利的OTB以及1992年意大利的MIF等。2006年9月，中国金融期货交易所在上海成立。

表3-1列举的是20世纪90年代初期金融期货交易中名列前茅的交易品种及交易市场。

3.1.1 期货市场的功能

从传统的角度来说，期货市场被认为主要满足三种使用者的需求：希望寻找商品未来价格的人、投机者和希望进行避险的人。大体上来说，投机对于社会并没有直接的贡献，但还是能够给社会带来间接的收益。所以，期货市场至少有两项主要的社会功能——价格发现与避险。

1.价格发现

价格发现（Price Discovery）是指通过期货市场推断现货市场的未来价格。在期货契约的买卖中，交易者同意于未来某特定时间，根据目前决定的价格，进行或接受某特定商品的交割。在这种情况下，期货价格与期货契约未来交割的预期现货价格之间应该存在某种特定的关系，而且这种关系具有高度的可预测性。运用目前期货价格中蕴含的资讯，市场观察者可以估计某种商品在未来某特定时间的可能价格。

假定某矿场业主希望决定是否重新开采某个获利性不高的银矿，这个矿场的矿质并不理想，单位产量相对偏低。矿场的营运绩效究竟如何，取决于矿产开采与精炼之后的银价。可是，业主必须现在就做出决策，因为从开采到成品出售之间需要15个月的时间。业主目前做出何种决策，关键在于未来的白银价格。

虽然目前不可能知道15个月之后的白银精确价格，但可以透过期货市场来预测未来的价格。对于某些商品来说，期货价格是反映未来价格的最佳估计值。在该例中，假定期货价格相当高而值得重新开采此矿，那么，如果15个月之后白银能够适用期货价格，就可以获利。在这种情况下，这位业主就是利用期货价格来发现未来的现货价格。同理，农民、木材生产者、畜牧养殖者与其他的经济参与者都可以通过相同的方式运用期货市场的资讯，他们都可以根据期货市场来估计现货市场的未来价格，然后做出生产或消费的决策。

表3-1 20世纪90年代初期主要的期货品种及交易市场

期货品种	交易市场	标的物	合约单位	交易时间	最小升降单位	交割月份	交割日
美国30年期公债期货	芝加哥期货交易所（CBOT）	30年期美国国库券	面额为10万美元的公债	正常交易时间：周一至周五7：20am—2：00pm（芝加哥时间） 电子交易时间：周日至周五8：00am—4：00pm	1／32（31.25美元）	3、6、9、12四个季月	交割月份最后一个营业日
10年期日本政府公债	芝加哥商品交易所（CME）	10年期日本政府公债	面额为1 000万日元的日本政府公债券	场内交易时间：7：20am—2：00pm（芝加哥时间） 电子交易时间：9：00am—4：00pm	0.01点（1 000日元）	3、6、9、12四个季月	交割月份第20天
1.75—2.25年期德国联邦政府债券期货	欧洲期货交易所（EUREX）	100 000欧元1.75—2.25年期德国联邦政府债券，票面利率6%	100 000欧元	8：30 am—7：00pm	0.01%点（10欧元）	3、6、9、12月	交割月份第十个日历日，此日非营业日顺延至最近的交易日
3个月欧洲日元利率期货	东京金融期货交易所（TIFFE）	100 000 00欧洲日元3个月定期利率	100 000 000日元	9：00am—11：30am 12：30pm—3：30pm 3：30pm—6：00pm	0.005点（1 250日元）	3、6、9、12月和连续的2个月	交割日后相邻的营业日
1个月港元利率期货	中国香港期货交易所（HKFE）	15 000 000港元1个月香港银行同业拆借利率	15 000 000港元	8：30am—12：00am 1：00pm—5：00pm	0.01点（125日元）	当月以及下5个月	交割月份第三个星期三，如果此日非营业日顺延到最近的营业日
10年期日本政府债券期货	新加坡期货交易所（SIMEX）	面值100 000 000日元的10年期日本政府债券，票面利率6%	100 000 000日元	7：45am—5：15pm	0.01（10 000日元）	3、6、9、12月	东京证券交易所的10年期日本政府债券的最后交易日
中国台湾10年期公债期货	中国台湾期货交易所（TAIFEX）	面值5 000 000新台币的10年期中国台湾公债，票面利率5%	5 000 000新台币	8：45am—1：45pm	面值100的0.005（250元）	两个相近季月（3、6、9、12循环）	最后交易日后第二个营业日

资料来源：红顶金融工程研究中心。

2.避险

许多期货市场的参与者利用期货交易来替代现货交易。例如，某位农民根据预期中的收成量卖出小麦期货，就是利用期货市场来替代现货市场，借以卖出小麦。更细致的分析是：在小麦的成长过程中，农民必须承担风险，因为他不知道将来收成的小麦价格。他可以通过在期货市场中卖出期货合约来规避风险。如果这位农民预期9个月后的收成为100 000蒲式耳，他可以卖出20张小麦期货，设定小麦收成当时的卖出价格。这样，从目前到小麦收成之间，这笔期货交易可以保障农民的收益不受小麦价格波动的影响。在这个例子中，农民在期货市场中卖出小麦，借以暂时取代未来预期发生的现货市场交易。因此，预期避险（Anticipatory Hedging）是以在期货市场发生的交易取代未来预期的现货市场交易。

避险交易还有其他的形式。例如，某位汽油巨头持有大量的汽油库存，因为他需要一些库存来满足客户的需求。如果不避险，则他必须承担石油价格波动的风险。此时，他可以卖出原油期货，借以替代直接卖出汽油，持有汽油库存而同时卖出原油期货，可以冲销价格下跌的风险。为了避免风险，当然，他也可以选择在现货市场上卖出所有的汽油库存，但他同时将面临巨大的缺货成本。所以，作为一种降低风险的手段，卖出期货合约可以取代卖出整个库存。

在上述两个例子中，避险者都是利用期货市场来取代现货市场的交易，针对已经持有的风险部位进行卖出避险。避险者几乎一定是相关商品的供应商或使用者，投机者则在期货市场中为了追求获利而创造原本不存在的风险。避险是期货交易的最主要功能。

3.1.2 期货交易的特点

期货交易作为一种新型的交易方式，在很多方面都表现出与远期交易不同的特点。

1.组织严密的交易所

期货合约一般是在组织严格的交易所内进行交易。芝加哥期货交易所（Chicago Board of Trade，CBOT）是全球规模最大、历史最悠久的期货交易所。此处以CBOT的组织为蓝本，借以说明其他交易所的结构。交易所是一个非营利组织，由会员自发形成。交易所会员（Exchange Memberships）又称席位（Seats），仅能够由个人持有，会员资格也如同其他资产一样可以进行交易，并且，这些席位的价格波动非常剧烈，主要取决于当时或预期中的交易量情况。

交易所会员有资格在交易所内进行交易，对于交易所的营运也有权利表达意见。另外，会员也形成各种委员会，借以管理交易所的营运、规则、会计审核、公共关系以及法律与道德事务。一般来说，交易所的行政与日常作业都是聘请专业经理人管理，然后向会员报告。

任何期货交易都必须发生在正式的营运时段与特定的交易堑内。交易堑（Pit）

是交易大厅内实际进行交易的场所，每种商品都有特定的交易堑。不同于股票交易所的专业报价商系统（Specialist System），期货交易采用的是公开叫价（Open Outcry）系统。在这套系统下，任何交易员都必须大声叫出买、卖的意愿，让交易堑内的其他交易员知道。此外，交易员之间还有一套非正式的手势系统，借以表达交易指令。可是，根据正式的规定，任何的买、卖都必须公开叫价。

就功能而言，场内交易员可以分为两大类：第一类是通过自身的账户进行交易，自行负担交易的盈亏，他们通常也是交易所的会员；第二类是代表公司或其他场外客户进行交易的经纪人。在实际工作中，某些交易员可能同时扮演两种角色。经纪人也可以分为两类：一是经纪商的账户执行人（Account Executive），也经常简称为经纪人。账户执行人可能位于任何的小城镇或大都市，协助客户把交易指令传进场内。另一类被称为场内经纪人（Floor Broker），他们实际置身于交易所的营业大厅，执行客户的交易指令。如果一张交易指令是由交易所之外进场的，通常都会先通过客户经纪人（账户执行人），然后转交给经纪商派驻场内的代表，然后再由经纪商聘任的场内经纪人负责执行。

2.标准化合约

金融期货合约指的是以金融工具为交易标的物的期货合约，它是由期货交易所制定的、有法律效力的，规定在将来某一确定时间按约定价格交收一定数量的以某种金融工具表示的标准化合约。期货合约的标准化是期货交易最显著、最重要的特征。在合约中，交易的金融工具的品种、数量、交割地点、交割月份和交易方式等条款，都是标准化的，只有期货价格是期货合约中的唯一变量，它是在交易所里以公开竞价的方式产生的。

期货合约一般都具有以下几个方面的基本条款和结构：

（1）交易单位（Trading Unit）。其也称“合约规模”（Contract Size），是指交易所对每一份金融期货合约所规定的交易数量和数量单位。只要是在该期货交易所内买卖的以某种金融工具为基础的金融期货合约，所包括的交易数量和数量单位都是相同的。如IMM规定，每一英镑期货合约的交易单位是62 500英镑；又如CBOT规定，美国长期国债期货合约的交易单位是面值100 000美元的美国长期国债券。

交易单位的标准化，极大地简化了金融期货交易过程，提高了市场效率，使期货交易成为一种只记录期货合约买卖数量的交易。但是，这种交易单位的标准化也在一定程度上限制了人们根据自己的实际需要确定交易数量的余地，因为人们在交易中只能买进或卖出这一标准数量的某一整数倍，亦即买进或卖出多少份这样的期货合约。

（2）最小变动价位（Minimum Price Charge）。其通常也被称为1个刻度（Tick），是指由交易所规定的、在进行金融期货交易时买卖双方报价所允许的最小变动幅度。每次报价时价格的变动必须是这个最小变动价位的整数倍。刻度乘以交易单位所得的积，就是每份金融期货合约的价值因价格变动一个刻度而增减的金额，这一金额称为“刻度值”（Tick Value）。

交易所之所以对合约报价的最小变动价位做出规定，是为了简化金融期货交易的结算。根据这样的规定，交易者也可以很方便地根据每份合约的刻度值及价格变动幅度计算出每份合约的盈亏金额。

（3）每日价格最大波动幅度限制（Daily Price Limit）。其又称为“涨跌停板”，是指当日某金融期货合约的成交价格不能高于或低于该合约上一交易日结算价的一定幅度，达到该幅度则暂停该期货合约的交易。实行每日价格最大波动幅度限制的目的，在于防止期货价格发生过分剧烈的波动，并引起期货市场交易的混乱，从而能够使市场保持相对的稳定。

在期货市场，若某种金融期货合约的价格下降的金额等于每日价格限额，则称该合约达到跌停板（Limit Down）；如果价格上升的金额等于每日价格限额，则称该合约达到涨停板（Limit Up）。涨跌停板变动是指在任何方向上的价格波动等于每日价格变动限额的变动。通常，价格一旦达到当天的涨停板或跌停板，该合约就停止交易。不过，在某些情况下，交易所有权进行干涉并改变每日价格变动的限额。

每日价格最大波动幅度限制可使投资者免受市场价格在短期内急剧升降的风险，从而可限制他们每天的损失。当然，也同时限制了因价格的有利变动而让投资者所得到的收益。当某种期货合约连续几天出现停板时，交易所将根据情况适当地扩大每日价格最大波动幅度，以增加成交量，同时，也为那些急于平仓或补仓的交易者提供成交的机会。

（4）合约月份。其指的是期货合约到期交割的月份。虽然期货合约的实际交割比例很小，一般为2%~4%，但也会有交割发生。期货合约的交割月份由交易所规定，期货交易的参与者可自由选择交易何种交割月份的期货合约。一般来说，对于某种期货合约，期货交易所均规定若干个标准化的月份。例如在CBOT中，5年期国库券期货合约的交割月份规定为3月、6月、9月和12月。

（5）最后交易日（Last Trading Day）。其指由交易所规定的各种合约在到期月份中的最后一个交易日。在金融期货交易中，绝大多数成交的合约都是通过对冲交易结清的。如果持仓者到最后交易日仍不作对冲交易，他就必须通过实物交收或现金结算来结清其部位。关于最后交易日的规定，不同的期货交易所各有不同。如CME规定，抵押证券期货合约的最后交易日，是合约月份第三个星期三前的星期五；其主要市场指数期货合约的最后交易日，是交割日后的第三个星期五。

（6）部位限制。部位（Position）也称头寸，指的是同一期货合约买入与卖出冲抵后的净额。买入期货，称为多头部位（Long Position）；卖出期货，称为空头部位（Short Position）。部位越大，风险越高。为避免过分投机，交易所对持有部位有一定限制。

3.清算所

为了确保期货交易能够顺畅运作，每个期货交易所都有一家配合的清算所。清算所可能是一家独立的公司，也可能是交易所的一部分。清算所保证所有的期货合约都会履行合约义务；对于每个卖方，清算所扮演买方角色；对于每个买方，清算所扮演卖方角色。这意味着期货交易中每个交易者仅对清算所负担履约的承诺，当然也预期清算所会负担对应的履约承诺。所以，对于每位交易者来说，交易对象实质上都是清算所，清算所通过本身的信用来保证合约的履行。

清算所不会主动在市场中建立部位，而是被动介入每笔交易的当事人之间。在期货市场中，买进的契约张数必定等于卖出的契约张数。所以，对于每个预期接受商品交割的交易者，也必然存在一个准备进行交割的交易者。如果将流通的期货多头与空头部位相互冲销，最后的契约张数必定是零。

清算所在期货市场中提供的功能可以用图3-1表示。

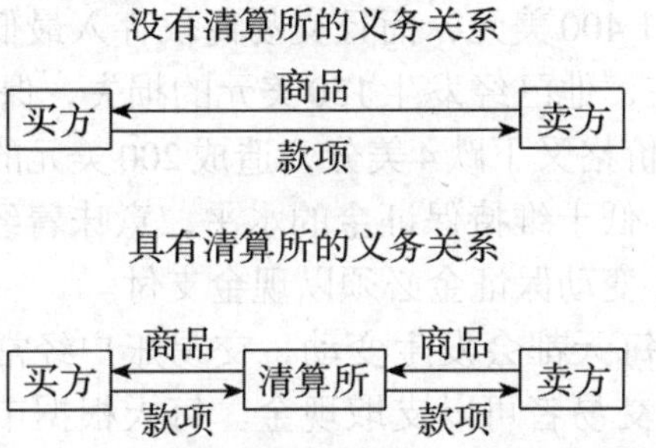

图3-1 清算所在期货市场中提供的功能

由于清算所居中介入，交易双方无须考虑对方的信用问题，甚至不需要彼此认识，仅需要担心清算所的可靠性。不过，清算所通常都是资本雄厚的大型金融机构，如果清算所不能履行它所提供的担保，可能导致期货市场完全瓦解，至今，还从未有过清算所不能履行承诺的情况。总体来说，清算所并没有在市场中建立期货部位，它有义务对买方卖出期货，同时对卖方也有按同样价格买进期货的义务，这两项义务相互冲销而净部位为零。也正是由于清算所没有在市场中主动建立部位，所以它的风险很小。

4.保证金与逐日结算

除了清算所的制度外，期货市场还采用其他的安全措施，其中最重要的是保证金的规定和逐日结算。正式从事交易之前，交易者必须在经纪商账户中存入一笔资金，这笔资金相当于履约的担保存款，通常为保证金（Margin）。保证金用来确保交易者履行合约义务。履约保证金可以存入现金、银行信用证或短期的美国公债。保证金存入之后，仍然是交易者的资产。

保证金总共有三种类型。最初的存款称为初始保证金（Initial Margin）。进行任何期货交易之前，必须先存入初始保证金，其额度大约等于相关合约的每天最大价格跳动。期货部位结束后，初始保证金将退还给交易者。

大部分期货合约的初始保证金都不会超过基础资产价值的5%。初始保证金额度相对于基础资产价值来说很小，主要是因为期货交易中还有另一套安全措施——逐日结算（Daily Settlement或Marking-to-Market），即每个交易日结束时，交易账户都必须根据当天的收盘价进行结算，立即实现当天的盈亏。

假如某交易商根据每蒲式耳171美分的价格买进一张合约，假设合约的收盘价是每蒲式耳168美分，这意味着该交易商的损失为每蒲式耳3美分。一张合约代表5 000蒲式耳，故整张合约的损失为150美元，这必须从初始保证金账户中扣除。当保证金下降到某种程度——维持保证金（Maintenance Margin）——交易者就必须补缴现金，让保证金的额度恢复到初始的水平。经纪商要求交易者补足保证金的程序称为追缴保证金（Margin Call）。交易者必须补缴的现金称为变动保证金（Variation Margin）。维持保证金通常设定为初始保证金的75%。举例来说，假定小麦合约的初始保证金为1 400美元，而且交易商仅存入最低的初始保证金，维持保证金为1 100美元。现在，他已经发生150美元的损失，保证金账户的净值为1 250美元。隔天，假定小麦价格又下跌4美分，造成200美元的损失，这使得保证金账户的净值为1 050美元，低于维持保证金的水平，意味着经纪商将要求交易商支付350美元的变动保证金。变动保证金必须以现金支付。

由于期货价格几乎每天都会发生变动，交易账户经常会发生盈亏，亏损需要支付变动保证金，获利交易者可以支取现金。每天根据市价进行结算保持维持或变动保证金的措施，可以有效保障期货市场的正常运作。如果交易商交易账户发生损失，需要补缴保证金，如果不能或不愿意存入所需要补缴的现金，则经纪人有权结束相关的期货部位，将损失从初始保证金中扣减，然后退还余额。初始保证金仅需要用来满足应付每天的价格波动，任何的亏损都必须立即通过变动保证金补足。不论任何理由，只要没有补缴规定的变动保证金，期货部位就会被强制结束。

保证金系统的运作是由许多层次构成的，借以衔接清算所与个别交易者。交易所的会员可以分为两大类：清算会员与非清算会员。清算会员（Clearing Member）是指交易所会员同时也是清算所会员。清算所仅与清算会员往来，所以，任何的非清算会员都必须通过清算会员才能够进行交易的清算。清算会员持有的所有期货部位都必须存入保证金到清算所。

个人交易者可以通过清算会员或非清算会员进行期货交易，图3-2说明他的保证金如何流到清算所。A交易者是通过清算会员的经纪商进行交易。在这种情况下，A交易者在经纪商处存入保证金，然后该经纪商又在清算所存入保证金。图3-2还说明了另一种可能性，B交易者是通过非清算会员的交易所会员经纪商进行交易，这家经纪商接受的所有交易委托都必须通过某家清算会员进行清算。在这种情况下，B交易者在经纪商处存入保证金，这家经纪商又在某清算会员处存入保证金，然后这个清算会员又在清算所存入保证金。

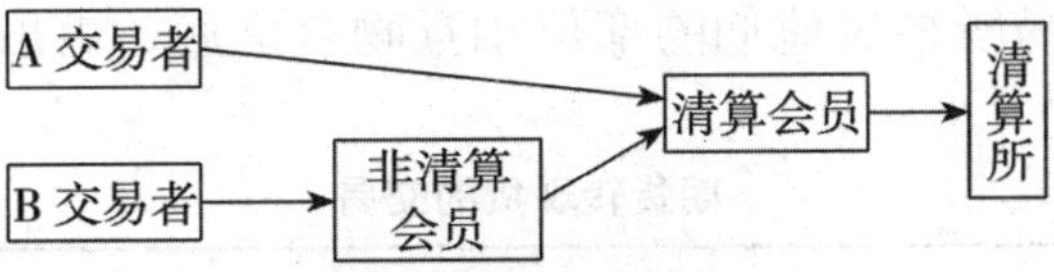

图3-2 保证金流程图

5. 结束期货部位

期货合约可以通过三种方式来结束部位：交割（Delivery）、冲销（Offset）、期货转现货（Exchange-for-Physicals，EFP）。

（1）交割。在期货交易的早期阶段，大多数期货合约都规定必须采用现货商品进行交割。近年来，交易所引进了一些现金结算（Cash Settlement）的期货合约。采用现金结算，当合约到期时，交易者仅需要利用现金结清部位的盈亏，不需要做现货交割（Physical Delivery）。不论是采用现货交割还是现金结算，都是在到期时结束期货合约。可是，很少期货合约会真正通过现货交割或现金结算的方式结束部位。

（2）冲销。大部分的期货合约都是通过冲销（Offset）来结束部位的。通过冲销完成期货合约的义务，交易者是将某特定期货合约的净部位恢复为零。如A方支付171美分/蒲式耳的价格买进1张9月份的小麦期货，他有义务在9月份接受清算所交割5 000蒲式耳的小麦。如果这位交易者不想实际取得小麦而希望在5月10日结束部位，他可以再度进入期货市场通过对冲来冲销原先的部位（见表3-2）。

表3-2 对冲

	A方的开仓部位	B方
5月1日	买进1张9月份小麦合约，价格为171美分/蒲式耳	卖出1张9月份小麦合约，价格为171美分/蒲式耳
	A方的平仓部位	C方
5月10日	卖出1张9月份小麦合约，价格为180美分/蒲式耳	买进1张9月份小麦合约，价格为180美分/蒲式耳

对冲时，A方卖出的合约必须与当初买进的合约完全对等。对冲交易与开仓交易之间完全吻合，包括交易商品、合约张数与到期月份。若非如此，A方将承担新的合约义务而不是冲销原有的义务。

（3）期货转现货。交易者还可以通过期货转现货的方式完成期货合约的义务。例如，在一笔EFP中，两位交易者同意同时交换某特定商品的现货与期货合约。假定A方做多1张小麦合约并真的希望接受交割，这两位交易者同意现货小麦的价格，而且同意冲销彼此的对应期货合约。表3-3的上半部分显示双方的初始交易，A方买进小麦合约而B方卖出小麦合约。然后，他们通知期货交易所，表示冲销期货合约的意愿。交易所核对他们的部位相互吻合之后，就取消他们的期货合约义务。

表3-3 期货转现货的交易

A方	B方
EFP之前	
做多1张小麦期货 希望接受小麦现货交割	做空1张小麦期货 希望交割现货小麦
EFP交易	
同意向B方购买小麦而取消期货合约 接受B方的小麦交割；支付价款 向交易所申报EFP交易；交易所调整账目而显示A方出场	同意把小麦卖给A方而取消现货合约 对A方进行小麦交割；收取价款 向交易所申报EFP交易；交易所调整账目而显示B方出场

在这个例子中，最后的结果类似于冲销交易，因为两位交易者都各自完成了期货合约的义务而退出市场。可是，EFP在某些方面还是有别于冲销交易的。第一，交易者实际交换现货商品。第二，期货合约的平仓交易并不是发生在交易所之内。第三，双方私下决定价格与其他的交易条件。由于EFP交易并不发生在交易大厅，所以又称为场外交易（Expit Transaction）。根据法律与交易所的规定，所有的期货交易都必须发生在交易大厅，但EFP是这项一般法则的例外。EFP有时候也被称为针对现货的交易（Against Actuals Transactions或Versus Cash Transactions）。

3.1.3 电子化的期货交易

自从期货交易所于19世纪中期诞生以来，直到数年之前，公开叫价制度始终是期货交易的唯一方式。虽然公开叫价还是期货市场的主要交易方法，然而，现代技术进步为金融市场提供了另一种可供选择的现代交易方式——电子化交易，又叫屏幕交易（Screen Trading）。这种交易一般有两种形式：一种是利用路透社金融信息系统传播价格行情，利用电话进行实际交易，再由电传证实交易；另一种更为先进的形式则是价格传播和交易的进行均通过屏幕完成。路透交易2000（Reuters Dealing 2000）就是后一种交易方式的实例。

直到20世纪80年代中期，几乎所有的期货交易所都无一例外地被设计成以有形的场内交易和交易池为基础的交易模式。目前，一些世界著名的期货交易所如CME、CBOT、LIFFE等依然在强调保留交易池交易模式的意义和价值，但同时几乎所有这些交易所都试图通过采用以屏幕为基础的交易模式来延长交易时间，从而保持它们在期货行业的领先和主导地位。其中最有名的是由路透社和CME所共同开发研制的全球交易系统（GLOBEX）。从1993年开始，LIFFE开始应用自己开发研制的屏幕交易系统，这一系统被称为“APT”。这些屏幕交易系统的使用时间均被严格地限定在正常的交易时间之外，主要是为了延长交易时间以拓展市场流动性。

电子化交易何时能取代公开叫价制度，人们正拭目以待。

3.1.4 期货市场与现货市场的比较评价

通过考察期货市场的运行机制，在有些方面已经对期货市场、现货市场和场外交易市场进行过初步的比较。表3-4对期货与现货市场的不同点进行了小结。

表3-4 **期货市场和现货市场的比较**

期货市场	现货市场
合约标准化 清算所对交易任一方的违约进行担保 任何时候都可以进行反向交易 需要满足每日保证金数额要求 每日盈亏以现金结算 大多数合约以反方向交易了结头寸或以现金支付进行清算	所有交易内容均可协商 存在交易对手的风险 由交易对方决定是否冲销头寸 对保证金没有强制性要求 逐日结算利润仅反映在账面上 交割形式一般为实物交割（某些衍生工具除外）

期货交易的诞生是金融市场上的一大创举，它极大地繁荣了金融市场。

期货市场的优势可以归纳为四点：①流动性强；②清算高效；③具有杠杆效应，投资者可以利用市场价格变动来谋利而无须投入大量资金，也不受贷款额度的制约；④交易成本低。

期货交易也存在一些局限性，这些局限性大致可以归纳为三个方面：①欠缺灵活性；②流动性相对较差；③有保证金负担。

当人们在考虑选择期货合约还是选择相应的场外交易产品时，必须对上述这些期货市场的优势和局限性加以通盘考虑，权衡比较之后再决定何种选择更适合自身的需要。

3.2 期货价格

3.2.1 期货报价

期货合约每天的价格资料，《华尔街日报》（The Wall Street Journal）是内容最完整和最方便的来源。报价采用表3-5所示的标准格式，报价发生的日期显示在最上端。

表3-5 **《华尔街日报》报价格式**

Daily Settlement for Corn Futures 5 000 bushels：cent/bushel

Month	Open	High	Low	Settle	Change	Open Interest		Volume
18-May	360.4	361.6	358.6	359.4	-1.4	39 516	-10 426	49 942
18-Jly	368.4	369.6	366.6	367.6	-1.4	26 179	-6 885	33 064
18-Sep	376.2	377.0	374.4	375.2	-1.4	5 570	-2 131	7 701
18-Dec	385.2	386.4	384.0	385.0	-1.0	11 804	-1 938	13 742
TOTAL						217 490	-61 880	279 370

Daily Settlement for Soybean Futures 5 000 bushels：cent/bushel

Month	Open	High	Low	Settle	Change	Open Interest		Volume
18-Mar	968.6	974.6	966.4	973.0	+4.2	363 811	1 242	66 271
18-May	980.0	985.6	977.4	984.2	+4.2	183 994	1 689	16 540
18-Jly	989.4	995.4	987.2	994.0	+4.4	130 569	2 392	12 045
18-Aug	992.0	997.6	990.0A	996.6	+4.6	15 023	167	1 609
18-Sep	989.4	995.0B	988.2	994.4	+5.0	4 066	22	288
18-Nov	988.4	994.6	987.2	994.2	+5.4	71 315	-276	10 783
TOTAL						768 778	5 236	107 536

资料来源：The Website of CME Group，2018年1月18日。

报纸的发行日期是隔天。如标题所示，未平仓量的数据来自报价资料日期的前一个营业日（表3-5仅列示了农产品期货的价格，金融期货的报价在后续章节介绍）。每种合约都分别列示商品名称、交易月份、每张合约代表的基础资产数量，以及报价单位。以表3-5中的第一种合约，即CBOT交易的玉米合约为例，每张合约代表5 000蒲式耳，报价单位是美分/蒲式耳。

对于每个交割月份的合约，报价资料都仅占一列，首先列示最近到期的合约，也就是近月份合约（Nearby Contract）。第一列按照到期顺序列示其他到期月份的合约，即远月份或迟延月份合约（Distant Contracts或Deferred Contracts）。第二至第四列的报价分别是合约在该交易日的开盘、最高与最低价。

第五列的数据是结算价格（Settlement Price），这是该交易日收盘的结算价格。第六列是变动量（Change），是指报价当天结算价格与前一营业日结算价格之间的价格变动量。

接下来的第七列显示未平仓量（Open Interest）及其相对于前一天的变动量，

这代表每个交割月份合约仍在外流通的数量。未平仓量是指目前具有交割义务的合约张数。期货合约距到期日越远，未平仓量相对越小。随着合约接近到期，未平仓量将增加。一般来说，最近月份交割的合约的未平仓量最大。可是，当近月份合约非常接近到期时，未平仓量也会减少，这是因为交易者要结束部位以避免进行实际交割。第八列显示当日全球电子交易量（Globex Volume）。

表3-5中最后一行还提供三个数据：一是所有合约月份的未平仓总量；二是未平仓总量相对于前一天的变动量；三是某特定商品所有合约月份的估计成交量。

另外，表格中数值后面的A是Above的简写，B是Below的简写，分别表示某一价格以上或以下的大致变化趋势范围。

3.2.2 期货定价

像远期合约一样，期货合约也使它的交易者能按预定的价格在规定的到期日买卖某种资产，因而期货交易与远期交易表现出很多的相似之处。但与远期合约相比，期货合约有两个十分显著的特点：一是逐日盯市，期货合约的头寸每天都按照清算价格进行清算；二是保证金制度，交易双方都必须交纳保证金，而且由于价格的变化使交易者的保证金低于某一水平，交易者必须按时补齐到初始水平。因而，从现金流量的分布上分析，我们可以认为期货合约是由一连串的短期远期合约构成的。期货合约的独特特征使我们不能运用现金持有战略来复制期货合约，从而进行期货定价。

1.期货价格与远期价格相等

先假定无风险利率在合约的期限内保持不变，在这个假定条件下，通过下面的滚动投资策略分析的办法，我们可以得出远期价格与具有相同到期日的期货合约的期货价格相等的结论。

设有一期货合约，期限为n天，F_i为第i天末（$0<i\leqslant n$）的期货价格，定义δ为每日的无风险利率（设为常数）。考虑如下的滚动投资策略：

（1）在第0日末（即合约之初）做一多头期货，投资者持仓量为e^{δ}。

（2）在第1日末该期货合约多头的持仓量增至$e^{2\delta}$。

（3）在第2日末该持仓量增至$e^{3\delta}$……依此类推，一直至第$n-1$日末将持仓量增至$e^{n\delta}$为止。

将上述的投资策略总结为表3-6。

从第i天开始，投资者拥有期货合约的多头头寸$e^{i\delta}$。第i天的利润（可能为负）为（F_i-F_{i-1}）$e^{i\delta}$。

假设第i天的利润值以无风险利率δ计算复利直至第n日末，则它在第n天末的价值为：

$$(F_i - F_{i-1})e^{i\delta} \cdot e^{(n-i)\delta} = (F_i - F_{i-1})e^{n\delta}$$

表3-6 **滚动投资策略汇总表**

日 期	0	1	2	…	n-1	n
期货价格	F_0	F_1	F_2	…	F_{n-1}	F_n
持仓量	e^{δ}	$e^{2\delta}$	$e^{3\delta}$	…	$e^{n\delta}$	0
盈亏	0	$(F_1-F_0)\ e^{\delta}$	$(F_2-F_1)\ e^{2\delta}$	…	$(F_{n-1}-F_{n-2})\ e^{(n-1)\delta}$	$(F_n-F_{n-1})\ e^{n\delta}$
计复利至第n日的盈亏	0	$(F_1-F_0)\ e^{n\delta}$	$(F_2-F_1)\ e^{n\delta}$	…	$(F_{n-1}-F_{n-2})\ e^{n\delta}$	$(F_n-F_{n-1})\ e^{n\delta}$

整个投资策略的第n日末的价值为$\sum_{i=1}^{n}(F_i-F_{i-1})e^{n\delta}$。

而且由于$\sum_{i=1}^{n}(F_i-F_{i-1})e^{n\delta}=[(F_n-F_{n-1})+(F_{n-1}-F_{n-2})+\cdots+(F_1-F_0)]e^{n\delta}$

$$=(F_n-F_0)e^{n\delta}$$

亦即整个投资策略的第n日末的价值为：$(F_n-F_0)\ e^{n\delta}$。又由于F_n与到期日的基础资产的现货价格S_T相等，从而整个投资策略的最终价值为$(S_T-F_0)\ e^{n\delta}$。

将资金F_0投资于无风险资产，并将这项投资与上述投资结合在一起，在期货合约的到期时刻T，其收益为$F_0e^{n\delta}+(S_T-F_0)\ e^{n\delta}=S_Te^{n\delta}$。

由于上述所有的多头期货头寸均不需要任何资金（这里以所有交易均不存在交易成本为前提），可见，上述投资组合的初始投入为F_0，投资F_0能够在时刻T得到收益$S_Te^{n\delta}$。

下面考虑另一种投资策略：

假定在第0日末具有相同基础资产和相同到期日的远期合约的远期价格为G_0，将G_0投资于无风险的金融资产，同时购买$e^{n\delta}$个远期合约，则在T时刻该投资组合的收益为：

$$G_0e^{n\delta}+(S_T-G_0)e^{n\delta}=S_Te^{n\delta}$$

因此，对于上述两种投资策略，尽管一个要求初始投入F_0，而另一个要求初始投入G_0，但两种投资在T时刻都得到了同样的收益$S_Te^{n\delta}$。因此，在不存在无风险套利机会的假定条件下，必有$F_0=G_0$。换句话说，期货价格与远期价格是一致的。

前面是在无风险利率为常数的假定条件下，得到了两个交割日相同的期货合约和远期合约的价格是一致的结论。若放宽假定条件，设利率是一个已知的时间的函数，则结论同样成立。当然，分析更为复杂。

2.期货价格与远期价格不一致

当利率变化无法预测的时候，则理论上期货价格与远期价格是不一致的。为简化分析，我们考虑单利的两期经济情况（见图3-3）。这种分析同样适用于现实生活中的更长期限的问题。两段时间为t_1和t_2。短期利率为i_S（1），长期利率为i_S

(2)。因为利率是随机变动的，故i_s（1）$\neq i_s$（2）。因而，当前直接投资于2期与投资1期再展期投资2期的回报是不相同的。到t_1时，新的（t_2-t_1）段的利率为t_s（1，2），它是随机的。正是t_s（1，2）的不确定性，使得期货合约定价复杂于远期合约定价。

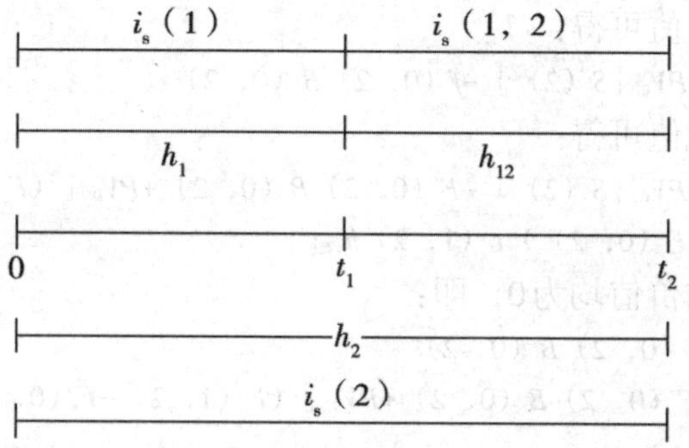

图3-3　单利

假设远期合约与期货合约有相同的到期日t_2，且到期日现货价格为S（2），两合约的现金流量情况如图3-4所示。

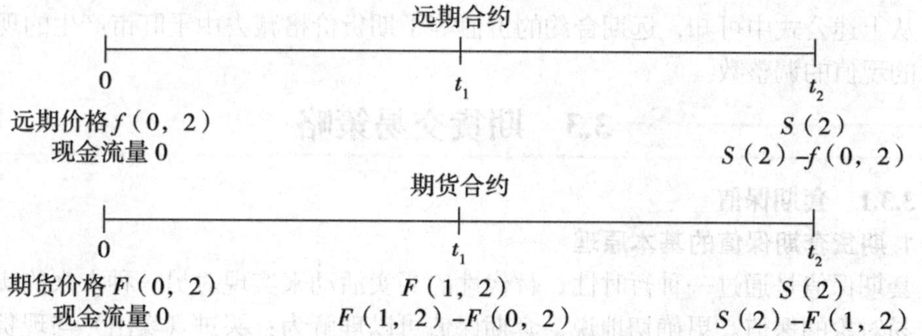

图3-4　远期合约与期货合约现金流量

远期合约仅仅在t_2处有现金流量，而期货合约由于逐日盯市，在t_1与t_2处均有现金流量。

为比较这两份合约，我们考虑两种投资策略，初始投资额为0。

策略1（远期合约）：做远期多头，初始投资为0，t_2时远期合约的价值为S（2）$-f$（0，2）。

策略2（期货合约）：做期货多头，到期日为t_2。最初期货的价格为F（0，2）。在时间t_1，由于盯市，期货合约产生F（1，2）$-F$（0，2）的现金流。如果该现金流为正，则我们可将之以无风险利率投资至t_2；如果为负，我们将以无风险利率借贷。故在t_2时，该投资策略的总价值为：S（2）$-F$（1，2）+［F（1，2）$-F$（0，2）］×［$1+i_s$（1，2）h_{12}］，其中的h_{12}为t_2与t_1之间的时间长度。上式可变为：S（2）$-F$（0，2）+［F（1，2）$-F$（0，2）］i_s（1，2）h_{12}。

将两个策略进行比较可以发现，二者的不同在于时间t_1。期货合约盯市产生现金流的利息收入或损失。在投资时，该利息由于i_s（1，2）以及F（1，2）的不确定而无法预知。并且，由此可知，期货合约较远期合约多了一种风险，而这种风险既可能使其获利，也可能导致亏损。

对远期合约求现值可得：

$$V[f(0,2),0]=PV_0[S(2)]-f(0,2)B(0,2)$$

对期货合约求现值可得：

$$V[f(0,2),0]=PV_0[S(2)]-F(0,2)B(0,2)+PV_0[(F(1,2)-F(0,2))i_s(1,2)h_{12}]$$

在投资时，两合约的价值均为0，即：

$$0=PV_0[S(2)]-f(0,2)B(0,2)$$

$$0=PV_0[S(2)]-F(0,2)B(0,2)+PV_0[(F(1,2)-F(0,2))i_s(1,2)h_{12}]$$

可知：

$$f(0,2)=F(0,2)-[1+i_s(2)h_2]PV_0[(F(1,2)-F(0,2))i_s(1,2)h_{12}]$$

式中：h_2——时间0到时间t_2的时间长度；$B(0,2)=\dfrac{1}{1+i_s(2)h_2}$。

从上述公式中可知，远期合约的价值等于期货价格减去由于盯市产生的现金流利息的现值的调整数。

3.3 期货交易策略

3.3.1 套期保值

1.期货套期保值的基本原理

套期保值是通过一种暂时性、替代性的买卖活动来实现对另一种未来的实质性的交易对象的保值。更确切地说，套期保值可以理解为：买进（卖出）与现货市场上经营的基础资产数量相当、期限相近，但交易方向相反的期货合约，以期在未来某一时间通过卖出（买进）同样的期货合约来抵补这一基础资产因市场价格变动而带来的实际的价格风险。从这里我们可以看出，套期保值不是在期货市场上通过交易对期货进行保值，而是对期货的相应基础资产的现货进行保值。

套期保值者之所以能够利用期货交易对现货进行保值，其基本原理在于期货价格与现货价格受相同因素的影响，从而它们的变动方向是一致的。所以，人们只要在期货市场建立一种与其现货市场相反的部位，则在市场价格发生变动时，其必然在一个市场受损而在另一市场获利，以获利补受损，从而达到保值的目的。

2.做多避险

交易商可能因为没有实际持有某种商品而承担风险。比如，对于照相底片的制造厂家来说，白银属于必要的生产要素，白银价格的波动可能严重影响厂家的盈利状况。在正常营运条件下，底片制造商必然定期买进大量的白银。假定未来2个月的白银需求量是50 000盎司（以表3-7显示当时——5月10日的白银价格），该底片制造商担心白银价格突然上涨，于是决定以1 068的价格买进7月份白银。厂家不可能根据1 052.5的价格买进现货储存2个月，因为15.5美分的价差不足以弥补储存成本。另外，即使支付1 068的价格买进7月份白银，底片制造商还是可以有不错的利润。可是，如果白银买进价格超过1 068，就将严重伤害其获利能力。基于这些理由，制造商买进期货合约，借以规避未来白银价格上涨的风险。故制造商可做如表3-8所示之交易。

表3-7 **5月10日的白银价格**

合约	价格（美分/盎司）
现货	1 052.5
7月份	1 068.0
9月份	1 084.0

注：白银期货在COMEX交易，每张合约代表5 000盎司。

表3-8 **白银的做多避险**

日　期	现货市场	期货市场
5月10日	预期2个月之后需要50 000盎司白银，预期价格为1 068美分/盎司，总成本为$534 000	买进10张7月份白银，每张合约代表5 000盎司，价格为1 068美分/盎司
7月10日	当时的现货价格为1 071美分/盎司，买进50 000盎司，总共支付$535 500 机会损失：$1 500	当期货合约到期时，期货价格等于现货价格，卖出10张合约，价格为1 071美分/盎司 期货获利：$1 500
	财富净变动=0	

由于买进期货是为了避险，这笔交易属于做多避险（Long Hedge）。另外，买进期货是预期将来需要白银，所以这笔交易也属于预期性避险（Anticipatory Hedge）。

3. 做空避险

避险交易中不一定必然做多期货合约，也可做空。在做空避险（Short Hedge）中，避险者是放空期货合约。举例来说，5月10日的白银仍然是表3-8所示的情况。假定某银矿业主担心白银价格可能下跌，就将影响矿场获利。就目前的生产情况估计，这家矿场在未来的2个月之内可以交割50 000盎司的白银，业主相当满意目前的7月份期货价格1 068。

因为担心白银价格在未来2个月之内可能下跌，矿主决定进入期货市场建立如表3-9所示的部位进行避险，把白银的未来销售价格锁定在1 068的水平上。

表3-9 白银的做空避险

日 期	现货市场	期货市场
5月10日	预期2个月之后需要销售50 000盎司白银，预期价格为1 068美分/盎司，总收入为$534 000	放空10张7月份白银，每张合约代表5 000盎司，价格为1 068美分/盎司
7月10日	当时的现货价格为1 071美分/盎司，销售50 000盎司，总共收入$535 500 额外获利：$1 500	当期货合约到期时，期货价格等于现货价格，回补10张合约，价格为1 071美分/盎司 期货损失：$1 500
	财富净变动=0	

就7月份的事后观察来说，如果没有进行避险，矿主可以多赚1 500美元，可是，这并不表示当初的避险是错误决策。在矿主决定进行避险的时候，就已经认定7月份的期货价格是可以接受的。

4.基差风险与最佳套期保值比率的确定

在期货交易中，基差是一个非常重要的概念。基差是某特定地点当前商品现货价格减去相同商品的期货合约价格。

基差=当前现货价格-期货价格

我们来考虑套期保值的资产与期货合约的基础资产一致的情况。一种基础资产的现货价格与期货价格在期货合约到期之前一般不会相等，基差可能为正值或为负值，这就存在正基差和负基差。随着合约交割日的临近，基差会逐渐变小，最后变为零，即现货价格与期货价格相等。当然，毫无疑问，在期货合约的到期日基差肯定为零，这个结论也被称为价格收敛（Convergence）。

当现货价格的增长大于期货价格的增长时，基差也随之增加，称为基差扩大。当期货价格的增长大于现货价格的增长时，基差减少，称为基差缩小。

如前述两例那种完全的套期保值是极不现实的。事实上，我们可以预计期货合约的套期保值有不少是会有损失的，期货套期保值只是通过使结果更确定来减少风险。事实上，无论是哪一种方式的套期保值，其本质都是利用期货的价差来弥补现货的价差。在不保值状态下，投资者面对并承担现货市场价格的波动；而在保值状态下，投资者面对并承担的是两市场基差的波动。而两市场间基差的变化，往往会小于现货市场价差的波动。这样就可以利用期货降低风险，即以基差风险取代现货市场价差风险。

套期保值后，投资者所承担的是与基差相关的不确定性，这被称为基差风险（Basis Risk）。前面两例中，基差为0，是完全套期保值。而现实中的大部分交易都是非完全套期保值，都面临着基差风险。而且，当需保值资产和所选择的期货合约的基础资产不一致时，则基差风险更大。

套期保值所选用的期货合约是影响基差风险的一个关键因素。期货合约的选择通常包括两个方面——选择期货合约的基础资产；选择交割月份。

对于期货合约的基础资产的选择，通常要求期货合约的期货价格与打算保值的资产价格的相关性最好。对于交割月份的选择，一般说来，套期保值的到期日与合约交割月份之间的时间越长，则基差风险越大。经验做法是：尽量选择最接近套期保值到期的那个交割月份，交割月份应选在稍迟于套期保值到期日的月份。之所以不选择当月交割合约，是因为交割月份的期货价格非常不稳定。同时，在交割月份中持有合约的多头套期保值者，还面临着不得不接受实物资产交割的风险，这会导致高成本且极不方便。

在设定用何种金融期货合约作为套期保值工具后，还必须确定用多少张这样的合约才能达到预期的套期保值目的，即套期保值比率的确定。套期保值比率（Hedge Ratio，HR）是指保值者持有期货合约的头寸大小与需要保值的基础资产大小之间的比率。套期保值比率实际上就是每一单位现货部位保值者所建立的期货合约单位。保值者在套期保值中所使用的期货合约数和套期保值比率具有如下关系：

$$\text{套期保值中使用的期货合约数}=\text{套期保值比率}\times\frac{\text{现货部位的面值}}{\text{每张期货合约的面值}}$$

5.风险最小化的避险

在此之前，我们一直都是假定套期保值比率为1。下面我们要说明，要想达到套期保值者的价格风险最小化的目的，套期保值比率为1并非最佳。

假定：S_1为t_1时刻现货的价格；S_2为t_2时刻现货的价格；F_1为t_1时刻期货的价格；F_2为t_2时刻期货的价格；h为套期保值比率。$\Delta S=S_2-S_1$；$\Delta F=F_2-F_1$。

假定交易商在t_1时刻进行对冲操作，在t_2时刻平仓。可以看出，ΔS是套期保值期限内现货价格的改变量，ΔF是套期保值期限内期货价格的改变量。ΔS、ΔF分别因未来时间t_2时的现货价格S_2和期货价格F_2的不确定性而不确定。

对于一个空头套期保值者来说，在t_1时刻持有现货多头和期货空头，在t_2时刻出售现货资产，同时进行期货平仓。在该期间保值者头寸的价值变化为：$\Delta S-h\Delta F$。

对于一个多头套期保值者来说，在t_1时刻持有现货空头和期货多头，在t_2时刻购买现货资产，同时进行期货平仓。在这期间保值者头寸的价值变化为：$h\Delta F-\Delta S$。

令σ_S是ΔS的标准差，σ_F是ΔF的标准差，则$\sigma_S^2=\mathrm{Var}\Delta S$，$\sigma_F^2=\mathrm{Var}\Delta F$，再用$\rho$表示$\Delta S$和$\Delta F$的相关系数，则$\rho=\dfrac{\mathrm{COV}(\Delta S,\Delta F)}{\sigma_S\cdot\sigma_F}$，COV（$\Delta S$，$\Delta F$）表示$\Delta S$和$\Delta F$的协方差。

考虑上面两种情况套期保值头寸价值变化的方差，显然Var（$\Delta S-h\Delta F$）=Var（$h\Delta F-\Delta S$），不妨用V表示，则：

$$
\begin{aligned}
V &= \mathrm{Var}(\Delta S - h\Delta F) \\
&= E[(\Delta S - h\Delta F) - E(\Delta S - h\Delta F)]^2 \\
&= E[(\Delta S - E\Delta S) - h(\Delta F - E\Delta F)]^2 \\
&= E(\Delta S - E\Delta S)^2 + h^2E(\Delta F - E\Delta F)^2 - 2hE(\Delta S - E\Delta S)(\Delta F - E\Delta F) \\
&= \mathrm{Var}\Delta S + h^2\mathrm{Var}\Delta F - 2h\mathrm{COV}(\Delta S, \Delta F) \\
&= [\sigma_S^2] + h^2[\sigma_F^2] - 2h\rho\sigma_S\sigma_F
\end{aligned}
$$

从上面的最后一个等式来看，由于σ_S、σ_F、ρ是常数，因此V是h的函数。现在我们来考虑h为何值时价格变化的方差V最小（这也意味着价格风险最小）。

求V关于h的导数，得到：

$$\frac{dV}{dh}=2h\sigma_F^2-2\rho\sigma_S\sigma_F$$

令$\frac{dV}{dh}=0$，得到：

$$h=\rho\frac{\sigma_S}{\sigma_F}$$

再求V关于h的二阶导数，得到：

$$\frac{d^2V}{dh^2}=2\sigma_F^2$$

注意到，$\frac{d^2V}{dh^2}>0$，由微积分知识我们知道，使V最小的h值为：

$$h^*=\rho\cdot\frac{\sigma_S}{\sigma_F}$$

以h^*代替V的表达式中的h，可得到V的最小值为：

$$V^*=(1-\rho^2)\sigma_S^2$$

由分析可见，最佳的套期保值比率等于ΔS和ΔF之间的相关系数乘以ΔS的标准差与ΔF的标准差的比率。

若$\rho=1$，且$\sigma_S=\sigma_F$，则期货价格完全反映了现货价格，最佳的套期保值比率为1。

若$\rho=1$，且$\sigma_F=2\sigma_S$，则最佳套期保值比率为0.5。这一结果也正如我们所预期的，这是由于在这种情况下，期货价格变化总是等于现货价格变化的2倍。

从上面的分析我们还可看到：当相关系数$\rho=1$，套期保值比率确定为$\frac{\sigma_S}{\sigma_F}$，则有方差$V$等于零。也就是说，这时完全消除了价格风险，做到了完全的套期保值。而只要相关系数$\rho<1$，则无论我们确定怎样的套期保值比率，方差V总是满足：

$$V\geqslant(1-\rho^2)\sigma_S^2$$

由此可见，方差V不等于零。这时没有完全消除价格风险，就是说没有做到完全的套期保值。

3.3.2 投机

投机商进入期货市场交易的目的在于追求获利，并因此创造原本不存在的风险，他们进入期货市场主动承担风险。投机商的存在是期货市场正常运行不可或缺的，他们承担市场价格波动的风险并提供风险资金；平抑期货价格的波动；增强市场流动性；促进信息的流动。

投机商大体上可以根据部位持有的预期时间长短而分为三大类：短线帽客（Scalpers）、当日冲销者（Day Traders）与部位交易者（Position Traders）。

短线帽客的交易时间最短，他们交易的行情走势可能仅有几秒钟或几分钟。相对于短线帽客来说，当日冲销者的交易时间比较长，他们试图掌握一个交易日之内的行情走势。当日冲销者会在当天交易时段结束之前结束所有的部位，即他们不会持有隔夜部位。部位交易者是指持有隔夜部位的投机商。某些情况下，部位的持有时间可以分为两大类，一是持有单纯部位（Outright Position），二是持有价差部位（Spread Position），其中以单纯部位的风险较高。

1. 单纯部位与价差交易

单纯部位是指交易者只做一笔期货交易保持的期货单向头寸。如果某位交易者相信未来两个月的长期利率上涨程度将超过市场预期的水平，他可能建立下列单纯部位：当利率上升时，公债期货价格将下跌。可是，这位交易者并不知道利率将在未来两个月的什么时候上涨，因此，他决定放空CBOT的美国公债期货合约，而且准备在未来两个月之内持有该部位。如果他的判断正确，利率的上升程度确实超过市场预期的水准，期货价格下跌。在这种情况下，他就可以冲销部位而获利了结。

单纯部位蕴含的风险相当清楚。如果他的判断错误，利率不涨反跌，部位将蒙受重大的损失。单纯部位代表重大的获利机会，但也代表严重的损失风险。对于大多数投机客来说，单纯部位往往意味着不可承受的风险。新近交易者在期货市场“存活”的平均寿命大约仅有6个月，但单纯部位交易者的“寿命”更短。

大多数厌恶风险的部位交易者都会针对价差进行交易。商品内的价差（Intracommodity Spreads）是指基础资产相同而交割月份不同的合约间的价差；商品间的价差（Intercommodity Spreads）是指基础资产不同而具有相关性的合约间的价差，如7月份小麦与7月份玉米合约之间的价差就属于商品间的价差。价差交易者是针对两种或多种相关期货价格走势进行交易，获利的来源是相对价格，即价差的变动。

【例3-1】某位交易者认为小麦与玉米期货价格的差异太大，已经超过这两种商品的正常价差范围。小麦的每蒲式耳价格通常都高于玉米，但这位交易者认为目前的价差太大。假定2月1日的7月份小麦与玉米合约报价如下：

7月份小麦　　329.5

7月份玉米　　229

这位交易者相信两者之间的价差最多不会超过1美元，而且愿意针对这个判断——“玉米相对小麦的价格应该上涨”进行投机。于是他进行如表3-10所示的交易。

表3-10　**商品间价差交易**

日　期	期货市场的交易
2月1日	卖出1张7月份小麦合约@329.50美分/蒲式耳 买进1张7月份玉米合约@229.00美分/蒲式耳
6月1日	买进1张7月份小麦合约@282.75美分/蒲式耳 卖出1张7月份玉米合约@219.50美分/蒲式耳 玉米合约的损失： -$0.095/蒲式耳×5 000蒲式耳=-$475.00 小麦合约的获利： $0.4675/蒲式耳×5 000蒲式耳=$2 337.50 净获利：$1 862.50

注：小麦与玉米的每张合约都代表5 000蒲式耳，示为@。

图3-5显示了相关期间内的7月份玉米与小麦价格走势。如图所示，两种价格都没有发生重大的变动，但由于从2月1日开始两者均出现下跌的走势，小麦的跌势相对严重，而交易者是做空小麦、做多玉米，前述的价格走势使小麦部位获利而使玉米部位损失。可是，因为小麦的价格下跌程度超过玉米，所以整体价差交易部位还是能够获利。图3-6显示了2月1日到6月1日之间的价差部位获利走势。

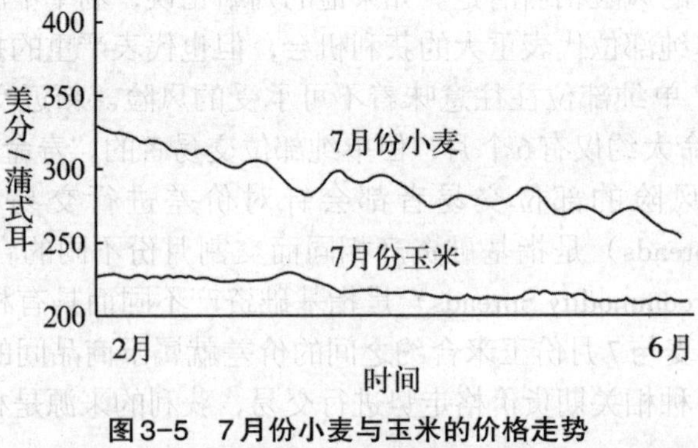

图3-5　7月份小麦与玉米的价格走势

在这个例子中，交易者正确判断玉米相对于小麦的价格上涨走势。虽然两种合约的价格都下跌，但小麦的价格下跌程度超过玉米，所以价差交易得以获利。可是，这并不是部位获利的唯一可能价格走势；如果两者的价格都上涨，但玉米的价

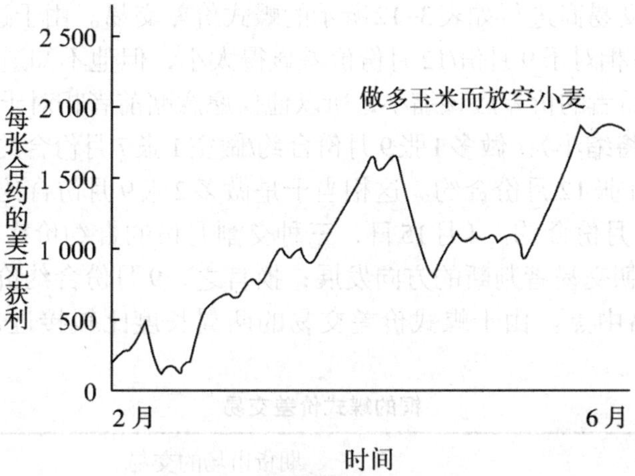

图3-6　小麦/玉米的价差交易获利（2月1日—6月1日）

格上涨程度超过小麦，前述部位也可以获利。总之，在价差交易中，重点是相对价格的走势，而不是绝对价格。

除上述的商品间价差交易之外，也可以考虑商品内的价差交易。换言之，就是针对相同商品而到期月份不同的两种或多种合约建立部位。在这种策略中，交易者必须判断相同商品不同交割月份合约之间的相对价格变动关系。在单纯部位中，交易者仅需要判断单一商品合约的价格走势，但价差交易部位则需要判断两种或多种商品或到期月份合约之间的相对价格走势。

2.蝶式价差交易

前述的价差交易例子相对单纯，而有些价差交易的结构很复杂。蝶式价差交易（Butterfly Spread）就是一种常见的复杂的价差交易策略。

【例3-2】假定今天是11月10日，表3-11列示铜的报价。9月份合约的报价是67.5美分/磅，相对于邻近的7月份与12月份合约报价来说，9月份价格似乎有明显脱序的现象。对于该投机商来说，9月份价格应该介于7月份与12月份价格的中点，但目前的9月份价格显然太接近7月份价格。由于这位投机商对于铜价的走势方向并没有特定的看法，他仅希望从这三个合约月份的价格脱序关系中获利。

表3-11　**11月10日的铜期货报价**

交割月份	价格（美分/磅）
7月份	67.0
9月份	67.5
12月份	70.5

于是，这位交易商进行如表3-12所示的蝶式价差交易。由于这位交易商认为，7月份/9月份价差相对于9月份/12月份价差显得太小，但他不知道究竟是前者的价差应该扩大还是后者的价差应该缩小，所以他仅愿意赌前者相对于后者将扩大（即后者相对于前者将缩小）：做多1张9月份合约/做空1张7月份合约，同时做多1张9月份合约/做空1张12月份合约。这相当于是做多2张9月份合约/做空1张7月份合约/做空1张12月份合约。4月15日，三种交割月份的合约价格都下跌，但它们的价格关系确实朝交易者判断的方向发展；换言之，9月份合约价格比较接近9月份/12月份的价格中点。由于蝶式价差交易的两翼长度比较接近，部位的获利为750美元。

表3-12 **铜的蝶式价差交易**

日　期	期货市场的交易
11月10日	卖出1张7月份铜合约@67美分/磅 买进2张9月份铜合约@67.5美分/磅 卖出1张12月份铜合约@70.5美分/磅
4月15日	买进1张7月份铜合约@65美分/磅 卖出2张9月份铜合约@67美分/磅 买进1张12月份铜合约@68.5美分/磅 盈亏状况： 7月份：+$0.02×25 000磅=+$500 9月份：−$0.005×2张×25 000磅=−$250 12月份：+$0.02×25 000磅=+$500 净获利：$750

注：铜期货每张合约为25 000磅。

3.3.3 套利

套利（Arbitrage）是指人们利用暂时存在的不合理的价格关系，通过同时买进或卖出相同或相关的期货合约而赚取其中的价差收益的交易行为。不合理的价格关系包括多种不同的情况，其主要的有如下三种：①同种期货合约在不同市场之间的不合理价格关系；②同一市场、同种期货合约在不同交割月之间的不合理价格关系；③同一市场、同一交割月的不同期货合约之间的不合理价格关系。存在不合理的价格关系就意味着市场上存在着套利的机会，套利者很快就会利用这些套利机会进行套利活动，于是这些不合理的价格关系将很快得到矫正。

1.市场间套利

市场间套利（Inter-Market Arbitrage）是指投资者在不同交易所同时买进和卖出相同交割月份的两种期货合约以赚取价差利润的套利行为。

同一种基础资产作为标的物的期货合约在两个不同的期货市场进行交易时，由于区域间的地理差别，未必有相同的价格水平，也未必有相同的价格变动方向和价格变动幅度。但合约的标的资产相同，在不同的市场的价格之间必存在着一种合理的、正常的价差水平，倘若出现异常变化，则必有一个市场的合约被相对高估，而另一个市场的合约被相对低估。这样就存在无亏损风险的套利机会。

【例3-3】在2008年12月，小麦期货市场受到美元走弱以及原油、CBOT大豆和玉米期货价格走高的支撑，芝加哥期货交易所小麦价格比堪萨斯期货交易所小麦期货价格低22美分。在这种市场情况下，某交易者于12月9日在芝加哥期货交易所买进一张3月份小麦期货合约，价格为5.09美元/蒲式耳，同时又在堪萨斯交易所以5.31美元/蒲式耳卖出一张相同的3月交割小麦期货合约，两地价差为0.22美元。

到了2009年2月份，市场吸收了各方面的信息，两市场价格关系恢复正常，该交易者将买卖的合约分别对冲平仓，2月15日该交易者在芝加哥市场以5.26美元/蒲式耳卖出一张3月份小麦期货合约，又在堪萨斯交易所以5.27美元/蒲式耳买进相同一张期货合约，当时的价差为0.01美元。

本例中，芝加哥市场与堪萨斯市场小麦价差从22美分缩减为1美分，净获利为21美分/蒲式耳，每张合约获利1 050美元（0.21美元×5 000蒲式耳，见表3-13）。

表3-13 **市场间套利**

芝加哥期货交易所小麦期货	堪萨斯交易所小麦期货	价差
12月9日买进一张3月份小麦合约 价格：5.09	卖出一张3月份小麦合约 价格：5.31	0.22
2月12日卖出一张3月份小麦合约 价格：5.26	买进一张3月份小麦合约 价格：5.27	0.01
获利每蒲式耳0.17美元	获利每蒲式耳0.04美元	0.21
获利：850美元	获利：200美元	总获利：1 050美元

2.商品间套利

商品间套利（Inter-Commodity Arbitrage）是指投资者利用不同的但具有某种相关性的期货合约之间的不正常的价格关系，在同一交易所或不同交易所同时买进和卖出不同种类的，但交割月份相同的期货合约的套利活动。

标的资产不同，期货价格及其变动也自然不同。然而，只要标的资产间具有较为密切的相关关系，则即使它们的绝对价格不同，它们的价格变动也是同向的，甚至是同步的。所以，这些标的资产之间，以及以这些标的资产为基础的期货合约之间，就存在着一种正常的价格关系。一旦这种正常关系被暂时扭曲，人们就可以利用这两种合约进行套利交易。当合约的不正常价格关系回复到正常状况，通过对冲部位即可获取价差变动所带来的利润。

【例3-4】小麦/玉米价差变化有一定的季节性，通常在冬小麦收割后的5、6、7月份之间，小麦价格相对较低，而玉米价格相对较高，二者之间价差趋于缩小；从另一方面看，在9、10、11月份玉米收获季节，由于玉米价格相对较低，小麦价格相对较高，二者之间价差会进一步扩大。在已知小麦/玉米之间的“正常”价差关系后，交易者可利用出现的高于或低于“正常”价差的机会进行套利交易。

某交易者预计小麦/玉米市场将会出现正常的价格关系，即在夏季之前，小麦价格相对于玉米价格而言会有较大的下跌，继而在秋季时，小麦价格相对于玉米价格而言会有较大的上涨，他决定做这种“正常”的价差套利交易，因此在6月29日，该交易者按每蒲式耳4.15美元的价格买进一张12月1日交割的小麦期货合约，同时以每蒲式耳3.425美元的价格卖出一张与小麦交割月份相同的玉米期货合约，并期望在将来平仓时，两合约间价差会扩大，当时的价差为72.5美分。

及至11月2日，该交易者将手中合约对冲平仓，他按4.41美元价格对冲其先前买进的小麦期货合约，并按2.89美元的价格买进一张12月份交割的玉米期货合约以对冲其先前卖出的玉米合约，当时的价差为1.52美元。

此例中，小麦/玉米价差从72.5美分扩大至1.52美元，交易者在小麦和玉米期货部位上均获利，其净获利为每蒲式耳79.5美分，或每张合约获利3 975美元（0.795美元×5 000蒲式耳），参见表3-14。

表3-14 **商品间套利交易**

小麦期货	玉米期货	价差
6月29日买进一张12月份小麦合约 价格：4.15	卖出一张12月份玉米合约 价格：3.425	0.725
11月2日卖出一张12月份小麦合约 价格：4.41	买进一张12月份玉米合约 价格：2.89	1.52
获利每蒲式耳0.26美元	获利每蒲式耳0.535美元	0.795
获利：1 300美元	获利：2 675美元	总获利：3 975美元

3.4 商品期货

3.4.1 商品风险

经济组织或单位受某些商品价格波动的影响时，就面临着商品风险。现在，被作为商品的实物资产一般可分为以下几大类：

①金属：黄金、白银、铜、铝等。

②农产品：小麦、黄豆、木材、牲畜等。

③能源产品：原油、天然气、天然石油产品和加工过的石油产品等。

④不动产。

任何经济单位只要和上述四类产品的生产和消费有关，而且数量巨大，那么就面临着商品风险。面临商品风险比较明显的行业有石油、航空、汽车制造以及食品加工等。其他有些商品风险具有不明显的间接效应，这种效应有时候也具有同等的危害性。例如，旅游观光业既不直接生产也不直接消费石油，但由于海外旅游费用中很重要的一项内容是飞机票，飞机票的价格又往往直接和航空燃料的成本有关，因此，该行业特别容易遭到油价波动的影响。石油价格的上涨最终会提高海外观光的成本而分流一部分客源，影响到海外旅游的收入。

有些公司在面临商品风险时，可能会认为这种风险是不可避免的。但如果正确应用商品衍生工具，尤其是商品期货，就可以帮助这类公司在面临商品价格急剧波动时，减轻或减少由此而造成的不利影响。

3.4.2 商品期货合约

商品期货的种类众多，期货合约各不相同，但其基本内容还是相似的。我国郑州商品交易所于1993年5月28日推出了绿豆标准化期货合约，如表3-15所示。

表3-15 **郑州绿豆标准化期货合约**

交易品种	绿豆
交易单位	10吨
最小变动价位	每千克0.2分（每张合约20元）
每日价格最大波动限制	每千克不高于或低于上一交易日结算价12分（每张合约1 200元）
合约月份	1、3、5、7、9、11
交易时间	每周一至周五上午9：00—11：30，下午1：30—3：00（北京时间）
最后交易日	交割月最后营业日往回数第七个营业日
交割日期	交割月第一个营业日至最后营业日
交割品级	中华人民共和国国家标准二等杂绿豆。绿豆替代品种差距（以标准品级合约价为基础），一等杂绿豆加价3%，三等杂绿豆减价3% 中华人民共和国国标黄绿豆和灰绿豆，其价格与国标同等级杂绿豆一致；中华人民共和国国标绿豆，其价格与国标杂绿豆同等级升水10%
交割地点	河南定点仓库；河北定点仓库；山东定点仓库
保证金	初始保证金占持仓合约总量的5%
交易手续费	6元/张

3.4.3 商品期货合约定价

下面我们考虑商品期货合约的定价问题。首先将商品区分为以下两类：①为投资目的而持有的商品，如黄金、白银。②为消费目的而持有的商品。对于前一类商品，我们可以通过套利进行准确的期货合约定价；但对于后者，套利只能给出期货合约价格的上限。下面分别论述：

1. 黄金和白银

黄金、白银是众多投资者所拥有的贵金属资产，如果不考虑存储成本，黄金和白银类似于无收益证券。设S表示黄金的现货价格，由上一章远期定价可知，期货价格F为：

$$F = Se^{r(T-t)}$$

存储成本可看做负收益，设V为期货合约有效期间所有存储成本的现值，则期货价格F为：

$$F = (S+V)e^{r(T-t)}$$

若任何时刻的存储成本与商品价格成一定的比例，存储成本可看做负的收益率。在这种情况下，期货价格F调整为：

$$F = Se^{(r+\mu)(T-t)}$$

这里，μ表示每年的存储成本与现货价格的比例。

假设有一个一年期的黄金期货，设黄金的存储成本为每年每盎司3美元，年底进行支付。如果黄金现货价格为500美元，无风险利率为7%，此处：$r = 0.07$，$S = 500$，$V = 3e^{-0.07} = 2.7975$。

则远期价格：

$$F = (500 + 2.7975)e^{0.07} = 538.8$$

2. 其他商品

对于持有目的不是投资的商品，上述公式需要重新考虑。

假设有$F > (S+V)e^{r(T-t)}$，则套利者可采用如下策略：

第一，以无风险利率借金额为$S+V$的资金，用来购买一单位的商品和支付存储成本；

第二，卖出一单位商品的期货合约。

若我们认为期货合约与远期合约相同，这必将在时刻T时获得收益$F-(S+V)e^{r(T-t)}$。对任何商品采用这套策略都没有问题，但当许多套利者都这样操作时，S将上涨，而F将会下跌，直到上述不等式不成立。因此，我们假设的不等式在高效市场不成立。我们再假设$F < (S+V)e^{r(T-t)}$，利用这个不等式也可以发现套利机会，该策略与不付红利股票的远期合约在远期价格低时采用的套利策略相同。但是该策略在卖出商品时存储成本支付给了卖出商品的人，这一般来说是不可能的。

对于黄金和白银，我们知道投资者持有的目的仅仅是投资。当他们发现上述不等关系时，可从以下策略中盈利：

其一，卖出商品，节约存储成本，以无风险利率将所得收入进行投资；

其二，购买期货合约。

相对于仅持有黄金和白银的投资者而言，以上策略在到期日的无风险利率为 $(S+V)e^{r(T-t)}-F$，因此，上述不等式也不能在有效市场长期存在，可见上述两个不等式都不能长期存在，于是有 $F=(S+V)e^{r(T-t)}$。

对于持有目的主要不是投资的商品来说，以上讨论不再适用。个人或公司保留库存是因为其有消费价值，并非投资价值，因此个人或公司不会积极主动地出售商品购买期货合约，因为期货合约不能消费。因而 $F<(S+V)e^{r(T-t)}$ 可以长久存在下去，而 $F>(S+V)e^{r(T-t)}$ 不能长久成立，故有：

$$F\leqslant(S+V)e^{r(T-t)}$$

若存储成本用现货价格的比例μ来表示，则有：

$$F\leqslant Se^{(r+\mu)(T-t)}$$

3.便利收益

当 $F<e^{(r+\mu)(T-t)}$ 时，商品使用者会认为持有实物商品比持有期货合约更有吸引力。这些好处可包括从暂时的当地商品短缺中获利或者具有维持生产线运行的能力，这些好处有时称为商品的便利收益（Convenience Yield），如果存储成本可知，且现值为μ，便利收益y可定义为：

$$Fe^{y(T-t)}=(S+u)e^{r(T-t)}$$

若每单位的存储成本为现货价格的固定比例μ，则y定义为：

$$Fe^{y(T-t)}=Se^{(r+\mu)(T-t)} \quad 或 \quad F=Se^{(r+\mu-y)(T-t)}$$

便利收益简单地衡量了 $F\leqslant(S+V)e^{r(T-t)}$ 和 $F\leqslant Se^{(r+\mu)(T-t)}$ 中等式左边小于右边的程度。对于投资性资产，便利收益必为0，否则就会有套利机会。

便利收益反映了市场对未来商品可获得性的期望。在期货合约有效期间，商品短缺的可能性越大，则便利收益也就越高。若商品使用者拥有大量的库存，则在不久的将来出现商品短缺的可能性就很小，从而便利收益会比较低。另外，较低的库存会导致较高的便利收益。

3.4.4 我国商品期货市场的发展及问题

中国作为享受期货市场“后发利益”的国家，在借鉴国外期货市场经验的基础上，于1990年组建了第一家引入期货市场机制的郑州粮食批发市场，短短几年时间走过了国外100多年发展的路程。中国期货市场从无到有、从小到大，经历了20世纪90年代初期的盲目大发展和1994年之后的规范整顿，步入了规范试点发展时期。当初各地纷纷盲目发展起来的50多家期货交易所，经清理整顿，到1998年年底只剩下14家作为试点期货交易所，这些交易所全部实行会员制，总共拥有会员

2 000多个，上市的期货标准合约品种有6大类40多个。1998年8月，国务院再次对我国期货市场进行规范、调整，经撤销、合并后保留了3家期货交易所（上海期货交易所、大连商品交易所及郑州商品交易所）、12个期货上市交易品种。2006年9月8日，上海期货交易所、郑州商品交易所、大连商品交易所、上海证券交易所和深圳证券交易所共同发起设立了中国金融期货交易所。2021年1月22日，证监会正式批准设立广州期货交易所，该交易所定位于服务绿色发展，其上市品种亦有别于传统期货品种。截至2021年我国期货交易所上市的期货品种约90个。

中国期货市场在逐步规范整顿中取得了很大成效，取缔外盘交易、整顿期货经纪业、限制国有经济从事期货投机，投资者趋于理智，交易规模相对集中，期货市场已进入有序运行轨道，监督和管理为期货市场的发展创造了良好的外部条件。1997年以后，期货市场运行平稳，恶性事件减少，但交易规模仍然下滑，期货行业一些深层次的矛盾逐步显现出来。期货市场的功能没有充分发挥，一些交易所交易合约、交易规则、交割规则设计不合理，实物交割受到限制，使期货市场与现货市场脱节，期货市场价格不能真实反映供求关系，交易者套期保值实现不了，违背了期货市场的客观规律，抑制了期货市场功能的发挥。交易所规模小、交易手续费高、期货交易成本大，一些交易所对期货市场交易风险控制不力，放纵投机大户炒作，客户入市不但不能套期保值，反而遭受巨大损失，使得交易品种逐渐萎缩，交易量下降。同时，交易品种少而重复，且多为一些小品种商品合约，市场投机猖獗。风险控制层次也不尽合理，交易所结算部对会员席位进行结算，会员不分经纪公司还是兼营机构或自营会员，在持仓量、交割量上不分大小、一律对待。另外，交易所要求客户一户一码，试图直接管理到客户。这种管理方式，不分层次，不分重点与一般，又不依靠经纪公司发挥其分担风险的作用，无法有力控制风险。

加入WTO之后，我国期货市场得到进一步推进，发展势头良好。交易规模快速增长。2020年，全国期货市场累计成交量为6 152 626 012手，累计成交额为4 375 258.52亿元，其中上海期货交易所累计成交量为2 072 281 720手，累计成交额为1 400 162.07亿元；郑州商品交易所累计成交量为1 701 403 050手，累计成交额为600 879.30亿元；大连商品交易所累计成交量为2 207 327 866手，累计成交额为1 092 013.14亿元。

3.5 利率期货

20世纪70年代西方国家的恶性通货膨胀以及后来金融管制的放松，使利率频繁变动，股票和其他证券的价格变幻莫测。1975年10月，美国芝加哥期货交易所首次进行了利率的期货交易，利率期货合约是标的资产价格仅依赖于利率水平变动的期货合约。包含固定收入证券的期货一般指的都是利率期货，因为其合约价格受当前和未来利率的影响很大，特别是其合约定价与利率的期限结构相互联系，而后者又与远期利率的概念相联系。

3.5.1 即期利率与远期利率

n年期即期利率是从今天开始计算并持续n年的投资的利率，考虑的投资是中间没有支付的“纯粹”的n年投资，这意味着所有的利息和本金在n年年末支付给投资者。n年期即期利率也指n年期零息票收益率（N-year Zero Coupon Yield或Pure-Discount-Security Yield），该收益率正好是此种债券的到期收益率。一般来说，n年期投资的即期利率S_n可通过下式求解：

$$P_n=\frac{M_n}{(1+S_n)^n}$$

式中：P_n——n年期零息票债券的即期市场价格；M_n——债券到期时的价值。

对于到期期限较长的附息票债券，知道了1年期的即期利率S_1（可通过广泛流通中的1年期贴现发行的国库券来求得），即可计算出2年期的即期利率S_2，只要求解下式：

$$P_2=\frac{C_1}{(1+S_1)^1}+\frac{M_2}{(1+S_2)^2}$$

式中：C_1——债券第一年所付票息。

同理，可求出其他投资期限的即期利率，只要通过下式求解S_n：

$$P_n=\frac{C_1}{(1+S_1)^1}+\frac{C_2}{(1+S_2)^2}+\frac{C_3}{(1+S_3)^3}+\cdots+\frac{M_n}{(1+S_n)^n}$$

这种方法称为息票剥离法（Bootstraping），其结果不一定与实际相符，但通常该差异可忽略不计。

远期利率是指隐含的将来时候的一定期限的利率。例如，投资者2年后收到的1美元也可进行两步贴现，首先确定其第一年年末的价值，即2年后收到的1美元等于1年后收到的$1/(1+f_{1,2})$美元，第二步再贴现求出2年后1美元的现值，即：

$$\frac{1/(1+f_{1,2})}{1+S_1}$$

式中的$f_{1,2}$即为第一年年末到第二年年末这一期间的隐含远期利率。可见，1年期即期利率S_1，2年期即期利率S_2及第一年到第二年远期利率$f_{1,2}$的关系为：

$$\frac{1/(1+f_{1,2})}{1+S_1}=\frac{1}{(1+S_2)^2}$$

整理后为：

$$(1+S_1)(1+f_{1,2})=(1+S_2)^2$$

如图3-7所示，同理可推得$n-1$年和n年的即期利率与$n-1$年到n年间的远期利率的关系为：

$$(1+S_{n-1})^{n-1}(1+f_{n-1,n})=(1+S_n)^n$$

注意，在此处我们隐含的假设是债券以1年为期进行付息，而一般国债是半年付息的，下面将要进行调整，但这种计算方法是通用的。

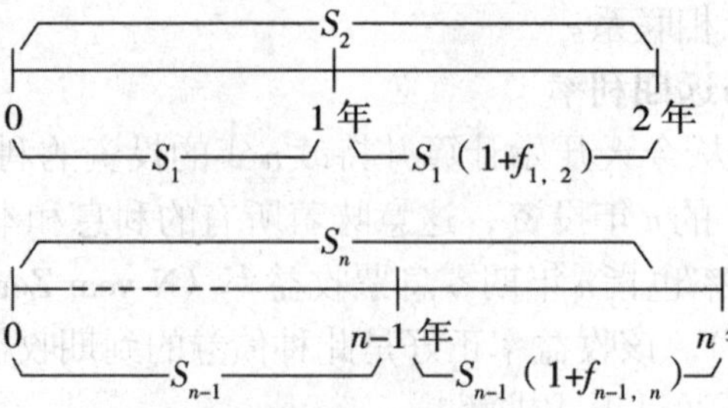

图3-7 即期利率与远期利率

3.5.2 收益率曲线与利率期限结构

对于具有相同信用风险和不同期限的债券，描述其收益率与期限间关系的曲线称为收益率曲线。由于国债的信用风险极小，所以由国债收益率与期限来构建的收益率曲线充分反映了期限对收益率的影响。市场交易者谈到“收益率曲线”一般指的都是国债收益率曲线，收益率曲线表示的是附息票债券的收益率与其期限的关系，而利率期限结构描述零息票债券的收益率与其期限的关系。在前面我们已提到过零息票债券的收益率实际等于即期利率。下面我们举例来说明利率期限结构的建立，仍采用前面已介绍过的息票剥离法。

现假设有10种政府债券，其相关资料如表3-16所示。我们所依据的一个基本原理就是一个政府附息债券等价于一组零息票的政府债券的组合。表3-16中6月期的国库券到期收益率为8%，同样，对于1年期的国库券，其即期利率即为到期收益率8.3%。给出了这两个即期利率，我们就可计算出1.5年期零息票债券的即期利率，1.5年期的该种债券的价值等于持有此种债券的投资者在1.5年内收到的现金流的总现值，用来贴现的收益率即为此期间的即期利率。以100美元为面值，1.5年内的现金流如下：

表3-16 10种债券的期限及到期收益率

期限（年）	息票率	到期收益率	价格（$）
0.50	0.0000	0.080	96.15
1.00	0.0000	0.083	92.19
1.50	0.0850	0.089	99.45
2.00	0.0900	0.092	99.64
2.50	0.1100	0.094	103.49
3.00	0.0950	0.097	99.49
3.50	0.1000	0.100	100.00
4.00	0.1000	0.104	98.72
4.50	0.1150	0.106	103.16
5.00	0.0875	0.108	92.24

0.5年：$0.085\times\$100\times0.5=\$4.25$

1.0年：$0.085\times\$100\times0.5=\$4.25$

1.5年：$0.085\times\$100\times0.5+\$100=\$104.25$

则现金流的现值为：

$$\frac{4.25}{(1+S_1)^1}+\frac{4.25}{(1+S_2)^2}+\frac{104.25}{(1+S_3)^3}$$

式中：S_1——6月期即期利率的一半；S_2——1年期即期利率的一半；S_3——1.5年期即期利率的一半。

把$S_1=0.04$，$S_2=0.0415$代入上式可得：

$$\frac{4.25}{(1.04)^1}+\frac{4.25}{(1.0415)^2}+\frac{104.25}{(1+S_3)^3}$$

因为现金流现值应等于其价格，假设该债券价格为99.45美元，则由$99.45=4.08654+3.91805+\frac{104.25}{(1+S_3)^3}$式可解得：$S_3=0.04465$。

S_3乘以2即为1.5年期的即期利率。同理，由S_3可计算2.0年期的即期利率S_4。假设2年期的国债价格为99.64美元，则由这两年的现金流可列出方程式求解S_4：

0.5年：$0.090\times\$100\times0.5=\$4.50$

1.0年：$0.090\times\$100\times0.5=\$4.50$

1.5年：$0.090\times\$100\times0.5=\$4.50$

2.0年：$0.090\times\$100\times0.5+\$100=\$104.50$

$$99.64=\frac{4.50}{(1.04)^1}+\frac{4.50}{(1.0415)^2}+\frac{4.50}{(1.04465)^3}+\frac{104.5}{(1+S_4)^4}$$

则$S_4=0.46235$

那么，2年期即期利率为：

$0.46235\times2\times100\%=9.247\%$

同理，n个半年期的债券的即期利率为Z_n。

$$P_n=\frac{C^*}{(1+S_1)^1}+\frac{C^*}{(1+S_2)^2}+\frac{C^*}{(1+S_3)^3}+\cdots+\frac{C^*+100}{(1+S_n)^n}$$

式中：C^*——面值为100美元的附息票债券每半年的票息；P_n——n个半年期的附息票债券的价格；S_i，$i=1$，2，3，…，$n-1$——已知的各个期限的即期利率。用公式可变形为：

$$P_n=C^*\sum_{i=1}^{n-1}\frac{1}{(1+S_i)^i}+\frac{C^*+100}{(1+S_n)^n}$$

解出S_n为：

$$S_n=\left[\frac{C^*+100}{P_n-C^*\sum_{i=1}^{n-1}\frac{1}{(1+S_i)^i}}\right]^{\frac{1}{n}}-1$$

由此，我们可得出零息票债券的不同期的理论即期利率（如表3–17所示），于是我们成功地构造了一个利率期限结构。

表3–17 **理论即期利率**

期限（年）	到期收益率	理论即期利率
0.50	0.0800	0.08000
1.00	0.0830	0.08300
1.50	0.0890	0.08930
2.00	0.0920	0.09247
2.50	0.0940	0.09468
3.00	0.0970	0.09787
3.50	0.1000	0.10129
4.00	0.1040	0.10592
4.50	0.1060	0.10850
5.00	0.1080	0.11021

此处计算的10种债券期限都是依次相差半年，这有利于计算即期利率，但实际市场上的政府债券则没有这种巧合，而仅有1、2、3、5、10、30年期的债券，那么在计算时就可用线性插值法（Linear Interpolation）。

3.5.3 短期国债期货

短期国债期货合约的标的资产为90天的国库券，它是以贴现的形式发行的，投资者到期时得到相当于其面值的价值。期货合约到期日前，标的资产是期限长于90天的短期国债，例如，若期货合约在160天后到期，标的资产就是250天的国库券。假设现在为0时刻，合约期限为T年，作为标的资产的短期国债的到期期限为T^*年（$T^*-T=90$）。我们再假设到期日T与T^*的无风险复利率分别为S_T和S_T^*，若合约标的面值为100美元，其现值V^*为：

$$V^*=100e^{-S_{T^*}T^*}$$

由于在此期间短期国债没有支付收益，由期货定价公式知：

$$F=V^*e^{rT}=100e^{-S_{T^*}T^*}\cdot e^{rT}=100e^{S_TT-S_{T^*}T^*}$$

在前面介绍即期利率与远期利率时，采用的是以年利率复利计算，若考虑以连续复利计息，则可推导一个有用的公式。

设S_T是T年期的即期利率，S_{T^*}是T^*年期的即期利率，且$T^*>T$，本金为A，$\hat{S}$为（T^*-T）期间的远期利率，则下式成立：

$$A \cdot e^{S_T T} \cdot e^{\hat{S}(T^*-T)}=Ae^{S_{T^*}T^*}$$

解得$\hat{S}$为：$\hat{S}=\dfrac{S_{T^*}T^*-S_T T}{T^*-T}$

则可得：$F=100e^{-\hat{S}(T^*-T)}$

该式表明，若交割日为90天的即期利率等于现在的远期利率，则短期国债期货合约的价格即为上述价格。若短期国债期货价格中隐含的远期利率不同于短期国债本身所隐含的远期利率，就存在套利机会。假设45天短期国库券年利率为10%，135天期国库券年利率为10.5%，还有45天到期的短期国债期货价格对应的隐含远期利率为10.6%，且所有的利率均为连续复利率。由$\hat{S}$计算公式可知，在45天到135天中，短期国债本身隐含的远期利率为：

$$\frac{135\times 10.5-45\times 10}{90}=10.75\%$$

该结果高于短期国债期货价格中隐含的10.6%的远期利率。套利者在45天到135天的期限内以10.6%的利率借入资金并按10.75%的利率进行投资，这可通过以下的策略来进行：①卖空期货合约；②以10%的年利率借入45天的资金；③将借入的资金按10.5%的利率进行135天的投资。

第一个交易确保在45天后能够卖出收益率为10.6%的短期国债，实际上，它将这一段时间的借款利率锁定为10.6%。第二、第三个交易确保了这段时间内收益率为10.75%。

若短期国债期货的隐含利率高于10.75%，那么就可以采用如下的相反策略：①买入期货合约；②以10.5%的年利率借入期限为135天的资金；③将借入的资金以10%的利率进行为期45天的投资。

在验证短期国债市场是否存在套利机会时，交易者经常计算所谓的隐含回购利率（Implied Repo Rate），它是与短期国债到期日相同的国债期货价格和比该短期国债的期限长90天的另一种短期国债价格隐含的短期国债利率。若隐含的再回购利率高于实际的短期国债利率，理论上就可以进行第一类套利操作，若前者低于后者，则可进行第二类套利操作。

短期国债以面值为100美元的国库券来报价。假设Y为距到期日还有n天时间的短期国债的现货价格，其报价为：$\dfrac{360}{n}$（100−Y）。

这就是所谓的贴现率（Discount Rate）。它是短期国债提供的以年来计算的美元收益，用占面值的百分比来表示。对于一个90天的短期国债来说，若现货价格Y为98，则报价为8。

贴现率与短期国债获得的收益率并不相同。后者是以美元收益除以成本来计算的。在前面的例子中，报价为8，收益率为2/98，即每90天的收益率为2.04%，换算为年收益率为：

$\frac{2}{98}\times\frac{365}{90}=0.0828=8.28\%$

我们有时将这一收益率称为债券等价收益率（Bond Equivalent Yield）。

90天短期国债期货合约的规模为1 000 000美元。短期国债期货的报价方法不同于短期国债本身的报价方法，需运用下列关系式进行计算：

短期国债期货报价=100−相应短期国债的报价

若Z为短期国债期货的报价，Y为期货合约的现金价格，则：

$Z=100-4（100-Y）$　或　$Y=100-0.25（100-Z）$

若交割的短期国债距到期日还有89天，上式中收到的价款的计算则不能用前面公式中的0.25，而应将它换成89/360或0.2472。若距到期日还有91天，则应改为91/360，即0.2528。

假定140天期国债期货的年利率为8%，230天期国债期货的年利率为8.25%，两者都使用连续复利，则140天到230天期间的远期利率为：

$\frac{0.0825\times230-0.08\times140}{90}=0.0864=8.64\%$

由于90天相当于0.2466年，则在140天后交割的面值为100美元的90天期短期国债期货的价格为：

$100e^{-0.0864\times0.2466}=97.89$

它的报价为：

$100-4\times（100-97.89）=91.56$

3.5.4 长期和中期国债期货

最普遍的长期利率期货合约是以CBOT交易的长期国债利率期货。该合约的标的债券是8%息票率、15年内不得回购的国债。但CBOT规定期限为15年以上、息票率不等于8%的任何国债都可用来交割。

中期国债期货和5年期国债期货合约也在频繁交易，对于中期国债期货合约，有效期在5~6年和10年的任何国债都可进行交割。如同长期国债期货合约，还有一种方法调整空头方交割特定中期国债时可接受的价格，对于5年期国债期货合约来说，政府拍卖的任何中期国债都能进行交割。

1. 中长期国债期货的主要规定

（1）交易单位	以面值为100 000美元、息票率为8%的美国名义长期国库券作为合约标的进行交易
（2）交割月份	3月、6月、9月、12月
（3）交割日	又称到期日，为交割月份的任何工作日，由卖方选择
（4）报价	100美元面值报价
（5）最小价格波动额	1/32
（6）最初保证金	3 000美元

（7）交易时间　　8：15—16：10

2. 长期国债的报价

国债价格以美元和1/32美元报出。所报的价格是面值为100美元债券的价格。因此，90—05的报价意味着面值为100 000美元债券的报出价格为90 156.25美元。

报价与购买者所支付的现金价格并不相同。现金价格与报价间的关系为：

现金价格=报价+上一个付息日以来的累计利息

国债期货合约的报价与国债本身报价方式相同。

3. 长期国债期货的转换因子

前面我们提到，空头方可交割不同于标的债券的国债，当交割时，就需要进行转换，此处引进转换因子（Convertible Factor）。转换因子CF的计算公式为：

$$CF=\left(\sum_{i=1}^{n}\frac{C}{1.04^i}+\frac{100}{1.04^n}\right)\div 100$$

式中：C——每半年付息时收到的票息；n——付息的次数。

为便于计算，债券的有效期和距付息日的时间取整数。在此基础上，CBOT给出了对应的换算表。如果取整数后债券的有效期为半年的倍数，我们假定第一次付息是在6个月后。

【例3-5】某一债券息票率为每年14%，距到期日还有20年零2个月。为了计算转换因子，假定债券距到期日整整为20年。假定在6个月后第一次付息，按债券面值为100美元来计算。假定年贴现率为8%，每半年计复利一次（每6个月4%），则债券的价值为：

$$\sum_{i=1}^{40}\frac{7}{1.04^i}+\frac{100}{1.04^{40}}=159.38$$

由于债券面值为100美元，故转换因子为1.5938。

考虑到债券应计利息的问题，下面给出更为复杂的长期国债期货转换因子的计算办法：

$$CF=\left\{\frac{年利}{0.08}\times\frac{1.04^{剩余付息次数}-1}{1.04^{[剩余付息月数/6]}}+\frac{100}{1.04^{[剩余付息月数/6]}}-年利\times\frac{(6-\text{从结算日至下一次付息日的月数})}{12}\right\}\div 100$$

式中的“[ ]”表示取整。

【例3-6】某长期国债息票率为12.75%，到期日为2005—2010年，5月15日，准备在1986年9月20日进行交割。

从1986年9月20日到2005年5月15日合计18年8.5个月，近似计算为18年6个月，代入上式得：

$$CF=\left\{\frac{12.75}{0.08}\times\frac{1.04^{37}-1}{1.04^{222/6}}+\frac{100}{1.04^{222/6}}-12.75\times\frac{(6-6)}{12}\right\}\div 100=1.4546$$

即转换因子为1.4546。

4.发票金额

发票金额是指空头方收到的款项。空头方报出的交割价格等于转换因子乘以期货报价。考虑累计利息，对交割每一个面值为100美元的债券，我们给出如下关系：

发票金额=期货报价×交割债券的转换因子+交割债券的应计利息

每一个合约必须交割面值为100 000美元的债券。假定报出的期货价格为90美元，所交割的债券的转换因子为1.38，在交割时每一面值为100美元的债券的应计利息为3美元。当空头方交割债券时，交割每一面值为100美元的债券，他收到的现金（交割时由多头方支付）为：

（1.38×90）+3=127.20（美元）

因此，每一合约，期货合约空头方应交割面值为100 000美元的债券，收到127 200美元的现金。

5.最便宜的交割债券

在任何时候，大概都有30种债券可用来交割CBOT的长期国债期货合约。考虑利息和到期日，它们之间的区别是很大的，空头方可选择交割最便宜的债券（Cheapest-to-Deliver Bond）进行交割。对交割每一个面值为100美元的债券，空头方收到的价款即发票金额为：

（期货报价×转换因子）+应计利息

而购买债券的成本为：

债券的报价+应计利息

交割最便宜的债券能使下式的值最小：

债券的报价-（期货报价×转换因子）

例如，空头方决定交割，打算在表3-18的三个债券中进行选择。假定现在期货报价为93—04，即93.125。交割每种债券的成本为：

表3-18 可供交割的债券

债券	报价	转换因子
1	99—16	1.0382
2	148—16	1.5188
3	119—24	1.2615

债券1：99.50-（93.125×1.0382）=2.82

债券2：143.50-（93.125×1.5188）=2.06

债券3：119.75-（93.125×1.2615）=2.27

因此，交割最便宜的是债券2。

通常，当收益率高于8%时，就转换因子制度而言，则倾向于交割息票率较低、期限较长的债券。当收益率低于8%时，倾向于交割息票率较高、期限较短的债券。其次，当收益率曲线向上倾斜时，倾向于交割距到期日期限长的债券；而当收益率曲线向下倾斜时，倾向于交割期限较短的债券。最后，有些债券的售价高于其理论值。例如，低息票率债券和那些利息可以从本金中拆分的债券，在任何情况下，都不可能证明这些债券是交割最便宜的债券。

假定交割最便宜的债券和交割日期是已知的，长期国债期货合约则是这样一种期货合约，即该合约的标的资产可向其持有者提供已知的收益，由此可得该期货合约的理论价格。由前面的章节可知期货价格F与现货价格S的关系是：

$$F=(S-I)e^{r(T-t)}$$

式中：I——期货合约有效期内息票率的现值；T——期货合约的到期时刻；t——现在的时刻；r——在t和T期间内适用的无风险利率；F——期货的现金价格；S——债券的现金价格。正确的计算过程如下：

第一，根据报价计算交割最便宜的债券的现金价格。

第二，运用上述公式根据债券的现金价格计算期货的现金价格。

第三，根据期货的现金价格计算期货的报价。

第四，考虑到交割最便宜的债券与标准的15年期8%的债券的区别，将以上求得的期货报价除以转换因子。

【例3-7】某一国债期货合约，已知交割最便宜的债券的息票率为12%，转换因子为1.4。假定270天后进行交割，债券息票每半年付息一次。如图3-8所示，上一次付息是在60天前，下一次付息是在122天后，再下一次付息是在305天后。利率期限结构曲线是水平的，年利率为10%（连续复利）。

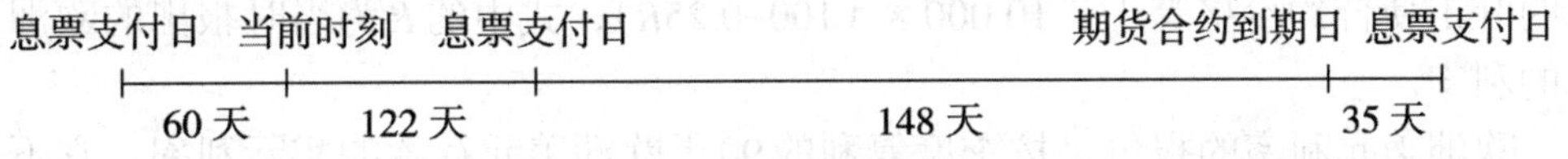

图3-8 付息日情况

假定当时债券的报价为120美元，债券的现金价格为报价加上从上一次付息至今的累计利息。因此，现金价格如下：

$$120+\frac{60}{182}\times 6=121.978\text{（美元）}$$

在122天后（0.334年）将会收到6美元的利息，则利息的现值为：

$$6e^{-0.3342\times 0.1}=5.803$$

期货合约还要持续270天（0.7397年），如果期货合约标的资产为12%的债券，则其期货的现金价格为：

$$(121.978-5.803)e^{0.7379\times 0.1}=125.094\text{（美元）}$$

在交割时，有148天的应计利息。如果期货合约的标的资产为12%的债券，扣除应计利息，则其期货的报价为：

$125.094-6\times\frac{148}{183}=120.242$（美元）

事实上，期货合约是基于8%的标准债券的，而每一个12%的债券等同于1.4个8%的标准债券。因此该标准期货合约的报价应为：

$\frac{120.242}{1.4}=85.887$（美元）

3.5.5 欧洲美元期货合约

欧洲美元期货合约在国际货币市场和伦敦国际金融期货交易所中进行广泛交易。欧洲美元（Eurodollar）是指存放在美国银行的海外分行或存放在外国银行的美元。欧洲美元利率是银行之间存放欧洲美元的利息率，也被称为3个月期伦敦银行同业拆借利率（LIBOR）。欧洲美元的利率通常会高于相应期限的美国短期国债的利率。这是由于欧洲美元利率是商业存款利率而美国短期国债利率则是政府的借款利率。

表面上看，欧洲美元期货合约在结构上与短期国债期货合约一致。根据欧洲美元期货的报价计算一张该期货合约价值的公式也与计算短期国债期货合约价值使用的公式一致。假定12月份期货合约的报价为94.47美元，相应的欧洲美元利率的报价为5.53美元，则一张合约的价格为：

$10\,000\times[100-0.25(100-94.47)]=986\,175$（美元）

但是，短期国债期货合约与欧洲美元期货合约存在一些重要的差别。对于短期国债期货合约来说，合约的价格在到期日收敛于90天期面值为1 000 000美元的美国短期国债的价格，并且如果持有合约到期，就会进行交割。而欧洲美元期货合约是在到期月的第三个星期三之前的第二个伦敦营业日用现金来结算的。最后的盯市使合约价格等于：$10\,000\times(100-0.25R)$，式中的R为当时报出的欧洲美元的利率。

欧洲美元利率的报价是按季度复利的90天欧洲美元存款的实际利率。它不是贴现利率。因此，欧洲美元期货合约是基于利率的期货合约，而短期国债期货合约是基于短期国债价格的期货合约。

3.5.6 久期

1938年，Fredenck Macaulay提出了一种计算债券实际到期期限的方法。我们知道，债券都有一定的期限，但这只是名义上的，在到期前，投资者就已经开始收到利息了，久期（Duration或Macaulay Duration）反映的就是投资者收回原始投资的实际期限。久期是持有债券带来的现金流的期限的加权平均数，其权益是各期间收到的现金流的现值与总现金流现值的比值，表示各期间对总的实际期限的贡献率。久期（D）的计算公式如下：

$$D=\frac{\sum_{t=1}^{N}\frac{C_t\cdot t}{(1+r)^t}}{\sum_{t=1}^{N}\frac{C_t}{(1+r)^t}} \quad \cdots\cdots 3.5.1式$$

式中：t——各种现金流发生的时间；C_t——金融工具第t期现金流；r——市场收益率（半年付息的债券，为收益率的一半）；$\frac{C_t}{(1+r)^t}$——金融工具第t期的现金流现值。

由于总现金流现值$\sum_{t=1}^{N}\frac{C_t}{(1+r)^t}$等于债券初始价格$P$，则上述公式可调整为：

$$D=\frac{\sum_{t=1}^{N}\frac{C_t\cdot t}{(1+r)^t}}{P}=\frac{\sum_{t=1}^{N}PV_t\cdot t}{P} \quad \cdots\cdots 3.5.2式$$

式中：PV_t——第t期的现金流现值。

由$P=\sum_{t=1}^{N}\frac{C_t}{(1+r)^t}$，求得价格对收益率的偏导数可反映两者变化幅度的比：

$$\frac{\partial P}{\partial r}=-\sum_{t=1}^{N}\frac{C_t\cdot t}{(1+r)^{t+1}} \quad \cdots\cdots 3.5.3式$$

把3.5.3式代入3.5.2式可得：

$$\frac{\partial P}{\partial r}=-\frac{P\cdot D}{1+r} \quad \cdots\cdots 3.5.4式$$

把$\frac{\partial P}{\partial r}$换为$\frac{\Delta P}{\Delta r}$，即价格小幅变化与收益率小幅变化的比，3.5.4式可变为：

$$\frac{\Delta P}{P}\approx-\frac{D}{1+r}\cdot\Delta r \quad \cdots\cdots 3.5.5式$$

在一些书中，$\frac{D}{1+r}$被称为修正久期（Modified Duration）。

如果$\Delta P/P$以百分数表示，则3.5.5式意味着久期与价格变化百分比的联系，正是由于这种联系，给投资者提供了利用利率期货进行套期保值的套期比率计算的便利。

此处计算的仅是价格变化的相对数，我们可以将3.5.4式变形求得收益率变化每一个基本点（A Basis Point）导致债券价格变化的幅度。设收益率变化为X个基本点，则：

$$\frac{\Delta P}{P}=-MD\times\Delta r=-MD\times\frac{X}{10\,000}$$

$$\frac{\Delta P}{X}=-\frac{MD\times P}{10\,000}$$

式中：MD——修正久期。

此处的负号仅代表债券价格与收益率变化方向相反，计算1个收益率基本点的变化所带来的债券价格变化的绝对数时该负号被省略。$\Delta P/X$为1个基本点的美元久期（Dollar Duration of a Basis Point），这样，投资者在对资产进行保值时可计算套期比率（Hedge Ratio）：

$$HR=\frac{\text{需保值的债券的美元久期}(PD)}{\text{保值工具债券的美元久期}(DD)}\times\frac{\text{需保值债券的收益率变动幅度}\Delta r}{\text{保值工具债券的收益率变动幅度}\Delta r'}$$

两种债券收益率变动比称为收益率β值（Yield Beta）。

【例3-8】投资者要进行保值的债券和选择的保值工具的情况如下：

需保值的债券：15年期，息票率为8%，到期收益率为10%

保值工具：15年期，10%的息票率，到期收益率为10%

需保值债券：100美元面值的美元久期=0.0681

保值工具：100美元面值的美元久期=0.0768

那么此时β值为1，套期比率为：$\frac{0.0681}{0.0768}\times1=0.8867$

这意味着对于期限为15年、息票率为8%的债券面值来说，对1美元进行保值时，需要卖出面值1美元保值工具的0.8867，这样就能保证两种债券由于价格波动带来的风险正好可抵消。

利用久期进行保值的效果是有限的，在我们计算偏微分方程的过程中就隐含着一个局限性：只有极小幅度的变化的结果才等于理论上算出的结果，而在收益率变动幅度较大时，如300个基本点，修正久期就有偏差，导致美元久期对实际价格变化的低估，从而套期比率不准确，这些都与收益率曲线的形状，即其凸度（Convexity）有关，此处不多加介绍。

3.5.7 我国国债期货市场的产生和发展

1992年下半年，为紧缩过热的经济，中国人民银行两次提高储蓄存款利率，使国债市场遭到冲击，挫伤了投资者的积极性。为保护投资者利益，1992年12月28日，上海证券交易所首次推出12个品种的国债期货标准合约，其中包括3、6、9、12月份交割的3年期和5年期1992年国债，从此拉开了我国金融期货品种上市交易的序幕。随后，北京大宗商品交易所、郑州商品交易所等十几家交易所陆续推出了国债期货。

受到国债现货市场及整个金融资本市场发展的限制，国债期货交易最初较为冷清。1995年，随着中国人民银行宣布对国债给予保值贴补，国债市场风云突变，人们对保值贴补率和贴息不同的估测影响国债期货市场的涨跌，而此时随着国债回购业务的开展，投资者可利用此项业务套取现金后再通过期货交易锁住价格以规避风险，国债期货市场逐步演化成超级机构运用巨资互相抗衡以攫取巨大投机利润的沃土。1995年2月23日发生的“327风波”和随后的“319风波”，以及各交易所发生的不正常的交易状况终于促使中国证监会于1995年5月18日发布《关于暂停国债期货交易试点的紧急通知》，结束了国债期货的试点。

“327风波”对国债期货市场产生了十分恶劣的影响，其主要原因是当时并不完全开放的经济环境与交易制度的缺陷。首先，可以说在当时的经济环境下，国债利率并没有市场化且主要是由政府确定，具有固定不变的特征，这使得国债期货丧失了规避利率风险的能力。同时，在通货膨胀损害国债持有人利益的情况下，政府采取了贴息保值的措施，极大地影响了国债期货调节利率风险的能力。其次，国债期货市场容量较小，主要表现为国债现券市场规模过小及其供应量相应更小，因而国债期货存在易波动、易操纵的特点，这助长了市场上的投机行为。同时，由于货币市场的发展不充分，短期资金市场和回购市场法规尚不健全，与当时存在着的银行存贷差小的情况叠加，导致了短期资金违规进入国债期货市场。最后，由于产权界定不明确，市场参与者滥用国有资产参与投机，导致了过度投机的问题。反思过去的交易制度我们能够发现，由于国债期货保证金过低，并且“追加保证金”制度并未受到重视和有效实施，诱使投资者在国债期货市场上过度投机的趋势越来越严重。在监管方面，交易所未采用“逐笔盯市”制度而采用“逐日盯市”制度，使得空头在一天内违规抛售千万手合约的操作得以实现；由于当时不存在涨跌停板制度，市场价格存在过度波动的可能，价格波动的控制难以实现。在持仓方面，由于没有设立持仓限量与单笔成交限量制度，导致扰乱市场正常秩序的短时间内的巨量空单得以成交。

随着21世纪的到来，中国金融体制不断进行改革，取得了较大的进展。尤其是2010年之后，随着宏观经济环境的较大变化，金融体制改革的成果进一步显现，主要表现为利率市场化的进程加快、国债市场逐步发展与完善、机构监管水平不断提高、国债投资者趋于理性，这些都预示着我国国债期货的交易条件日渐成熟。2012年2月13日，我国启动了国债期货仿真交易，标志着国内重启国债期货迈出了实证性步伐。在此次的仿真交易中，特别针对20世纪90年代国债期货试点交易的致命缺陷进行了改进。最终的统计数据表明，截至2013年一季度末，国债期货仿真交易累积成交量达1 185万手（按单边计算），累积成交额达10.82万亿元，与此同时，我国国债存量已达7万亿元，债券总规模达27万亿元以上。由于我国利率市场化的推进，各金融机构都十分需要能够规避市场利率波动的金融工具，而国债期货作为国际上成熟且使用广泛的金融衍生品，正是实现这一需求的不二选择。在顺利进行国债期货的仿真交易后，我国于2013年9月6日重新推出了国债期货，此次国债期货交易的重启，是我国深化金融体制改革的具体表现，伴随着利率市场化的进程，我国推出了合适的金融工具以强化金融改革的成效。在国债期货重新上市后，我国国债市场结构得到了进一步的完善，市场功能及融资比例都有了很大的提高，在这个过程中我国构建了集发行、交易及风险管理于一体的债券市场体系，对我国债券市场的发展具有里程碑式的意义。

中国金融期货交易所于2013年9月6日上市5年期国债期货，2015年3月20日上市10年期国债期货，2018年8月17日上市2年期国债期货，基本形成了覆盖短中长端的国债期货产品体系。这三种期货合约均采用百元净价报价方式报价，最小变动价格为0.005元，交割方式为实物交割，合约月份是最近的3个季月（3、6、9、12月中的最近3个月循环）。

2年期国债期货合约，交易代码为TS，以面值为200万元人民币、票面利率为3%的名义中短期国债为合约标的物，用发行期限不高于5年、合约到期月份首日剩余期限为1.5~2.25年的记账式附息国债进行交割，每日价格最大波动限制为上一交易日结算价的±0.5%，最低交易保证金是合约价值的0.5%。2020年中国金融期货交易所2年期国债期货成交量为2 312 956手，成交金额为46 664.49亿元。

5年期国债期货合约，交易代码为TF，以面值为100万元人民币、票面利率为3%的名义中期国债为合约标的物，用发行期限不高于7年、合约到期月份首日剩余期限为4~5.25年的记账式附息国债进行交割，每日价格最大波动限制为上一交易日结算价的±1.2%，最低交易保证金是合约价值的1%。2020年中金所5年期国债期货成交量为5 809 792手，成交金额为58 698.73亿元。

10年期国债期货合约，交易代码为T，以面值为100万元人民币、票面利率为3%的名义长期国债为合约标的物，用发行期限不高于10年、合约到期月份首日剩余期限不低于6.5年的记账式附息国债进行交割，每日价格最大波动限制为上一交易日结算价的±2%，最低交易保证金是合约价值的2%。2020年中金所10年期国债期货成交量为15 912 311手，成交金额为158 326.03亿元。

3.6 股票指数期货

股票指数期货合约保证在将来某时刻以既定价格向合约持有者提供既定的“指数”所代表的金额。合约标的资产是股票价格指数，因此，指数期货的主要特点是以现金结算，而不进行实物交割。

股票价格变动风险分为系统风险（即市场风险）和非系统风险（即个别股票的商业风险）。非系统风险可以通过证券组合多样化来分散，但股票分散化不能降低股市全面波动的影响，于是，1982年2月，美国堪萨斯农产品交易所正式开办第一个股票指数期货，它以股票价格指数为标的，而股票价格指数是由成百上千的股票组成的参数，所以它基本消除了股价的不规则变动，仅反映股市走势，使大额投资者可专心应付系统风险。

3.6.1 股票指数

股票指数（Stock Index）反映了一个假想的股票组合的价值变化。每种股票的权重等于组合投资中该股票的比例，组合中股票的权重可以相同，也可随时间按某种方式调整。股票指数上升的百分比等于同一时间内组成该组合的所有股票总价值上升的百分比，股票指数通常不因派发现金红利而调整。

注意，如果假想组合中的股票保持不变，则组合中个股的权重就会保持不变。如果组合中某一股票的价格比其他股票上涨快，该股票的权重就会自动增加。由此可推出：如果设定组合中股票的权重为常数，则该组合每天都将发生变化，如果组合中某股票的价格上涨比别的股票快，则该股票的持有量就应减少以维持这个权重。

《华尔街日报》上常刊登四种不同股票指数期货合约的报价，这些股票指数如下：

（1）S&P500（标准普尔500）指数。该指数是一个包括500种股票的组合，在芝加哥商品交易所交易。在任一时间股票的权重为该股票的总市值（股价×流通的股票数）。该指数占纽约证券交易所全部上市公司股票总市值的80%。在芝加哥商品交易所交易的该指数期货合约价格为该指数乘以500。

（2）日经225股票平均指数。该指数是一个在东京证券交易所交易的225家最大公司股票的组合。权重为股票价格。在芝加哥商品交易所交易的该指数期货合约价格为指数乘以5。

（3）纽约证券交易所NYSE综合指数。该指数是一个在纽约证券交易所上市的所有股票组成的组合，权重为总市场价值。在纽约期货交易所交易的该指数期货合约的价格为指数乘以500。

（4）主要市场指数MMI。该指数是一个在纽约证券交易所上市的20只蓝筹股组成的组合。这些股票根据它们的价格来加权。为反映股票分割和股票红利的影响，还要对权重进行一些调整。一般情况下，MMI与广泛使用的道·琼斯工业平均指数相关性很好。道·琼斯工业平均指数也是包含相对较少的几种股票的组合。MMI期货合约在芝加哥期货交易所CBOT交易，该指数期货合约价格为指数乘以500。

由于股票指数期货合约采用现金交割，在最后一个交易日，所有合约是盯市的并且所有头寸必须轧平。大多数合约在最后一个交易日的结算价格通常是当天指数的收盘指数，但S&P500的结算价是次日的开盘指数。对于NYSE综合指数和MMI，最后一个交易日是交割月份的第三个星期五；对于S&P500，最后一个交易日是交割月份的第三个星期五之前的那个星期四。

3.6.2 主要股票指数期货合约

1. 标准普尔500指数期货（S&P500）

交易单位：500美元×S&P500股价指数。

交易地点：芝加哥商品交易所指数、期权市场（IOM）分部。

最小变化价位：0.05个指数点（每张合约25美元）。

每日价格波动限制：在开盘期间内，成交价格不得高于或低于前一交易日结算价格5个指数点。如果主要期货合约的价格在开市后10分钟时达到此停板额，交易将暂停2分钟，然后按新的开盘价重新开盘。

合约月份：3月、6月、9月、12月。

交易时间：8：30—15：15（芝加哥时间）。

最后交易日：最后结算价格确定日之前的那个营业日。

交割方式：按最后结算价格以现金结算。

最后结算价格：由合约月份第三个星期五报出的S&P500股价指数的构成股票的开盘价格确定。

2.纽约证券交易所（NYSE）综合指数期货

交易单位：500美元×NYSE综合指数。

交易地点：纽约期货交易所（NYFE）。

最小变动价位：0.05个指数点（每张合约25美元）。

每日价格波动限制：无。

合约月份：3月、6月、9月、12月。

交易时间：9：30—16：15（纽约时间）。

最后交易日：合约月份的第三个星期四，如果该日不是NYFE或NYSE的营业日，则最后交易日即为该日的前一个营业日。

交割方式：合约到期时以现金结算。

最后结算价格：由构成NYSE综合指数的所有上市股票在合约月份之第三个星期五的开盘价格，经特别计算求得。

3.主要市场指数（MMI）期货

交易单位：250美元×主要市场指数。

交易地点：芝加哥期货交易所（CBOT）。

最小变动价位：0.05个指数点（每张合约12.5美元）。

每日价格波动限制：不高于前一交易日结算价格80个指数点，不低于前一交易日结算价格50个指数点。

合约月份：最初3个连续月份及紧接着的3个以3月、6月、9月、12月循环的月份。

交易时间：8：15—15：15（芝加哥时间）。

最后交易日：合约月份的第三个星期五。

交割方式：根据主要市场指数收盘价格实行逐日结算，并于最后交易日根据主要市场指数的收盘价格实现现金结算。

4.金融时报100种指数期货（FT-SE100）

交易单位：25英镑×金融时报100种指数。

交易地点：伦敦国际金融期货交易所（LIFFE）。

最小变动价位：0.5个指数点（每张合约12.5美元）。

合约月份：3月、6月、9月、12月。

交易时间：8：35—16：10（伦敦时间）。

最后交易日：交割月份第三个星期五的10：30。

交割日：最后交易日之后的第一个营业日。

交割方式：以交易所交割结算价为基础的现金结算。

交割结算价：最后交易日10：10至10：30之间金融时报100种指数的平均水平。

5. 日经225指数期货

交易单位：1 000日元×日经225指数。

交易地点：日本大阪证券交易所。

最小变动价位：10个指数点（每张合约10 000日元）。

每日价格波动限制：不高于或不低于前一交易日结算价格的3%。

合约月份：3月、6月、9月、12月。

交易时间：9：00—11：15；13：00—15：15（东京时间）。最后交易日比平时早15分钟收盘。

最后交易日：结算日之前第三个营业日。

结算日：合约月份之第十个（或第十一个）营业日。

结算价格：最后交易日收盘时该指数的收盘价格。

交割方式：按结算价格实行现金结算。

6. 日经225指数期货（新加坡）

交易单位：1 000日元×日经225指数。

交易地点：新加坡国际货币交易所。

合约月份：3月、6月、9月、12月。

最小变动价位：5个指数点（每张合约5 000美元）。

每日价格波动限制：无。

交易时间：8：00—14：15（新加坡时间）。

最后交易日：合约月份的第三个星期三。

交割方式：现金结算。

7. 香港恒生指数期货

交易单位：50港元×恒生指数。

交易地点：香港期货交易所。

最小变动价位：1个指数点（每张合约50港元）。

每节价格波动限制：不高于或不低于上节收市指数500点，但现货月份除外。

合约月份：现货月份，现货月份随后的一个月份以及最近期的两个季末月份。

交易时间：周一至周五为交易日，每日分上、下节：9：15—12：00，13：00—

16：15（香港时间）。到期合约月份在最后交易日收市时间为下午4：00。

最后交易：交割月的倒数第二个营业日。

结算日：最后交易日之后的第一个营业日。

结算方式：现金结算。

最后结算价格：以最后交易日当天以下时间所报指数点的平均值为基础，下调至最接近的整数指数点：（i）联交所持续交易时段开始后的五分钟起，直至持续交易时段完结前的五分钟止，期间每隔五分钟所报的指数点，与（ii）联交所收市时所报的指数点。

3.6.3 股票指数期货的价格

大部分指数都可被看做支付红利的证券。这里的证券就是计算指数的股票组合，证券所付红利即为该组合的持有人收到的红利。通过近似计算，可认为红利是连续支付的。设q为红利收益率，由前面的内容可知期货价格：

$$F=Se^{(r-q)(T-t)}$$

【例3–9】一个S&P500指数的3个月期期货合约。假设用来计算指数的股票的红利收益率为每年3%，指数现值为400，连续复利的无风险利率为每年8%，这里$r=0.08$，$S=400$，$T-t=0.25$，$q=0.03$，则期货价格F为：

$$F=400e^{0.05\times0.25}=405.03$$

实际上，计算指数的股票组合的红利收益率一年里每周都在变化。例如，纽约证券交易所的大部分股票是在每年2月份、5月份、8月份及11月份的第一周付红利的。q值应代表合约有效期间的平均红利收益率。用来估计q值的红利应是那些除息日在期货合约有效期之内的股票的红利。

若分析者对计算红利的收益率不感兴趣，可以估计指数中股票组合将要收到的红利金额总数及其时间分布。这时股票指数可看成是提供已知收入的证券，公式$F=(S-T)e^{r(T-t)}$可用来计算期货价格。这个方法对日本、德国、法国的指数很有效，因为这些国家里所有的股票都在相同的时间里支付红利。

若期货价格大于支付红利证券的价格，即$F>Se^{(r-q)(T-t)}$，可通过购买指数中的成分股票，同时卖出指数期货合约而获利。若$F<Se^{(r-q)(T-t)}$，则可通过相反操作，即卖出指数中的成分股票，买进指数期货合约而获利。这些策略就是所谓的指数套利（Index Arbitrage）。当$F<Se^{(r-q)(T-t)}$时，指数套利操作通常由拥有指数成分股票组合的养老基金来进行，而当$F>Se^{(r-q)(T-t)}$时，指数套利操作则通常由拥有短期资金市场投资的公司来进行。对于一些包含较多股票的指数，指数套利有时是通过交易数量相对较少的有代表性的股票来进行的，这些有代表性的股票的变动能较准确地反映指数的变动。指数套利经常采用程序交易（Program Trading）方法来进行，即通过一个计算机系统来进行交易。

公式$F=Se^{(r-q)(T-t)}$对日经225指数的期货合约无效。设S_F代表日经225指数值，这是用日元衡量的组合的价值，而在芝加哥商品交易所，其交易的日经225指数期货合约的标的变量是价值为$5S_F$美元值的变量，也就是说，期货合约的变量用日元计量，但却把它视为美元来处理。我们不可能投资于一个价值总是$5S_F$美元的证券组合，最好的做法是投资于价值为$5S_F$日元的组合，或者投资于价值为$5QS_F$美元的组合，这里Q是指1日元的美元价值。因此，日经期货合约的标的变量是一个美元量，该变量不等于某个可交易证券的价格，因此我们无法通过套利讨论来推导理论上的价格，而需另辟蹊径。

3.6.4 利用指数期货对冲

指数期货能用来对冲一些高度分散化股票组合的风险。由资本资产定价模型可知，股票组合的收益与市场收益之间的关系由参数β来描述，它是组合超出无风险利率的超额收益对市场超出无风险利率的超额收益进行回归得到的最优拟合直线的斜率。当$\beta=1$时，股票组合的收益就反映了市场的收益；当$\beta=2$时，股票组合的超额收益为市场超额收益的2倍；当$\beta=0.5$时，股票组合的收益为市场收益的一半，依此类推。

假设我们希望对冲某股票组合在时间段（$T-t$）里的价值变动风险。设：

$\Delta 1$：若投资于股票组合，在（$T-t$）内每美元的变动；

$\Delta 2$：若投资于市场指数，在（$T-t$）内每美元的变动；

S：股票组合的现值；

F：一个期货合约的现值；

N：对冲股票组合时，最佳的卖空合约数量。

一个期货合约的价值为指数乘以500。若S&P500的期货价格为400，则合约价值为：

$$400\times500=200\ 000\text{（美元）}$$

从β的定义，近似可得$\Delta 1=\alpha+\beta\Delta 2$，这里的$\alpha$为常数。在时间$t$到$T$间股票组合的价格变动为$S\Delta 1$，或$\alpha S+\beta S\Delta 2$。

在此段时间里期货合约价格的变动近似为$F\Delta 2$，即$F\Delta 2$等于期货合约价格变动。所以：

$$\Delta 2=\text{期货合约价格变动}\div F$$

将$\Delta 2$代入$S\Delta 1=\alpha S+\beta S\Delta 2$，可得：

$$S\Delta 1=\alpha S+\frac{\beta S}{F}\times\text{期货合约价格变动}$$

从而组合价值变动中不确定部分近似为：

$$\frac{\beta S}{F}\times\text{期货合约价格变动}$$

因此：

$N=\frac{\beta S}{F}$

【例3-10】某公司想运用还有4个月有效期的S&P500指数期货合约来对冲某个价值为2 100 000美元的股票组合。当时的期货合约价格为300，该组合的β值为1.5。一个期货合约的价值为：

300×500=150 000（美元）

因而应卖出的期货合约的数量为：

$\frac{1.5\times 2\ 100\ 000}{150\ 000}=21$（张）

有效的股票指数对冲将使得对冲者的头寸近似以无风险利率增长。但投资者为什么要对冲合约以获利，而不选择卖掉组合然后将所得收入投资短期国债以取得相等收益呢？

一个可能的原因是：对冲者认为股票组合中的股票选择得很好，他可能对整个市场的表现很没有把握但坚信股票组合中的股票会比市场随机选择的股票组合表现出色（在适当调整组合的β值后）。采用指数期货来对冲转移了市场波动的风险，仅使对冲者股票组合超过市场的部分收益暴露于市场风险当中。另一个可能的原因是：对冲者计划长期持有该组合，但在不确定的市场状况下短期内需要保护该头寸。若采用先卖掉组合以后再买回的策略，可能会导致过高的交易费用。

运用指数期货能改变股票组合的β值。如上例，要将组合的β值从1.5减少到0，需要卖出21张合约；若要将β降到1，则只需要卖出21张合约的1/3即7张合约即可。要将β值从1.5上升至3，需要买入21张合约。依此类推，一般来说，要将组合的β值从β变到β^*，当$\beta>\beta^*$时，应卖出（$\beta-\beta^*$）$\frac{S}{F}$张合约，当$\beta<\beta^*$时，应买入（$\beta^*-\beta$）$\frac{S}{F}$张合约。

3.6.5 我国股票指数期货的产生和发展

我国首次开展的股票指数期货交易是1993年3月海南证券交易中心推出的深证指数期货交易，共6个期货合约，包括深证综合指数当月、次月、隔月合约，每个合约单位为深证指数乘以500元，时间不久，便被证监会责令停止交易，总共成交合约111手。

我国股指期货交易是在股票现货市场很不完善的情况下出现的，股市容量小，上市公司的业绩与股票价格经常发生背离，信息披露严重滞后、失真，股票交易行为主要是短期投机。此外，股票指数的设计还不完全合理，且易被大户联手操纵。股价指数是股市的温度计，股价指数若不能真实代表股票价格的波动情况，股指期货也就难以开展交易。目前我国股价指数的计算方法不是用流通股总数作为权重，而是以发行股数作为权重，这种计算方法难以反映实际的股价变动。

我国现有股指期货合约，有沪深300股指期货合约、中证500股指期货合约、上证50股指期货合约三种类型。这三种期货合约均以指数点为报价单位，最小变动价位为0.2点，合约月份为当月、下月及随后2个季月，每日价格最大波动限制为上一个交易日结算价的±10%，最低交易保证金为合约价值的8%，采取现金交割的交割方式。

沪深300股指期货合约以沪深300指数为合约标的物，合约乘数为每点300元，交易代码为IF。沪深300指数是由上海和深圳证券市场中市值大、流动性好的300只A股作为样本编制而成的成分股指数，具有良好的市场代表性，是沪深证券交易所第一次联合发布的反映A股市场整体走势的指数。2021年第一季度中国金融期货交易所沪深300股指期货成交量为8 508 887手，成交金额为135 827.16亿元。

中证500指数股指期货合约以中证500指数为合约标的物，合约乘数为每点200元，交易代码为IC。中证500指数是根据科学客观的方法，挑选沪深证券市场内具有代表性的中小市值公司组成样本股，以便综合反映沪深证券市场内中小市值公司的整体状况。中证500指数样本空间内股票扣除沪深300指数样本股及最近一年日均总市值排名前300名的股票，剩余股票按照最近一年（新股为上市以来）的日均成交金额由高到低排名，剔除排名后20%的股票，然后将剩余股票按照日均总市值由高到低进行排名，选取前500名的股票作为中证500指数样本股。2021年第一季度中国金融期货交易所中证500股指期货成交量为6 277 621手，成交金额为79 293.03亿元。

上证50股指期货合约以上证50指数为合约标的物，合约乘数为每点300元。上证50指数是根据科学客观的方法，挑选上海证券市场规模大、流动性好、最具代表性的50只股票组成样本股，以便综合反映上海证券市场最具市场影响力的一批龙头企业的整体状况。2021年第一季度，中国金融期货交易所上证50股指期货成交量为3 268 906手，成交金额为36 506.15亿元。

3.7 外汇期货

外汇期货合约是交易双方签订的协定，允许一方在将来某个既定的时间以约定的汇率从另一方买入一定数量的外汇。该合约在期货交易所进行交易，其过程与其他种类的期货合约基本相同。

20世纪70年代初期，随着布雷顿森林体系的瓦解，固定汇率制转为浮动汇率制，汇率变动不断给企业和个人在国际贸易和国际结算与支付中带来风险，回避和转嫁这种风险的愿望推动了金融创新，期货交易被引进金融领域。1972年芝加哥商品交易所（CME）建立了可进行外汇期货合约交易的国际货币市场（International Monetary Market）。外汇期货合约实际上是最早的金融期货合约，外汇期货合约的定价与远期外汇合约的定价相同，此处不再介绍。

3.7.1 外汇期货合约的规格及报价

在芝加哥商品交易所（CME）的国际货币市场上交易的外汇期货合约一般包含以下规定：

第一，交割月份：1、3、4、6、7、9、10、12月和合约成立当月。

第二，每日价格变动限额：仅在开市时有，其余时间不进行限制。

第三，最后交易日：交割月第三个星期三前的第二个营业日。

第四，第一个交割日：交割月的第三个星期三。

第五，交易时间：上午7：20至下午2：00（当地时间）。

表3-19反映的是芝加哥商品交易所的有关情况。合约的规格是可以改变的，尤其是保证金及每日价格变动较为频繁，投资者应向交易所询问有关的最新信息。

表3-19　国际主要外汇期货合约

币种	交易单位	最小变动价位	每日价格波动限制
欧元	125 000欧元	0.0001 每合约12.5美元	200点 每合约2 500美元
日元	12 500 000日元	0.000001 每合约12.5美元	150点 每合约1 875美元
加元	100 000加元	0.0001 每合约10美元	100点 每合约1 000美元
瑞士法郎	125 000法郎	0.0001 每合约12.5美元	150点 每合约1 875美元
英镑	62 500英镑	0.0002 每合约12.5美元	400点 每合约2 500美元
墨西哥比索	500 000比索	0.000025 每合约12.5美元	200点 每合约1 000美元
澳元	100 000澳元	0.0001 每合约10美元	150点 每合约1 500美元

市场行情是每一个外汇期货交易的参与者尤为关注的事情，外汇期货市场的报价方式与外汇现货市场的报价方式完全不同。表3-20是芝加哥商品交易所公布的2018年1月18日的外汇期货行情表。根据该表可了解外汇期货的报价方式。

表3-20　　外汇期货市场的报价方式　　交易日：2018年1月18日

Daily Settlement for EUR/USD Futures（CME）　　Trade Date：01/18/2018

Month	Open	High	Low	Close	Settle	Change	Volume	Open Interest
18-Feb	1.21890	1.22840	1.21890	1.22625A	1.22660	+.00030	1 455	3 371
18-Mar	1.22125	1.23085	1.22090	1.22810	1.22860	+.00025	233 019	567 626
18-Apr	1.22625	1.23240	1.22480A	1.23085A	1.23115	+.00020	923	827
18-May	1.23120	1.23465	1.22720A	1.23315A	1.23345	+.00025	778	257
18-Jun	1.22885	1.23840	1.22885	1.23575	1.23630	+.00020	474	21 186
18-Sep	1.23830	1.24515	1.23830	1.24330	1.24460	+.00025	16	1 656
18-Dec	1.24850	1.25390B	1.24850	1.25235B	1.25340	+.00030	6	1 022

资料来源：CMEGroup网站，2018年1月18日。

表3-20中：

“Month”下面所列出的均是CME当日正在交易的外汇期货合约到期日，也是外汇期货合约的代号。

“Open”是开盘价，即某种期货合约当日第一笔交易的成交价格，或以接近开市价格变动幅度为基础的价格。在“Open”下面的各个数字分别表示各种期货合约在当天（2018年1月18日，当天报道前一天的行情）的开盘价格。

“High”与“Low”分别表示各种期货合约当日交易的最高价和最低价。

“Close”表示各种期货合约在当天的收盘价格。

“Settle”是结算价格，又称收盘价格（Closing Price），即某种期货合约在当日收盘时成交的最后一笔交易的价格，或以接近收市价格变动幅度为基础的价格。

“Change”是结算价格变动的净额（Net Change），即当日结算价格较前一个交易日结算价格增加（以“+”表示）或减少（以“-”表示）的金额。不过，结算价格的这种变动不得超过各期货合约的每日价格变动幅度限制的范围。

“Volume”表示当日相应期货合约总交易量。

“Open Interest”为未平仓合约数。“未平仓合约”是指已成交但尚未作对冲交易或实物交割的期货。未平仓合约数指的是截至前 个交易口，买方（或卖方）持有的某种特定月份期货合约的未平仓合约的累计数量。由于每份未平仓的期货合约都既有买方也有卖方，因此，计算未平仓合约数，只需统计买方与卖方中的任何一方的未平仓合约数即可。

另外，表格中数值后面的A是Above的简写，B是Below的简写，分别表示某一价格以上或以下的大致变化趋势范围。

在期货交易中，未平仓合约数及其增减变化是交易者或期货价格分析者预测期货价格走势的一个重要参考指标。未平仓合约数增加，大多数交易者预期期货价格将上升；反之，若未平仓合约数减少，则大多数交易者预期期货价格将下跌。

3.7.2 利用外汇期货套期保值

1.利用多头套期保值

投资者看好某种外汇，预计其价格将上涨，这有可能导致以该币种为合同货币的进口商的损失，那么他可以买入该币种的期货合约进行保值（见表3-21）。

表3-21 多头外汇套期保值

7月1日	美国进口商签订合同以英镑计价买入20辆英国汽车，11月1日付款，价格为£35 000/辆，进口商担心英镑汇率上涨，需要付出更多美元	
日期	现货市场	期货市场
7月1日	即期汇率为\$1.3190/£ 远期汇率为\$1.3060/£ 20辆车远期成本为： 20（35 000）（\$1.3060）=\$914 200	12月到期的英镑期货合约报价为\$1.278 则一张合约的价格为： 62 500（\$1.278）=\$79 875 应买合约数为：$\frac{20(35\,000)}{62\,500}=11.2$ 买入11张合约
11月1日	即期汇率为\$1.442 买入700 000英镑购买20辆车 以美元计价的成本为： 700 000（\$1.442）=\$1 009 400	12月英镑合约报价为\$1.4375 每一张合约价格为： 62 500（\$1.4375）=\$89 843.75 卖出11张合约

分析：汽车最终成本为：\$1 009 400-\$914 200=\$95 200

期货合约交易获利为：

$$\begin{array}{rl} 11(\$89\,843.75) & \text{期货合约卖出价} \\ -11(\$79\,875) & \text{期货合约买入价} \\ \hline \$109\,656.25 & \end{array}$$

期货合约获利：

上两项相抵消则净损益为：\$109 656.25-\$95 200=\$14 456.25

进口商实际支付了：\$1 009 400-\$109 656.25=\$899 743.75

2.利用空头套期保值

当投资者预期在将来一定时点收回一笔现金，而又担心该现金的标价货币会贬值，那么他可考虑卖出相应币种的期货合约来保值（见表3-22）。

表3-22 空头外汇套期保值

6月29日	一个跨国公司拥有的英国子公司定于9月28日从其伦敦的账户上转移£10 000 000到其纽约银行的账户上。公司担心英镑在未来两个月中贬值，他可采取如下措施：	
日期	现货市场	期货市场
6月29日	即期汇率为$1.362/£ 远期汇率为$1.357/£ 资金的远期价值为： 10 000 000（$1.357）=$13 570 000	12月到期的英镑期货合约报价为$1.375 每合约价格为： 62 500（$1.375）=$85 937.50 应卖合约数为：$\frac{10\ 000\ 000}{62\ 500}$=160 卖出160张期货合约
9月28日	即期汇率为$1.2375/£ £10 000 000可兑换美元为： 10 000 000（$1.2375）=$12 375 000	12月交割的英镑合约报价为$1.238 每合约价格为： 62 500（$1.238）=$77 375 买入160张期货合约

分析：英镑标价的这笔资金到期时价值减少了

$13 570 000−$12 375 000=$1 195 000

期货合约交易获利为：

160（$85 937.50）	期货合约卖价
−160（$77 375）	期货合约买价
$1 370 000	期货合约获利

期货合约交易获利充分抵补了资金的兑换损失，获净收益为：

$1 370 000−$1 195 000=$175 000

公司实际获利为：

$12 375 000+$1 370 000=$13 745 000

3.8 期货工具案例分析

3.8.1 期货工具与现货工具的搭配

1. 利率期货与现货的搭配

【例3-11】假设今天是8月21日，某位投资人持有面值100 000 000美元的国库券，在30天之后的9月20日到期。当国库券到期之后，这位投资人打算继续投资3个月，可是，他担心到那时利率下跌，若是如此，他将被迫根据较低的利率进行再投资。9月份国库券的期货收益率为9.8%，这也是目前投资适用的利率，他认为这个利率相当不错，希望延长国库券投资的到期期间。如果现在买进9月份期货，到期接受交割，交割取得的国库券将在12月份到期。

目前的期货收益率是9.8%，每张合约的交割价值是975 500美元。9月20日，当现有的国库券到期时，投资人将取得100 000 000美元的价款，足以用来接受

102.51张期货合约的交割（100 000 000÷975 500=102.51）。于是，这位投资人建立了如表3-23所示的部位。

8月21日，假定贴现收益率为9.8%，投资人持有价值99 183 333美元的30天期国库券，进行如表3-23所示的交易。8月21日没有发生现金流量。当30天期国库券于9月份到期时，接受9月份国库券期货合约的交割，支付价款99 501 000美元，剩余的499 000美元投资于货币市场基金。假定3个月期的货币市场收益率是9.8%。12月份的时候，货币市场的投资将成长为511 226美元（499 000+499 000（0.098）（90/360））。另外，9月份期货合约交割而取得的国库券到期，价值是102 000 000美元，所以，12月份的总现金流入是105 511 226美元，相对于8月31日持有的99 183 333美元，这4个月期的投资贴现收益率是9.8%。

表3-23 **延长到期期间的交易**

日期	现货市场	期货市场
8月21日	持有30天期的国库券，面值100 000 000美元，希望将到期期间延长90天	买进102张9月份国库券期货合约，收益率为9.8%
9月20日	30天期国库券到期，收取价款100 000 000美元，在货币市场投资499 000美元	接受102张9月份期货合约的交割，支付99 501 000美元
12月19日	9月份期货交割的国库券到期，价值为102 000 000美元	

许多既有的投资组合经常具有不理想的到期期间结构。举例来说，某家公司持有6个月期的国库券，但3个月之后需要资金。同理，某位投资人持有6个月期的国库券，但担心这些国库券到期之后将面临不确定的再投资利率，这位投资者或许希望1年的到期期间他都可以卖出6个月期国库券，重新架构到期期间。可是，现货市场的交易成本偏高，许多人都宁愿通过期货市场来调整投资的到期期间。

上面这位投资人通过期货市场与现货市场的同时运作成功地延长了到期期间，将利率锁定在9.8%。这个例子中，由于我们假定利率曲线为水平状，所以期货收益率也恰好是即期收益率。可是，当我们通过期货合约延伸到期期间时，期货部位是锁定当时的期货收益率。所以，当期货合约到期时，接受交割的国库券将适用当初锁定的期货收益率，当我们需要缩短国库券投资的到期期间时，只要放空相应的较短期间的国库券期货。

2.股票指数期货与现货的搭配

【例3-12】9月20日到期的股票指数期货合约的理论价值是111.48美元，当前期货价格为115美元。由于期货价格超过合理价值，指数套利者可以实施表3-24所示的“现货-持有”策略。7月6日，交易者借入必要的资金买进指数成分股，同时放空期货合约。在7月23日与8月12日，交易者将分别取得两只股票的股利，并且在期货合约到期之前，根据10%的利率投资股利收益。因此，当9月20日期货合约到期时，最后的期货结算价格将等于当时的现货股价指数，这可以确保期货与现货价格相互收敛，基差为零。

表3-24 “现货-持有”的指数套利

日期	现货市场	期货市场
7月6日	借取$199，期限为76天，利率10% 买进A股票与B股票，总价款为$199	放空1张9月份指数期货合约，价格为$115.00
7月23日	收取A股票的股利$1.50，投资59天，利率为10%	
8月12日	收取B股票的股利$1.00，投资39天，利率为10%	
当期货合约到期时，股票可以假定为任何价格。为了方便起见，我们假定股价没有变动，因此，到期现货指数仍是110.56		
9月20日	收回股利的投资$1.52与$1.01，卖出A、B股票，价格分别为$115与$84，资金流入的总金额为$201.53，清偿借款$203.20 亏损：$1.67	期货合约到时，期货指数将收敛于现货指数110.56，期货部位获利$7.99 获利：$7.99
	净获利：$7.99-$1.67=$6.32	

注：该指数的成分股仅为A、B股票。

表3-24中的交易盈亏不会受到9月20日（期货到期日）的现货股价影响。本例中，假定到期现货价格不变，这一交易的获利是6.32美元。如果到期股价发生变动，在现货市场的现金流量中，仅有卖出股票的价款发生变动，但这方面的变动将被期货部位的额外盈亏冲销，因为期货指数会收敛到现货指数，交易的获利仍为6.32美元。可以发现，这笔“现货-持有”套利交易的盈利是来自期货价格与其理论价值之间的背离，该笔盈利是无风险的，我们可以把这种关系表述为：

短期无风险债务工具=股票-股价指数期货

由此，我们可以推知：

合成的国库券=股票-股价指数期货

合成股票组合=国库券+股价指数期货

3.外汇期货与现货的搭配

【例3-13】某家美国的小型进口商向日本工厂订购手表，这家日本厂商坚持要求支付日元货款，交货的时间在7个月之后，但手表的价格已固定为2 850日元/只，总共有15 000只手表，所以，该美国厂商7个月后必须支付42 750 000日元的货款。表3-25显示了当前（4月11日）的汇率报价，如果4月11日的期货价格可以视为未来汇率的预测量，美元似乎会对日元贬值。为避免美元下跌的风险，该进口商决定通过12月份交割的外汇期货合约规避交易风险。交易商进行如表3-26所示的操作。4月11日，他预估需要42 750 000日元，当时的美元价值为178 396美元，未来美元价值预估为182 329美元，后者是根据12月份期货价格估计的。在期货市场，进口商买进3张12月份日元合约，价格为0.004265美元/日元。

表3-25 **$/￥汇率（4月11日）**

即期	0.004173
6月份期货	0.004200
9月份期货	0.004237
12月份期货	0.004265

表3-26 **进口商避险操作**

	现货市场	期货市场
4月11日	进口商预计11月份需要￥42 750 000，目前的美元价值为$178 396，11月份的估计价值为$182 329	进口商买进3张12月份期货合约，价格0.004265美元/日元，总成本为$159 938
11月18日	手表交货：在即期市场根据0.004273买进￥42 750 000，美元成本为$182 671 现货市场的结果： 预期成本 $182 329 -实际成本-$182 671 损失 $342	在0.004270价位卖出3张12月份合约，总价值为$160 125 期货市场的结果： 获利$187
	净损失：$155	

11月18日，手表交货，进口商在现货市场根据0.004273的价格买进日元，实际支付的美元金额较预期成本高出342美元，取得日元之后，进口商冲销期货部位，由于日元期货价格仅上涨0.000005，获利为187美元，因此整个避险交易的净损失为155美元。如果未进行避险，损失将是现货市场的全部损失342美元。

本例实质上是进口商在进行多头套期保值。多头套期保值一般应用于在未来某日期将发生外汇支出的场合，如人们从国外进口商品、购买技术、出国旅游；跨国公司的母公司向其设在国外的子公司供应资金；投资者计划投资以及债务人到期偿还贷款等。与此相应的是空头套期保值，它是指在现货市场上处于多头地位的人在期货市场上做一笔相应的空头交易，以防止现有外汇资产遭受汇率变动而贬值的风险。空头套期保值一般应用于在未来某日期取得外汇收入的场合，如向国外出口商品、提供劳务、对外投资、到期收回贷款等，预期未来在外汇市场出售的行情走势，为避免外汇汇率波动可能造成的损失，先行于外汇期货市场卖出该种外币的期货合约，而于合约到期前再买进该合约。

本例中预计的交易时间是11月份，进口商选择12月份合约，主要是为了节省合约展延的佣金成本。而且，12月份合约是最接近风险发生时间的期货合约，11月份交货的时候，12月份合约价格应该相当接近即期价格。一般来说，期货合约的到期日迟于风险发生日1个月左右比较有利。

本例中避险的效率不很理想，原因主要有两点：第一，期货价格的变动量小于现货价格变动量，即存在基差风险。现货价格变动0.000008美元/日元，期货价格变动0.000005美元/日元。第二，未进行完全避险，仍存在风险暴露头寸，风险部位是42 750 000日元，每张日元合约代表12 500 000日元，故需3.42张（42 750 000÷12 500 000）合约，非整数，本例中选用3张合约，故避险部位为37 500 000日元，未避险部位为5 250 000日元。

3.8.2 期货工具与期货工具的搭配

1.利率期货与期货的搭配

【例3-14】某年1月17日，商人A认为短期利率将继续保持上升趋势，由此会对银行的收益产生较大的影响，因此推测美国短期国库券与欧洲美元期货的价差将进一步扩大，该商人立即以该年9月份的期货持有了该价差的多头头寸，即在购买美国短期国债期货的同时出售相同数量和相同到期日的欧洲美元期货头寸（如表3-27所示）。

表3-27 国库券/欧洲美元价差交易收支

日期	期货市场
1月17日	放空一张9月份欧洲美元期货，IMM指数为93.50 买进一张9月份美国国库券期货，IMM指数为94.40
8月14日	回补一张9月份欧洲美元期货，IMM指数为93.00 卖出一张9月份国库券期货，IMM指数为94.08
	获利： 欧洲美元　　国库券 93.50　　94.08 −93.00　　−94.40 0.50　　−0.32 总获利：18bps×\$25=\$450

同年8月14日，正如该商人预测的那样，传出了美国大银行收益恶化的消息，国库券/欧洲美元之间的价差扩大，A商人感到时机已到，遂通过相反交易轧平了

所持有的头寸。

上述国库券/欧洲美元之间的价差交易又称TED价差交易，即将均为3个月期短期利率期货的美国短期国债期货与欧洲美元期货之间的价差视做价格，通过买卖谋取利差收益的交易。在两种期货均上市的CME市场中，TED价差以其自己的标价经常上市交易。例如，当美国短期国债期货价格为9 299—9 300、欧洲美元期货价格为9 174—9 175时，TED价差的价格大致为124—126（美国短期国债期货价格减欧洲美元期货价格）。

“T-Bill”是美国财政部发行的短期国债，偿还风险几乎为零；欧洲美元期货的基础资产是“欧洲美元”，是银行同业间存款，由于随时可能发生银行倒闭的风险，因此这种风险直接反映在美国短期国债和欧洲美元的利率差别上，亦即反映在期货价格差别上。从这个意义上讲，TED价差交易就是针对美国政府与银行间的资信差别进行投机的交易。TED价差主要受以下因素的影响：中央银行在外汇市场上的干预；资金抽逃现象；金融业信誉恐慌事件；美国短期国债供求关系；短期利率剧烈波动，收益率曲线发生变化。

与TED价差交易一样，NOB交易策略也是一种很基本和普遍的投机策略。NOB是针对中期公债期货与长期公债期货进行投机的价差交易，NOB代表Notes Over Bonds。

2.股票指数期货与期货的搭配

【例3-15】某基金经理人希望合成一只新的包括较少美国公司的股票指数期货合约。标准普尔500指数的股票篮子包括了在NYSE上市的最大500家公司的股票，大约占了NYSE所有上市股票总市值的80%（事实上它还包括一些在场外交易的股票，这里作简化处理）。而纽约证券交易所综合指数（Composite Index）则包括了在NYSE上市的全部大约1 700只股票。当前S&P500指数期货的价格为180 000美元（360×500），而NYSE综合指数的价格为100 000美元（200×500）。该基金经理买进9份综合指数期货合约同时卖出4份S&P500指数期货合约，二者有相同的交割日，且价差比率为0.444，则这笔交易建立了一份价值180 000美元的新合成指数期货合约的多头头寸，该指数期货合约的对应篮子股票包括了除组成S&P500指数的股票以外的所有构成NYSE综合指数的大约1 200只股票。

现货和债券能用来复合期货合约，同样，由两种指数期货组成的加权价差交易（Weighted Spread），即价差比率不为1的价差交易也可以用来合成一种新的指数期货，这是指数基金的常用操作手法。如上例，两种指数期货，其中一个指数篮子股票是另一个指数篮子股票的子集，则这两种指数期货的价差交易可以用来合成不包括子集股票而由另一部分股票组成的新的指数期货合约。事实上，每份NYSE综合指数期货的价值100 000美元可分为两部分：①价值80 000美元的S&P500指数；②价值20 000美元的由1 200家较小公司股票组成的新指数。因此，9份综合指数期货中包括了价值720 000美元（9×80 000）的S&P500指数期货，而它可由4份卖空的S&P500指数期货合约对冲掉（4×180 000美元=720 000美元），这样，就建立了由1 200家较小公司股票组成的新指数期货的净多头头寸（9×20 000美元=180 000美元）。同样，在英国同时持有FT-SE100和FT-SE Mid250指数期货的多头头寸或空头头寸可以合成由最大的350家英国公司股票组成的指数期货合约，因为FT-SE100和FT-SE Mid 250这两种指数对应的股票不存在重合部分，故不能合成由某一指数的子集构成的新股票指数期货合约。

上例中综合指数期货和S&P500指数期货的价差比率为0.444，该比率可由公式$\rho=\frac{PF_1}{F_S}$计算得出。式中的F_S为S&P500指数期货的当前价格，即180 000美元；F_1为综合指数期货的当前价格，即100 000美元；P为S&P500指数的股票价值在综合指数的股票价值中的占比，即0.8。

3.外汇期货与期货的搭配

【例3-16】某年7月21日，投资者根据CME加元/美元期货行情进行预测，市场行情如表3-28所示。

表3-28　**7月CME加元/美元期货行情**

合约月份	结算价格	价差
9月	0.9032	
12月	0.9034	0.0002
次年3月	0.9038	0.0004

由于12月合约价格变化过大，超出了正常范围，投资者认为加元/美元期货价格会上扬，且12月份合约涨幅会超过次年3月份合约涨幅，于是，投资者买进12月份加元/美元期货合约，卖出次年3月份加元/美元期货合约。到了12月1日，加元/美元期货价格变化如表3-29所示。

表3-29　**12月CME加元/美元期货行情**

合约月份	结算价格	与7月21日价格相比涨幅大小
12月	0.9230	0.0196
次年3月	0.9185	0.0147

那么该投资者在套汇交易中的获利为：每合约100 000×（0.0196-0.0147）=490（美元）

例子中通过买进近合约（Nearly Contract）、卖出远合约（Far Contract）来进行套汇赚取利润，这种策略又被称为牛市价差套汇（Bull Spread）。如果投资者预期价格上涨，且预期近合约价格涨幅将大于远合约价格涨幅，则应采用这种牛市价差套汇策略。与之相应的还有熊市价差套汇（Bear Spread），即投资者买进远合约同时卖出近合约。一般当投资者预测价格下跌，且近合约价格下跌幅度将大于远合约价格跌幅时，采用这种熊市价差套汇策略。

思考与练习

（1）掌握有关概念：

期货　标准化合约　刻度　保证金　逐日结算　冲销　期货转现货　屏幕交易　未平仓量　基差　价差交易　便利收益　隐含回购利率　转换因子　发票金额　最便宜交割国债

（2）期货交易有哪些特点？

（3）期货交易保证金的种类有哪些？

（4）结束期货交易部位的方法有哪些？

（5）价差交易有哪些种类？

（6）如何防范期货交易风险？

（7）试述对我国开展期货交易的思考。

第4章 期权工具及其配置

◇学习目标

- 期权交易的基本概念及原理
- 期权价格与定价
- 期权交易策略
- 几种常见的普通期权
- 奇异期权与外汇期权宝

金融期权是在20世纪70年代以来的国际金融创新中发展起来的又一种新的颇具特色的衍生金融工具，自产生以来发展迅速，应用非常广泛，尤其是在金融风险管理中，它更是一种颇受投资者欢迎的套期保值的新型金融工具。

截至目前，我们所讨论的金融工具都具有一种共同的特性，即线性特性，这是因为使用前几种金融工具时，多空双方都有相同的获利与亏损机会，这笔交易的期望值为0。所以，买卖双方都不需要预付对方一笔期初费用。而期权可以使买方在某个方向的市场走势中获利，却不会在相反的走势中发生亏损。

期权是变化最复杂的金融工具之一，它所具有的灵活性，创造了无限的机会，它与各种金融工具相配置，组合出具有各种特性的金融交易工具。期权的种类本身也繁衍出一个庞大的纷繁复杂的“家族”，而且期权还经常隐藏在其他的金融工具当中。

4.1 期权交易概述

期权交易由来已久。根据亚里士多德的《政治学》记载，古希腊人已开始使用期权交易为农作物买卖进行保险。17世纪初在荷兰，18世纪后期在美国，都先后出现了期权交易。19世纪中后期芝加哥期货交易所的成员曾偶然使用过期权交易方式来保护谷物交易中的期货头寸。追溯历史，我们会发现，期权交易是由期货交易逐渐演变而来的，并随着期货交易的发展而得以发展和完善。

由于没有一个适当的交易制度，在许多市场出现了独家或合伙操纵以及欺诈等过度投机现象，加上政治经济危机等外部环境的影响，期权交易经历了极为曲折的发展道路，无论在荷兰、英国还是美国，期权交易都曾被指责为加剧现货市场和期货市场价格波动的罪魁祸首，曾先后被宣布为非法而一度明令禁止或取消。20世纪30年代西方经济大危机时，英国于1931年禁止期权交易，美国于1936年也明令禁止商品期权交易。英国于1958年，而美国直到20世纪70年代初期权才得以恢复并合法化。1973年4月26日芝加哥期权交易所（CBOE）成立并推出了股票期权交易，1994年3月，该所月成交量就超过美国期权场外市场1922年的全部成交量，成为期权交易发展历史上的一个里程碑。

20世纪80年代以来，期权交易尤其是金融期权交易获得突飞猛进的发展，首先在场外交易市场上受到客户需求扩大的刺激，随后又受到世界各地有组织的交易所场内交易市场的推动，从事金融期权交易的交易所从美国迅速扩大到世界各主要金融中心，荷兰的欧洲期权交易所（1978年）、加拿大蒙特利尔交易所（1982年）、美国费城股票交易所（1982年）、伦敦国际期货交易所、新加坡国际货币交易所等竞相开办期权交易，各种新的期权合约不断引入，把期权交易推向了新的历史阶段。

2015年2月，上证50ETF期权在上海证券交易所上市；2017年3月和4月，国内豆粕期货期权和白糖期货期权分别在大连和郑州商品交易所上市交易。

4.1.1 期权的定义和特点

期权（Option）亦称选择权，其持有人有权利在未来一段时间内（或未来某一特定日期），以一定的价格向对方购买（或出售给对方）一定数量的标的物，但没有义务。立权人（Writer），又称期权的卖方（Seller），授予期权的买方（Buyer）这项权利，期权的买方为取得这种权利，必须向期权的卖方支付一定的费用，所支付的费用称为期权费（Option Premium），又称权利金，也称期权的价格（Option Price）。在期权合约中，约定的商品买卖的价格称为“敲定价格”（Strike Price），也称“履约价格”或“执行价格”（Exercise Price），它是与当时市场上的现行价格相对应的。期权合约中所规定的特定商品称为期权的“基础资产”（Underlying Asset），又称“标的资产”，期权的买方所拥有的买卖基础资产的权利是有一定的时间限制的，这种权利只在规定的时期内有效，其中期权到期的日子称为到期日（Expiration Date）。

从上述期权的概念中可以看出，期权具有如下一些明显的特点：

（1）期权交易的对象不是任何商品或期货合约本身，而是一种买进或卖出某种商品或期货合约的权利，期权交易是这种权利的交易，这种权利交易具有很强的时间限制，它只能在合约规定的有效期内或合约规定的某一特定的履约日行使，一旦超过合约规定的期限，就会自动失去这种权利。

（2）期权买卖双方在享有的权利或承担的义务上存在着明显的不对称性。期权的买方享有选择权，他有权在规定的时期内，根据市场行情变化，选择是行使这种权利，还是转让其权利；而期权的卖方则必须根据买方的决定履行相应的义务。一旦期权的买方要求行使其权利，则期权的卖方就必须无条件地履行合约所规定的义务。这种不对称性还表现在风险与收益的不对称性上。买方所承担的最大风险是为购买期权所支付的期权费，当其在有利情况下行使期权时，则可能取得无限的收益；反过来，卖方可能获得的最大利润就是期权费，而当买方行使期权时，原则上他可能遭受无限的风险损失。

（3）由于期权交易双方在享有的权利和承担的义务方面的不同，导致了期权交易在履约保证方面的独特之处。期权合约赋予买方的是选择权，他必须事先支付一笔期权费作为拥有这种选择权的代价；而合约赋予卖方的是履约的义务，因此他必须交纳保证金。

（4）期权交易中，由于期权的买方有权选择是否履行合约，因此，从理论上讲，买方的盈利是无限的而亏损有限（限于期权费）；而对于卖方，市场出现于己不利的情况时，他仍必须按卖方提出的履约要求履行合约，因此，卖方的盈利有限而亏损无限。实际上，期权交易是一种"零和博弈"（Zero-Sum Game），其买方的盈利就是卖方的亏损，而其买方的亏损就是卖方的盈利。

4.1.2 期权的分类

期权可以根据不同的标准进行分类：

（1）根据期权交易买进和卖出的性质划分，即根据期权合约赋予持有者买入或卖出基础资产行为的不同可分为看涨期权和看跌期权。

看涨期权（Call Option）又称买入期权，指的是卖方授予买方在规定的时期内以约定的价格从卖方处购买一定数量的某种特定的资产的权利。在交易中，期权买方之所以买进这种期权，是因为他确信该期权的基础资产的市场价格将上涨；相反，看涨期权的卖方之所以卖出看涨期权，是因为他预测该期权的基础资产的市场价格不会上涨，所以他卖出看涨期权，以获取期权费。

看跌期权（Put Option）又称卖出期权，是指卖方授予期权买方在规定的时期内以约定的价格卖给卖方一定数量的某种特定资产的权利。一般来说，看跌期权的买方之所以买进该种期权，是因为他认为该期权的基础资产的市场价格将下跌。相反，看跌期权的卖方则预测价格不会下跌，从而卖出该种期权，以获取期权费。

值得注意的是，无论是看涨期权还是看跌期权，对期权的买方而言，合约赋予他的只有权利而无义务；而对期权的卖方而言，合约赋予他的只有义务而无权利。

（2）在期权交易中，根据对履约时间的不同规定，期权可分为欧式期权与美式期权。

欧式期权（European Option）是指持有人仅在期权到期日才有权行使其交易权利的期权。

美式期权（American Option）是指在期权交易期限内任何一个时点上持有者都有权行使其交易权利的期权。

不难看出，对期权的购买者来说，美式期权比欧式期权具有更大的灵活性。相反，对期权出售者来说，美式期权让他承担的风险要比欧式期权让他承担的风险更大，而且他必须随时做好履约准备。因此，在其他情况一定时，美式期权的权利金要比欧式期权的权利金高一些。目前，世界各主要的期权市场上，美式期权的交易量远大于欧式期权。

（3）根据交易场所是否是集中性的以及期权合约是否标准化，期权可分为场内期权和场外期权。

场内期权（Exchange-traded Options）又称“交易所交易期权”或“交易所上市期权”，是指在集中性的期货市场或期权市场进行交易的期权合约，它是一种标准化的期权合约，其交易数量、敲定价格、到期日以及履约时间等均由交易所统一规定。

场外期权（Over-the-Counter Options）又称“店头市场期权”或“柜台式期权”，是指在非集中性的交易所进行交易的期权合约，它是一种非标准化的期权合约，其交易数量、敲定价格、到期日以及履约时间等均可由交易双方自由议定。一般来说，场外期权交易是在交易所以外的众多金融机构、中间商和客户之间，通过买卖双方磋商来进行的交易，这种交易是在一种无形的、松散的市场中，通过电话、电传等现代电信设备的联系来完成的。

相比较而言，场内期权与场外期权各有自己的优缺点。场内期权的最大优点是交易便利、成本低廉，交易者可随时通过反向交易来冲销其持有的部位，这是由交易所具有的高流动性和合约的标准化所决定的。然而，场内期权合约的标准化特点却也限制了投资者根据自己的具体需要进行选择的余地，在这一方面，比较而言，场外期权也许更为适用、更为有效。

（4）根据期权合约的基础资产来划分，期权可划分为商品期权、股票期权、外汇期权、利率期权、指数期权和期货期权等。

4.1.3 期权市场的交易机制

1. 期权市场结构

期权市场的结构与期货市场大体相同，都是由买方、卖方、经纪公司、期权交易所和期权清算所（或结算公司）组成。

买方（Taker）是购买期权的一方，即购买权利的一方。卖方（Grant）是出售期权的一方，也就是出售权利的一方。

20世纪五六十年代，期权交易在店头市场进行，店头市场的交易成本过高，妨碍了期权交易的发展。1973年4月26日，第一个期权交易所——芝加哥期权交易所成立，期权交易所一般实行会员制。

期权清算所独立或附属于交易所，通常由一些经纪商出资组成。在交易达成时，清算所充当买方和卖方的对立面，当买方要求履约时，清算所依据一套规则，随机选择出一名或数名未平仓的卖方接受履约，倘若被选中的卖方违约，清算所将无条件地履行卖方义务。清算所增强了期权市场的安全性。

2.标准化的期权合约

凡在交易所上市的期权合约都是标准化的合约，在这些标准化的合约中，交易单位、最小变动价位、每日价格波动限制、敲定价格、合约月份、交易时间、最后交易日、履约日等均由交易所统一规定。由于这些规定有许多与期货合约中的规定相同或相似，因此我们只简单介绍其中的几条规定。

(1) 交易单位。期权的交易单位是由各交易所分别加以规定的，因此，即使是标的物相同的期货合约，在不同的交易所上市，其交易单位也不一定相同。以股票为例，美国股票期权的交易单位是100股，在澳大利亚是1 000股。

(2) 敲定价格。敲定价格是指期权合约被执行时，交易双方实际买卖基础资产的价格。一般来说，当交易所准备上市某种期权合约时，将首先根据该合约之标的物的最近收盘价，依某一特定的形式确定一个中心敲定价格，然后再根据既定的幅度设定该中心敲定价格的上、下各若干个级距的敲定价格。因此，在合约规格中，交易所通常只规定敲定价格的“级距”(Intervals)。以美国股票期权为例，新的股票选择权上市时，交易所会以股票的最近收盘价为中心点，找出最接近的5美元的倍数，再以5美元一个级距，往上或往下各定出一至两个可用的履约价格。当股票的市价超过100美元时，履约价格改为每10美元一个级距；当股票的市价低于30美元时，履约价格改为每2.5美元一个级距。

(3) 有效期。是指自期权合约签订生效至期权合约到期这一段时间。期权交易所期权合约的权利期间是标准化的，分3个周期，每个周期的起止月份均予以固定，从而形成一个循环。在CBOE，3个周期的起止月份如下：

周期Ⅰ：1月/4月/7月/10月

周期Ⅱ：2月/5月/8月/11月

周期Ⅲ：3月/6月/9月/12月

当一份合约的期满月到来时，周期中的另一个月便替补进来。设计3个不同起止的周期的目的在于将到期日分散开来，避免所有的期权合约在同一天或同一月份到期。

3.保证金制度

期权中的保证金制度与期货中的保证金制度有着相同的性质和功能。但是，在具体执行中，这两种保证金制度又有着很大的区别。对于期货交易者来说，无论是买方还是卖方，均必须交纳保证金，以确保交易双方履行合约；而在期权交易中，只有期权出售者才需缴纳保证金，而期权购买者却无须缴纳保证金。保证金的多少则取决于当时的环境。

4.期权的交易过程

场内期权交易与期货交易相似，都是在交易所大厅内由经纪人进行的。投资者本身不能直接进入交易所大厅，而是委托场内经纪人(Floor Broker)代为进行交易。投资者决定交易后，便将委托指令下达给经纪商。该指令包括买进或卖出合约种类、履约价、限价、期权类型（看涨期权还是看跌期权等），经纪商收到委托指令后，便通过快捷的方式把委托指令传递给场内经纪人，场内经纪人必须是交易所会员，他们可能受雇于这位经纪商，也可能不是，交易对手可能是另一位场内经纪人，或者是造市商，或者是委托单处理员。造市商只能自营，而委托交易处理员只可以从事代理业务。这些人需在进行交易的期权柜台边，通过公开喊价的方式达成交易。

交易一经谈妥，双方立即记录在案，交易所对双方记录核查无误后，即为成交，有关记录报告清算所。第二天，期权的购买方将其期权费通过清算所会员交至清算所，清算所发出期权。卖方则通过清算所会员将保证金交到清算所，其中保证金的金额取决于卖方名下的整体头寸和标的物的市场价格与敲定价格。

5.期权的结算过程

期权的结算过程也与期货大体相似，清算所充当卖方、买方的对立面，即卖方和买方不再发生直接的权利义务关系。清算所收到期权购买者的期权执行通知后，根据一套公正平等的准则选择清算所会员实施结算，清算所会员再依据同样的准则，选择期权卖出者履行合约。

结算过程中清算所的职责包括：

第一，确保保证金的充足。保证金是否充足，直接关系到期权市场的安全性。结算不仅要求期权出卖者在成交时缴付足额保证金，而且在每月结算出现亏损时，都要及时补足保证金。

第二，盈亏的计算。对于期权买者来说，其盈亏的计算既要考虑履约价格，也要考虑期权费；但对于清算所而言，成交时支付的期权费是不必加入最后结算的，只在成交当日一次性结清，最后结算盈亏只考虑履约价格与到期行使期权的期货价或现货价。

第三，实施会员制和两级结算制度。清算所处理一级结算时，对会员经纪公司持有的到期期权必须计算其盈亏，对有盈利者，必须主动为其办理行使期权的手续，并向相应的购买者和出卖者发出履约通知，即“到期期权自动结算”。会员经纪公司为客户进行二级结算，也必须遵守“到期期权自动结算”的原则，为有盈利的购买者主动行使期权。

6.期权的对冲与履约

期权合约的解除方式有两种，一种是对冲平仓，另一种是履行合约。

（1）对冲平仓。对于看涨期权购买者来说，他必须卖出一张同样内容的看涨期权合约才能对冲其在手的交易部位；而对于看跌期权购买者来说，他必须卖出一张同样内容的看跌期权合约才能对冲平仓。对于期权的出售者来说也是如此，看涨期权的出售者必须买入一张相同内容的看涨期权合约才能对冲，看跌期权的出售者也必须买入一张相同内容的看跌期权合约才能平仓。

（2）履行合约。不同的期权会有不同的履约方式，一般有三种方式：实物交割、现金结算和期权转期货。一般来说，除股票指数期权以外的各种现货期权在履约时，交易双方将以敲定价格作实物交割；各种股票指数期权则依敲定价格与市场价格之差实行现金结算；期货期权则依敲定价格将期权部位转化为相应的期货部位。

4.2 期权定价

4.2.1 期权价格的构成

期权的价格就是期权费。对于期权的买方来说，为了换取期权赋予买方的权利，他必须支付一笔期权费给期权的卖方；对于期权的卖方来说，他卖出期权而承担了必须履行期权合约的义务，为此他收取一笔期权费作为报酬。

期权价格是期权合约中唯一的变量，期权合约中其他条件均是事先确定好的，期权费的多少取决于整个期权合约、期权的到期月份及所选择的履约价格。期权费的最后决定，必须经过期权的买卖方经纪人在交易所内以公开喊价的方式竞争进行。

一般的，期权价格主要由内在价值和时间价值两部分构成。

1.内在价值

内在价值（Intrinsic Value）也称履约价值（Exercise Value），是指期权持有者立即行使该期权合约所赋予的权利时所能获得的收益。例如，一种股票的市价为每股50美元，而以这种股票为基础资产的看涨期权的敲定价格为每股45美元，如果这一看涨期权的交易单位为100股，那么，这一看涨期权的内在价值等于500美元（100×（50−45））。

很显然，一种期权有无内在价值以及内在价值的大小，取决于该期权之敲定价格与其标的物之市场价格的关系。

具有内在价值的期权称为实值期权（in-the-Money）；没有内在价值的期权称为虚值期权（out-of-the-Money）；履约价格等于期权基础资产价格的期权称为平价期权（at-the-Money）。

2.时间价值

期权的时间价值（Time Value）是指期权购买者为购买期权而实际付出的期权费超过该期权之内在价值的那部分价值，其实质是在期权合约的有效期内，标的资产价格的波动给予其持有者带来收益的可能性。例如，某一股票看涨期权在4个月后到期，期权合约规定的敲定价格为70美元，而基础资产的现货市场价格为70美元，这一期权的内在价值等于零。但是，在未来的4个月时间内，任何人都无法排除该种股票的市场价格超过70美元的可能性。假设股票价格上涨到80美元，一单位看涨期权的交易单位为100股，那么该期权的持有者可以赚取1 000美元（100×（80–70））的利润；假设股票的市场价格一直停留在70美元以下，该期权的持有者放弃其购买的权利，他一分钱也不亏。因此，即使在看涨期权的内在价值等于零的情况下，看涨期权的购买者也“有赚无亏”，这种“有赚无亏”是不可能无代价地得到的，这一代价便是看涨期权的时间价值。可见，看涨期权的时间价值等于在有效期内基础资产价格上升给其持有者带来的预期收益的价值。当期权临近到期日时，在其他条件不变的情况下，其时间价值下降速度加快，并逐渐趋于零，一旦到了到期日，期权的时间价值即为零（见图4–1）。

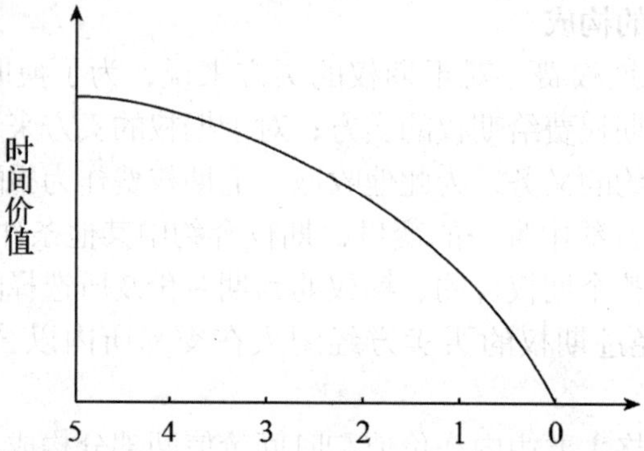

图4–1 期权的时间价值与到期日的关系图

4.2.2 期权价格的决定因素

期权价格由内在价值和时间价值共同构成，则凡是决定期权的内在价值和时间价值的因素就是期权价格的决定因素。

期权内在价值的决定因素有期权合约的敲定价格和基础资产的现货市场价格。

期权的时间价值的决定比较复杂，其中的因素有：基础资产的现货市场价格、期权合约的敲定价格、基础资产的价格波动性大小、期权合约有效期限的长短。

此外，从期权合约买卖与基础资产的现货买卖之间的套利活动来看，利息率水平和期权合约有效期内红利发放情况都会对期权合约的价格产生影响。

下面我们分别介绍上述因素对期权价格的影响：

1. 期权的敲定价格和其基础资产的市场价格

买进看涨期权的期权价格随敲定价格的提高而降低；买进看跌期权的期权价格随敲定价格的降低而降低。同时，当市场行情看涨时，看涨期权的价格上升；当市场行情看跌时，看跌期权的价格上升。

2. 基础资产价格的波动性

基础资产价格的波动性（Volatility）对期权价格具有重大的影响。波动性越大，期权价格越高；波动性越小，期权价格越低。

值得注意的是，与期权价格的其他决定因素不同，在期权定价时，基础资产价格在期权合约有效期间的波动性还是一个未知数。因此，在期权定价中，基础资产的波动性，都只能通过人们对未来的价格波动程度的估计而求得。在现实生活中，人们估计波动性的方法主要有两种：一种是利用过去所观察到的基础资产价格波动的资料，来估计未来的波动性。用这一方法求得的波动性被称为"历史波动性"。另一方法则是利用期权定价模型，将已知的数据代入模型的数学表达式从而推算出波动性，这一推算得出的波动性被称为"隐含波动性"。

3. 期权合约的有效期限

期权合约的有效期限是指期权交易中期权买卖日至期权到期日的时间。在其他情况不变的条件下，有效期限越长，期权的价格越高；有效期限越短，期权的价格越低。

毫无疑问，期权的有效期限是其时间价值的基础，有效期限对期权价格的影响实质上是对期权的时间价值的影响。需要指出的是，尽管有效期限的长短对期权时间价值有着同方向的影响，但这种影响却并不是成比例的。换句话说，有效期限对期权时间价值的影响是非线性的。在一般情况下，随着有效期限的缩短，时间价值下降的速度将越来越快，尤其是在接近有效期限时更是如此。在期权到期的时候，期权的价值中只剩下内在价值，时间价值不复存在。

4. 利率

从投资观点分析，期权风险下限为期权费，而期权获利上限的潜力是递增的。这是因为购买期权类似于股票市场的垫头交易，但其起始期权费只约占所交易商品价值的10%，这样就大大节约了利息支出。市场利息率与看涨期权具有正相关性。市场利息率越高，利用期权交易所节约的利息支出越大，期权价值也就越大，其价格也就越高；反之越低。利息率对看跌期权的价格有反向影响。看跌期权的出售者是期权基础资产的潜在买主，利息率越高，他没有马上支付敲定价格而节省下来的利息额越大，因此，他要求的看跌期权的期权费越低；反之越高。

5. 期权有效期基础资产的收益

许多期权的基础资产都有相应的收益，如股票有股息、债券有利息等，这些收益自然归基础资产的持有者所有。对于看涨期权的持有者来说，在执行该期权前，他尚未持有该期权的基础资产，从而他也不可能获得该基础资产的收益；相反，对于看跌期权的持有者来说，在期权被执行前，他通常持有该期权的基础资产，从而可获得来自该基础资产的收益。

基础资产的收益还会影响基础资产的价格。基础资产在有效期内的收益率的提高会导致该资产现货价格的下降，而基础资产收益率的下降又会导致该资产现货价格的提高。

对于看涨期权来说，有效期内基础资产收益率的提高会使看涨期权的价格下跌；而对于看跌期权来说，有效期内基础资产收益率的提高会导致看跌期权价格的提高。

4.2.3 期权价格的敏感性

就目前的金融工具范畴而言，特别是在金融衍生工具范畴内，期权的定价问题最为复杂。期权定价的复杂性是由期权价格的特点决定的。第一，期权价格不仅受基础资产价格变化的影响，还受波动率、时间以及利率等变动的影响；第二，期权价格和影响期权价格的因素之间并不是线性关系。

下面我们首先考察当一种决定期权价格的因素或变量发生变化时，期权的价格或价值将发生怎样的变化；然后把影响期权价格的每一因素或变量综合起来，研究多因素变动时期权价格或价值的变化。

1.δ值

δ（Delta）值衡量的是基础资产价格的单位变动导致的期权价格变动量。δ值是衡量期权价格变化敏感性的一个最重要的指标。当基础资产价格上涨100时，若δ值为0.40，那么期权价格就会上涨40，如果δ值为-0.50，那么期权价格将会下跌50。

δ值传递了两个重要的信息：第一，根据δ值的定义，可以看出δ值是期权价格和基础资产价格曲线的斜率值。第二，当用基础资产来对期权进行保值时，δ值就是保值比率。换句话说，δ值是从数量角度描述期权价格变动与基础资产价格变动之间的吻合程度，即相关性。当δ值接近零时，基础资产的价格变动几乎对期权价值没有影响；当δ值接近1时，期权价格几乎会与基础资产价格同幅度变动。

较长期限的期权的δ值曲线比较平缓，期限较短的期权的δ值变动则比较大。

2.θ值

θ（Theta）值是指距离到期日的时间变动1单位时（通常为一天）期权价格的变动。期限较长的期权具有的时间价值较大，期限较短的期权具有的时间价值较小。因此，当期权日趋接近到期日时，其时间价值将逐渐减少。θ值明确地界定了期权每天所丧失的时间价值，而且能精确地衡量其时间价值的衰竭（Time Decay）程度。一般的，期权临近到期日时时间价值的加速衰竭决定了时间价值衰竭曲线的抛物线形状，也使θ值表现出逐渐加速增大的特征。

时间价值衰竭是平价期权在接近到期时的主要特色，就其他时间或其他期权来说，时间衰竭并不是重要问题，而θ值的这项特色对期权买方或持有方来说有重大意义，因为期权到期前的几日，时间价值将飞快衰竭。

3.Vega值

Vega值界定期权价格对价格波动的反应，即价格波动变动1单位时（通常为1%）期权价格的变动。期权基础资产价格波动愈大，表示愈不确定，而不确定性本身又构成了期权价格时间价值的第一部分。因此，基础资产价格波动越大的期权，其价格也越高。

Vega值一般反映期限较长的期权的特征，在这一点上正好与θ值不同。另外，Vega值也表现出非线性特点。

4.ρ值

ρ（Rho）值衡量的是利率变动1单位时（通常为1%）期权价格的变动。ρ可能是利用得最少的敏感性指标。这是因为利率是一个相对稳定的变量，利率即使发生变化，期权费也不需要做出多大的调整。与Vega相似，ρ也主要反映期限较长的期权的特征。

5.λ值

λ（Lambda）值与δ值相似，它也是用来度量当基础资产价格发生变化时，期权价值将变动多少。但λ度量的变化不是以绝对数来表示，而是以相对数来表示。也就是说，λ度量的是基础资产价格每变动1个百分点，期权价值将变动多少百分点。λ值可以由δ乘以期权费与基础资产价格的比率而得出，一般很容易证明λ的数值总是大于1。因此，λ是期权杠杆作用的一种表示，即表示用较少的期权费支出来换取数倍乃至更大的利润收入。

6.γ值

γ（Gamma）值不是用来衡量期权价格的敏感性，而是用于衡量基础资产价格发生变化时期权的δ值怎样变动，γ反映的是期权费随基础资产价格变动的曲率或弯曲度（Curvature）。

前面我们提到过期权的δ值就是避险保值比率（Hedge Ratio），所以γ值就表示基础资产价格变动时保值比率变动的程度。γ值比较小的期权比较容易进行保值，因为当基础资产价格波动时，保值比率的变化很小；反之，如果期权的γ值较大，那么市场交易商将不得不频繁地调整保值比率以防范基础资产价格变动所发生的风险，所以这类期权的价格也比较昂贵。

以上几个指标的真正价值在于评价市场在波动时对整个期权资产所产生的影响。δ、θ、Vega、γ四个指标以及四个指标加权之后求出的和，可以用来刻画整个期权市场的变化。同时，要使整个期权资产免受基础资产价格波动的影响，只需确保期权资产的δ值为零，从而使整个期权资产成为"δ中性"（Delta-Neutral），这也是δ保值的实质。

4.2.4 期权平价关系

看跌-看涨平价（Put-Call Parity）关系是指看跌期权的价格与看涨期权的价格，必须维持在无套利机会的均衡水平的价格关系。如果这一价格关系被打破，则在这两种价格之间，就存在着无风险的套利机会，于是，套利者必将通过套利行为而把那种不正常的价格关系拉回到正常水平。

为导出期权平价关系，假定市场中没有交易费用，税率相同，并可按无风险利率借贷资金，同时假定不存在套利机会。记S为基础资产的现行价格，C是欧式看涨期权的价格，P是欧式看跌期权的价格，S_T是到期日基础资产的价格，K为该期权敲定价格，T为期权到期时间，t为现在时刻，r为投资的无风险利率，σ为标的资产价格波动率，e为自然对数的底数，$e\approx 2.71828$。

接下来我们考虑如下两个投资组合：

组合1：一个欧式看涨期权加上金额为$ke^{-r(T-t)}$的现金。

组合2：一个欧式看跌期权加上1单位基础资产。

显然，在期权到期时两个投资组合的价值均为Max（S_T，k）。由于是欧式期权，到期日前不能提前执行，因此现在时刻组合价值必须相等，否则存在套利机会，因而有：

$$C+ke^{-r(T-t)}=P+S \quad \text{……4.2.1式}$$

这就是欧式期权的看跌-看涨平价公式。值得注意的是，前面讨论的期权均是无现金收益支付的资产的期权，如果考虑期权基础资产在期权有效期限内有现金收益支付，则可以证明欧式期权看跌-看涨平价公式为：

$$S+P=C+D+ke^{-r(T-t)} \quad \text{……4.2.2式}$$

式中的D为期权有效期内1单位基础资产现金收益的现值。

美式看涨与看跌期权之间不存在平价关系，但有如下不等式成立：

$$S-K<C-P<S-ke^{-r(T-t)} \quad \text{……4.2.3式}$$

存在红利的美式期权关系式为：

$$S-D-K<C-P<S-ke^{-r(T-t)} \quad \text{……4.2.4式}$$

由上述平价关系可知，欧式看跌期权的价值可根据相同敲定价格和到期日的欧式看涨期权价值推导出来，反之亦然。

4.2.5 Black-Scholes期权定价公式

期权定价最普遍的模型就是Black-Scholes模型。这个模型假设期权的基础资产价格波动服从对数正态分布。

Black-Scholes模型在期权定价理论上的重大突破就是推导出基于无红利支付股票的任何衍生证券的价格必须满足的微分方程，并运用该方程推导出计算股票的欧式看涨期权和看跌期权的价格的精确解析公式。由于完整地描述这个模型需要许多令人生畏的数学知识，因此此处仅对这一模型进行最为直观的介绍并说明如何用它来决定期权的价格。

如同其他理论模型一样，Black-Scholes模型也包含了许多假设，下面是其中较重要的几个假设：

（1）期权的基础资产是股票，该股票允许被自由地买进或卖出。

（2）期权是欧式看涨期权，在期权有效期内其基础资产不存在现金股利的支付。

（3）市场不存在交易成本和税收，所有证券均完全可分割。

（4）市场不存在无风险的套利机会。

（5）市场提供了连续交易的机会。

（6）存在着一个固定的、无风险的利率，投资者可以此利率无限制地借入或贷出。

（7）期权的标的股票的价格呈对数正态分布。

Black和Scholes根据诸多假设，得出了如下著名的欧式看涨期权定价公式：

$$C=SN(d_1)-ke^{-rT}N(d) \qquad \cdots\cdots 4.2.5式$$

$$d=\frac{\ln(S/K)+(r-\frac{\sigma^2}{2})T}{\sigma\sqrt{T}} \qquad \cdots\cdots 4.2.6式$$

$$d_1=\frac{\ln(S/K)+(r+\frac{\sigma^2}{2})T}{\sigma\sqrt{T}}=d+\sigma\sqrt{T} \qquad \cdots\cdots 4.2.7式$$

式中：C——欧式看涨期权的价格；S——期权的标的股票的现行价格；K——期权的敲定价格；T——以年计的期权的有效期限（即折算为年的目前至期权到期日的时间）；r——无风险年利率；σ——标的股票价格的波动率；$\ln(x)$——自然对数函数；$N(.)$——标准正态分布的累积密度函数。

从上述公式中我们不难发现，除期权基础资产的收益外，我们在前面讨论的影响期权价格的各因素（S，K，T，r，σ）都出现在期权定价公式里。

【例4-1】假设无风险利率为20%，期权有效期限为半年，敲定价格为105美元，股票现行价格为100美元，股票价格波动率为5%。那么，该股票欧式看涨期权的价格是多少？

显然，S=100，k=105，r=0.20，T=0.50，σ=0.05，由公式知：

$$d=\frac{\ln(S/K)+(r-\frac{\sigma^2}{2})T}{\sigma\sqrt{T}}=1.43$$

$$d_1=d+\sigma\sqrt{T}=1.47$$

查正态分布数值表可知：

$N(d)=N(1.43)=0.9236$；$N(d_1)=N(1.47)=0.9292$

由公式$C=SN(d_1)-ke^{-rT}N(d)$计算得出，C=5.17。接下来我们直接给出支付定额股息的股票欧式看涨期权定价：

$$C=(S-I)N(d_1)-ke^{-rT}N(d)$$

$$d=\frac{\ln\frac{S-I}{K}+(r-\frac{\sigma^2}{2})T}{\sigma\sqrt{T}}$$

$$d_1=\frac{\ln\frac{S-I}{K}+(r+\frac{\sigma^2}{2})T}{\sigma\sqrt{T}}=d+\sqrt{T}$$

式中：I——在期权有效期限内所支付的所有股息以无风险利率r从除权日贴现的现

值之和。

同样的，支付股息率的欧式股票看涨期权的定价为：

$$C=Se^{-qT}N(d_1)-ke^{rT}N(d)$$

$$d=\frac{\ln\frac{S}{K}+(r-q-\frac{\sigma^2}{2})T}{\sigma\sqrt{T}}$$

$$d_1=\frac{\ln\frac{S}{K}+(r-q+\frac{\sigma^2}{2})T}{\sigma\sqrt{T}}=d+\sigma\sqrt{T}$$

式中的q代表股票的年股息收益率。如果在期权的有效期中股息收益率不是恒定的，只要令q等于期权有效期中平均年股息收益率，上式仍然成立。

4.2.6 期权定价的二项式模型

Black-Scholes期权定价模型虽有种种优点，但其只适用于欧式期权。1979年，考克斯（J. Cox）、罗斯（S. Ross）和鲁宾斯坦（M. Rubinstein）使用一种比较浅显的方法推出一种看涨期权的定价模型，称为二项式模型（Binomial Model）。

1. 单期二项式模型

二项式模型的特点是将期权合约的到期期限分成若干个时间段（每一时间段称为一个期间），并假定期权的基础资产的价格在每经过一个期间的时间后以事先规定的比例上升或下降。为直观简便起见，我们首先考虑一个期间的情形：

假设：看涨期权的基础资产的现价为S，在期权到期日，基础资产的价格或者上涨至现价的u倍，或者下降至现价的d倍。这里$u>1$，$d<1$，基础资产价格的变动可用图4-2来描述。

设当前的看涨期权的价值为C，在基础资产的上述两种变化情形下，其价值分别为Cu、Cd，如图4-3所示，看涨期权的敲定价格为K。

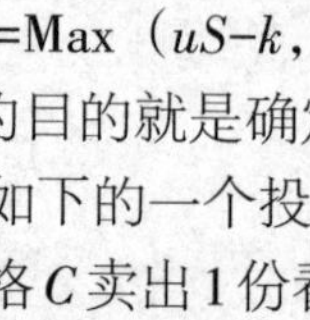

图4-2　单期的基础资产价格变动

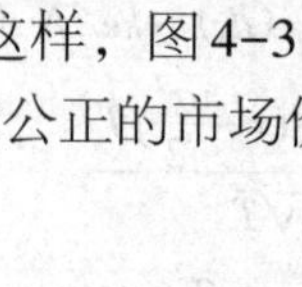

图4-3　单期看涨期权的价值变动

显然，$Cu=\text{Max}(uS-k, 0)$，$Cd=\text{Max}(dS-k, 0)$。这样，图4-3中唯一未知的就是C，我们的目的就是确定C，使它成为该看涨期权的公正的市场价值。

我们构造如下的一个投资组合：

（1）以价格C卖出1份看涨期权。

（2）买入h份基础资产。

这里的h是一个有待确定的数，h的大小要保证使该投资组合为一无风险的投资组合。也就是说，不管市场如何变化，该投资组合在到期日的价值是确定的。

在当前，该投资组合的价值为$hS-C$，而当基础资产价格上涨时，该投资组合的最终价值为$huS-Cu$；当基础资产价格下跌时，该投资组合的最终价值则为$hdS-Cd$。要使该投资组合为无风险投资组合，则有：

$$huS-Cu=hdS-Cd \qquad \cdots\cdots 4.2.8\text{式}$$

即：$h=\dfrac{Cu-Cd}{(u-d)S}$ ……4.2.9式

此时，该投资组合才是无风险投资组合。设期权的有效期限里的无风险利率为r，则以该投资组合的当前价值$hS-C$进行无风险投资到期权至到期日的收益应与该投资组合的最终价值相等，即：

$$(1+r)(hS-C)=huS-Cu$$

从而：$C=\dfrac{hS(1+r-u)+Cu}{1+r}$ ……4.2.10式

将4.2.9式代入4.2.10式，得到：

$$C=\frac{PCu+(1-P)Cd}{1+r} \qquad \cdots\cdots 4.2.11\text{式}$$

其中：$P=\dfrac{1+r-d}{u-d}$ ……4.2.12式

在市场无套利机会的前提下，可以证明有$d<1+r<u$，从而$0<P<1$。另外还可以看出，P只与基础资产价格的上涨或下跌幅度有关，而与某一时刻基础资产价格的大小无关。

2. 多期二项式模型

以上所述的单期模型虽然简单，但并不那么符合实际。因此，为使二项式模型所得的结果更符合实际，我们只需把基础资产价格变动的这种“期间”增加到两个或两个以上，从而使单期模型变成二期模型或多期模型。

值得注意的是，这里所说的“增加期间”并不是延长期权的到期期限，而是把期权既定的到期期限分割成许多的小期间，从而使价格的波动率近似于定值。

考虑二期的情形，假定期权基础资产的现行价格为S，每一期间均可能上涨至原来的u倍或下跌至原来的d倍。这样，在期权的有效期限内，看涨期权的价值及其变动如图4-4、图4-5所示。

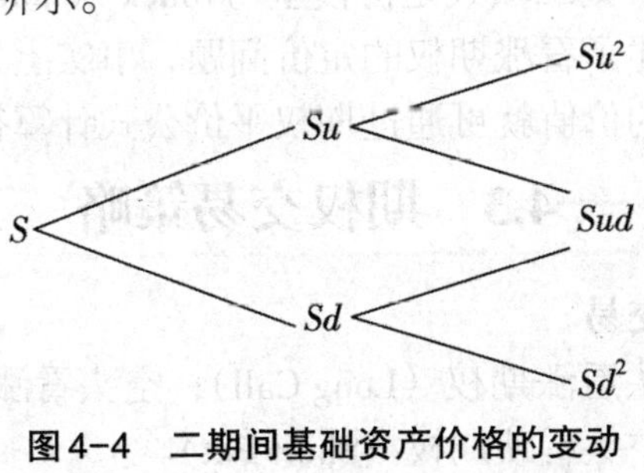

图4-4 二期间基础资产价格的变动

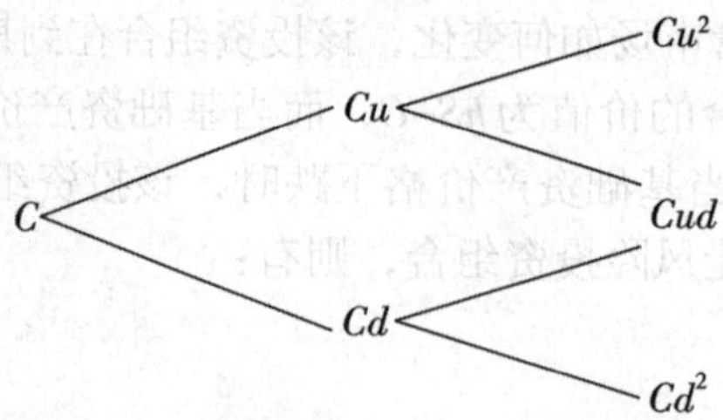

图4-5 二期间看涨期权价值的变动

由图可知，在期权到期日，基础资产价格将有三种可能的价位，与这三种可能的价位相对应，看涨期权将有三种可能的价值，这可以很容易地得到：

Cu^2=Max（u^2S-k，0）

Cud=Max（$udS-k$，0）

Cd^2=Max（d^2S-k，0）

由前面的4.2.11式和4.2.12式，我们可以求出Cu和Cd的值，即：

$$Cu=\frac{PCu^2+(1-P)Cud}{1+r}$$ ……4.2.13式

$$Cd=\frac{PCud+(1-P)Cd^2}{1+r}$$ ……4.2.14式

其中：$P=\dfrac{1+r-d}{u-d}$ ……4.2.15式

在求出Cu和Cd后，我们同样可以利用4.2.11式和4.2.12式求出C，即：

$$C=\frac{PCu+(1-P)Cd}{1+r}$$ ……4.2.16式

将4.2.13式和4.2.14式代入4.2.16式可得：

$$C=\frac{P^2Cu^2+2P(1-P)Cud+(1-P)^2Cd^2}{(1+r)^2}$$ ……4.2.17式

推而广之，若将到期期限分割成几个小期间，则有：

$$C=\frac{1}{(1+r)^n}\sum_{k=0}^{n}\frac{n!}{k!(n-k)!}P^k(1-P)^{n-k}\text{Max}(u^kd^{n-k}S-K,0)$$ ……4.2.18式

式中的k、$n-k$分别为n期中基础资产价格上涨、下跌的次数。

根据中心极限定理，当n趋向无穷大时，二项式分布将逼近正态分布。因此，只要u、d及P选择得当，则二项式定价模型与Black-Scholes模型可谓殊途同归。

在前面，我们仅讲述了看涨期权的定价问题，事实上，只要知道看涨期权的价值，则相应的看跌期权的价值就可通过期权平价公式计算得到。

4.3 期权交易策略

4.3.1 基本的期权交易

期权交易策略：多头看涨期权（Long Call）；空头看涨期权（Short Call）；多头看跌期权（Long Put）；空头看跌期权（Short Put）。

1. 多头看涨期权与空头看涨期权

从图4-6（a）中我们不难看出：期权持有者在$K+C$处，利润为零；在基础资产价格$S>K+C$的任何价区，期权持有者均享有利润π=Max（$S-K$，0）$-C$；在基础资产$S<K$的区域，期权持有者会放弃行使期权，遭受的损失为期权费C。由图4-6（b）显然可以看出，看涨期权出售者的收益图正好是看涨期权购买者收益图的镜像（Mirror Images），这种对称可通过期权交易（忽略交易成本）为“零和博弈”（Zero-Sum Game）的事实来解释，即赢家的利润正好是输家的损失。看涨期权多头预期基础资产的价格会上涨，同时又担心预测失败，因而购买看涨期权，而看涨期权空方则认为基础资产的价格只会在较小幅度内波动或者仅仅是轻微上升，不会超过所得到的期权费，他出售看涨期权的目的是获得期权费。

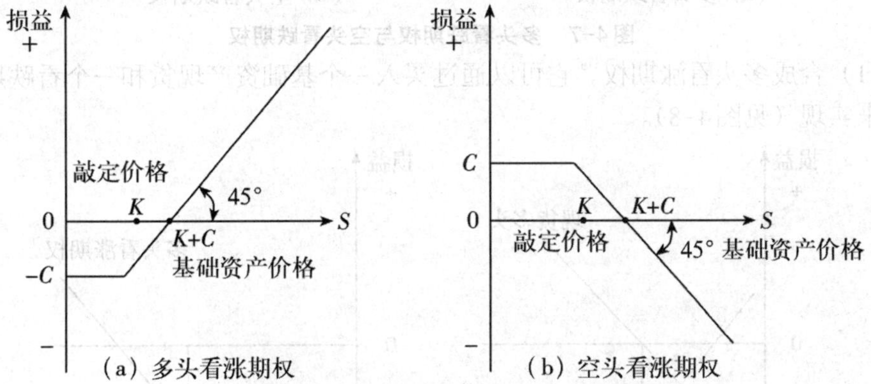

图4-6 多头看涨期权与空头看涨期权

2. 多头看跌期权与空头看跌期权

从图4-7（a）中我们仍可以容易地得到看跌期权多头的损益情况：在$K-P$处，期权持有者盈亏平衡，利润为零；在基础资产价格$S<K-P$的任何区域，期权持有者均享有利润π=Max（$K-S$，0）$-P$；在基础资产价格$S>K$的区域，期权持有者的损失恒为期权费P。看跌期权空头（如图4-7（b）所示）的损益情况与多头刚好相反，但其最大的利益也不过只是期权费P。看跌期权多头预测基础资产价格会下跌，而空头则认为价格不会下跌或只是略有下降，不会超过所得到的期权费，因而他售出看跌期权以获得期权费。

3. 基本期权交易的合成

如果交易商无法获得一笔看涨（看跌）期权，可通过买入一笔看跌（看涨）期权的同时购入（出售）现货基础资产的变通方法，建立合成看涨期权（Synthetic Call）或合成看跌期权（Synthetic Put）头寸。现货多头（空头）提供了从价格升值（贬值）中获得无限利润的机会，而看跌（看涨）期权则限定了价格下跌（上升）中的损失。即使现货工具价格下跌（上升），也只是损失了有限的期权费，因而这一组合取得了同购买看涨（看跌）期权类似的效果。

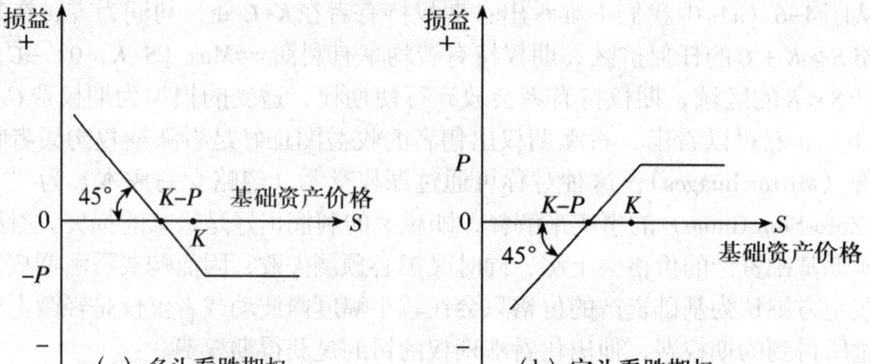

（a）多头看跌期权　　（b）空头看跌期权

图4-7　多头看跌期权与空头看跌期权

（1）合成多头看涨期权。它可以通过买入一个基础资产现货和一个看跌期权的组合来实现（见图4-8）。

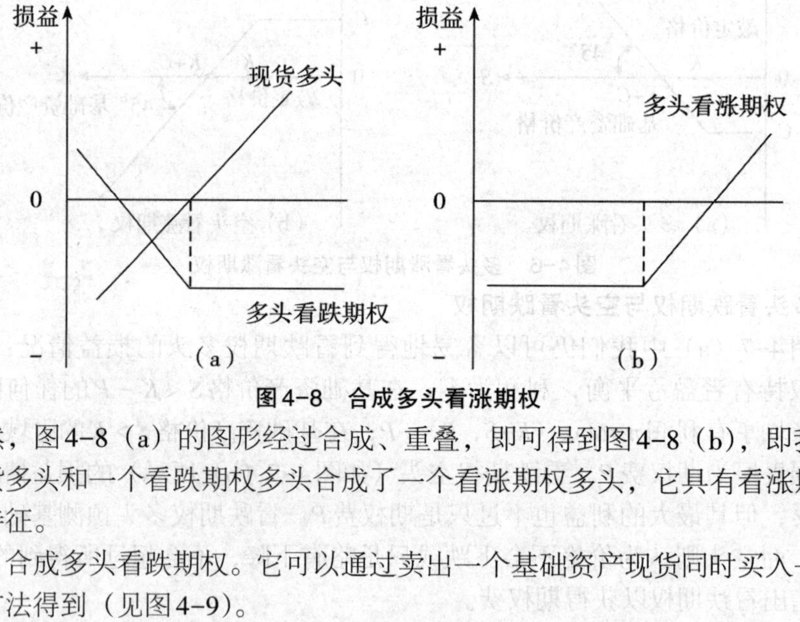

（a）　　（b）

图4-8　合成多头看涨期权

显然，图4-8（a）的图形经过合成、重叠，即可得到图4-8（b），即我们通过一个现货多头和一个看跌期权多头合成了一个看涨期权多头，它具有看涨期权多头的全部特征。

（2）合成多头看跌期权。它可以通过卖出一个基础资产现货同时买入一个看涨期权的方法得到（见图4-9）。

显然，图4-9（a）中的图形经过重叠合成可以转换成图4-9（b）中的形状，它具有多头看跌期权的所有特征。

同理，我们可以用一个基础资产现货多头和空头看涨期权合成一个空头看跌期权；用一个基础资产现货空头和看跌期权空头合成一个空头看涨期权。当然，这些都是在不考虑交易成本的情况下。

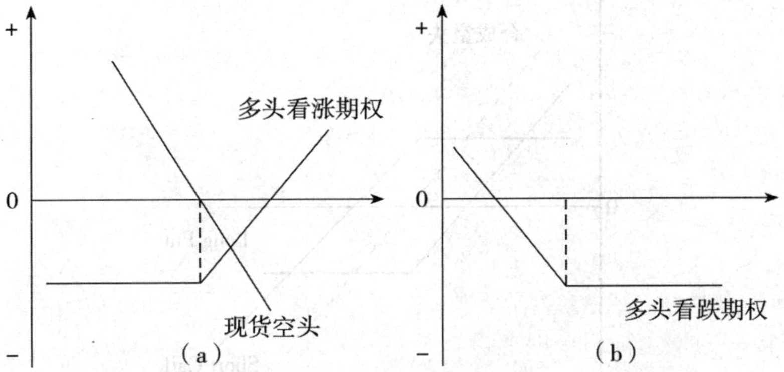

图4-9 合成多头看跌期权

4.合成多头与合成空头

同样，投资者还可以通过两笔期权交易的配合合成多头或空头交易。

(1) 合成多头（Synthetic Long）。投资者在预测基础资产现货价格上升时，可以以相同的协定价格和到期日买进一笔看涨期权又卖出一笔看跌期权，从而建立一种类似于现货或期货多头的期权头寸，称为合成多头。

其风险/收益组合是随基础资产价格按比例变化的无限亏损/无限收益。一旦该基础资产价格上涨，行使看涨期权可能获得无限盈利，而对方购买的看跌期权不会行使，还可获得出售看跌期权的期权费。而一旦预测错误，基础资产价格下跌，其损失又会是无限的，除了损失购进看涨期权的期权费，还会因看跌期权的买方行使期权，使该投资者面临无限损失的可能（见图4-10）。

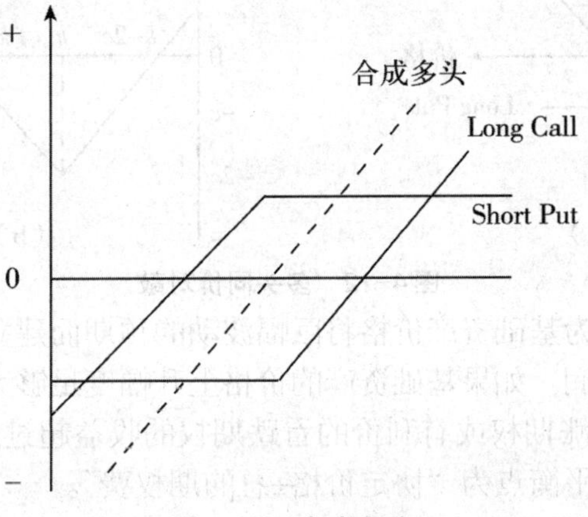

图4-10 合成多头

(2) 合成空头（Synthetic Short）。同样，投资者在预测基础资产价格下跌时，可以建立类似于现货或期货空头的期权头寸，即以相同的协定价格和到期日买进一笔看跌期权又卖出一笔看涨期权，称为合成空头（见图4-11）。

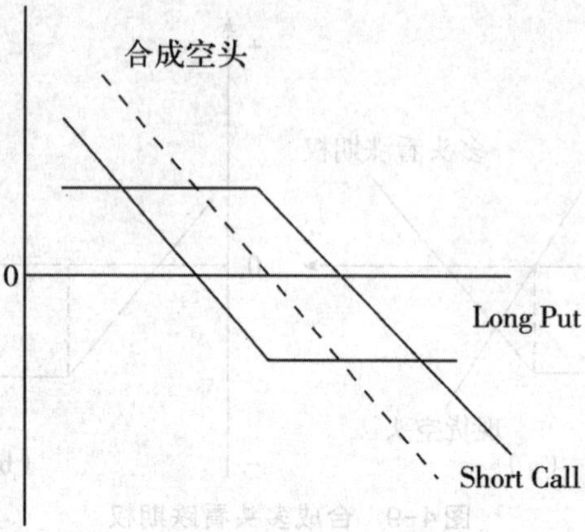

图4-11 合成空头

4.3.2 对敲交易

1. 同价对敲

同价对敲（Straddle）是指买入或卖出到期日和协定价格都相同的看涨期权和看跌期权。

（1）多头同价对敲（Long Straddle）。是指同时买入相同到期日和协定价格的看涨期权和看跌期权，即Long Call+Long Put。其损益情况如图4-12所示。

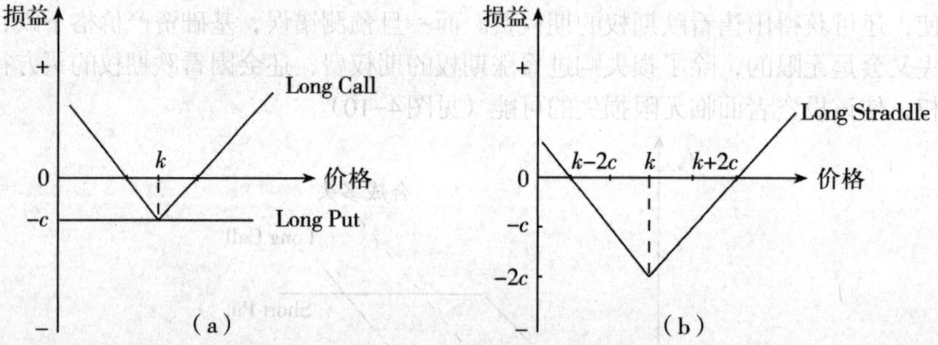

图4-12 多头同价对敲

这是一种基于认为基础资产价格将巨幅波动的预期而建立的头寸，损益图为有限的亏损或无限的利润。如果基础资产的价格上升幅度足够大，或者下跌幅度足够大，使处于有价的看涨期权或有利价的看跌期权的收益超过所支付的期权费总额，就会获得利润。盈亏平衡点为"协定价格±总的期权费"。

（2）空头同价对敲（Short Straddle）。是指同时卖出相同到期日和协定价格的看涨期权和看跌期权，即Short Call+Short Put。这种对敲策略是预期基础资产价格波幅保持稳定或变化很小而建立的头寸。空头同价对敲的利润限于获得的期权费，一旦价格波幅很大，无论是价格上升还是下降超过所获得的期权费，则潜在的损失都是无限的。其损益图如图4-13所示。

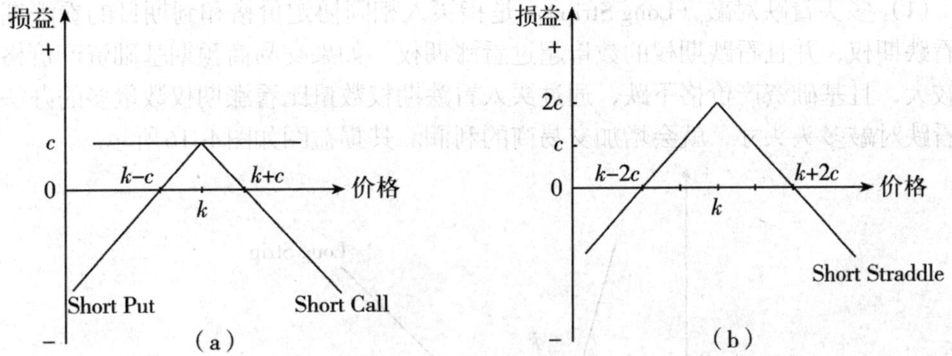

图4-13　空头同价对敲

2.看涨对敲

（1）多头看涨对敲（Long Strap）。是指交易商买入相同协定价格和到期日的看涨期权和看跌期权，并且看涨期权的数量超过看跌期权。交易商通过买入看涨期权的数量比买入看跌期权数量多的办法，建立一个多头看涨对敲头寸，如果基础资产价格波幅增大且价格上升，就会增加交易商的利润。其损益情况如图4-14所示。

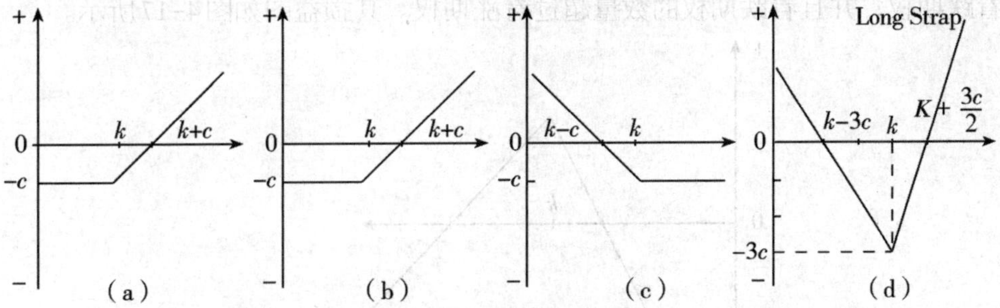

图4-14　多头看涨对敲

（2）空头看涨对敲（Short Strap）。是指卖出相同协定价格和到期日的看涨期权和看跌期权，并且看涨期权的数量超过看跌期权。其损益情况如图4-15所示。

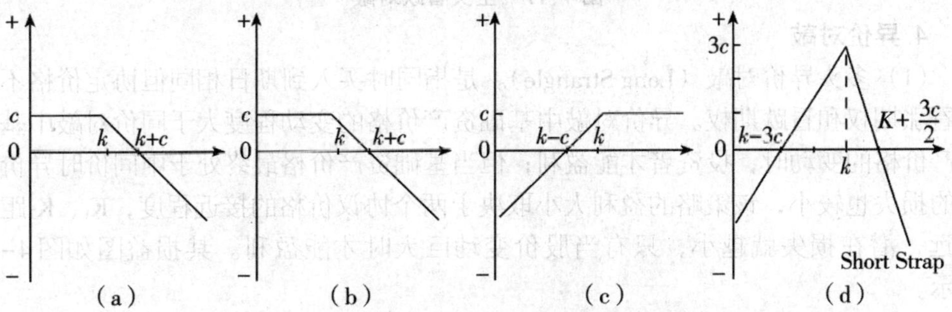

图4-15　空头看涨对敲

3. 看跌对敲

（1）多头看跌对敲（Long Strip）。是指买入相同协定价格和到期日的看涨期权和看跌期权，并且看跌期权的数量超过看涨期权。如果交易商预期基础资产价格波幅较大，且基础资产价格下跌，通过买入看跌期权数量比看涨期权数量多的办法建立看跌对敲多头头寸，就会增加交易商的利润。其损益图如图4-16所示。

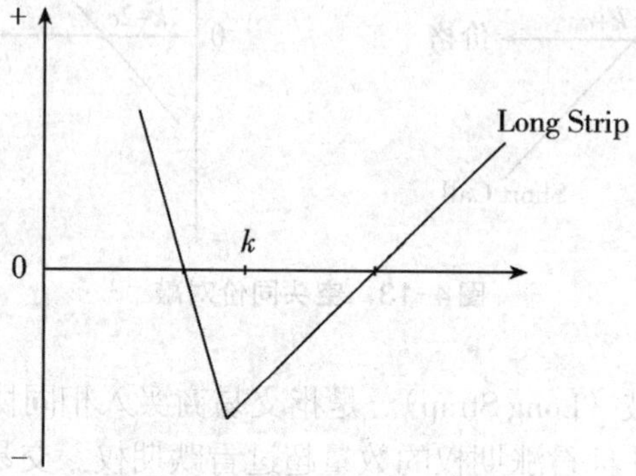

图4-16 多头看跌对敲

（2）空头看跌对敲（Short Strip）。是指卖出相同协定价格和到期日的看涨期权和看跌期权，并且看跌期权的数量超过看涨期权。其损益图如图4-17所示。

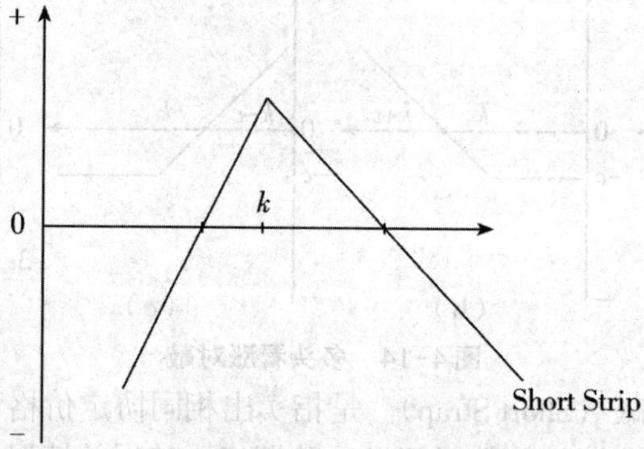

图4-17 空头看跌对敲

4. 异价对敲

（1）多头异价对敲（Long Strangle）。是指同时买入到期日相同但协定价格不同的看涨期权和看跌期权。异价对敲中基础资产价格的变动程度大于同价对敲中基础资产价格的变动时，投资者才能盈利；但当基础资产价格最终处于中间价时异价对敲的损失也较小，该策略的盈利大小取决于两个协议价格的接近程度，K_1、K_2距离越远，潜在损失就越小，只有当股价变动巨大时才能盈利。其损益图如图4-18所示。

（2）空头异价对敲（Short Strangle）。是指卖出到期日相同但协定价格不同的看涨期权和看跌期权，当交易商预期期权基础资产价格波幅较小时采用此策略。其损益图如图4-19所示。

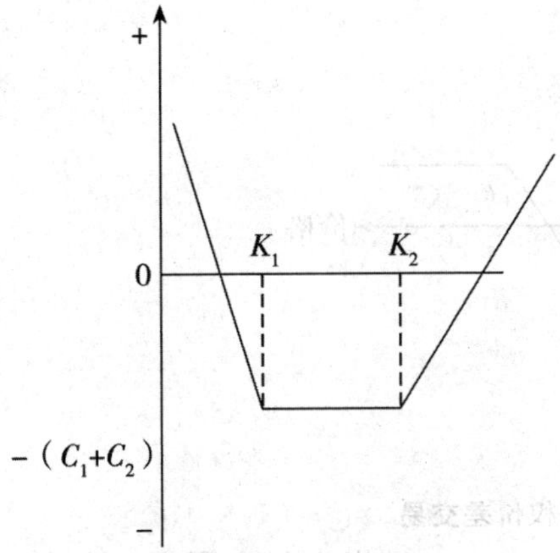

图4-18　多头异价对敲

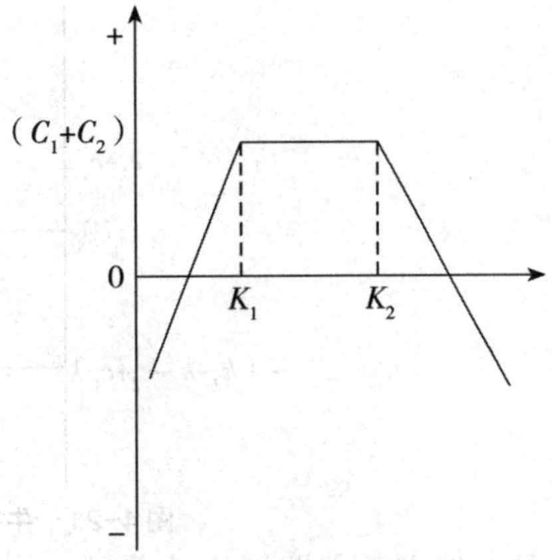

图4-19　空头异价对敲

4.3.3　价差交易

期权价差交易是指买入一种期权同时卖空同类型期权，但期权的协定价格不同或到期期限不同的交易行为。

1.垂直价差交易

垂直价差交易（Vertical Spread）是指买入一种期权的同时再卖出同类型的期权，但期权的协定价格不同。

（1）牛市看涨期权价差交易（Pull Call Spread），是指买进一个小协定价格的看涨期权并卖出一个大协定价格的看涨期权的投资组合。

图4-20详细地描述了牛市看涨期权价差交易的损益情况。交易商的潜在最大风险是支付的期权费；潜在的最大利润是高协定价格减低协定价格减净支付的期权费；其盈亏平衡点则为较低的协定价格加净支付的期权费。

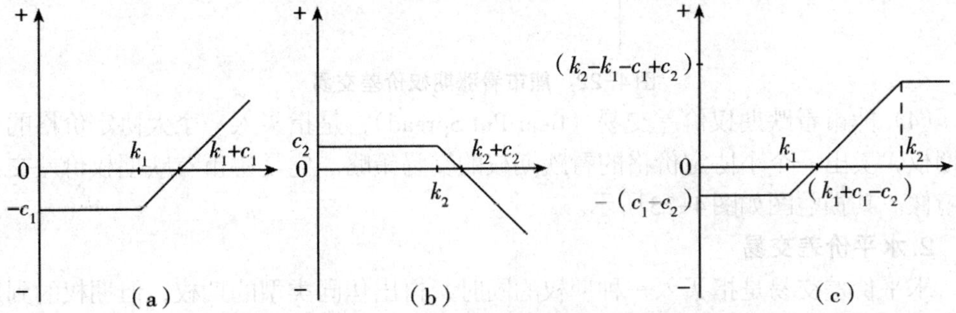

图4-20　牛市看涨期权价差交易

（2）牛市看跌期权价差交易（Bull Put Spread），是指交易商买进一个小协定价格的看跌期权的同时卖出一个大协定价格的看跌期权的交易策略。其损益图如图

4-21所示。

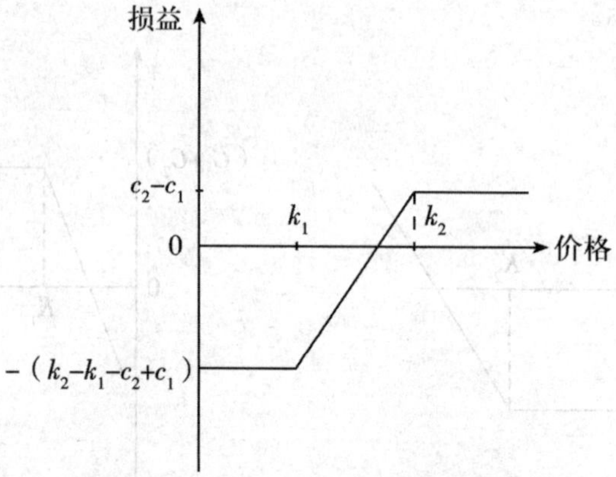

图4-21　牛市看跌期权价差交易

（3）熊市看涨期权价差交易（Bear Call Spread），是指交易商买进一个大协定价格的看涨期权，同时卖出一个小协定价格的看涨期权。其损益图如图4-22所示。当交易商对市场行情看跌而又不确定时可运用该交易策略。其头寸将收益和损失都限定在一定范围内，可减少风险。

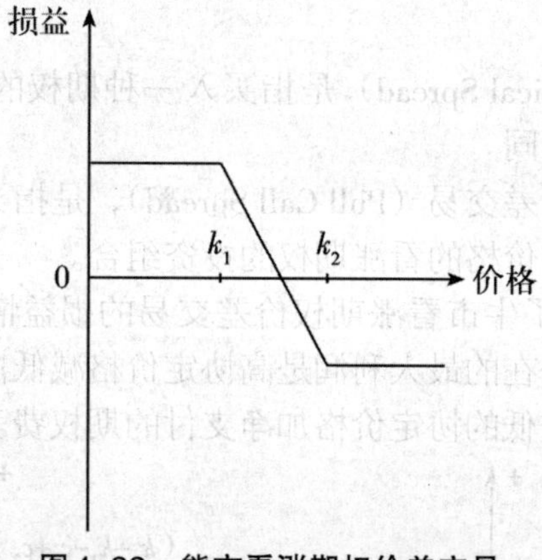

图4-22　熊市看涨期权价差交易

（4）熊市看跌期权价差交易（Bear Put Spread），是指买入一个大协定价格的看跌期权，卖出一个小协定价格的看跌期权的交易策略。它是牛市看跌期权价差交易的镜像。其损益图如图4-23所示。

2.水平价差交易

水平价差交易是指买入一种期权的同时，再出售同类型的期权，但期权的到期期限不同。水平价差交易又被称为时间价差交易或日历价差交易，水平价差交易的情况较前述期权有所不同。

我们以多头水平价差交易为例，即买入较长到期期限的期权，出售较短到期期限

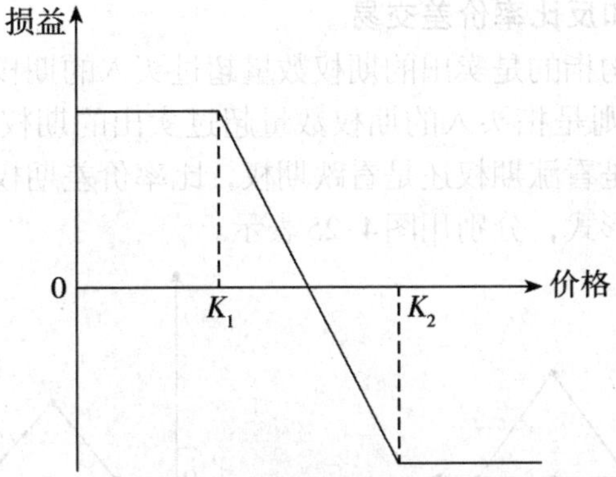

图4-23 熊市看跌期权价差交易

限的期权，两种期权都是平价期权。如果基础资产价格略微发生变化，两种期权都会发生时间价值衰退。从价差期权的持有方角度来看，期限较长的期权是多头，因此时间价值的衰竭是一种损失；另一方面，期限较短的期权是空头，时间价值的衰竭是一种盈利。不过，期限较短的期权时间价值的衰竭要快于期限较长的期权，因而总体来说，时间价值衰竭可以使价差持有方获利。其损益情况如图4-24所示。

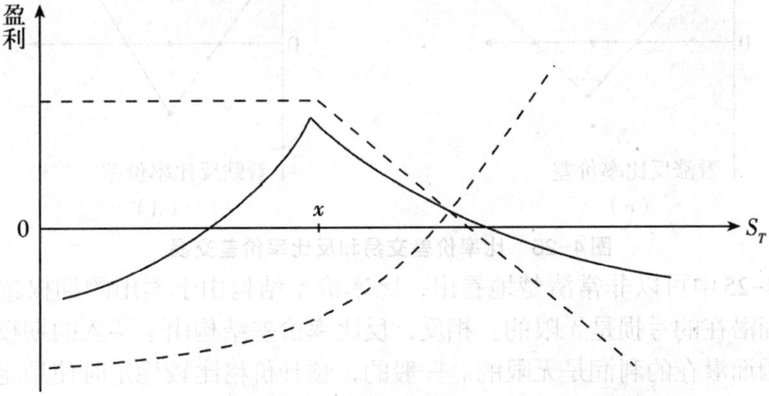

图4-24 多头水平价差交易

当然，我们也可以构造具有相反盈亏轮廓的空头水平价差交易：买入短期限平价期权，同时卖出长期限平价期权。其盈亏轮廓与图4-24同，但方向上下颠倒。

3.对角价差交易

对角价差交易是指买入一种期权的同时，再出售同类型的期权，但期权的协定价格和到期期限均不相同。

垂直价差期权结构可以明确地体现出市场的方向性，即市场是呈牛市还是呈熊市，但这种金融结构的时间价值衰减特性不明显，水平价差期权对市场方向性表现不显著，但时间价值的衰减特征相当明显。由于对角价差交易损益情况较为复杂，这里不作详细介绍。

4. 比率价差交易和反比率价差交易

比率价差期权结构指的是卖出的期权数量超过买入的期权数量而构成的期权组合。反比率价差结构则是指买入的期权数量超过卖出的期权数量而构成的期权组合。根据采用的期权是看涨期权还是看跌期权，比率价差期权和反比率价差期权组合可能有四种不同的形式，分别用图4-25表示。

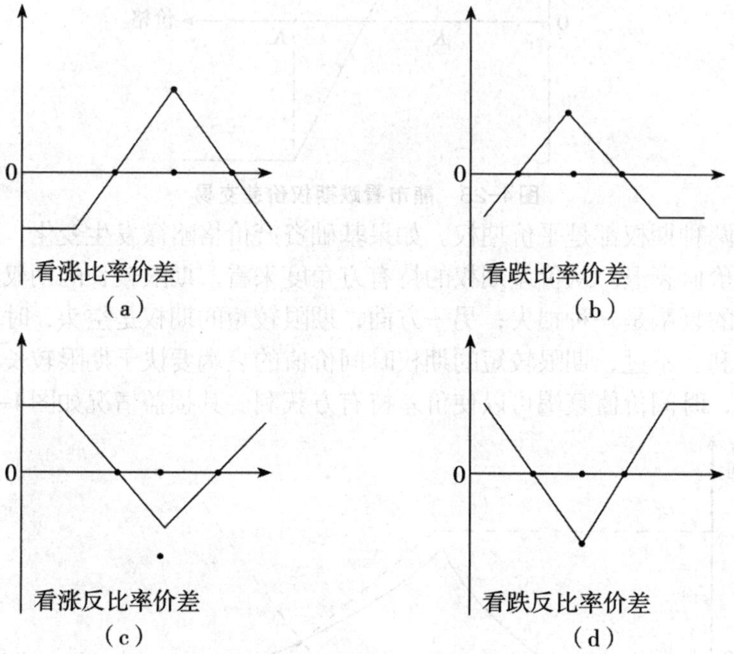

图4-25　比率价差交易和反比率价差交易

从图4-25中可以非常清楚地看出，比率价差结构由于卖出的期权超过买入的期权，因而潜在的亏损是无限的。相反，反比率价差结构由于买入的期权超过卖出的期权，因而潜在的利润是无限的。一般的，预计价格比较稳定时使用比率价差结构，而当预计价格波幅很大时，应使用反比率价差结构。

5. 蝶形（式）价差交易

蝶形价差是看涨价差和看跌价差的组合。

（1）多头蝶形价差又称“三明治价差”，反映了对稳定或下跌的波动幅度的一种预期，具有有限损失或有限利润的损益图像。这种价差由看涨价差和看跌价差构成，交易商以很低的价格买进一个看涨期权，以中间协定价格卖出两个看涨期权，然后再以较高的协定价格买进一个看涨期权。当基础资产的价格仍在确定的范围之内时，就会产生利润，损失限于确定价差所需支付的净期权费。其损益如图4-26（a）所示。其最大风险是净支付的期权费；最大利润是在将来的市场价格等于中间协定价格时，最大利润等于中间协定价格减去较小协定价格减去净支付的期权费；盈亏平衡点：左边=最小协定价格+净支付期权费，右边=最大协定价格-净支付期权费。

（2）空头蝶形价差，是指在相同条件的期权中，出售一个最低协定价格的期权，购买两个中间协定价格的期权，然后再以较高协定价格出售一个期权。它与行情的走势方向无关，期待行情在一定范围以外的波动从而赚得净期权费收入。其损益情况如图4-26（b）所示。

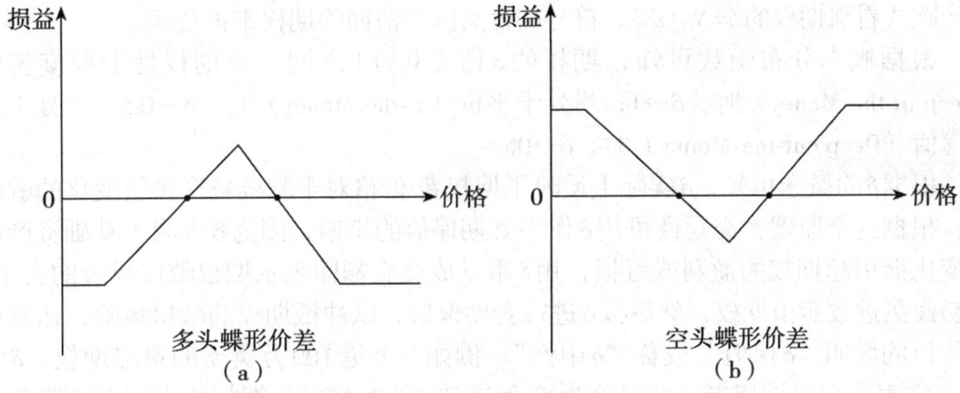

图4-26 蝶形价差交易

4.3.4 期权的套利与套期保值

1.期权的套利

套利是一种利用市场间价格差而获利的策略，它不考虑基础资产的价格变动，交易商可以利用现货市场和期货市场的套利机会，使用合成多头头寸和合成空头头寸进行套利活动，一般有转换套利和逆向转换套利两种思路。

转换套利（Conversion Arbitrage）是指买入一笔看跌期权并卖出一笔看涨期权，以建立一个合成空头头寸，同时买入一笔现货或期货，形成一个不受基础资产价格变动影响的头寸，头寸的利润来自现货市场或期货市场与期权市场间的不同价格。转换套利要求两笔期权的协定价格和到期日相同，而且期货合约的到期日要与期权到期日一致，在价格上也要求尽可能接近期权协定价格。如果期货价格在到期前日高于期权协定价格，卖出的看涨期权被要求行使，并自动与购买的期货合约对冲，买入的看跌期权则可让其自动失效；如果出现的是另一种情况，期货价格低于看跌期权的协定价格，购买的看跌期权被要求行使，并自动与购买的期货对冲，卖出的看涨期权则自动失效。

转换套利收益S的计算公式是：

$$S=(M_1-M_2)-(R_1-R_2)$$

式中：M_1、M_2——分别是看涨期权和看跌期权的期权费；R_1、R_2——分别是期货的价格和协定价格。

逆向转换套利（Reversal Arbitrage）与转换套利刚好反过来，是指通过卖出一笔看跌期权并买入一笔看涨期权合成一多头头寸，同时卖出期货或现货，形成一个不受基础资产价格变动影响的头寸。

2.期权的套期保值

根据期权定价模型，可用δ来测度基础资产价格的任何变化所造成的期权风险的程度。δ是基础资产价格的变化与期权价格变化两者的比率。经计算可知无收益资产欧式看涨期权的$\delta=N(d_1)$，符号的含义同于前面的期权定价公式。

根据概率分布函数可知，期权的δ值在0与1之间。当期权处于深度实值（Deep in-the-Money）时，$\delta\to1$；当处于平价（at-the-Money）时，$\delta\to0.5$；当处于深度虚值（Deep out-the-Money）时，$\delta\to0$。

根据δ的概念可知，δ实际上反映了期权费/价格对于基础资产价格变化的敏感性，根据这个原理，交易商可用δ作为套期保值的指南，因为δ表明了基础资产价格变化而引起期权的盈利或亏损，用δ乘以成交金额即表示期权敞口风险的大小。交易商买进或卖出期权，然后按δ进行套期保值，以冲抵期权的敞口风险，达到保值的目的就叫"δ保值"或称"δ中性"。例如，一笔100万英镑的看涨期权，δ为0.8，它表示卖出期权者敞口风险为80万英镑（0.8×100），期权的出售者为避免出售看涨期权的风险，即在即期市场上买入80万英镑，这就实现了保值的目的。

4.4 外汇期权

外汇期权（Foreign Exchange Options）是指以某种外币作为基础资产的期权。外汇期权产生于1982年12月，它是由美国的费城证券交易所（PHLX）率先推出的。美国的外汇期权交易主要集中在费城证券交易所和芝加哥期权交易所。在外汇期权交易中，参与者为数众多，主要有跨国公司、跨国银行、本国银行和非银行金融公司、进出口商等，它们既是外汇期权的出售者，又是期权的购买者。外汇期权对它们来说无疑是一种既可保值又可获利的有效金融工具。

外汇期权的产生可归因于两个主要因素——国际金融市场日益增加的汇率波动和国际贸易的发展。1971年布雷顿森林体系崩溃后，大多数主要货币兑换美元的汇价随市场而浮动，从而加剧了汇率波动；同时，国家间的商品与劳务贸易也迅速增加，越来越多的交易商面对汇率变动甚剧的市场，寻求更为有效的避免外汇风险的途径，外汇期权便应运而生。

4.4.1 外汇期权合约

为了让大家更好地了解外汇期权合约的规格，我们以表4-1展示一下2012年费城证券交易所交易量最大的五种外汇期权合约的规格。

外汇期权合约的一大特色是国际买权和卖权全等关系（International Put-Call Equivalence）。外汇期权的汇率是以1单位外币等于多少美元的方式来报价的。当我们有1合约可向对方以5美分的价格购买6 250 000日元，总履约价款312 500美元时，也可等于有1合约可以按每0.1美元兑2日元将312 500美元卖给对方，总价款6 250 000日元。前者为1买权合约，价款以美元计价；后者为1卖权合约，标的物为美元，通常在日本交易，价款以日元计价。而这表面看起来不同，实质上则完全一样。这显然与外汇现货买卖不同。

表4-1 PHLX主要外汇期权合约的规格

币种	澳元	英镑	欧元	日元	瑞士法郎
交易单位	10 000澳元	10 000英镑	10 000欧元	1 000 000日元	10 000瑞士法郎
报价方式	C/AD	C/£	C/€	$\frac{1}{100}$C/JY	C/SF
敲定价格级距	1C	5C	1C	$\frac{1}{100}$C	1C
刻度与刻度值	0.01C（$6.25）	0.01C（$6.25）	0.01C（$6.25）	0.01C（$6.25）	0.01C（$6.25）
合约月份	3月、6月、9月、12月以及最近的两个月				
交易时间	9：30am—4：00pm 东部时间				
结算单位	期权结算公司				
履约结算日	到期期权于到期日后的第三个星期五后的星期六				

资料来源：NASDAQ OMX网站，2012。

4.4.2 外汇期权报价方式与行情表解读

表4-2是芝加哥商品交易所（CME）货币期权报价行情表，此表主要介绍了日元期权的报价和行情。在CME，每份日元期权合约单位为12 500 000日元，到期的期权以EOM标识，欧式期权也单独做了标记另列。值得注意的是，外汇期权合约的报价是以每1单位货币折合多少美分（Cents Per Unit）的汇价表示的，日元则以每1单位货币折合为1/100美分（100ths of a Cent Per Unit）汇价表示。表4-2中，3月份交割的协议价格为9 000美元的日式欧式看涨期权在2018年1月18日的报价为1.18，当日成交量为100，期权的持有者以900 000美元的价格购买12 500 000日元的权利，代价是支付一定的美元期权费。表中还给出了1月18日的看涨、看跌期权的总成交量和未平仓合约总数。

4.4.3 应用实例

某公司拟进口一批货物，该公司将在3个月后向国外出口商支付货款，货款总价为500万美元，而A公司手中持有的是日元。

表4-2 **CME货币期权行情表**

Daily Settlements for JPY/USD Options（FINAL） Trade Date：01/18/2018

Contract Month：Mar 2018

Strike	Type	Open	High	Low	Close	Change	Settle	Volume	Open Interest
8800	Call	—	2.750B	2.280A	—	+.090	2.570	0	77
8850	Call	—	2.340B	1.900A	—	+.090	2.170	0	420
8900	Call	—	1.960B	1.560A	—	+.080	1.790	4	348
8950	Call	1.300	1.610B	1.260A	—	+.080	1.470	7	344
9000	Call	1.060	1.320B	1.000A	—	+.070	1.180	100	729
9050	Call	.830	1.060B	.800A	—	+.060	.940	513	1 481
9100	Call	.680	.840	.640	—	+.050	.740	354	2 462
9150	Call	.510	.670	.500	—	+.050	.590	192	856
9200	Call	.420	.540	.390A	—	+.040	.460	558	1 940
9250	Call	.310	.430	.310	—	+.030	.360	388	949
9300	Call	.250	.330	.240A	—	+.040	.290	143	740
9350	Call	.190	.260B	.190	—	+.030	.230	109	714
9400	Call	.190	.210	.170	—	+.020	.180	48	497
9450	Call	—	.170B	.120A	—	+.020	.150	1	445
9500	Call	.120	.130B	.110A	—	+.020	.120	2	604
Total								2 419	12 606
8700	Put	.100	.110B	.090	—	+.010	.100	41	904
8750	Put	.160	.170B	.130A	—	+.010	.140	47	759
8800	Put	.230	.250	.190	—	+.010	.210	371	921
8850	Put	.340	.360B	.280	—	+.010	.300	155	816
8900	Put	.500	.520B	.380	—	+.010	.430	282	968
8950	Put	.670	.730B	.540A	—	UNCH	.600	319	696
9000	Put	.900	.980B	.730A	—	−.010	.810	129	504
9050	Put	1.200	1.270B	.970A	—	−.020	1.070	159	665
9100	Put	1.330	1.590B	1.250A	—	−.030	1.370	15	99
9150	Put	1.810	1.950B	1.590A	—	−.040	1.710	1	49
9200	Put	—	2.350B	1.950A	—	−.040	2.090	21	75
9250	Put	—	2.770B	2.340A	—	−.040	2.490	0	11
9300	Put	3.030	3.200B	2.750A	—	−.050	2.910	1	38
9350	Put	—	3.660B	3.190A	—	−.050	3.350	0	8
9400	Put	—	4.120B	3.630A	—	−.050	3.810	21	13
Total								1 562	6 526

资料来源：CME Group网站，2018年1月18日。

假定国际外汇市场上外汇行情日元坚挺、美元走软。该公司财务人员对今后几个月汇市行情进行充分研究后，做出预测：一个月以后，由于美国将采取一系列措施改善贸易收支状况，因而美元可能升值，该公司应尽快在现货市场上购进美元，以免将来美元升值时带来汇率损失，增加进口成本。但是经财务人员进一步分析，发现影响汇市行情变化的因素很多，外汇投机等因素也会对汇市产生巨大影响，很难准确预测一个月后某一时点上的汇率水平，因此，财务人员最终决定以货币期权方式购买美元。

交易内容：买入美元看涨期权500万美元

协议价格：1美元：100日元

期权费用：1.0日元/美元

期权期限：3个月

该公司签订美元看涨期权协议后，美国贸易收支状况果然进一步改善，美元开始升值，一个月后，汇率由1美元比100日元升至1美元比105日元，该公司行使买权，在1：105的时价行情下，以1：100的汇价买入所需的美元资金。其损益状况为：

实际筹资成本：

500×（100+1）=5.05（亿日元）

比时价节省成本：

500×（105-101）=2 000（万日元）

4.5 利率期权

利率期权（Interest Rate Option）是20世纪80年代以来交易最活跃的金融期权之一。利率期权是以各种利息率产品（即各种债务凭证）作为标的物的期权，是随着利率期货的发展而发展起来的。1982年3月，澳大利亚悉尼期货交易所开始把期权交易运用到银行票据期货市场，成为世界上第一个在金融期货市场上尝试期权交易的交易所。其后，期权交易被世界上许多交易所广泛采用，其中尤以美国期权交易发展最为迅速，也最有影响。美国芝加哥期货交易所在1982年的下半年先后推出了中、长期国债期权和国库券期权品种。另外，自20世纪80年代中期以来，欧洲和亚太地区的许多国家也纷纷建立金融期权市场，并开展利率期权交易。

利率期权的交割方式有现金轧差和债券实物交割两大类，具体采用什么方式由交易所决定或场外交易双方议定。利率期权产生和发展的原因在于利率频繁地波动。利率期权的品种比利率期货更多，所占用资金更少，因而，利率期权丰富与完善了防范利率风险的手段。

4.5.1 封顶式利率期权交易

封顶式利率期权交易（下称“封顶交易”）是在期权交易期限内的各利率调整

日，当基准利率超过上限利率时，由期权卖方向期权买方支付利息差额的利率期权交易方式。封顶交易与利率互换交易形式上类似，也是浮动利率与固定利率相交换，即基准利率与上限利率交换，但存在明显区别：利率互换是买卖双方在每个利息支付日将浮动利率与固定利率进行交换，而封顶交易则是当基准利率超过上限利率时才以补差形式进行利率交换。利率封顶期权实际上可以看做一系列欧式看跌期权的组合。

买卖双方签订封顶期权交易协议一般有以下几方面内容：①期权期限为2~5年。②利率调整日为更换基准利率的日期，也即将基准利率与上限利率相比较并由此确定利息差额的日期，一般在每3个月、6个月或1年调整一次。③基准利率，是实际执行的浮动利率，通常将某一有代表性的利率（如LIBOR）定为基准利率。④利率上限，是买卖双方依据利率行情对利率发展趋势的预测和交易期限等因素商定的利率水平。该利率确定后，买卖双方均将其视为固定利率，在合同执行的各利率调整日，当基准利率超过该利率水平时双方发生利息差额收付业务，由封顶交易卖方向买方支付利息差额。⑤费用，是由封顶交易买方向卖方支付的期权费用，是作为卖方承担利率封顶风险的补偿；合同期限越长，上限利率越低，则费用越高。⑥利息差额，在每个利率调整日计算利息差额。当基准利率大于上限利率时有利率差额，由卖方向买方支付；当基准利率小于等于上限利率时无利息差额，也无收付业务。

利息差额计算方法是：

$$\text{差额}=\text{合同金额}\times(\text{基准利率}-\text{上限利率})\times\left[\frac{\text{到下次利率调整日止的天数}}{360(\text{或}365)}\right]$$

封顶期权交易主要运用在以下情形：当利率行情呈上升趋势，资金需求方拟对利率上升风险进行套期保值，但同时又希望在利率下降时能获得低成本效益。封顶交易筹资成本曲线见图4–27。

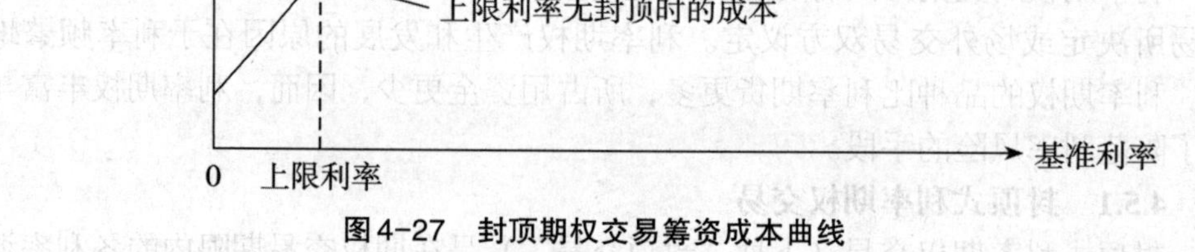

图4–27 封顶期权交易筹资成本曲线

一般而言，封顶期权交易的上限利率和费用水平是对应变化的，上限利率设定得越低，费用就越高。因此，在确定上限利率时必须将费用成本与将来利率变化趋势进行通盘考虑，在贷款业务中若附加封顶交易，应注意封顶交易的各项条件必须与贷款条件相符合，以利于协议的顺利执行。

4.5.2 保底式利率期权交易

保底式利率期权交易（下称“保底交易”）是在期权交易期限内各利率调整日，当基准利率低于下限利率时由期权卖方向期权买方支付利息差额的利率期权交易方式。

保底交易的合同条款与封顶期权基本相同，区别在于封顶期权设定利率上限而保底交易设定利率下限。保底交易可以视为一系列欧式买入期权的组合。

利率下限是由买卖双方依据利率行情，对利率发展趋势的预测，和根据交易期限等因素确定的利率水平，该利率水平确定后买卖双方均视其为固定利率。在合同执行中的各利率调整日，当基准利率低于该利率水平时双方发生利息差额收付业务，由保底交易卖方向买方支付利息差额。利息差额的计算公式如下：

$$利息差额=合同金额\times（下限利率-基准利率）\times [\frac{到下次利率调整日止的天数}{360（或365）}]$$

显然，当基准利率大于等于下限利率时，无利息差额，双方无收付业务发生。

保底交易主要适用于市场利率水平呈下降趋势，资金运用方拟对该种利率风险进行套期保值，同时在利率上升时也希望获得额外收益的情况。保底交易的收益曲线如图4-28所示。

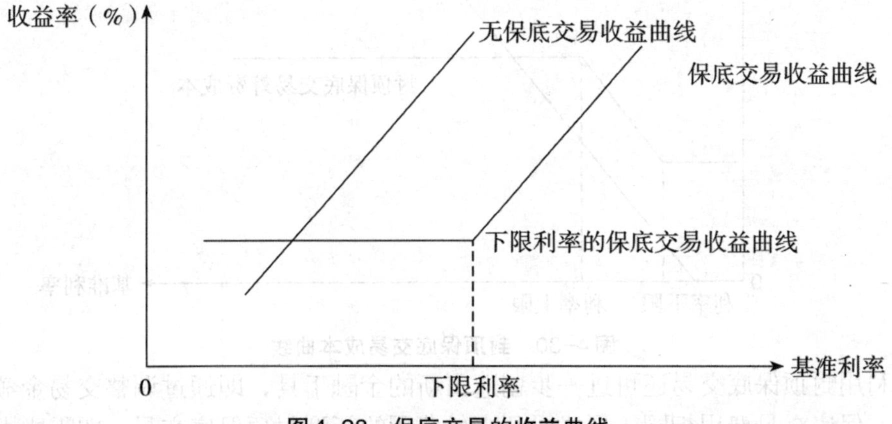

图4-28 保底交易的收益曲线

一般而言，保底交易是一种在资金运用中能确定最低收益率的金融产品，依据利率走势来运用资金时使用保底交易是较好的选择。但在运用资金使用保底交易时应注意保底交易的各项条件，期权交易的本金、期限、利率调整日和基准利率等要与资金运用条件一致。

4.5.3 封顶保底式利率期权交易

封顶保底式利率期权交易（下称“封顶保底交易”）是把金额、期限、利率调整日和基准利率等交易条件相同的购买封顶交易与卖出保底交易相组合的利率期权交易方式。

封顶保底交易的购买是指买方买进封顶交易同时出售保底交易，它通过购进封顶交易而避免筹资中利率上浮的风险，同时通过出售保底交易所获得的费用冲抵一部分购买封顶期权的费用，降低了实际筹资成本。封顶保底交易示意图如图4-29所示。

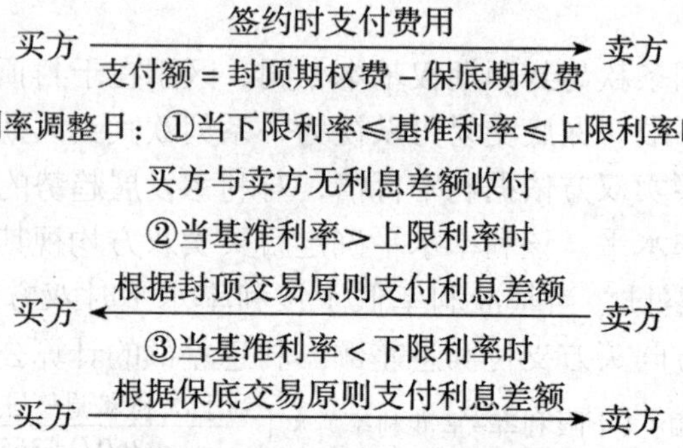

图4-29 封顶保底交易示意图

封顶保底交易的主要运用范围为：借款人预测贷款利率呈上升趋势，需要对利率风险进行套期保值，同时降低套期保值成本（如图4-30所示）。

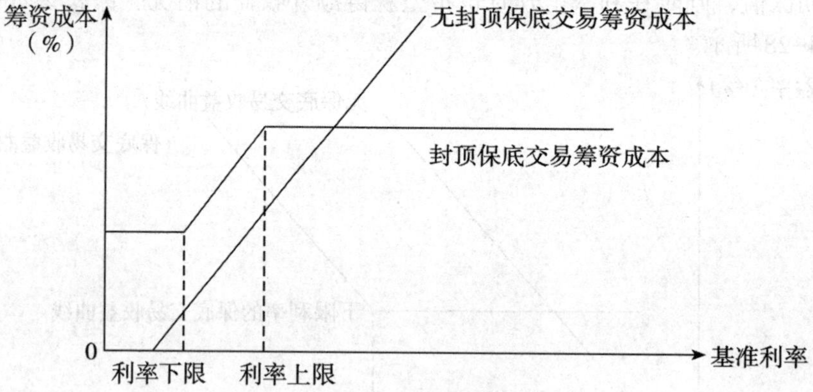

图4-30 封顶保底交易成本曲线

利用封顶保底交易还可进一步创造出新的金融工具，即通过调整交易金额，使封顶、保底交易费用相同，形成无须支付费用的新型封顶保底交易，即零成本封顶保底交易。

4.6 股票指数期权

股票指数期权（Stock Index Option）是在约定期限内以各种股价指数为交易标

的的期权。

1983年3月，芝加哥期权交易所推出了S&P100指数期权合约。S&P100股票指数是根据标准普尔500种股票指数中100种最热门的股票编制的，之后，纽约证券交易所（NYSE）综合指数期权、美国证券交易所（AMEX）主要市场指数期权（MMI）、价值线期权（Value Line）等陆续被推出。由于股票指数期权能紧随股市，所以发展很快，并迅速推广。1986年3月24日，S&P100股票指数期权交易量达到看涨期权23.5万份、看跌期权14.4万份。1989年6月，大阪证券交易所开始推出日经平均股票价格指数期权交易，开市首日交易量即创下了8兆日元的纪录，以后以每天1.8兆日元的交易额运行。1993年3月5日，香港期货交易所正式推出了买卖恒生指数期权业务，股票指数期权是所有类型的金融期权中发展得最为成功的期权类别。据统计，在1992年全球成交量最大的20种期权合约中，股票指数期权合约竟占11种之多。自产生以来，股票指数期权产品创新不断，交易量迅速增长，并快速地实现了国际化。

4.6.1 股票指数期权合约

在指数期权合约中，指数是由一篮子采样股票所计算出来的，合约中真正的标的物是该篮采样股票所形成的投资组合，每种股票在投资组合中所占的比重则依指数的计算方式而定。

在合约的设计上，一般以标的物的惯用单位来衡量，如100股股票，指数期权亦以此方式来定义合约的规格，但相当麻烦，因此通常以股票的总市值来定义合约规格，而总市值与指数有非常密切的关系，故一般以指数水准的一定倍数来计算，如S&P100有100种股票，其合约乘数为100，当指数为370点时，则表示标的物为价值37 000美元的采样股票。

现将美国市场上交易较活跃的五种股票指数期权的合约规格汇总成表4-3。

表4-3 股票指数现货期权合约规格

合约	S&P 500 指数期权	E-mini NASDAQ 100 指数期权	DJIA（$10）期权	E-mini S&P Mid Cap 400期权	E-mini DOW（$5）期权
期权类别	美式期权	美式期权	美式期权	美式期权	美式期权
每日价格波动限制	RTH：连续10%、20%、30%限制 ETH（overnight）：5%左右			连续10%、20%、30%限制	RTH：连续10%、20%、30%限制 ETH（overnight）：5%左右

续表

合约	S&P 500 指数期权	E-mini NASDAQ 100 指数期权	DJIA（$10）期权	E-mini S&P Mid Cap 400期权	E-mini DOW（$5）期权
头寸限制	20 000同等期货合约	与现有的NASDAQ-100期货和期权头寸限制相关	BIGDOW（$25）期货，E-mini DOW（$5）期货和期权，DJIA（$10）期货和期权合约的合并头寸限制为50 000 DJIA（$10）同等期货合约	5 000同等期货合约	BIGDOW（$25）期货，E-mini DOW（$5）期货和期权，DJIA（$10）期货和期权合约的合并头寸限制为50 000 DJIA（$10）同等期货合约
交易时间（芝加哥时间）	周一至周五： 8：30am-3：15pm	周一至周四： 5：00am-3：15pm& 3：15pm-4：30pm 周日： 5：00am-3：15pm	周一至周五： 8：30am-3：15pm	周一至周五： 8：30am-3：15pm	周一至周四： 5：00am-3：15pm& 3：15pm-4：30pm 周日： 5：00am-3：15pm
合约月份	3月的4个季月（3、6、9、12月），3个连续月份	3月的4个季月（3、6、9、12月），2个连续月份	3月的4个季月（3、6、9、12月）	3月的4个季月（3、6、9、12月），2个连续月份	头3个连续月份，1个季月
敲定价格级距	25点和10点	10点	100点和50点	5点和2.5点	100点和50点
最小变动单位	大于5.00时0.25=$12.50； 小于或等于5.00时0.05=$2.50	大于5.00时0.25=$5.00；小于或等于5.00时0.05=$1.00	0.50=$5.00	0.50=$5.00 0.025=$2.50	1.00=$5.00

资料来源：CME Group网站，2017。

4.6.2 股票指数期权报价方式与行情表解读

表4-4是公布在2018年1月22日CME Group网站上的芝加哥期权交易所（CBOE）股票指数期权行情表，它所报出的是2018年1月22日S&P500股票指数期权的价格。

在表4-4中，第一列代表合约到期月份（到期日通常为每月第三个星期五）；第二列为期权敲定价，C和P分别代表看涨和看跌期权；第三列为当天的合约交易量；第四列为合约结算价；第五列为当天合约结算价相比前一天结算价的变化，符号“+”和“-”则分别代表高于或低于前一天的价格；最后一列为有关期权合约的未平仓数。例如，由表4-4可见，在2018年1月22日，3月到期、敲定价格为

2 870C的S&P500指数看涨期权的期权费为23，这个价格要比前一天（即1月21日）的3月份到期、敲定价格为2 870C的S&P500指数看涨期权的权利金高8.10，1月22日该期权合约交易量为225张，未平仓合约数为1 227。

表4-4 CBOE标准-普尔500指数期权行情表

Exp.	Strike	Volume	Settle	Change	Open Interest
Mar	2 870C	225	23.00	+8.10	1 227
Mar	2 875C	53	21.00	+7.50	9 009
Mar	2 880C	6	19.10	+7.00	618
Mar	2 700P	80	12.40	+8.10	405
Mar	2 705P	0	12.90	+7.50	636
Mar	2 710P	70	13.40	+7.00	70
June	2 720C	0	164.10	+19.30	78
June	2 725C	0	160.10	+19.20	125
June	2 730C	0	156.20	+19.10	780
June	1 940P	0	2.75	-.30	468
June	1 950P	0	2.85	-.30	10
June	1 960P	0	2.95	-.35	0
Sep	2 830C	0	120.60	+15.50	135
Sep	2 850C	0	108.10	+15.00	193
Sep	1 900P	0	6.50	-.60	127
Sep	1 920P	0	6.90	-.70	1

资料来源：CME Group 网站，2018年1月22日。

4.6.3 对冲期权

对冲期权是将两次期权交易或期权与期货交易结合到一起。

首先看期权与期权的对冲交易。假设一个投资者购买了9月份到期、协定价格为140的纽约证券交易所综合股票指数的看涨期权，3个月以后，该股票指数上升了18点，这时该投资者纯收入为9 000美元（18×500），期权费点数为12.5，则期权费为6 250美元（12.5×500），由于他所购买的期权到9月份才到期，如果股市继续看好，则他所获得的利润还会增大；但是，股市也有可能朝相反的方向变动，这样，对该投资者来说则会前功尽弃。因此，为保险起见，该投资者可以在6月份购进一份9月份到期的纽约证券交易所综合股票指数期货合约的看跌期权。假设6月份时9月份看跌期权的期权费为16.1点，即8 050美元（16.1×500），到9月份时，可能会出现两种情况：一种是该指数继续上升，比如上升24点，则该投资者通过行使多头看涨期权，账面盈利为21 000美元（182×500−140×500），减去买入看涨期权的期权费6 250美元后的纯收入为14 750美元。由于该投资者在6月份还购买了一份看跌期权，如果股市看好，他就可以不执行看跌期权，让其自然过期，但成本仍要从盈利中扣除，即投资者实际盈利为6 700美元（14 750−8 050）。若股市受经济或其他因素的影响从6月份开始逆转而下，其在看涨期权上的损失便可通过行使看跌期权加以弥补。

利用期权与期货合约进行对冲的方法就是在购买股票指数期货合约的同时，购买一份看跌期权。假设投资者预计股市会上升，便购进一份3月期的股票指数期货合约，如果3个月后股市真的看好，他便可以从点数的增加中获得利润，可是，一个谨慎的投资者不会去冒这一风险，因为一旦股市逆转而下，他的损失就不单单是期货合约中所付出的保证金。因此，为了保险起见，他会购进一张看跌期权，一旦出现熊市，他可以利用从看跌期权中赚取的利润来弥补股票指数期货合约中的损失。当然，如果是牛市，他最多不行使看跌期权，让其自动失效，然后从股票指数期货合约上的盈利中减去购买看跌期权的费用。

4.7 股票期权

股票期权交易是以上市股票为标的进行期权交易的一种期权类型。美国进行股票期权交易的交易所有芝加哥期权交易所、费城股票交易所、美国股票交易所、太平洋股票交易所以及纽约证券交易所，多种股票可以进行股票期权交易，在每一张合约中期权持有者有权按特定的价格买入或卖出100股股票。

股票期权除了基本的看涨期权和看跌期权，还有几种特殊的类型。

认股权证（Warrants）是授予证券持有人在指定时间内以协定价格买进该公司股票的权利凭证，实质上是一种看涨期权。它的产生与其他期权有很大不同。认股权证由公司或金融机构发行，有些还可在交易所内挂牌交易，流通在外的认股权证的数量取决于初始发行的数量，并且仅当期权执行或到期时其数量才发生变化。购买或出售认股权证与买卖股票类似，不需期权清算公司参与，当执行认股权利时初始发行人只需与认股权证持有人结算，即认股权证持有者有权利而无义务按确定的价格购买一定量的股票，认股权证的价格即为期权费。

认股权（Rights）是按照公司的集体利益由公司发行给其股东的，它赋予股东一种购买公司计划发行的、一定数额的新的普通股的权利，与典型的期权和认股权证在原理上都是一致的，属看涨期权的一种具体形式。

职工购股期权（Employee Stock Purchase Options）是一种只售给本企业职工的

看涨期权。在现代西方企业中，企业主为了使其职工与他们的利益保持一致性，只将看涨期权和认股权证售给本企业的职工。这种期权还有另外两个特征：一是该期权通常规定在职工得到这一期权后的某段时间内是不能执行的；二是当职工离开企业后，这一期权也随之无效。这一方式对增强企业的凝聚力、调动职工积极性有重要作用。

可转换债券（Convertible Bonds）是一种在债券上附加期权的新型债券，其持有者有权在将来特定时期内根据某个确定转换比例将可转换债券转换成该发行公司的股权，当可转换债券转换时，发行公司收回债券并向债券持有者发放股票。显然，若假定利率不变，且不考虑赎回条款，可转换债券可近似地看做一个普通债券加上一个看涨认股权。

4.7.1　股票期权合约

1.股票期权的失效日

股票期权的失效日即股票期权的到期日。在美国，精确的时间是到期月第三个星期五之后紧随的那个星期六美国中部时间下午10：59。期权的最后交易日是到期月的第三个星期五。持有期权多头的投资者通常在这个星期五中部时间4：30之前给其经纪人发出执行期权的指示，经纪人在第二天中部时间下午10：59之前完成书面文件并报告交易所执行期权。

股票期权在1月份、2月份或3月份基础上循环。1月份循环包括1、4、7、10这几个月份；2月份循环包括2、5、8、11这几个月份；3月份循环则在3、6、9、12月份中进行。如果当期月份的到期日还未到达，则交易的期权合约包括当前月到期期权、下个月到期期权和当前月循环中的下两个到期月的期权；如果当前月份的到期日已过，则交易的期权包括下个月到期期权、再下个月到期期权和该循环中的下两个月到期期权。例如，某种股票期权处于1月份循环中，1月初，交易的期权到期月份为1、2、4、7月份，在1月末，交易的期权到期月份为2、3、4、7月份。当某一期权到期时，开始交易另一期权。

2.股票期权的执行价格

一般而言，期权的执行价格由交易所选定，具有这种执行价格的期权才能够执行。股票期权的执行价格变动间隔分别为2.5美元、5美元或10美元（发生股票分割或分红利时除外）。交易所通常规定，当股票价格低于25美元时，执行价格的变动间隔为2.5美元；当股票价格高于25美元但低于200美元时，执行价格的变动间隔为5美元；当股票价格高于200美元时，执行价格的变动间隔为10美元。例如，在订立期权合约时，某公司股价为13美元，则交易期权的执行价格分别为10美元、12.5美元、15美元、17.5美元和20美元。若股票价格为98.5美元，则交易期权的执行价格分别为90美元、95美元、100美元、105美元、110美元和115美元等。

若引入新的到期日，交易所通常选择最接近股票现价的那两个执行价格，若其中有一个很接近股票现价，交易所也可以另外选择最接近股票现价的第三个执行价格。如果股价的波动超过了最高执行价格和最低执行价格的范围，交易所通常引入新执行价格的期权。如某月份期权刚开始交易时，股价为53美元，交易所最初提供的看涨期权和看跌期权的执行价格分别为50美元和55美元。若股价上升到55美元以上，交易所将提供执行价格为60美元的期权；如果股价跌到50美元以下，交易所将提供执行价格为45美元的期权。

3.股票红利和股票分割

如果上市公司分派现金红利，则在除权日后公司股票期权的执行价格应减去红利金额，但无论是否派发现金红利，场内交易的期权通常并不进行调整。

而股票分割时，场内交易的期权要进行调整。股票分割时现有的股票被分割成更多的股票，但并不改变公司的资本和盈利能力，对公司的股东权益不产生影响。一般而言，n对m的股票分割方式将会使股票价格降为分割前股价的m/n。期权合约中的相应条款应有所调整，以反映股票分割引起的股票价格的预期变化。在n对m股票分割后执行价格降为原执行价格的m/n，每一期权合约所包含的股票数额增为原来的n/m。如果股票价格如预期的那样低，则期权合约买卖双方的头寸将保持不变。

但公司若分派股票红利，股票期权则应进行调整。股票红利是公司向其现有股东送股，与股票分割类似，股票红利对公司资产和盈利能力均无影响。公司送股后，公司股价将会下降，期权合约中相应条款将有所调整，以反映送股所带来的股票价格预期的下降。

4.7.2 股票期权报价方式与行情表解读

表4-5是2018年1月22日公布在CBOE官方网站上的芝加哥期权交易所股票期权行情表，它所报出的是2018年1月22日的一些交易活跃的股票期权价格。注意，这里所报出的价格是购买或出售一股股票的期权价格。由于一个期权合约的交易单位是100股股票，因此，每一个期权合约的购买成本为所给出价格的100倍，由于大多数期权的价格低于10美元，甚至有些期权的价格低于1美元，因此，投资者无须很多资金就可以进行期权交易。

表4-5 CBOE股票期权行情表

Option	Strike	Exp.	Volume	Last	Change
C（Citigroup）	52.50C	3/16/2018	14 673	25.80	+0.85
SPY（S&P Depository Receipts）	280.00C	2/16/2018	14 272	0.27	+0.03
FAZ	20.00C	2/16/2018	12 010	0.55	+0.01
AAPL（Apple）	180.00C	3/16/2018	9 847	0.01	−0.38
VXX	34.50C	2/16/2018	8 924	0.58	−0.03
FB（Facebook）	180.00C	2/16/2018	8 730	1.15	+0.20

资料来源：CBOE网站，2018年1月22日。

在表4–5中，自左边开始，第一列为股票名称；第二列为期权敲定价；第三列为到期日；第四、第五列分别为期权的交易量及结算价；第六列为当天合约结算价相比前一天结算价的变化，符号“+”和“–”则分别表示高于或低于前一天的价格。通过表4–5，我们可以清楚地看到每一种股票期权在当天的成交价格。例如，2018年2月16日到期的SPY股票的看涨期权的期权费为0.27。

4.8　期货期权

期货期权，是指以各种金融期货合约作为期权合约之标的物的期权。美国的期货期权仅在期货交易所挂牌，而且期货交易所提供的期权基础资产也仅局限于期货合约。一般来说，每个交易所都是根据本身最成功的期货合约推出期权，所以，期货期权的涵盖范围几乎不亚于期货合约。

4.8.1　利率期货期权

利率期货期权是以利率期货为交易对象的期权，其主要特征是：

第一，期权持有者只要执行该利率期货期权，便与期权义务方构成利率期货买卖合同，由期权交易转为期货交易。

第二，在资金运用方面，利率期货期权比利率现货期权更具有优势，原因在于期货期权交易中采用了预付保证金方式签订合同，在期权交割时买卖双方以轧差方式清算，因此双方可用少量的资金签订数额较大的利率期货期权合同，以提高资金收益。

第三，利率期货期权交易品种已标准化，通常在交易所进行，流动性高，因而交易的信用风险很小。

该种期权的缺点在于：交易双方可用较少资金签订数额较大的交易合同，因此投机性较强；还因为是场内交易，交易品种有限，协议价格和交易期限等条件不能自主商定。

利率期货期权交易市场主要有芝加哥商品交易所、伦敦国际金融交易所和新加坡国际金融交易所等。

利率期货期权可分为短期利率期货期权和长期利率期货期权。短期利率期货期权主要有在上述三个交易所上市的欧洲美元短期利率，在CME上市的短期美国国库券利率，其中就市场规模和流动性而言，欧洲美元短期利率期货期权是最具有代表性的交易品种。三个市场中交易规模最大的当属CME，大宗买卖大多在该交易所交易，其报价方式及行情如表4–6所示。

长期利率期货期权的主要商品有30年期国债期货期权、10年期国债期货期权，以及5年期国债期货期权，都在CBOT交易，交易单位为一份期货合约，标价1/64个百分点，价格浮动可达2个百分点。交易月份为3、6、9、12月，其合约内容具体如表4–7所示（以10年期国债期货期权合约为例）。10年期国债期货期权的标价

表4-6　　2017年11月27日欧洲美元短期利率期货期权行情表

Strike	Calls-Settle			Puts-Settle		
Price	17Dec	18Mar	18Jun	12Dec	13Mar	13Jun
9 850	0.0050	0.0050	0.0100	0.0575	0.2250	0.3725
9 862	CAB	0.0025	0.0050	0.1775	0.3475	0.4925
9 875	CAB	CAB	0.0025	0.3025	0.4700	0.6150

资料来源：CME Group网站，2017年11月27日。

表4-7　　CBOT美国10年期国债期货期权合约规格

交易单位	一张特定交割月份的美国10年期国债期货合约
最小变动单位	$\frac{1}{64}$点（15.625美元/合约）。柜台交易最小价格变动范围从\$1.00到\$15.00
敲定价格	看跌和看涨期权的敲定价格根据期货每合约1点的整数倍为间隔来确定。例如，如果T-bond的期货价格合约为92～100，那么敲定价格就设置在89、90、91、92、93、94、95等
每日价格波动限制	无
合约月份	头3个连续月份和未来4个季月（3、6、9、12月）
交易时间	周日至周五：5：00pm—4：00pm（芝加哥时间）
最后交易日	期权于标的期货合约交割月之前停止交易。期权停止交易时间一般在每交割月的最后一个星期五
合约到期日	最后交易日的芝加哥时间7：00pm

资料来源：CME Group网站，2017年11月27日。

也与短期利率期货期权不同，短期品种的执行价格是用100减去现货利率水平来表示的，这又与利率现货期权的执行价格以利率本身表示不相同。其报价方式及行情表如表4-8所示。

表4-8　　2017年11月27日美国10年期国债期货期权行情表

Strike	Calls-Settle			Puts-Settle		
Price	12Jan	13Feb	13Mar	12Dec	13Mar	13Jun
12 500	.25	.29	.52	.32	1.02	.59
12 550	.13	.20	.39	.52	1.25	1.14
12 600	.06	.13	.28	1.13	1.50	1.35

资料来源：CME Group网站，2017年11月27日。

4.8.2 外汇期货期权

外汇期货期权是以外汇期货为交易标的的期权交易。期权持有者执行期权时，就与期权义务方构成外汇期货买卖合同，由期权交易转为期货交易。与现汇期权不同的是，期货期权的行使有效期均为美国式的，即可以在到期日前任何时候使用。

外汇期货期权交易主要在芝加哥商品交易所的分部——指数与期权市场（IOM）、悉尼期货交易所和新加坡国际金融交易所交易。在IOM上市的主要外汇期权合约如表4-9所示，其行情如表4-10所示。

表4-9 IOM外汇期货期权合约规格

币种	澳元	加元	欧元	日元	捷克克朗
交易单位	一张面值为100 000澳元的期货合约	一张面值为100 000加元的期货合约	一张面值为125 000欧元的期货合约	一张面值为12 500 000日元的期货合约	一张面值为4 000 000捷克克朗的期货合约
最小变动价位	10.00美元/合约		12.50美元/合约		8.00美元/合约
头寸限制	6 000合约		10 000合约		6 000合约
交易时间	7：20am—2：00pm				
最后交易日	合约月份第三个星期三往回数的第二个星期五，如果该日为交易所假日，则交易将于该日的前一个营业日停止				
交易月份	3系列月份，包括从3月份起按季循环的月份（3、6、9、12）以及两个连续的月份和四个星期				
期权类型	美式期权				

资料来源：CME Group网站，2017年11月27日。

表4-10 2017年11月27日期货期权行情表

Strike	Calls-Settle			Puts-Settle		
Price	17Dec	18Mar	18Jun	17Dec	18Mar	18Jun
10 600	CAB	0.01	0.13	15.840	15.320	14.900
10 650	CAB	0.005	0.12	16.340	15.820	15.390
10 700	CAB	0.005	0.11	16.840	16.310	15.870

资料来源：CME Group网站，2017年11月27日。

4.8.3 股票指数期货期权

股票指数期货期权是以某种股票指数期货合约作为标的物的期权。股票指数期货期权在履约时，交易双方将根据敲定价格把期权部位转化为相应的期货部位，并在期货合约到期前根据当时市场价格实现逐日结算，而于期货合约到期时再根据最后结算价格实行现金结算，以最后了结交易。

表4-11是在CME交易的S&P500股票指数期货期权行情表。自左边起，第一列为期权的敲定价，第二、三、四列分别是2017年12月和2018年3月、6月到期的S&P500指数期货看涨期权在当日的结算价格；第五、六、七列分别是2017年12月和2018年3月、6月到期的S&P500指数期货看跌期权在当日的结算价格。从表4-11可见，2017年12月到期、敲定价格为1 300美元的S&P500指数期货看涨期权的期权费为1 301.80美元，即每张合约650 900美元（500×1 301.80）。

表4-11 CME股票指数期货期权行情表（S&P500）

Strike	Calls-Settle			Puts-Settle		
Price	17Dec	18Mar	18Jun	17Dec	18Mar	18Jun
1 300	1 301.80	604.90	1303.5	CAB	0.15	0.80
1 400	1 201.80	1203.2	1203.5	CAB	0.20	1.15
2 000	601.80	604.90	611.40	0.10	3.00	10.80

资料来源：CME Group网站，2017年11月27日。

4.9 奇异期权

比标准欧式或美式看涨期权和看跌期权盈亏状态更复杂的衍生证券有时称为奇异期权（Exotic Options）。大多数奇异期权在场外交易，它们是由金融机构设计以满足市场特殊需求的产品，有时候它们被附加在所发行的债券中以增加对投资的吸引力，有些金融机构十分积极地促销奇异期权，它们几乎对客户提议的任何交易都准备好报价。

一般来讲，我们可以把奇异期权归纳为三类：

（1）合同条件变更型期权：改变标准期权的某些条件而形成的奇异期权。

（2）路径依赖型期权：这种期权的最终结算根据基础资产价格在一段时间内的变化路径来决定，而不仅仅根据基础资产到期时的价格决定。

（3）多因素期权：这类期权的最终结算根据两种或两种以上基础资产的价格来决定。

4.9.1 合同条件变更型期权

（1）非标准美式期权（Semi American Options）或百慕大期权（Bermudan

Options)。欧式期权只允许期权在到期日执行，美式期权则允许在期权有效期内任何时候执行，非标准美式期权则正好介于美式期权和欧式期权之间，它允许在期权有效期内某些特定的日期执行期权。例如，某债券发行商已安排一项互换交易，对投资者在若干特定的日期可能回吐债券进行保值，如果届时投资者回吐债券，而券商又希望取消已定的互换，那么，非标准美式期权就可以满足券商的需求。

（2）二进制式期权（Digital or Binary Options）。在标准期权条件下，期权的结算要根据期权到期时的溢价程度而定。例如，看涨期权的结算额将是Max（0，S-K），其中S表示期权到期时基础资产的价格，K表示期权的协定价格。二进制期权则不同，如果期权到期时溢价，期权的结算额就是预先确定的固定数额A；如果期权到期时折价，则结算额为零。因此，二进制期权清算额的大小与期权溢价高低无关。

二进制期权还可以分成两种形式："全付或不付型"（All-or-Nothing）二进制期权只有在期权到期时溢价才支付；"一次触及型"（One-Touch）二进制期权则不同，只要期权在有效期内某阶段成为溢价期权，就要进行结算支付，可以在期权溢价时立即进行，也可以推迟至期权到期时进行。所以，一次触及型二进制期权具有路径依赖型期权的特点。

（3）迟付或应急型期权（Pay-Later or Contingent Options）。这类期权的特点在于除非执行期权，否则不需要支付期权费。不过，期权到期时如果溢价，即使内在价值小于期权费，那么也必须执行期权。对期权买方而言，其优点在于期权到期时损价的话，其无须承担期权费成本。但这种期权的期权费通常较高。

（4）滞后期权（Delayed Option）。这类期权授权持有者在未来某时接受另一种期权，另一种期权的协定价格等于接受日基础资产的价格。这类期权类似于协定价格为零的复合期权，不过基础期权的协定价格要等到复合期权执行时才能确定。

（5）选择方期权（Chooser Options）。选择方期权允许持有方在未来某日对看涨期权或看跌期权进行选择，这种期权类似于对敲交易，但更为廉价。因为在做出选择以后，期权持有方就只剩下一种类型的期权，不是看涨期权就是看跌期权，而对敲交易使交易商要将看涨期权和看跌期权一直持有至到期日为止。

4.9.2 路径依赖型期权

（1）亚式期权（Asian Options），又称平均价格期权（Average-Price Options）。标准期权在到期日支付的是期权协定价格与基础资产价格之间的差额。在亚式期权条件下，不仅仅采用到期日的基础资产价格，还要采用任一时段的基础资产价格的平均值作为结算指标。

（2）平均协定价格期权（Average-Strike Option）。这种类型的期权与平均价格期权类似，不同点在于将期权的协定价格等同于基础资产某一时段上的平均值，结算时支付额为期权协定价格与到期日基础资产价格之间的差额。

（3）回顾期权（Look-Back Option）。这种期权在某些方面类似于平均协定价格期权。例如，回顾期权的协定价格也是在期权到期时确定，但在确定期权协定价格时，回顾期权的持有方不是采用某一时段上的基础资产平均价格，而是可以选择期权有效期内曾经出现过的最佳市场价格作为结算指标。

回顾期权看起来要比美式期权具有更大的优势，因为期权持有者再也不必担心是否会错过执行期权的最佳时机。回顾期权的执行价格总是最好的价格，即回顾期权永远不可能在期满时成为折价期权，至少成为平价期权。但由于回顾期权的结算支付额总是大于标准期权的结算支付额，因此，回顾期权的成本更为昂贵。

（4）棘轮期权（Ratchet Option）。这种期权产品最先被应用于法国CAC40种股票指数，后来应用逐步扩大。棘轮期权的协定价格在交易之初确定，然后，在事先预定的未来某些日期再根据届时的基础资产价格对协定价格进行调整，每当协定价格重新确定之后，期权的内在价值就被锁定。棘轮期权就像一连串（若干）短期滞后期权。

（5）阶梯式期权（Ladder Option）。它与棘轮期权的作用原理是一样的，但无论什么时候，只要基础资产价格达到预先确定的一组价格水平的下一级，就可以重新确定期权的协定价格。而棘轮期权的协定价格是在特定的日期重新确定的，不论这一天市场价格水平如何。阶梯式期权可以由若干份障碍期权构成。

（6）即报期权（Shout Option）。即报期权不是根据事先规定的指标（日期、价格）重新确定协定价格，即报期权的协定价格由期权买方自行决定，只要买方认为是最合适的价格，就可以即时报价，确定协定价格。假定期权的初始协定价格为100，如果买方报出120，那么价格上升20就被锁定，协定价格也相应地被重新确定为120，期权买方最终将收取结算支付额20，再加上期权的内在价值。

（7）障碍期权（Barrier Option）。障碍期权在交易之初就设定了两种价格水平，一种是一般的协定价格，另一种是规定的障碍价格水平或启动价格水平。障碍期权又可分为两种类型：失效期权（Knock-out Option）和生效期权（Kick-in Option）。失效期权开始时与普通期权一样，但当基础资产价格变动触及障碍水平时，期权就失效。生效期权则与此相反，如果基础资产价格变动触及障碍价格水平，期权就生效。当基础资产价格位于失效和生效的过渡区域时，障碍期权实际上就为期权买方提供了一种预定的缓冲空间。障碍期权的期权费用比较低廉，但风险也很大，它应该与使用者的保值战略相一致。

4.9.3 多因素期权

（1）彩虹期权或称超常表现期权（Rainbow or Outperformance Options）。彩虹看涨期权的结算支付额由两种或两种以上基础资产的最高价格所决定；彩虹看跌期权则相反，其结算支付额由多种基础资产中价格最低的一种来决定。

（2）一篮子期权（Basket Options）。这种类型的期权是彩虹期权的变化形式。

一篮子期权的结算支付额是一篮子基础资产价格的加权平均值，譬如，投资者对持有的特定的一篮子股票进行保值的期权就属于这种类型。

（3）价差期权（Spread Options）。这类期权的结算支付额是两种基础资产之间的差价，如对美元和日元6月期利率差额进行支付的期权就属于价差期权。

（4）数量调整期权（Quanto Options）。在数量调整期权条件下，期权的结算由基础资产价格来决定，但支付额的大小或支付的价值多少由其他因素来决定。数量调整期权一般适用于基础资产和期权分别以两种货币进行计值的情形。例如，期权以日经指数作为基础资产，结算支付额以美元计算，那么，当协定价格为16 000的日经指数看涨期权到期时，若日经指数为17 000，结算支付额就等于1 000美元。

4.10 期权工具、案例分析——外汇期权宝

外汇期权宝业务，真实名称为“外汇保本投资存款”，在内地是由中国银行深圳市分行在借鉴香港宝生银行外汇“两得存款”“保本存款”经验的基础上独家设计开办的。

外汇期权宝是指在保证外汇存款人本金安全的前提下，由银行代为进行外汇期权投资，力图获取比利息更高的收益的投资存款。具体而言，是指客户（个人或公司）在中国银行深圳市分行存入一笔外汇定期存款，并签订协议，委托该行利用该笔存款定期与活期利息之间的差额在国际外汇市场上买入某种期限认购或认沽某种外币的期权，以求赚取这段时间内该种外币汇率波动产生的价差。它是金融工程理论在银行业务创新中运用的典范。

4.10.1 试办外汇期权宝的经济背景

（1）1995年至1997年的3年时间里，深圳地区的商业金融机构对存款的争夺异常激烈。较之不少银行及其他金融机构变相提高利率的做法，中国银行深圳市分行的吸存措施缺乏竞争力（各行外汇存款利率普遍比该行高出0.5个百分点），存款局面相当被动，造成该行外汇存款有减无增。

（2）内地外汇投资渠道少。由于人民币不能自由兑换，而且存在贬值预期，人们普遍愿意持有外汇，虽然美元、港元的存款利率远较人民币低，除办理存款、进行个人实盘外汇买卖外，内地并没有其他可供选择的外汇投资渠道。另外，个人实盘外汇买卖具有一定的风险，而且客户对国际外汇市场的认识有限，加上信息来源不畅，很多客户不愿或不敢参与该项业务。

（3）深圳外汇资金实力雄厚。由于深圳靠近香港地区的特殊地理位置，港元在深圳的流通量很大；而且，深圳三资企业众多，外汇存量大。1996年6月，深圳市全市个人外汇储蓄存款余额已达13.18亿美元之多。

鉴于此，中国银行深圳市分行急切地需要利用新的金融工具增强在存款大战中的竞争力，利用合法、合规的渠道争夺外汇存款。

4.10.2 办理外汇期权宝业务的可行性

（1）外汇存款期限结构合理。1996年6月30日，中国银行深圳市分行全辖外汇存款余额10.94亿美元，企业定期部分1.43亿美元，个人外汇定期存款4.20亿美元，占个人储蓄存款总额的72%以上，其中1年期及1年以上期限的部分又占56%以上。

（2）国际外汇市场行情波幅较大。1995年全年主要外汇对美元的月平均波动幅度为：日元6.2%，瑞士法郎5.9%，英镑3.4%，德国马克[1]5.35%。1996年1—6月，主要外汇对美元的月平均波动幅度为：瑞士法郎3.87%，英镑2.8%，德国马克3%。较大的波动幅度提供了赚取高于定期利率收益的可能性。

（3）欧式期权操作比较简单。欧式期权到期才能执行的特点使得其操作比较简单，易于控制。

（4）中国银行拥有一批理财能力很高的外汇交易员。中国银行深圳市分行的外汇交易员都在海外分行工作过，理论功底深厚，业务能力强，而且其完全是代客买卖，所有交易均通过总行即刻在国际市场上平盘，有效控制了风险。

4.10.3 外汇期权宝业务的效益评价

（1）外汇期权宝丰富了中国银行深圳市分行的银行理财品种，增强了其私人理财的竞争力，开辟了新的中间业务收入来源，促进了外汇存款的增长。开办当年，仅6个月就吸存800万美元外汇存款，1998年外汇期权宝存款达到了该行金融外汇存款余额的1%。

（2）对外汇期权宝业务的客户而言，在国际外汇市场波动幅度大的情况下，只要操作得当，就有机会得到远高于定期利息的回报，即使操作失误，损失的也仅是期权费，还可以得到活期外汇存款利息。

（3）外汇期权宝是中国银行深圳市分行针对外汇存款利率低的情况将存款业务和外汇期权结合起来后的创新存款业务品种，它进一步树立了中国银行深圳市分行勇于进行金融创新的形象，有力地推动了深圳地区的金融创新，拓宽了客户外汇投资渠道，取得了良好的经济效益和社会效益。

4.11 ETF期权

ETF期权即交易型开放式指数基金，通常又被称为交易所交易基金（Exchange Traded Funds），是一种在交易所上市交易的、基金份额可变的开放式基金。ETF期权是标准化的基于ETF份额的看涨或看跌而设计的一种选择权，指一种在未来某特定时间，以特定价格买入或者卖出的交易开放性指数基金的权利和合约。在全球交易所上市型衍生品市场中，21世纪以来发展最为迅速的非ETF期权莫属。到2012

1 德国于1999年1月1日加入欧元区，德国马克不再流通。

年，诞生不足15年的ETF期权在场内股权类衍生品中的交易比重已超过10%。据WFE（世界交易所联合会）统计，美国市场ETF期权的成交量占全球总成交量的99.6%，其主要原因在于美国市场占有全球ETF现货市场85%的份额。2015年全球前20大指数衍生品中，ETF期权占了4席，其中标的ETF为跟踪标普500指数的SPDRS&P500 ETF期权的交易最为活跃。

ETF期权是一种成本相对较低的指数投资工具，它的买方通过支付一定数量的权利金给卖方，拥有在到期日以一定的价格买入或卖出实物ETF的权利，当买方行使该权利时，卖方必须无条件地履行其义务。持有ETF现货的投资者可利用ETF认购期权备兑开仓，锁定心理目标的卖出价位，增强持股收益；也可运用ETF认沽期权为自己买一个"保险"，防范市场指数的下行风险；投资者还可以利用ETF的认购、认沽期权，实现杠杆性做多、做空指数的投资目的。

4.11.1　上证50ETF期权

我国于2010年4月正式推出了沪深300股指期货，这是我国首个衍生产品。经历了十几年的发展，目前股指期货市场运行平稳，实现了设计期货的初衷，并且还在不断发展之中，参与期货交易者已经占了很大的市场份额。因此，在沪深300股指期货推出后，我国金融机构一直致力于推出股指期权。

2015年1月9日，当时的中国证监会正式发布《股票期权交易试点管理办法》及证券期货经营机构参与交易试点指引等配套规则。证监会批准上交所开展股票期权交易所试点，试点范围为上证50ETF期权，正式上市时间为2015年2月9日。上证50ETF期权自2013年12月26日起开始仿真交易，作为上交所最先推出的两款仿真交易期权品种之一，50ETF期权的推出可以说既符合市场预期又是众望所归。

上证50ETF期权就是以上证50ETF作为标的物的期权产品，是一份代表未来买卖上证50ETF权利的合约。上证50ETF期权的买方通过支付一笔权利金，获得了在未来以某个价格买入或卖出上证50ETF的权利；上证50ETF期权的卖方则收取买方所付的权利金，承担着必须卖出或者买入该期权的义务。

下面我们主要通过表格方式展示上证50ETF期权的合约要素，如表4-12所示。

4.11.2　ETF期权的特点

（1）ETF期权具有和一般商品期权类似的功能，具体主要体现在以下五个方面：①转移ETF现货市场风险，规避指数下行风险；②通过备兑开仓，增加持股收益，降低持仓成本；③推迟买卖指数的决策，锁定买卖价格；④进行杠杆性看多或看空的方向性交易；⑤通过期权组合策略交易，形成不同的风险和收益组合，进行套利等。

（2）ETF期权与股票期权的异同：①ETF是指数型基金，当投资者无法看准个股，但基于现有的宏观面、资金面信息对大盘走势有一定的判断时，ETF期权将成为更好的选择。②ETF期权对冲的对象是一篮子股票，股票期权对冲的对象是单只

表4-12 **上证50ETF期权合约要素表**

项目	内容
标的证券	上证50ETF
期权种类	认购期权（买入标的的权利）和认沽期权（卖出标的的权利）
合约单位	10 000份（每张合约代表买入或卖出10 000份ETF份额的权利）
到期月份	当月、下月及连续两个季月（下季与隔季）
行权价格	5个（1个平值合约、2个虚值合约、2个实值合约）
合约到期日	到期月份的第四个星期三（遇法定节假日顺延）
履约方式	欧式
交割方式	实物交割
账户体系	独立于现货的合约账户与资金账户体系
价格形成机制	集中竞价交易（价格优先、时间优先） 做市商通过集中竞价交易系统双边报价提供流动性
交易时间	上午9：15—11：30（9：15—9：25为开盘集合竞价时间），下午1：00—3：00
委托类型	限价委托、市价委托、全额即时委托
买卖类型	买入开仓／买入平仓，卖出开仓／卖出平仓，备兑开仓／备兑平仓
最小报价单位	0.01分
申报单位	1张 限价指令单笔申报最大数量为100张 市价指令单笔申报最大数量为50张
保证金制度	权利金结算价＋标的价格×（7%~15%）
涨跌幅限制	涨跌幅：标的前收盘价×10% 虚值期权涨幅较小，为： 标的前收盘价／行权价×0.5% ~ 标的前收盘价×10%
熔断机制	合约价格波动超过参考价格的50%，将暂停连续交易，进入5分钟的集合竞价
限仓	单个标的 单个方向个人非备兑持仓不超过100张，总持仓不超过200张 对所有标的，个人持仓不超过500张
限购	个人用于期权买入开仓的金额不超过客户由期权经营机构托管的净资产10%或最近6个月日均持有沪市证券市值的20%
前端控制	对资金和持仓进行前端控制
合约停牌	同标的证券
合约摘牌	到期、标的证券退市或终止上市
行权	行权日同合约到期日，行权指令提交时间为9：30—11：30，13：00—15：30 行权指派按比例分配
结算	由中国结算上海分公司负责，并承担中央对手方职责

资料来源：上海证券交易所网站，http：//www.sse.com.cn/。

股票，因此，当投资者仅持有一只股票需要套保时，股票期权是更好的选择，而当投资者有大量权重股在手需要对冲时，ETF期权将是更好的选择。③ETF停牌的概率要远小于股票，且ETF的抗操纵性更强，使得ETF期权受标的证券交易影响的程度更低。④股票价格的波动性通常强于ETF，因此股票期权价格的波动性也更大，ETF期权的市场价格会相对更平稳。⑤ETF可通过申购、赎回间接实现T+0交易，因此，相对于股票与股票期权的组合，ETF期权与ETF现货的组合更加灵活，更有助于投资者的套利。

（3）ETF与股指期权的区别：①从交易的单位价格来看，相比同一指数的股指期权，ETF期权的单张合约价格相对更低，更容易让普通投资者接受。②从合约的标的物来看，ETF期权的标的物是ETF基金现货，而ETF基金可在二级市场中进行交易；股指期权的标的物是指数，不可以直接进行交易。③从交割的方式来看，国际上ETF期权多采用实物交割，到期实值期权的双方最终是一手交钱、一手交券；股指期权则采用现金交割，到期实值期权的双方进行现金的轧差交收。

4.11.3 ETF期权的效益评价

（1）完善了资本市场定价能力。股票期权是一种基础性的衍生产品，相当于合约，一定程度上反映了投资者对未来市场价格变化的判断，增强价格发现功能，在价格发现方面作用巨大。从这个角度来说，上市ETF期权有助于市场提升定价能力，引导了资源的合理配置，为实体经济的发展提供了资金支持。

（2）为投资者转移风险提供了新的金融工具。股票期权具有丰富的投资方式，可认购认沽，在现货市场出现风险时投资者可利用期权套期保值，预测股票上涨买入相应头寸认购期权、股票下跌卖出相应头寸认沽期权，运用得当，可有效帮助投资者管理和转移风险，获得额外收益。也正是由于期权具有双向操作转移风险的特性，因此越来越受到广大投资者的喜爱。

（3）改善了证券市场投资者的结构。在证券市场交易中，50ETF期权为机构投资者提供了新的投资渠道和产品，在金融投资管理中起到了重要作用。它以低成本、方便的交易方式吸引了很多机构进入证券市场投资，这也将愈加改善我国的证券市场结构，而且随着经济全球化步伐的加快，不断有国际投资者进入中国市场，上证50期权的推出将会为国际投资者提供更多投资机会。

（4）增加了交易所的市场吸引力。ETF期权的推出，使市场的交易品种更加丰富，也完善了品种布局，有助于市场吸引更多具备实力的大盘蓝筹公司的股票加盟，有助于引导储蓄资金向证券市场的分流，有助于市场产品创新的进一步深入进行。作为指数化产品，ETF期权具有交易成本低廉的特点，除了发挥风险转移的作用外，也可以用作投资者的投资工具，并且由于其高透明性的特点，有利于市场投资者的长期利益。

思考与练习

（1）掌握有关概念：

期权　看涨期权　看跌期权　美式期权　欧式期权　敲定价格　期权费　内在价值　期权时间价值　实值期权　虚值期权　平价期权　期权敏感性　δ值　对敲交易　比率价差交易　期货期权　奇异期权　外汇期权宝

（2）期权交易有哪些特点？

（3）期权有哪些基本类型？

（4）期权费由哪些部分构成？各自有何特点？

（5）期权价格的主要影响因素有哪些？与期权价格呈何种关系？

（6）何为期权平价关系？

（7）期权的价差交易有哪些主要种类？

（8）试述对我国开展期权交易的思考。

第5章　互换工具及其配置

◇学习目标

- 互换交易的概念、产生和国际互换市场的发展
- 互换交易的基本种类及熟悉由此派生的其他互换品种
- 互换交易的金融合约
- 互换交易的定价原理及基本应用策略

自20世纪80年代初互换交易产生以来，国际互换交易额以每年约3.5万亿美元的速度增加。尤其是在资本市场上，互换交易早已被西方国家视为融资和风险管理中不可缺少的策略之一。本章首先介绍互换交易的产生、发展和种类等基本知识；再进行互换交易合约的分析，从中展示互换交易与其他金融工具之间的配置关系，并以此为基础讲述互换定价原理；最后结合案例，介绍互换交易策略的应用。

5.1　互换交易的概念、产生及国际互换市场的发展

5.1.1　互换交易的概念

互换（Swap），也称掉期，是指互换双方达成协议并在一定的期限内转换彼此的货币种类、利率基础及其他资产的一种交易。互换在本质上是一种远期合约，它与其他远期合约的不同之处在于，这种远期合约以交易双方交换有差别的同类基础资产为前提。

互换具有以下几个特点：

（1）互换是一种建立在平等基础之上的合约。合约双方具有相应的权利和义务，相互间是一种平等的关系，而且他们的行为首先受一国合同法律的制约。

（2）互换所载明的内容是同类商品之间的交换。但同类商品必须有一定品质的差异，如在外汇互换中币种之间的差别，利率互换中利率期限和高低之间的差别等等，否则互换没有任何意义。

（3）互换是以交易双方互利为目的的。根据经济学原理，交换可以产生剩余，对剩余的瓜分不仅可以增加交换双方的收益，而且也提高了社会福利。

互换交易的核心工具是：利率互换、货币互换、远期利率协议、长期外汇交易和长期利率（上限和下限）期权。这些互换核心工具可以被广泛运用于资产与负债的管理中。

近年来，随着互换基本工具变种的不断出现，互换交易已逐步延伸到其他金融市场。基本互换的变种主要涉及互换安排方式和双方交换的现金流形式，具体包括：时间选择、到期日选择和名义本金等其他方面现金流方式的重新设计，以及基础互换、收益曲线互换、欠款再安排互换和指数差价互换等只涉及浮动利率现金流的互换交易。此外，互换期权市场近些年来发展迅速，隐含利率和货币期权特点的混合互换交易也相继出现。在商品和股票等其他金融市场上，人们也越来越多地使用了互换技术，商品互换、股票指数互换及将隐含在商品和股票市场的证券发行中的远期和期权头寸证券化的结构互换都日益受到欢迎。

5.1.2　互换交易的产生

互换交易是国际贸易理论中的绝对成本说和比较成本说在国际金融市场上的应用，它最早源于20世纪70年代英国与美国企业之间安排的英镑与美元的平行贷款。

1. 平行贷款

20世纪70年代初，由于国际收支恶化，英国实行了外汇管制，并采取了对外投资征税的办法，以惩罚资金外流。一些企业为了逃避外汇监管便采取了平行贷款（Parallel Loan）的对策。平行贷款涉及两个国家的母公司，其各自在国内向对方在境内的子公司提供与本币等值的贷款。例如，美国母公司向在美国境内的英国子公司贷款，而英国的母公司向在英国境内的美国子公司贷款，用于相互的投资，其形式如图5-1所示。

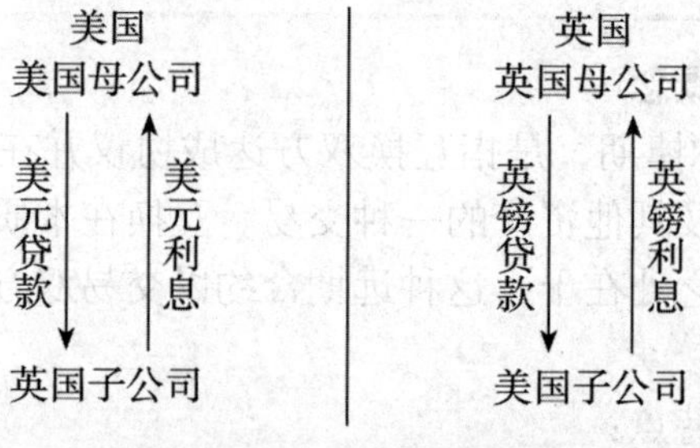

图5-1　平行贷款

贷款由银行作为中介，两个子公司的两笔贷款分别由其母公司提供担保。贷款期限一般为5至10年，大多采用固定利率方式计息，按期每半年或一年向对方支付利息，到期各自将借款金额偿还给对方。由于平行贷款涉及两个单独的贷款合同，并分别具有法律效力，因此，若一方违约，另一方仍要继续执行合同。于是，为了降低违约风险，背对背贷款应运而生。

2. 背对背贷款

背对背贷款（Back-to-Back Loan）是指两个国家的公司相互直接提供贷款，贷款的币种不同但币值相等，并且贷款的到期日相同，双方按期支付利息，到期各自向对方偿还借款金额，其形式如图5-2所示。

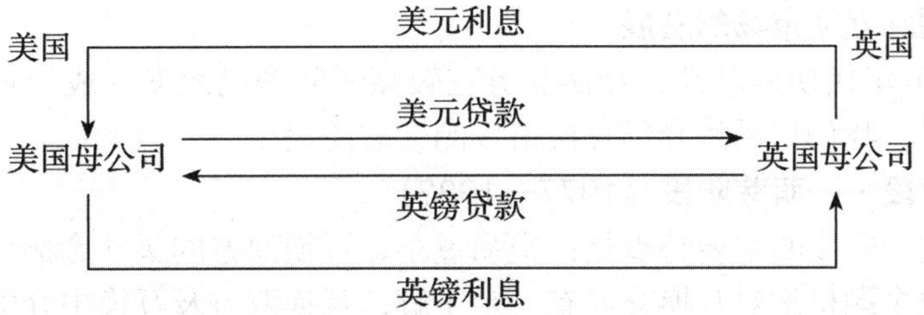

图5-2 背对背贷款

背对背贷款与平行贷款结构不同，但效果却是相同的。结构的不同之处在于：它是两个公司之间直接提供贷款，双方只签订一个贷款合同。合同规定，若一方违约导致另一方遭受损失，那么，另一方有权不偿还其贷款债务以抵消该损失，从而使双方的贷款风险降低。虽然两种贷款的结构和文件不同，但都涉及同样的现金流，因此，其效果是相同的。

背对背贷款已非常接近现代的货币互换交易，但就本质而言，背对背贷款毕竟是借贷行为，它在法律上产生新的资产与负债，双方互为对方的债权人和债务人；而货币互换则是不同货币间负债或资产的交换，是表外业务，不产生新的资产或负债，因而也就不会改变一个公司原有的资产与负债状况。

虽然早在1977年英国和荷兰的公司就已开始进行货币互换交易，但世界银行与IBM公司于1981年所进行的互换才真正使货币互换与国际资本市场融为一体。当时在所罗门兄弟公司的安排下，世界银行发行债券所筹集的2.9亿美元与IBM公司发行债券所筹集的德国（西德）马克和瑞士法郎进行了货币互换，其形式见图5-3。

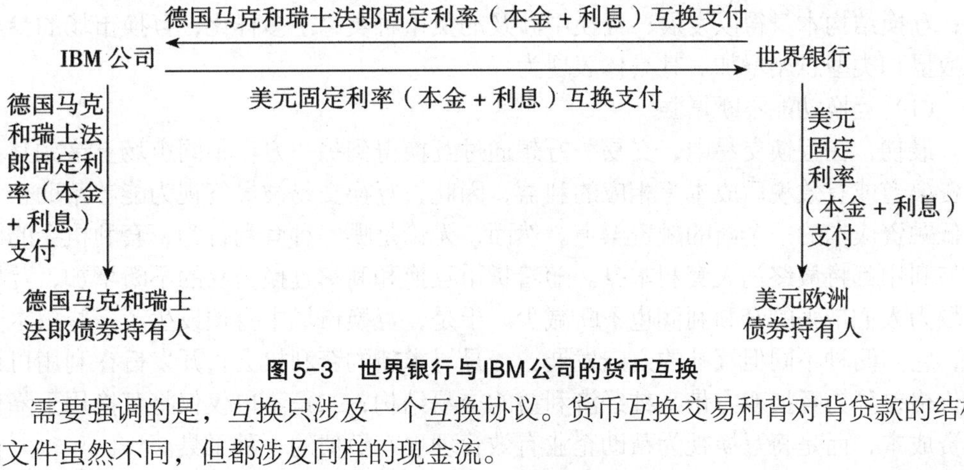

图5-3 世界银行与IBM公司的货币互换

需要强调的是，互换只涉及一个互换协议。货币互换交易和背对背贷款的结构和文件虽然不同，但都涉及同样的现金流。

世界上第一笔利率互换交易也产生于1981年，由美国花旗银行与伊利诺斯大陆公司首次安排了美元7年期债券固定利率与浮动利率的互换。此后，利率互换市场的发展速度远远超过了货币互换市场的发展速度。

5.1.3 国际互换市场的发展

20世纪80年代初期以来，互换业务在较短时间内已经发展成为具有多种样式的市场。这里，我们将系统介绍互换市场的发展阶段。

1. 第一阶段——萌芽阶段（1977—1983）

互换在这一阶段的主要特点是：交易量小，互换双方的头寸金额与期限完全对应；只有少数金融机构对互换交易有一定了解，互换双方及互换中介能赚取大量的互换利润；大多数潜在的互换用户对互换交易持谨慎态度，人们对互换交易的定价、会计和税收处理还缺乏规范的做法。

在这一阶段，人们主要通过利用货币互换来克服外汇市场的不足，同时，借助于货币互换将不同的融资货币转换为其所期望的货币种类，从而避免汇率风险。

在这一阶段后期，国际互换市场的重点发生了变化，为了降低融资成本，人们纷纷进行新证券发行套利，即借款者在互换市场上的动机已由过去的筹资型转变为降低成本型。国际银行及其他金融机构的高信用评级为新证券发行套利创造了前提条件，原先不需要筹集固定利率资金而发行欧洲债券的机构也开始发行（主要以美元计值）固定利率欧洲债券，而通过利率互换便可产生成本大大低于LIBOR的浮动利率。这种利率互换之所以得以进行，是因为另有一些浮动利率的筹资者担心未来的市场利率上浮而承受利率风险，于是便有了以浮动利率换固定利率的要求。

2. 第二阶段——成长阶段（1983—1989）

这一阶段可谓国际互换市场空前成长时期。该阶段的主要特点是：互换的作用不断扩大，互换不仅被用来进行资本市场套利，而且还被用来进行资产与负债管理；互换结构本身得以发展；互换中涉及的货币种类趋于多样化；互换市场的参与者数量和类型急剧增加。其具体表现为：

（1）互换功能不断增强

最初，在互换交易中，交易一方想通过互换得到另一方在不同市场上诸如某种融资渠道或有效税后成本等相应的利益，因此，互换交易被最终视为能够帮助企业降低融资成本的一个新的融资渠道。然而，无论是哪一种套利行为，套利机会的出现与利用都将最终消灭套利本身。随着货币互换和利率互换交易的不断增加，互换市场为人们带来的套利利润也不断减少。于是，互换市场本身便发生了一些根本变化，它向两种不同但互补的方向发展：一是寻求新的套利机会，开发旨在利用可识别价格差异为互换双方带来纯经济利益的交易结构；二是不再仅仅将互换用于降低筹资成本，而是将互换视为帮助企业有效管理现有负债的一种工具。

既然市场力量使人们最初从事的固定利率与浮动利率之间的信用套利机会逐渐丧失，为了寻求新的套利机会，人们逐渐将一些证券新品种引入互换，产生零息票债券互换、债务保证互换和双重货币债券互换等。可见，互换交易的形式是随着投资者和借款者的偏好而改变的。

另一方面，由于互换交易的基本套利本质在于它独立于具体的筹资或投资行为之外，即借款者可在市场条件最有利时发行证券筹资，此后再在互换市场条件有利时单独进行互换交易，或者在发行证券筹资之前，先在互换市场上进行互换交易；同时，互换的速度快且灵活性强，可以进行反向交易，双方借助于互换中介彼此可以保持匿名状态，因此，当人们对互换有了更进一步的认识之后，利用互换的目的也发生了根本性变化：企业开始积极地利用货币和利率互换来管理现有的负债，并在随后将互换引入现有资产管理中。

对于借款者而言，互换主要有四大功能：锁住浮动利率债务成本，创造定期浮动利率债务，根据利率预期积极地对固定利率债务成本进行管理，以及根据利率预期对浮动利率债务成本进行管理。

对于投资者而言，可以通过改变其投资的利率或货币基础，锁住资本投资收益，将投资组合中面临的利率风险和汇率风险降到最低限度。

（2）互换结构不断创新

在互换功能不断增强的同时，互换的技术结构也发生了重大创新。互换结构的创新主要表现在三个独立的领域：①为了完善资产与负债管理，将证券新品种用于互换交易，古典互换结构进一步发展成为新负债互换结构。②越来越多的银行和企业发现，资产与负债一样也可以轻易进行互换，于是，资产互换市场应运而生。③互换市场的技术演变及互换功能的增强，最终使互换市场分化出双重市场：一级市场和二级市场。一级市场是互换双方最初从事交易的场所；二级市场是互换双方随后对原先互换合约进行交易的场所。

（3）国际互换市场迅速扩大

在这一阶段，国际债券初级市场已成为互换驱动型市场，约70%以上的债券发行是由互换驱动，并且几乎所有国际债券市场上的定价也被互换所驱动。此外，资产互换使投资者可投资的范围大大拓展，投资者可根据其具体需要，通过购买基础债券创造出以某种货币或利率基础及有关指数表示的相应现金流的投资组合。债券市场和互换市场的流动性和定价的关系也日益密切。并且，多种货币的利率互换和货币互换发展迅速，而美元利率互换仍占互换市场最大比例。国际货币互换虽不如利率互换的规模大，但其增长更为迅速。

（4）互换市场的参与者不断增加

互换市场的参与者主要分为两类：最终用户和互换交易商。最终用户是指出于某些经济或金融原因从事互换以规避利率和货币风险的实体；而互换交易商就是互换中介，其从事互换交易的目的是赚取费用。

在这一阶段，互换市场的最终用户各种多样，世界各地的银行和企业、保险公司、政府机构、国际金融机构等均在互换市场上表现活跃。

在这一阶段的早期发展过程中，大多数互换中介只是撮合互换双方进行互换交易，有时还为信用较差的互换一方提供信用担保。然而，随着互换市场最终用户的增多，一些潜在的互换对手越来越不愿意承担对方的信用风险。于是，一些大的商业银行和投资银行纷纷充当起互换中介，并从事相互冲抵的互换交易。

3.第三阶段——成熟阶段（1989年至今）

与20世纪80年代初相比，此时互换知识的普及使整个金融界对互换融资技术都已非常熟悉，大量机构进入互换市场，使得互换业务的获利空间大大缩小。同时，银行信用等级恶化，国际清算银行实施了表外业务资本充足性标准，这些外部环境的改变也加速了互换市场的成熟，其表现如下：

（1）产品的一体化程度提高

互换市场在成熟阶段的突出特点之一，是将互换市场视为衍生工具市场的一个组成部分。由于互换和其他金融衍生工具都能被分解成远期和期权合约，于是这一本质决定了互换产品具有一体化趋势，这就是所谓的金融工程。金融工程使互换和衍生交易进一步发展为包括远期和期权在内具有不同组合的复杂工具结构，并使这些产品的发展、推销、定价、避险及组合管理趋于一体化。

由于注重产品一体化，于是在金融机构内部衍生工具业务也日益合并。在几家大银行里，它们已将互换视为其总的财务和风险管理的一个组成部分。

（2）产品的重点发生变化

在成熟阶段，互换市场的巨大变化带来的是产品的重点发生了显著性变化，人们开始将互换产品划分为三类既独立又密切相关的活动：

①商品产品，是指普通的利率互换、货币互换、远期合约、远期利率协议及利率上限期权和利率下限期权。②增值结构，是指特殊互换结构、高度组合的创新互换结构及这些工具在企业的资产与负债管理中的具体运用。③互换技术的跨市场拓展，是指人们在商品和股票等其他市场上，逐渐扩大对基本互换技术的使用，以解决一些实际金融问题。

互换市场发展到成熟阶段后，金融机构不再满足于从简单的商品产品交易中获取的利益，而是日益重视那些增值并高度组合的互换结构的开发与利用。与此同时，互换技术跨市场拓展也得到了发展。这一领域主要涉及商品市场（主要是能源产品）和股票市场，具体包括商品互换和股权互换，以及将隐含在与商品和股权相关的证券发行中的期权和远期头寸证券化的互换结构。

（3）人们日益重视改进组合风险管理技术

在成熟阶段，金融机构日益重视组合风险管理。所谓组合风险管理，是指在进行互换交易过程中，为防范风险而采取的各个步骤的统一管理，包括：交易定价、风险评价、避险、开发组合管理技术、互换结算、风险报告及对互换损益和现金流进行分析。

(4) 保证金融服务的合理性及对市场参与者进行重整

由于金融服务业的合理性以及人们对资本管理的重视，使得更多的机构加入到互换市场中，而那些信用等级下降的机构又不得不退出市场，所以互换市场的参与者数量与质量始终处于不断调整之中。

5.2 互换交易的基本种类

对互换进行分类，一般依据的是互换所赖以建立的基础资产。这些基础资产包括银行贷款、外汇、商品、有价证券（如债券、股票）等等，因此也便有了利率互换、货币互换、商品互换、有价证券互换等等的区别。除了这些一般性的互换品种之外，还有建立在衍生资产之上的互换和经买卖双方认同的其他条件之上的互换。下面我们将用两节的篇幅分别介绍互换的基本形式和衍生品种。

5.2.1 货币互换

货币互换（Currency Swap）是指交换具体数量的两种货币的交易，交易双方根据所签合约的规定在一定时间内分期摊还本金及支付未还本金的利息。通常，每种货币都带固定利率。货币互换一般以即期汇率为基础，两种货币之间存在的利率差则按利息平价原理，由货币利率较低方向货币利率较高方定期贴补。下面我们以一个例子来说明这种情况，并分析在这种情况下互换活动是怎样开展的。

【例5-1】假设中国银行（甲方）和日本某家银行（乙方）在欧元市场和美元市场上的相对借款成本如表5-1所示。

表5-1 **欧元市场和美元市场上的相对借款成本**

	欧元市场	美元市场
中国银行	10.0%	5.0%
日本银行	13.0%	6.0%
借款成本差额	3.0%	1.0%

我们还假定中国银行需要1亿欧元的美元，并假设市场即期汇率为“1欧元=2美元”，即中国银行需要2亿美元；日本银行需要1亿欧元。这里存在两种选择：第一种选择是中国银行以5%的利率直接到市场上借美元；而日本银行直接以13%的利率到市场上借欧元。另一种选择是中国银行发挥自己在两种市场上借款的比较优势，以10%的利率在欧元市场上借欧元，日本银行则以6%的利率在美元市场上借美元，然后，双方进行货币互换交易，则可节省2%的成本。

货币互换的基本程序如图5-4、图5-5和图5-6所示。图5-4显示了货币互换的初始现金流量，即甲、乙两方分别在市场上借款并相互交换；图5-5显示了双方利息支付流量，假设该笔货币互换交易的期限是5年，其利息支付每年进行一次；

图5-6显示了货币互换的本金最终流量，即甲、乙双方相互偿还对方本金，再分别偿还给市场。

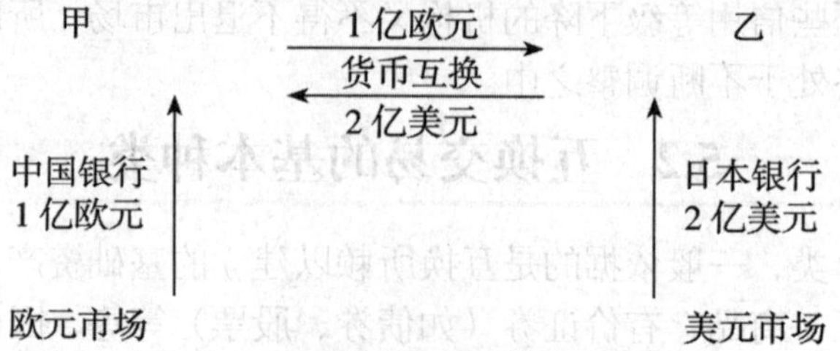

图5-4　货币互换初始现金流量图

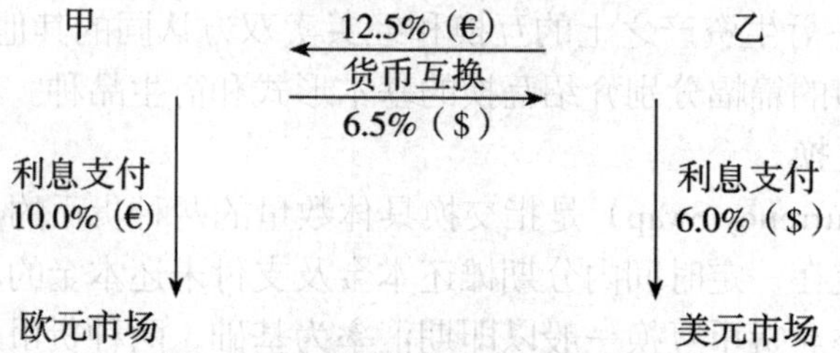

图5-5　货币互换利息支付流量图

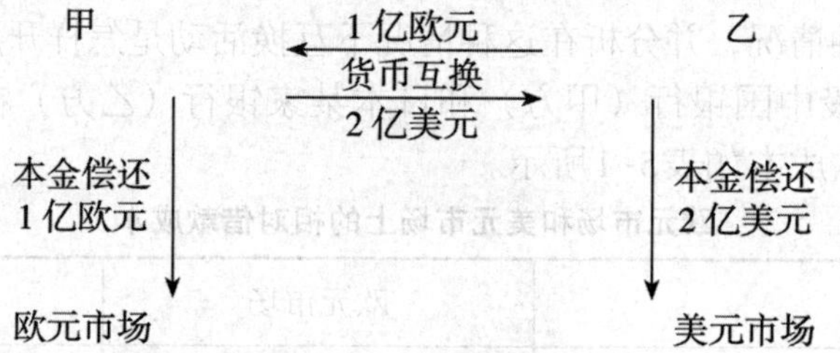

图5-6　货币互换的本金最终流量

如果我们假定货币互换的利息支付从2014年3月17日开始，到2018年3月17日结束，则5年期间货币互换的所有现金流量就如表5-2所示，货币互换的经济核算如表5-3所示。

表5-2　**货币互换流量表**

	甲方支付给乙方	甲方从乙方收入
2014年3月17日最初交换	1亿欧元	2亿美元
2015年3月17日	1 300万美元	1 250万欧元
2016年3月17日	1 300万美元	1 250万欧元
2017年3月17日	1 300万美元	1 250万欧元
2018年3月17日	2亿美元+1 300万美元	1亿欧元+1 250万欧元

表5-3 货币互换的经济核算

中国银行		日本银行	
欧元市场		欧元市场	
支付	10.0%	支付	12.5%
收到	12.5%	直接借款	13.0%
收益	2.5%	收益	0.5%
美元市场		美元市场	
支付	6.5%	支付	6.0%
直接借款	5.0%	收到	6.5%
亏损	1.5%	收益	0.5%
净收益	1.0%	净收益	1.0%

至此，货币互换整个交易过程和清算均已完成。细心的读者也许会问，上例中12.5%欧元和6.5%美元的利率是如何确定的？这个问题关系到货币互换的定价范围，从实质上看，也就是货币互换所带来的利益分配问题。如果中国银行支付给日本银行的美元利率确定为6.5%，那么双方协议的欧元利率范围应该在11.5%与13.5%之间。低于或等于11.5%时，中国银行会受损或无利可图；高于或等于13.5%时，日本银行受损或无利可图。如果日本银行支付给中国银行的欧元利率定为12.5%，那么，同理可知，双方协议的美元利率范围应在5.5%与7.5%之间。

货币互换既可如上例所示的在两个最终使用者中进行，也可以通过中介机构来进行（如图5-7所示）。

图5-7 通过中介机构进行的互换

在有中介机构参与的这笔互换交易中，中国银行获净收益0.7%，中介机构和日本银行所获的净收益分别为0.5%和0.8%。

通过这个例子，我们可以将货币互换交易的主要特点小结如下：

（1）货币互换收益是可以事先被确定的。在上例中，总收益恒为2%，其计算过程为：（13%−10%）−（6%−5%）=2%。换句话说，互换总收益恒为借款成本的“差额之差”。但这2.0%的总收益的分配方式是各式各样的，上例只是这些众多分配方式中的一种。在上例中，参与互换活动的两方（或三方）均不承担风险。但收益比率是可以变化的，就每一方而言，其绝对收益均在［0，2%］中波动。实际中，也可以引入一定的风险机制，即通过扩大波动上下界的方式（大于2%或小于0）使互换承担一部分风险。至于具体采用何种分配方式，要视市场的具体情况而定。

（2）货币互换交易除了有利于企业和金融机构规避汇率风险、降低筹资成本、获取最大收益外，还有利于企业和金融机构进行资产负债管理。企业和金融机构可以根据需要将一种货币的资产或负债通过货币互换转换成另一种货币的资产或负债，从而适应资产和负债需求一致的资产负债管理战略要求。

（3）在货币互换中，收益分配的基础（即上例中所借入的美元和欧元）并不一定伴随着这种利率流动而转移，即当甲方、乙方各自借入美元和欧元资金之后，它们并不一定把这部分钱交与对方使用，因为这里的关键是"支付利息"，所以在互换时可能只是以名义的方式存在，甚至在一个完全的市场中，最初的两笔借款也是观念上的，而不是实际发生的。在这种情况下，"互换"这种金融工具由"实物交换"所衍生的特点会更加明显。

5.2.2 利率互换

利率互换（Interest Rate Swap）是指交易双方在约定的一段时间内，根据双方签订的合同，在一笔象征性本金数额的基础上互相交换具有不同性质的利率（浮动利率或固定利率）款项的支付。在利率互换交易中，交易双方无论在交易的初期、中期还是末期都不交换本金。本金是交易双方的资产或负债，它并不转手，交换的只是利息款项。交换的结果是改变了资产或负债的利率。

利率互换交易的产生一般是基于以下情况：

交易者所需的利率计算和支付方式的资产和负债很难得到；交易者在市场上筹措某类资金具有比较利益优势，或根据对利率走势的判断和预测，希望得到浮动利率或固定利率贷款。这些需要只有通过利率互换才能得到满足。

下面我们仍用一个例子向大家介绍利率互换交易的开展。

【例5-2】假设有两家公司：甲公司和乙公司，且甲、乙公司之间相互比较了解（排除二者之间的违约风险），但在银行的资信记录上，甲公司要好于乙公司，因此银行提供给这两家公司的贷款条件是不一样的。表5-4即是银行提供给甲、乙两公司的借款条件。

表5-4 **银行提供给甲、乙两公司的借款条件**

	固定利率	浮动利率
甲公司	10.00%	6个月LIBOR+0.30%
乙公司	11.20%	6个月LIBOR+1.00%
借款成本差额	1.20%	0.70%

我们进一步假定甲、乙两公司都想借入期限为5年的1 000万美元的款项。乙公司想以固定利率借款，而甲公司想以浮动利率借款。在表5-4中，尽管从绝对量上看，乙公司所付的利率无论在固定水平上还是在浮动水平上都高于甲公司，但相对而言，它借入浮动利率时比甲公司多付0.7%，而借入固定利率时比甲公司多付1.2%。两害相权取其轻，与借入固定利率相比，乙公司在借入浮动利率上是有比较优势的，而甲公司在借入固定利率上是有比较优势的。显而易见，这两种优势如果结合在一起，就能产生经济效益，这符合经济学中的比较优势原理。

假设甲、乙双方选择了利率互换，即：①甲公司以每年10%的固定利率去借入期限5年的1 000万美元资金，乙公司以每年“6个月LIBOR+1.00%”的浮动利率借入期限为5年的1 000万美元的资金。②甲公司每年以“6个月的LIBOR”向乙公司支付利息，乙公司每年以9.95%的固定利率向甲公司支付利息。利率互换程序中的现金流量图如图5-8、图5-9和图5-10所示。

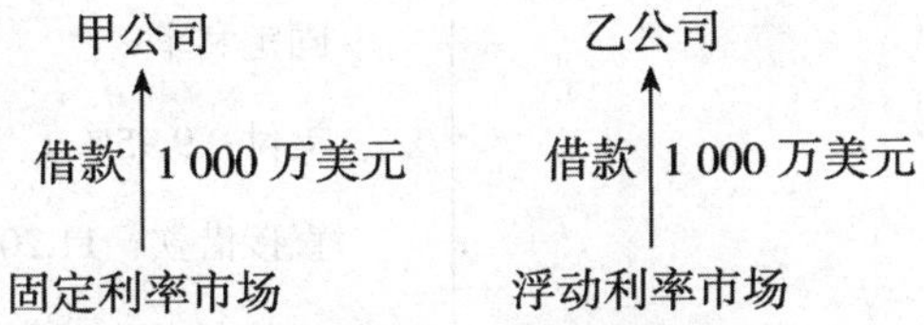

图5-8　利率互换的初始流量

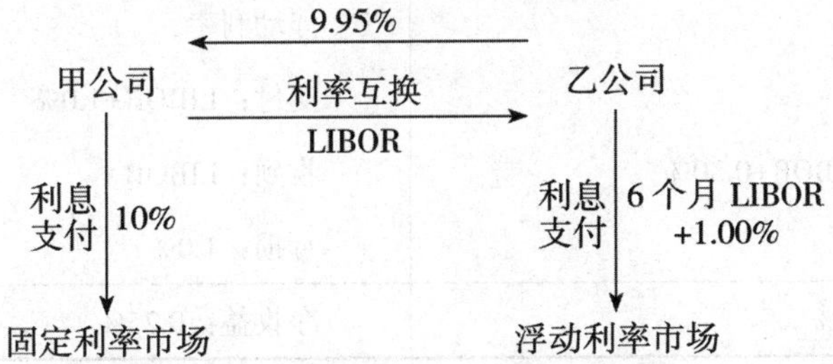

图5-9　利率互换的利息支付流量

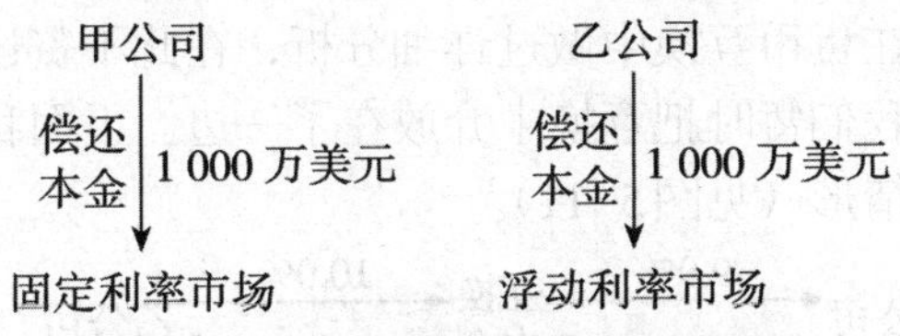

图5-10　利率互换的本金最终流量

假定利率互换的利息支付从2014年3月17日开始，至2018年3月17日结束，那么表5-5就是5年期间整个利息支付的流量，即利率互换的现金流量。

经过互换交易后，甲公司获益0.25%，乙公司也获益0.25%，两家公司所得的总收益为0.5%（利率互换的经济核算表如表5-6所示），即甲乙两公司在固定利率市场上的利率差减掉甲乙两公司在浮动利率市场上的利率：

（11.20%-10%）-［（LIBOR+1.00%）-LIBOR+0.30%］=0.5%

表5-5　**利率互换的流量表**

	假设的LIBOR	甲支付给乙（$）	甲从乙收入（$）
2014年3月17日	9.0%	900 000	995 000
2015年3月17日	10.0%	1 000 000	995 000
2016年3月17日	8.0%	800 000	995 000
2017年3月17日	9.0%	900 000	995 000
2018年3月17日	11.0%	1 100 000	995 000

表5-6　**经济核算表**

甲公司	乙公司
固定利率：	固定利率：
支付：10.0%	支付：9.95%
收到：9.95%	直接借款：11.20%
亏损：0.05%	收益：1.25%
浮动利率：	浮动利率：
支付：LIBOR	支付：LIBOR+1.0%
直接借款：LIBOR+0.30%	收到：LIBOR
收益：0.30%	亏损：1.0%
净收益：0.25%	净收益：0.25%

至于这个0.5%如何在甲乙公司之间进行分配，则要视互换市场的情况而定。关于这一点，我们已在货币互换中做过详细分析，在此不赘述。

在上述例子中，我们暂时把互换中介放在了一边。下面我们引入互换中介，看一下更接近于现实的情形（见图5-11）。

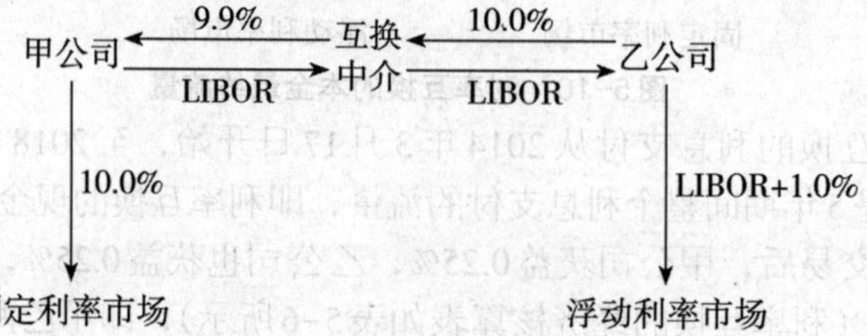

图5-11　存在中介的互换交易

这样看来，甲公司从互换交易中取得的收益为0.2%，乙公司取得的收益为0.2%，互换中介的收益为0.1%。通过加总可以看出，这三家公司的收益仍为0.5%。

下面我们简单小结一下利率互换的特点与作用：

（1）由于利率互换双方并不涉及本金的交换，而只是同意互换利息的流量，所以风险相对较小，因为有风险的金额只限于应付利息这一部分，它与借款或债券的本金无关。

（2）资信等级较低的银行可利用利率互换，将借到的浮动利率借款交换成固定利率借款，克服了因资信等级较低发行中长期固定利率债券的困难。

（3）由于利率互换降低了筹资成本且灵活方便，故银行积极利用它来调整资产负债的搭配。

5.3 互换交易的其他品种

上一节我们介绍了两种基本的互换种类，从中了解了互换的原理和作用。在现实世界中，由于人们的目标函数和约束条件的差异，对互换的具体内容和要求也千差万别。在这一节中，我们将简单地介绍其他品种的互换，希望读者能够从其他品种互换的产生中领悟到金融工程的思想。为了方便起见，我们将从以普通互换为基础衍生出来的新的互换品种开始，沿着三个方向介绍给大家。

5.3.1 以新的基础资产为标的而产生的新的互换

这些互换品种中的新基础资产并非新出现的资产，而是指以前没有被用作互换对象而现在被互换双方、互换中介或金融工程师发掘出来的资产，如普通商品、股票、债券、期货及期权等等。下面我们仅介绍商品互换和股权互换：

1. 商品互换

商品互换（Commodity Swap）是指交易双方中一方为一定数量的某种商品，按照每单位的固定价格定期向交易的另一方支付款项；另一方也为特定数量的某种商品按照每单位的浮动价格向前一方付款。这里的浮动价格是以定期观察到的即期价格为基础计算的年平均数。

商品互换交易中的商品，通常是指同一种商品，有时也指不同的商品。若是同一种商品，则不需要交换名义本金；反之，就要求交换名义本金。但实际上，现金市场上所有交易都是交换实际本金的，所以名义本金的交换并不常发生。

第一例商品互换是1986年由美国大通曼哈顿银行最先推出的，但还未等到商品互换这种交易形式形成完善、稳定的交易机制，商品期货交易委员会（CFTC）就对这些互换合约的合法性提出了质疑。商品期货交易委员会的介入使它直接与国际互换交易商协会（ISDA）发生了冲突，于是便展开了旷日持久的论战。与此同时，已经开展了互换业务的银行将它们的大部分业务转移至海外。

1989年7月，商品期货交易委员会签发了一项承认商品互换合法的声明，但要求交易必须符合特定的准则，这些准则本身并没有多少重要性，但它们在很大程度上反映了现行的商业惯例。截至20世纪90年代初，实际的商品互换成交量已约达80亿美元。与利率互换、货币互换相比，这个数字显然小很多，但已显示出该市场巨大的发展潜力。

下面让我们看一个简单的例子：

一石油开采者（A方）希望将他在以后5年内出售石油的价格固定下来，他每月平均产量8 000桶；同时，另一石油精炼与化学药品制造商（B方）希望将他在以后5年内购买石油的价格固定下来，他每月的需求量是12 000桶。为达到各自的目的，他们就分别与互换经纪人进行互换交易，同时，又各自在现货市场上进行现货交易。

互换的最终使用者在进行互换交易时，即期市场上的该种石油交易价为15.25美元一桶。B方同意按照15.30美元一桶的价格每月向经纪人付款，经纪人则按前一个月的石油日平均价格对B方付款；与此同时，A方按前一个月的石油平均价格向经纪人付款，经纪人则按每桶15.20美元的价格向A方付款。从图5-12中我们可以看出，如此支付款项有助于石油厂家和石油精炼厂将石油的交易价格固定下来，互换经纪人从中赚取每桶0.1美元的利润。

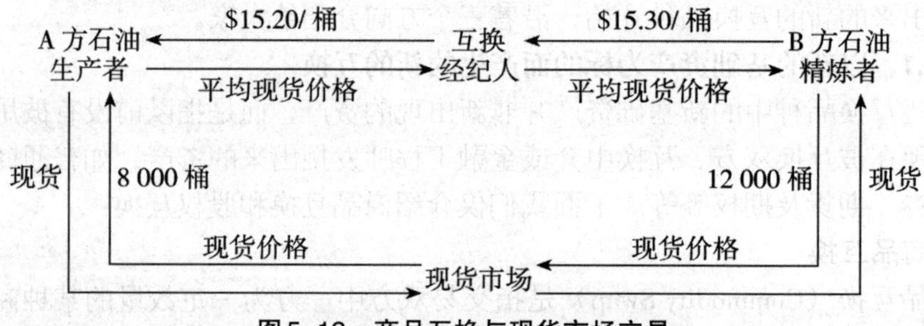

图5-12　商品互换与现货市场交易

这笔商品互换中的两部分互换交易中，名义本金存在差异，这是个值得注意的问题。如果A、B两方不通过经纪人而直接进行互换交易，可能由于双方有不同的名义本金需求而使互换失败。但引入互换经纪人后，两个互换都获得了成功。对于未配平的名义本金可能带来的风险，互换经纪人可以作为4 000桶石油固定价格的支付者与第三方进行互换交易，来消除风险。若一时找不到适当的交易者，互换经纪人也可以在期货市场上进行套期保值，以规避风险。

2.股权互换

在股权互换（Equity Swap）中，一方以一定名义本金作为基础定期向互换另一方支付固定利率利息，另一方则以与股票指数收益相联系的浮动利率向对方支付利息。股票指数的收益包括资本利得和红利，但在大部分的股权互换中，收益仅考虑股价变动带来的资本利得。这里的股票指数可以是综合指数，如S&P500指数、日经指数，也可以是特定行业的指数，如石油工业指数和公用事业指数。

【例5-3】某基金投资——证券投资组合P，其收益率与S&P100股票指数高度相关。基金经理人担心利率敞口风险，决定利用股权互换避险。在这个股权互换中，基金经理人同意在一定名义本金基础上支付互换交易商S&P100指数所带来的收益率，同时向互换交易商收取每年8.75%的固定利率。现金支付每季度进行一次，名义本金定为100 000 000美元。其具体过程如图5-13所示。

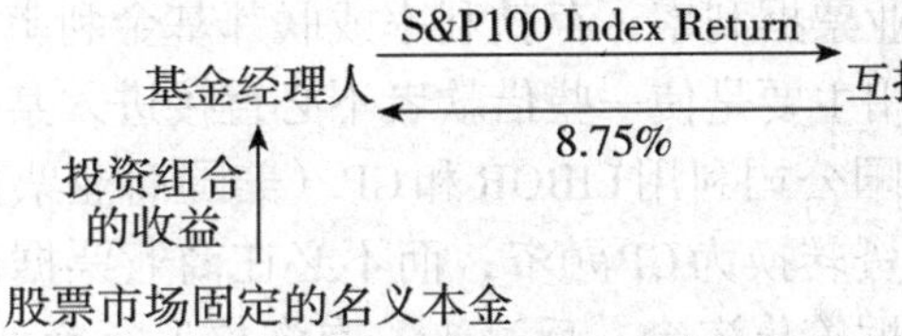

图5-13 股权互换避险

这个简单的例子告诉我们基金经理人如何利用股权互换规避利率风险。股票指数收益可正可负。如果它是正值，基金经理人将向互换交易商支付一定金额；如果它是负值，基金经理人将从互换交易商处收取一定金额。

在上述基本股权互换的基础上，还产生出了许多变形：

（1）上例中，互换交易商支付的是固定利率，当然他也可以支付浮动利率。

（2）名义本金在上例中是固定的。我们还可以根据市场上股票指数的水平，构造出不断变化的名义本金。

（3）在股票收益支付上设定上限和下限。在上例中，如果S&P100指数的收益超过了收益上限，基金经理人只需支付上限利率收益；反之，如果指数收益低于收益下限，基金经理人则不得不支付下限利率收益。

5.3.2 已有的互换品种因条件不断变化而产生的新品种

货币互换和利率互换都是标准形态的互换形式，如果对标准互换合约的任何一种基本条件（如期限、本金、利率、利息支付方式等等）稍做改动，那么标准互换就变成了非标准互换，新的互换品种就诞生了。

1.增长型互换、减弱型互换和滑道型互换

在这些非标准互换中，名义本金不再固定，而是在互换期内按照预定的方式变化。增长型互换（Accreting Swap）名义本金开始较小，后随着时间推移逐渐变大。减弱型互换（Amortizing Swap）则正好相反，其名义本金随着时间推移由大变小。如果名义本金在互换期内时而增加、时而减少，那就是滑道型互换（Roller-Coaster Swap）。

增长型互换比较适合借款额在项目期内逐渐增长的情形，如建筑工程融资。减弱型互换则比较适合于以发行债券来融资的借款方。就项目融资来看，初期借款可能逐渐增加，此后，随着对承包者的阶段性支付的累积，借款额会逐渐减少，因此

可以考虑采用滑道型互换与各期借款本金相对应。在上述每一种情况下，名义本金的变化都不一定是有规律的，可以在每一期互换开始之前确定名义本金。

2.基础互换

在普通的利率互换中，互换的一方是固定利率，另一方是浮动利率。但在基础互换（Basis Swap）中，双方都是浮动利率，只是参照的利率不同。通常一方的浮动利率与某一时期的伦敦银行同业拆放利率挂钩，而另一方的浮动利率则与另一类市场的利率相联系，如商业票据利率、存款利率或联邦基金利率等。

最初，基础互换的运用主要是使一些借款者不必直接进入某一市场便可获得所需融资。例如，一些非美国公司利用LIBOR和CP（美国商业票据利率）互换，便可将其所获得的LIBOR融资转换为CP融资，而不必在商业票据市场上获得信用等级之后，通过发行商业票据筹集资金。反过来，有资格发行商业票据的美国公司，可通过基础互换得到LIBOR融资以从事海外经营。金融机构在基础互换市场上尤为活跃，它们利用在不同市场上得到的融资，通过互换得到在其他市场上的优惠利率融资，从而使其资产与负债组合能够更好地相适应。

基础互换同固定利率与浮动利率互换相比，其功能基本相同，并且互换双方不互换本金。不同之处仅在于，基础互换中的利率在互换期限内始终定期调整，因此，这种类型的互换与普通利率互换的基本程序、经济核算及定价范围等很多方面存在相似之处。

假如互换交易双方——A方和B方同意在5年内由A方以1 000万美元的名义本金作基础，每3个月按3月期美元LIBOR向B方支付利息，同时从B方收取按美国商业票据利率计算的利息，其互换过程就如图5-14所示。

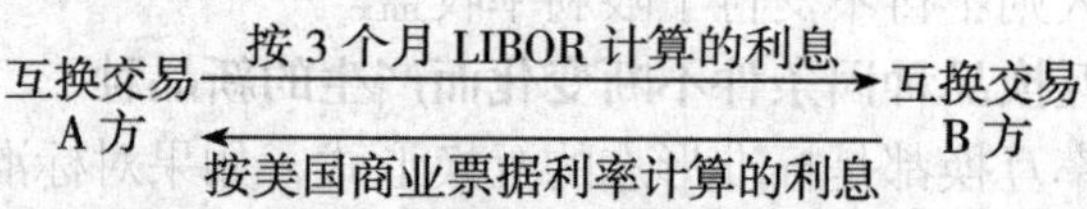

图5-14　基础利率互换

除此以外，还有一种基础互换，它与上面所述的基础互换略有不同，双方的浮动利率与同一市场利率挂钩，但期限不同。比如1月期伦敦银行同业拆放利率与6月期伦敦银行同业拆放利率互换。在这种情况下，付息次数或频率也会出现不一致。因此，对于按6月期伦敦银行同业拆放利率收息并按1月期伦敦银行同业拆放利率付息的一方来说，在收取半年期利息减去支付的最后1月期利息的净额之前，要连续5个月支付月息。比起付息次数或频率相同的互换来，此类互换来自对方的风险要大一些。

3.远期互换

远期互换（Forward Swap），从金融工程角度来看，是以远期交易的方式进行的互换，是远期工具与互换工具相互配置的新品种。既然如此，我们不难给远期互换下个定义：远期互换是指互换生效日不是在交易日后一两天，而是间隔几周、几个月甚至更长时间的互换交易。这种互换适用于为未来某时进行浮动利率筹资，但希望在现在就确定实际借款成本的借款人。例如，某家公司可能刚刚获得对一个项目的委托管理，并正忙于筹集资金以备将来支用。如果这家公司拖到以后才安排互换交易，就可能面临利率上涨的风险。

如同在普通利率互换交易中一样，从事交易的一方可通过互换将其浮动（固定）利率负债转换为固定（浮动）利率负债。其中，固定利率支付者（即浮动利率收取者）将所从事的互换称为正向远期互换，浮动利率支付者（即固定利率收取者）将所从事的互换称为反向远期互换。

通常，运用远期互换交易是为了确定远期的利率，即将未来某一时间开始的固定利率水平锁住。当一个工程项目按照已知计划在未来的几年中不断提款但又怕市场利率上涨时，或者当人们希望将未来的融资成本锁定在一个固定水平时，就可以运用远期互换交易达到目的。远期互换交易可同样被用来将现有的互换交易进行延期，或者将固定利率负债进行延期，以满足不断变化的资产或负债需要。

下面我们通过一个利用远期互换从未来市场利率变化中获益的例子来加深对这个品种的认识。

【例5-4】假设借款者某公司从事一个7年期美元互换交易，将其7年期的美元LIBOR浮动利率贷款转换为一个7年期且固定利率为7.75%的融资。在该互换中，某公司是固定利率支付者，同时也是浮动利率收入者。

在完成上述互换交易后不久，市场上5年期和7年期利率差价扩大，由原先从事互换交易时的15个基点增加到45个基点，这使得一个在5年后起始的2年期互换利率达到9.25%。

在这种情况下，某公司通过将原先借入的固定利率融资的期限由7年缩短为5年，将原先融资中的第六年和第七年中约150个基点的利率优势进行转换。其做法是，某公司从事一个在5年后起始的2年期远期互换，并在该远期互换中收入固定利率（9.25%）支付浮动利率。这样一来，该公司便可将其基础融资在第六年和第七年的利息成本锁定在LIBOR——150个基点的水平上。两笔互换交易过程如图5-15所示。

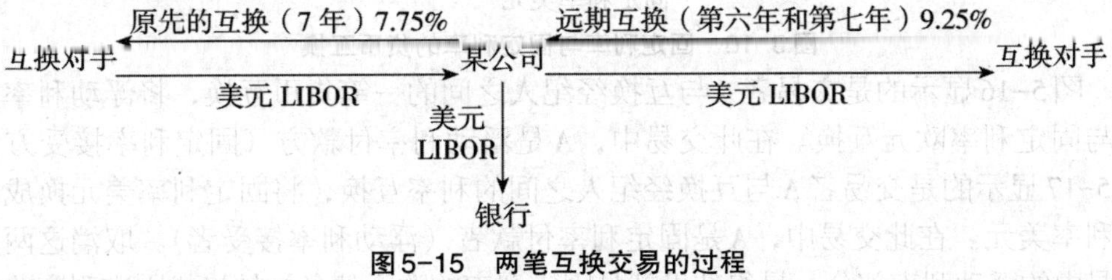

图5-15　两笔互换交易的过程

5.3.3 构造新的互换品种

在原有的互换品种之间进行组合配置可以说是无穷的，从某种意义上讲，这将是互换发展的一个主要方向，也是金融工程师在这个千变万化的经济环境中捕捉新的商业机会而面临的重大任务。

下面的例子可以说明基本形式的互换交易如何进行搭配方能形成新的互换品种。

【例5-5】交易者做一笔美元的固定利率换浮动利率的利率互换交易，他在其中作为浮动利率的接受者，同时，又作为浮动利率的支付方参加了一笔固定利率欧元与浮动利率美元的货币互换交易，通过这两笔互换，这个交易者可以将他的固定利率美元债务转换成固定利率欧元债务。

这两笔互换交易如图5-16、图5-17、图5-18所示。这三个图中将互换经纪人作为A方的交易对方，列示了A方与经纪人之间的利息支付流量。

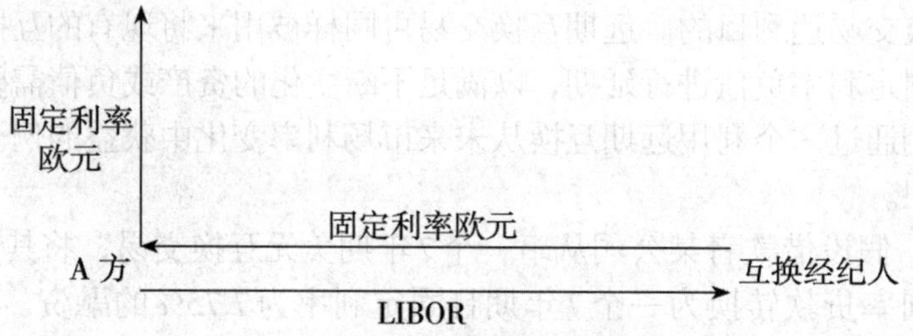

图5-16　欧元与美元的货币互换

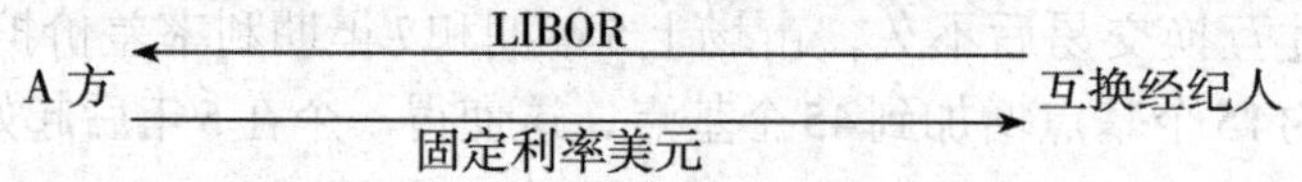

图5-17　美元的固定利率与浮动利率互换

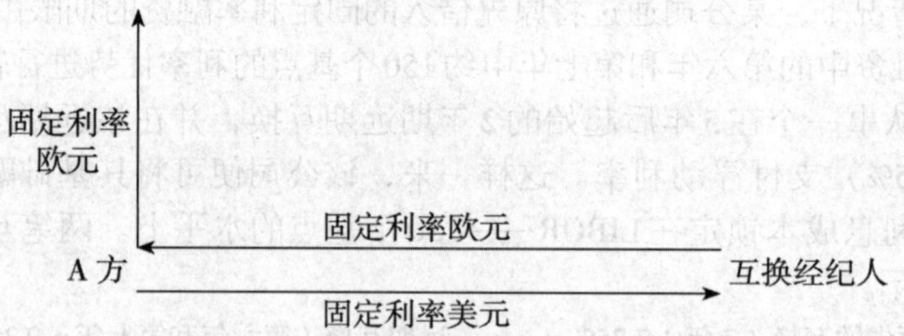

图5-18　固定利率与固定利率的货币互换

图5-16显示的是交易者A与互换经纪人之间的一笔货币互换，将浮动利率美元与固定利率欧元互换。在此交易中，A是浮动利率付款方（固定利率接受方）。图5-17显示的是交易者A与互换经纪人之间的利率互换，将固定利率美元换成浮动利率美元。在此交易中，A是固定利率付款者（浮动利率接受者）。取消这两笔交易中的浮动利率部分，最终结果就是固定利率的欧元债务被转换成固定利率的美

元债务，这正如图5-18所示。

如果我们将上例中的交易程序反过来，即交易者先做一笔固定利率欧元和固定利率美元的货币互换交易，他在其中作为美元的接受者，同时他又参与美元的固定利率与美元浮动利率的利率互换交易，他在其中作为美元固定利率的支付方。将这样两笔互换交易合成后，这个交易者得到的就是固定利率欧元与浮动利率美元的互换。由于这种互换中不仅有不同种的货币（欧元和美元），还有不同的利率（固定利率和浮动利率），所以我们称之为交叉货币利率互换（Cross-Currency Interest Rate Swap）。

不仅互换基本品种之间搭配能形成新的互换，而且从更广的意义上看，互换品种还可与其他非互换品种进行组合。例如，利率互换交易中的浮动利率方可同时进行多期的利率期权交易，像“利率最高限额”，这种限额可以给任何时候要支付的浮动利率规定一个最高限。至于利率最高限与互换如何结合，以及结合后产生的互换新品种有何用途，有待于我们今后进一步学习。

综上所述，所有的互换交易都是按同一个基本模式构造和组建的，通过改变互换的条件，通过互换交易之间的结合，通过互换与其他金融工具的结合，我们可以创造出许多新奇的互换结构，但无论是什么样的结构，只要把它分解成最基本的组成部分，都不难理解和掌握。

5.4 互换交易的金融合约分析

前面我们已经详细介绍了互换交易的概念、产生和发展的历程及其交易品种、交易程序。从本节起，我们将以现金流量图作为工具，分析互换合约的构成及其与其他基本金融工具的关系。

5.4.1 互换交易的现金流量图分析

互换合约使交易双方可以在规定的时间间隔里相互交换支付某些规定的现金流量。利率互换和货币互换是互换合约的基本形式，二者的主要内容已在5.2中论述。在这里，我们看到的是利率互换和货币互换的现金流量图（图5-19和图5-20）。

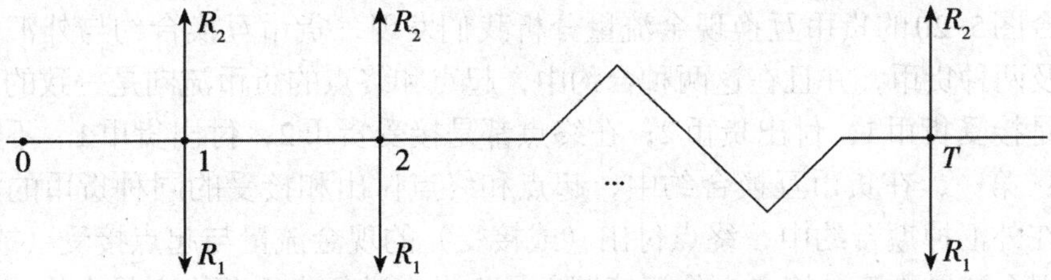

图5-19 利率互换的现金流量图

图5-19反映的是利率互换交易中某一方（假定为甲方）的现金流量情况。横线上方表示的是现金流入量；横线下方表示的是现金流出量；0，1，2，…，T表示

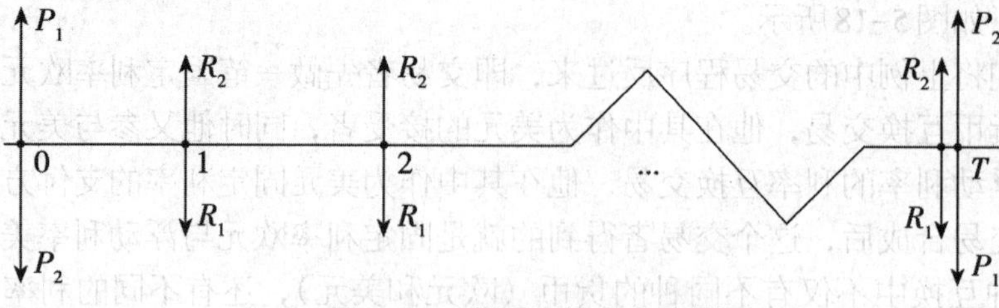

图5-20 货币互换现金流量图

现金支付的日期。R_1和R_2分别表示以固定利率和浮动利率按名义本金计算的货币利息。从图中可以看到，该交易者在每一清算日，收入R_2个单位的以浮动利率计息的现金流量，支出R_1个单位的以固定利率计息的现金流量。

如果交易者进行的不是利率互换，而是货币互换，则我们只需在0期加上本金的互换，在T期加上本金的换回，便可得到其现金流量图，即图5-20。

图中：P_1和P_2分别表示两种不同货币的本金；R_1和R_2分别表示以不同的固定利率和上述本金计算的货币利息。

5.4.2 货币互换交易与外汇掉期交易的关系

外汇掉期交易是指同时买卖相同币种、相同金额、不同交割日货币的外汇交易。据此定义，外汇掉期交易的基本内容如图5-21所示。

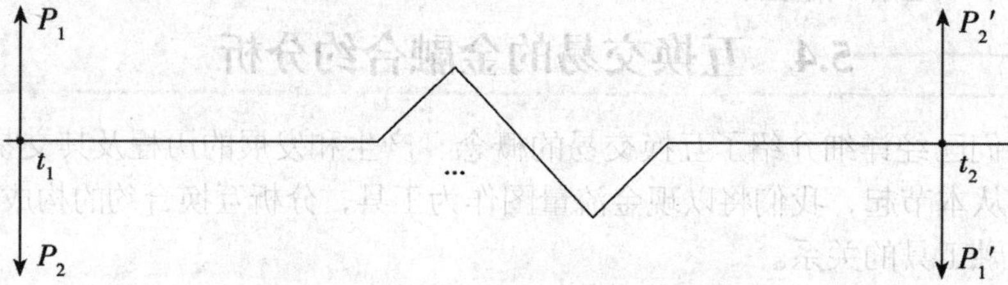

图5-21 外汇掉期交易的现金流量图

图中反映的是外汇掉期交易的某一方（假定为甲方）的现金流量情况。在这份合约中，甲方将在t_1时刻以P_1/P_2的价格用货币2购买货币1，并同时约定在t_2时刻以P'_1/P'_2的价格出售货币1换回货币2。

结合图5-20的货币互换现金流量分析我们发现，货币互换合约与外汇掉期合约都涉及两种货币，并且在这两种合约中，起点和终点的货币流向是一致的，即在起点都是接受货币1，付出货币2；在终点都是接受货币2，付出货币1。不同之处有两点：第一，在货币互换合约中，起点和终点付出和接受的同种货币的流量相等，而在外汇掉期合约中，终点付出（或接受）的现金流量与起点接受（或付出）的同种现金流量不等；第二，外汇掉期交易中没有进行货币互换交易中的一系列利息流量的支付。

经过上述比较，我们得出的结论是，货币互换交易和外汇掉期交易的功能和实质是一样的，只不过掉期交易用起点和终点同种货币现金流量的不等体现出货币互换交易中定期的利息支付。而这同种货币现金流量在不同时刻的差异，则是由不同时刻的两种货币的汇率不同所形成的掉期率（$P_1/P_2-P'_1/P'_2$）决定的。

5.4.3 互换交易与债券组合的关系

债券组合有很多种类，我们这里的债券组合是这样设计的：A公司以浮动利率发行债券筹集一部分资金，并同时将筹集到的资金投资于以固定利率计息的另一种债券；或者，A公司以固定利率发行债券筹集资金，并同时将筹资所得资金投资于以浮动利率计息的另一种债券。为了方便，我们仅将第一种情况的债券组合现金流量图示为图5-22。

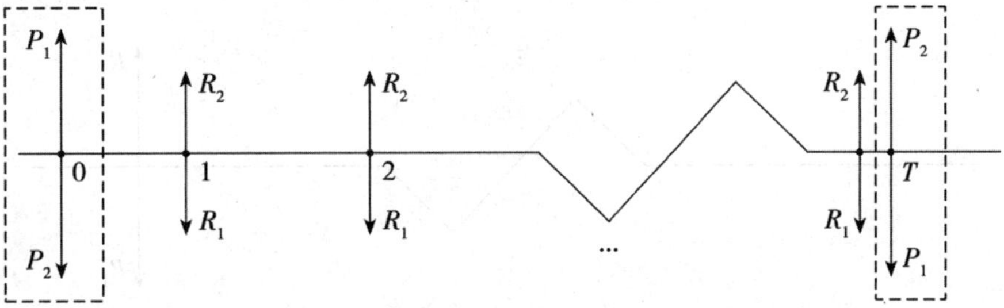

图5-22 第一种情况的债券组合现金流量图

由于初始本金P_1和P_2的数额相等，实际上在0期没有现金流量，同理，T期的本金相互归还也未引起现金流量。于是，我们可将0期和T期的P_1和P_2现金流删去（在图中用虚线框出），并将此时得到的现金流量图与利率互换现金流量图（图5-19）进行对比，不难发现，这两张图是一模一样的，这就证明了我们的观点：互换合约就是一个债券的组合。又因为这样的一个债券组合实质上相当于你贷给我一笔钱，我用此款作为抵押再贷一笔钱给你，所以互换合约也是一个贷款组合。这一点我们还可以从互换交易的起源——平行贷款和背对背贷款中找到依据。

5.4.4 互换交易与远期交易的关系

远期合约规定买方（或卖方）必须在某一特定时间按照一个已知价格（即远期价格）购买（或卖出）某种给定资产。资本市场远期合约中的基础资产通常为证券或一定数量的外汇或商品。如果该基础资产是证券，那么证券价格将反映利率的高低，于是证券的远期合约将主要表现为利率的远期合约形式。同样，如果基础资产是一定数量的外汇，则远期合约就是外汇远期合约。

互换合约与远期合约的关系表现在：利率互换合约是由一系列的远期利率协议组成的；货币互换合约则是由一系列的远期外汇协议所组成。下面仅以利率互换进行说明：我们先对利率互换的现金流量图（图5-19）进行分解，得到图5-23。

从分解图来看，每一到期日的现金流量构成一笔单独的远期利率协定交易。从这个意义上讲，利率互换为利率远期交易的投资组合。利率互换是这样，货币互换也莫不如此。

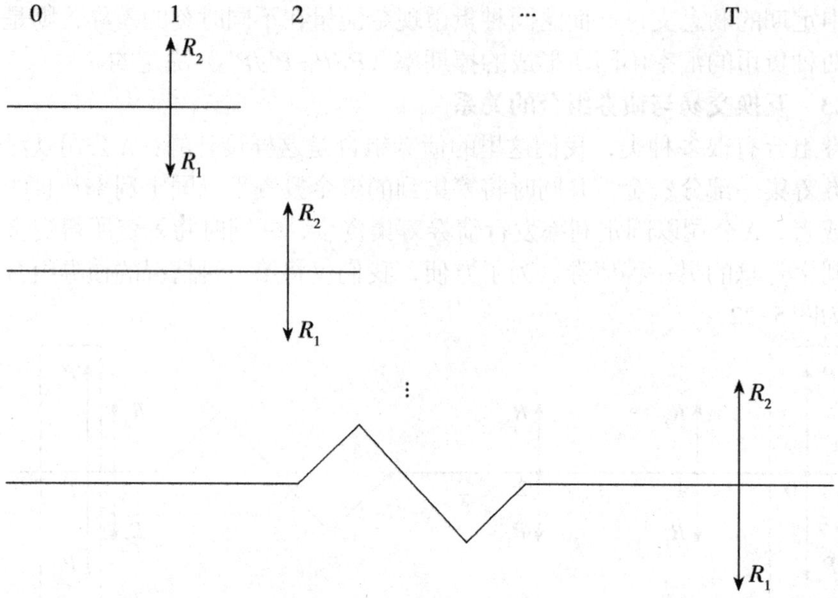

图5-23　现金流量分解图

5.4.5　互换交易与期权交易的关系

期权合约赋予买方购买或出售某一资产的权利，但不是义务。看涨期权赋予买方买入某种资产的权利，而看跌期权赋予买方卖出某种资产的权利。无论是看涨期权还是看跌期权，买入价或卖出价都已在双方达成期权合约之时敲定下来。期权合约中的资产价格可以是利率、汇率或商品价格。

对期权的卖方而言，其权利和义务与买方不同。无论是看涨期权卖方还是看跌期权的卖方都有义务履约，即在买方要求以敲定价买入或卖出某种资产之时，卖方必须卖出或买入该种资产。

期权合约与互换交易是通过远期合约联系在一起的。

期权合约与远期合约至少有两方面的内在联系：第一，看涨期权可被视为对基础资产远期合约的不断调整或动态管理。随着基础资产价格的上涨，看涨期权的价值也会上升；反之则下降。第二，期权合约与远期合约还存在着一个看跌看涨平价（详见第4章“期权”），即买入看涨期权的同时卖出看跌期权相当于远期买入，而卖出看涨期权的同时买入看跌期权则相当于远期卖出。期权合约通过与远期合约之间的相互关系，间接地对互换产生影响。

以利率作为基础资产，图5-24列示了互换、远期和期权交易的内在联系：

我们不难认识到，互换交易等价于一个贷款组合，互换合约被分解为远期和期权合约后，便可将个别交易的具体组成部分隔离开来，重新组合创造新的工具，并且可以将这种内在关系作为互换定价的基础，利用现有的远期和期权合约定价技术为互换服务。

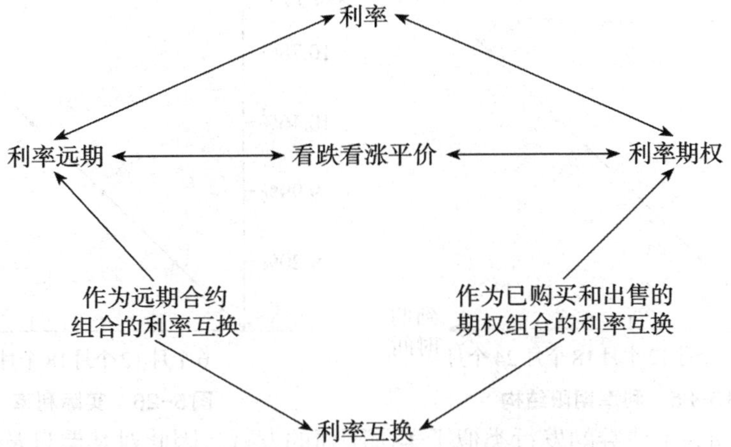

图5-24　互换、远期、期权交易的内在联系

5.5　互换交易的定价原理

互换合约的定价，可采取以下两个步骤：

第一，把一个具体的互换合约转换为一个债券组合或一个远期协议组合。

第二，运用已知的债券或远期合约的理论或定价原理对互换合约进行定价。

在正式讨论互换合约定价之前，我们先做如下基本假设：市场是完全的，不存在无风险套利利润；投资者可进行实现其意愿的买空或卖空；不存在交易费用；不存在违约风险。

下面我们就以互换交易的基本形式——利率互换和货币互换为例进行介绍。

5.5.1　利率互换的定价原理

在利率互换初期，由于互换合约并不能给合约任何一方带来好处，因此互换合约的价值为零。这样，对初始时利率互换的定价就等于寻找一个使该互换合约价值为零的固定利率。

【例5-6】假设A公司与B公司达成了有效期为2年的互换协议：在2年中，A公司以固定利率支付一笔本金为1 000万美元的利息给B公司；B公司向A公司支付的利率为LIBOR，名义本金也是1 000万美元。每半年支付一次利息，LIBOR以每6个月开始时的标准计算。利率（LIBOR）的名义利率期限结构如图5-25所示。

根据公式$r_{实}=(1+\frac{r_{名}}{n})^{mn}$（其中，$n$为一年之中的付息次数，$m$为付息持续时间，以“年”为单位），便可得到实际利率，如图5-26所示。

本例中的互换行为类似于下列说法：A公司在向B公司发行了1 000万美元固定利率债券后，又用这1 000万美元的发行收入购买了B公司所发行的浮动利率债

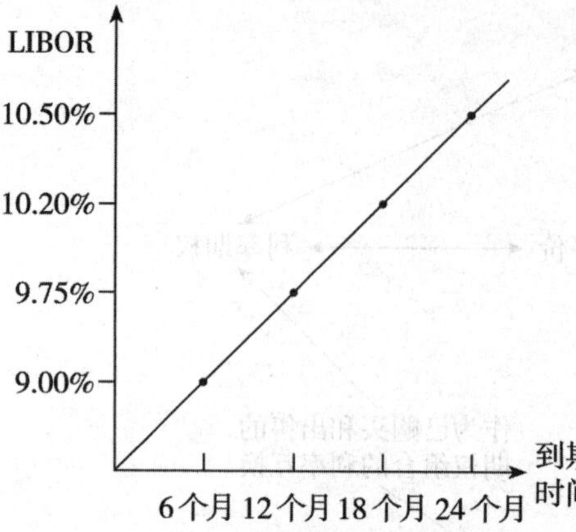

图5-25　利率期限结构

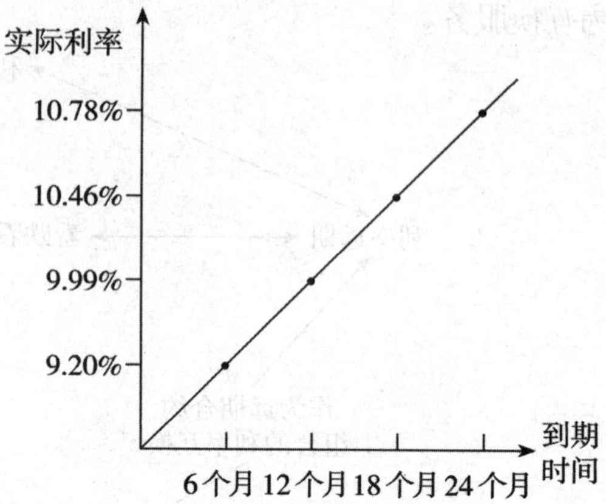

图5-26　实际利率

券。由于浮动利率债券的发行类似于美国国债的发行，因此对其票息及到期日本金的贴现（根据上述实际年利率）应该等于1 000万美元，即：

$$\frac{C}{(1.092)^{0.5}}+\frac{C}{(1.0999)^{1.0}}+\frac{C}{(1.1046)^{1.5}}+\frac{C}{(1.1078)^{2}}+\frac{10\,000\,000}{(1.1078)^{2}}=10\,000\,000\text{（美元）}$$

式中的C代表的是债券的票息（为常数）。计算此式可知，C为522 500美元。因此，固定年利率等于10.45%（522 500/10 000 000×2），这就是我们所要求的互换合约的价格。

由此，我们可以总结出一个一般性的求解互换价格的方法：

我们用PV浮动表示浮动利率一方的支付额的现值；用f_j表示从时点$j-1$至时点j的浮动利率；用P_j表示从时点$j-1$至时点j的名义本金；用d_j表示从时点$j-1$至时点j的天数；用V_j表示j点的贴现系数；用B表示计息天数惯例除数（一般为360天或365天）。这样，n期浮动利率支付方支付额的现值为：

$$PV_{浮动}=\sum_{j=1}^{n}f_{j-1}P_j\frac{d_j}{B}V_j \qquad \cdots\cdots 5.5.1式$$

固定利率方的支付额的现值也可按同样的方法计算：

$$PV_{固定}=i_n\sum_{j=1}^{n}P_j\frac{d_j}{B}V_j \qquad \cdots\cdots 5.5.2式$$

式中：$PV_{固定}$——固定利率一方支付额的现值；i_n——整个互换期的固定利率。

然后，我们令固定利率支付额现值等于浮动利率支付额现值，即：

$$PV_{浮动}=PV_{固定} \qquad \cdots\cdots 5.5.3式$$

便可求出固定利率i_n，利率互换的定价问题也就解决了。

5.5.2　货币互换的定价原理

我们同样用一个例子来说明：

【例5-7】假设A公司需要筹集欧元140万元，B公司需要美元100万元，同时假设A、B两公司在欧元市场和美元市场上的借款成本如表5-7所示。

表5-7 **A、B两公司在欧元市场和美元市场上的借款成本**

	欧元市场	美元市场
A公司	8.5%	10%
B公司	7.5%	9.875%
借款成本差额	1%	0.125%

这里存在两种选择：

一种选择是，A公司以8.5%的利率直接到市场上去借欧元，而B公司直接以9.875%的利率到市场上借美元。

另一种选择是，A公司和B公司之间进行货币互换交易，这样便可节省0.875%（1%-0.125%）的成本。

于是，A公司和B公司都到同一家互换中介咨询，在互换中介的帮助下，互换合约很快就达成了。图5-27显示了货币互换的初始流量。

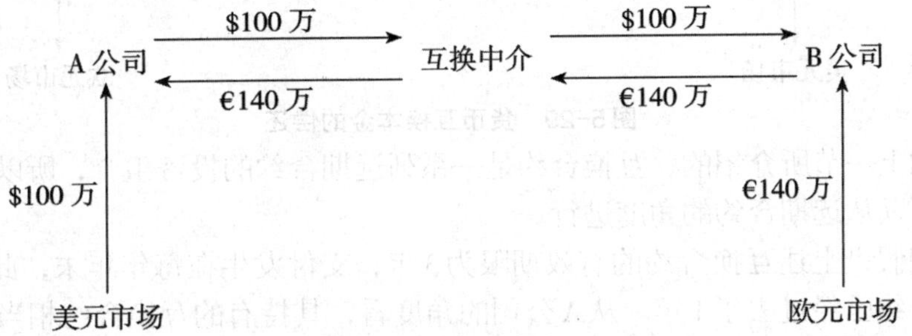

图5-27 货币互换的初始流量

这样，A公司通过互换中介得到了它需要的140万欧元，B公司通过互换中介取得了它需要的100万美元。根据互换合约规定，A公司每年为其140万欧元支付8%的利率，B公司每年为其100万美元支付9.75%的利率。就是说，A公司每年须向互换中介支付利息11.2万欧元（140×8%）；B公司每年须向互换中介支付利息9.75万美元（100×9.75%）。在取得这些利息后，互换中介每年向A公司支付10万美元，向B公司支付10.5万欧元。图5-28反映了这种支付情况。

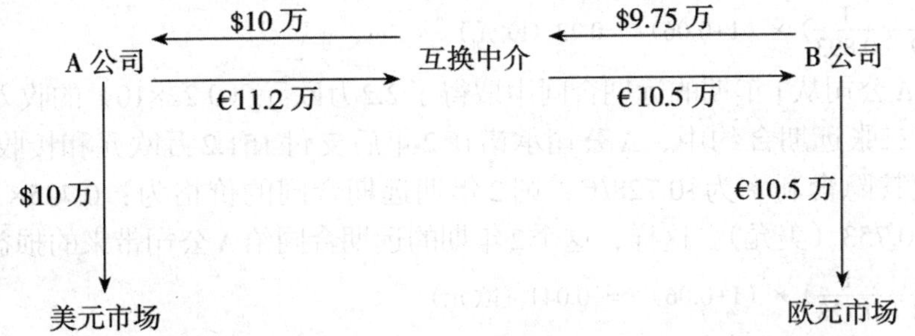

图5-28 货币互换的支付

经过上述交易，A公司所取得的欧元比它直接从市场上取得的欧元少付：140万欧元×（8.5%−8%）=0.7万欧元的利息；同样，B公司通过合约所取得的美元比它直接从市场上取得的美元少付：100万美元×（9.875%−9.75%）=0.125万美元的利息。互换中介在与A公司的交易中承担0.25万美元的亏损，在与B公司的交易中取得了0.7万欧元的收益。当然，作为一个理性投资者，互换中介的净收益一定不会小于零。A公司和B公司分别将从互换中介取得的利息支付给市场投资者。

在到期日，A公司和B公司分别通过互换中介偿还本金，再分别“偿还”给市场。图5−29反映了这种资金流动情况。

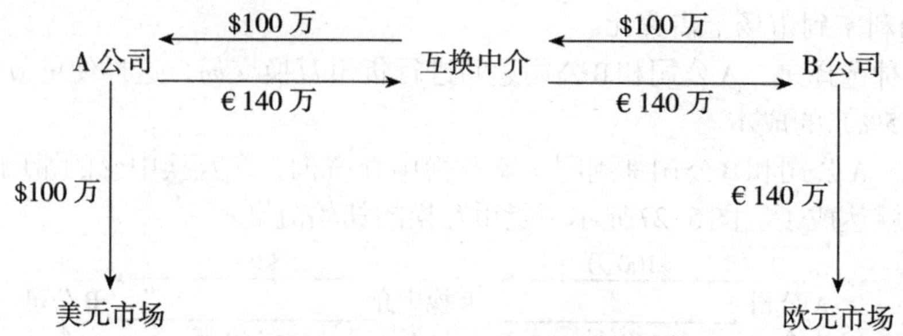

图5−29 货币互换本金的偿还

正如上一节所介绍的，互换合约是一系列远期合约的投资组合，所以货币互换的定价可以从远期合约的角度进行。

我们假设上述互换合约的有效期限为3年，支付发生在每年年末，此时该3年的互换合约已经过去了1年。从A公司的角度看，其持有的互换合约相当于它在远期市场上购入了两张美元远期合约，其中一张合约的期限为1年，另一张合约的期限为2年。A公司承诺在1年后支付11.2万欧元的利息和接收10万美元的利息，这两笔资金流的隐含比率为$0.893/€。我们可以把$0.893称做初始的远期价格。假设此时的汇率为$0.725/€，美国国内的无风险利率为8%，欧元市场内的无风险利率为6%，则1年期的远期合约价格为：0.725×（1.08）/1.06=0.739（美元）。这样，由于A公司以€1/0.893的价格购入1美元的远期合约，所以，该1年期远期合约给它带来的损益为：

$$\left(\frac{1}{0.739}-\frac{1}{0.893}\right)\times(1+0.06)^{-1}=0.22\text{（欧元）}$$

就是说，A公司从1年期的远期合同中取得了2.2万欧元（0.22×10）的收入。

在第二张远期合约中，A公司承诺在2年后支付151.2万欧元和接收110万美元，因此其隐含利率为$0.728/€，则2年期远期合同的价格为：0.725×（1.08）^{2}/（1.06）^{2}=0.753（美元）。这样，这个2年期的远期合同给A公司带来的损益为：

$$\left(\frac{1}{0.753}-\frac{1}{0.728}\right)\times(1+0.06)^{-2}=-0.041\text{（欧元）}$$

就是说，A公司因第二张合约蒙受了4.51万欧元（110×0.041）的损失。

综上所述，A公司的损失为2.31万欧元（4.51−2.2），为了弥补损失，则A公司所持互换合约的价值至少为2.31万欧元。

有兴趣的读者还可将货币互换构造成一个债券组合来进行定价分析，到时，你会发现你的定价结果与我们运用远期合约组合所计算的结果是大致相同的。

5.5.3　商品互换的定价原理

在商品互换中，A方同意在时间t_1，t_2，…，t_n为某商品支付X美元，名义本金为N_p单位的这种商品；B方同意在时间t_1，t_2，…，t_n支付给A方商品的即期市场价格。那么A方在时间t_1所得的净收益为：

$$V(t_1, t_1) = [S(t_1) - X]N_p$$

式中的$S(t_1)$是这种商品在时间t_1的即期价格。将上述净收益$V(t_1, t_1)$贴现到时间0，则有：

$$V(0, t_1) = \{PV_0[S(t_1)] - XB(0, t_1)\}N_p \qquad \cdots\cdots 5.5.4式$$

式中的$B(0, t_1)$表示在时间t_1的1美元在时间0的价值。在不考虑持有成本和便利收益的情况下，$S(t_1)$的现值就应该等于商品在时间0的现价。但在实际情况下，持有成本和便利收益是不可忽视的。

在第2章中我们明确知道远期价格包含了持有成本和便利收益等要素，所以我们可利用远期价格来表示$PV_0[S(t_1)]$。

考虑商品的远期合约，其到期日为t_1，当合约到期时，远期合约所带来的现金流为$S(t_1) - F(0, t_1)$。这里的$F(0, t_1)$为远期价格，那么，该远期合约在时间0的价值为：

$$PV_0[S(t_1)] - F(0, t_1)B(0, t_1)$$

由于远期合约在时间0的价值为0，因此有：

$$PV_0[S(t_1)] = F(0, t_1)B(0, t_1)$$

将此结果代入5.5.4式中，有：

$$V(0, t_1) = [F(0, t_1) - X]B(0, t_1)N_p$$

依此类推，我们可以分别计算出该商品互换在t_1，t_2，…，t_n发生的净现金流的现值，加总求和后得：

$$V(0) = \sum_{j=1}^{n}[F(0,t_j) - X]B(0,t_j)N_p \qquad \cdots\cdots 5.5.5式$$

5.5.5式就是该商品互换在时间0的现值，它是由基础商品资产的远期价格和零息债券的价格所决定的。而上述变量在时间0都是已知的，由此商品互换的价值可以确定。

5.5.4　股权互换的定价原理

在股权互换中，A方在时间t_1，t_2，…，t_n支付给B方股票指数的收益。在时间t_1，这种收益可表示为：

$$R(t_1)=\frac{I_N(t_1)+d_N(t_1)}{I_N(t_0)}-1$$

式中：$I_N(t_1)$——股指在时间t_1的价值；$d_N(t_1)$——股票在t_0到t_1时段所支付的股息红利。相同的定义适用于t_2，t_3，…，t_n的股票指数收益。

互换的另一方B方同意在时间t_1，t_2，…，t_n支付给A方固定利息$\bar{R}$。那么，A方在时间t_n的净现金流为：

$$V(t_n, t_n)=[\bar{R}-R(t_n)]N_p$$

此处N_p表示名义本金。$V(t_n, t_n)$是时间t_{n-1}的现值：

$$V(t_{n-1}, t_n)=\{\bar{R}B(t_{n-1}, t_n)-PVt_{n-1}[R(t_n)]\}N_p \quad \cdots\cdots 5.5.6式$$

式中的$B(t_{n-1}, t_n)$表示时间t_n的1美元在时间t_{n-1}的价值。

我们知道，$PVt_{n-1}[I_N(t_n)+d_n(t_n)]=I_N(t_{n-1})$，即：股指及其股票所支付的股利的现值等于现在的股指价值，因此：

$$PVt_{n-1}[R(t_n)]=PVt_{n-1}\left[\frac{I_N(t_n)+d_n(t_n)}{I_N(t_{n-1})}\right]-PVt_{n-1}[1]$$

$$=1-B(t_{n-1}, t_n)$$

将上述结果代入5.5.6式中，有：

$$V(t_{n-1}, t_n)=\{\bar{R}B(t_{n-1}, t_n)-[1-B(t_{n-1}, t_n)]\}N_p$$

所以，这个净现金流在0时价值为：

$$V(0, t_n)=PV_0[V(t_{n-1}, t_n)]$$

$$=\{\bar{R}B(0, t_n)-[B(0, t_{n-1})-B(0, t_n)]\}N_p$$

$$PV_0[B(t_{n-1}, t_n)]=B(0, t_n)$$

依此类推，A方在t_1，t_2，…，t_n所发生的现金流在时间0的价值和为：

$$V(0)=\sum_{j=1}^{n}V(0,t_j)=\{\bar{R}\sum_{j=1}^{n}B(0,t_j)-[1-B(0,t_n)]\}N_p \quad \cdots\cdots 5.5.7式$$

5.5.7式完成了对股权互换的估值。当互换交易发生时，固定利率$\bar{R}$的设置应满足5.5.7式为0（即互换合约在时间0的价值为0）的要求。

5.6 互换工具的应用策略及案例分析

互换的应用可以分为两大类：

一类是资产相关互换，它与大宗特定资产相关联，其目的是改变投资者收入流量特征，使其不减少。

另一类是负债相关互换，它是由借款人想改变其现金流出量而引发的，主要目的在于锁定成本。

下面的案例将分别介绍负债相关互换和资产相关互换的实际运用。最后将给读者提供一个综合性的案例，加深读者对互换的认识。

5.6.1 与负债相关的互换

1. 创造固定利率负债

当公司财务经理认为市场利率即将上升时，他便可以通过利率互换，将浮动利率债务转换为固定利率负债，这样就规避了任何利率变动产生的风险。

【例5-8】有一家公司按6月期LIBOR的浮动利率借入一笔为期3年的美元。公司财务主管担心利率会上升，因此希望按现在的利率水平将资金成本固定下来。对于这笔为期3年、每半年付息一次的互换，该公司收到了一个可接收的报价12.5%，随后，作为固定利率支付者，该公司达成了这笔互换交易。图5-30显示了这笔互换交易的现金流量。由图可见，该公司已成功地将LIBOR的浮动利率债务转化为12.5%的固定利率债务。

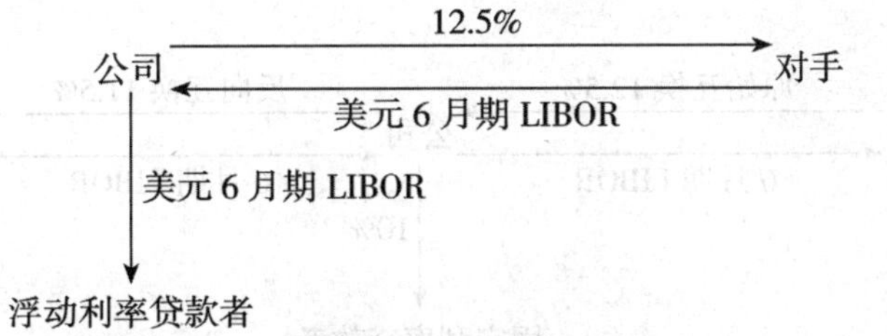

图5-30 创造固定利率负债的互换交易

2. 创造浮动利率负债

当财务经理预测市场利率不是上升而是下降时，为了从未来市场利率下降中得到好处，并降低融资的利息成本，财务经理便会将固定利率的债务通过互换转化成浮动利率债务。引用上例，如果该公司借入的是以12%的固定利率计息的3年期的美元，此时预测市场利率将下降，那么财务经理也可进行一笔互换交易，其现金流量情况如图5-31所示。

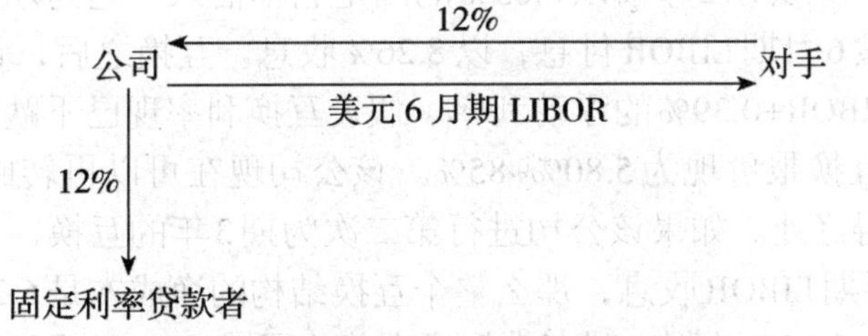

图5-31 创造浮动利率负债的互换交易

可见，该公司作为固定利率12%的收入方进行的为期3年、每半年付息一次的互换，已将公司的固定利率债务有效地转化为浮动利率债务。当然，如果公司预测利率变动失误，即未来利率不是下降而是上升了，则公司将不得不承担利率上升的风险。

3. 管理固定利率负债

利用互换交易可以管理固定利率融资的利息成本。该固定利率融资可以是以前直接借入的固定利率融资，也可以是先前通过利率互换创造出来的固定利率融资。

假设一个借款者有一笔利率为10%的固定利率债务，其剩余期限为5年。又假定目前市场上5年期的固定利率为12.5%，并预期有下跌趋势，此时借款者的浮动利率融资成本将为LIBOR+0.5%。

在上述情况下，借款者可以利用利率互换管理其固定利率融资的利息成本。其具体做法是，借款者先从事一个收入固定利率并支付6月期LIBOR的利率互换。这样一来，浮动利率融资成本将为LIBOR−2.5%，该利率比借款者通常借入的浮动利率融资的利息成本节省3%。如果6个月后固定利率正如先前所预期的那样开始下跌，假设4.5年的固定利率为11.5%，那么，借款者此时再从事一个反向互换，即支付固定利率并收入6月期LIBOR，则结果将会使借款者的固定利息成本降为9%（参见图5−32）。

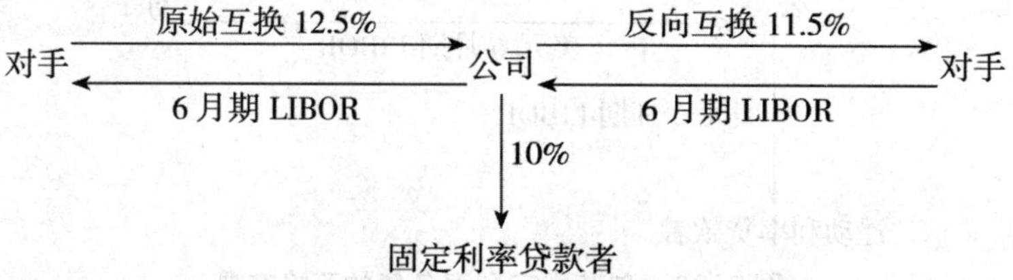

图5−32 管理固定利率负债的互换交易

4.管理浮动利率负债

借款者还可以利用利率互换管理其现有的浮动利率负债的利息成本。该浮动利息成本可以是先前直接借入的，也可以是先前通过利率互换创造出来的。

让我们来看一个例子，在这个例子中，浮动利息成本是通过先前利率互换创造出来的。

【例5−9】一家公司2年前以8.65%的固定利率借入一笔为期5年的资金，同时做一笔互换，按6月期LIBOR付息，以8.26%收息。互换之后，该公司债务的有效利率是6月期LIBOR+0.39%的浮动利率。假设互换利率现已下跌，为期3年，每半年付息一次的互换报价现为5.80%~85%。该公司现在可以再转回固定利率，从目前低利率中获得好处。如果该公司进行第二次为期3年的互换，按5.85%的固定利率付息，按6月期LIBOR收息，那么整个互换结构的净成本是6.24%的固定债务利率，比起最初的8.65%的固定利率借款成本节约了2.41%（如图5−33所示）。

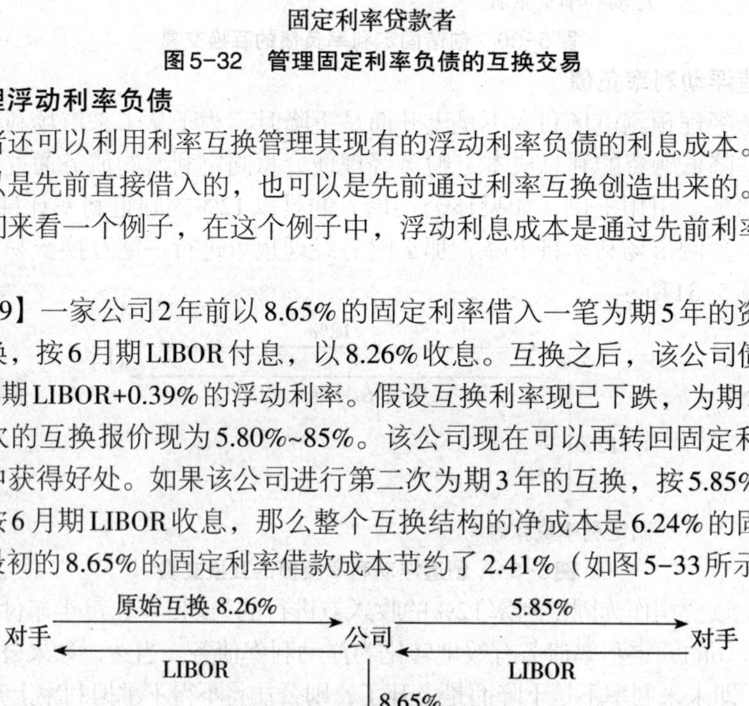

图5−33 管理浮动利率负债的互换交易

5.6.2 与资产相关的互换

1.创造合成固定利率资产

投资经理可以通过互换，将其新近获得的浮动利率投资转换为固定利率资产，即在利率互换中，他支付浮动利率并收入固定利率。

【例5-10】一家养老基金的证券管理人员已经购买了7年期的，按6月期LIBOR+0.43%付息的浮动利率债券，但希望把现金流量互换成固定收益流量。那么，他可以进行互换交易，其产生的现金流量如图5-34所示。这样，该养老基金将获得7.98%（0.43%+7.55%）的固定收益。

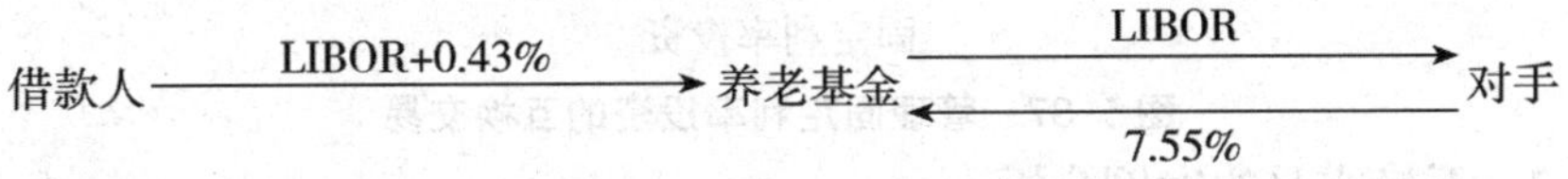

图5-34 创造合成固定利率资产的互换交易

2.创造合成浮动利率资产

如同我们可以创造浮动利率负债一样，通过互换，我们也能创造浮动利率资产。

假如上例中的养老基金持有的是一笔固定利率资产，而基金经理人预期短期利率将上升，这时他就可以从事一笔利率互换交易，在该互换中，养老基金支付固定利率并收入浮动利率，便可以从利率的变动中获利。如图5-35所示，养老基金通过互换所产生的实际回报率为LIBOR+1.25%。

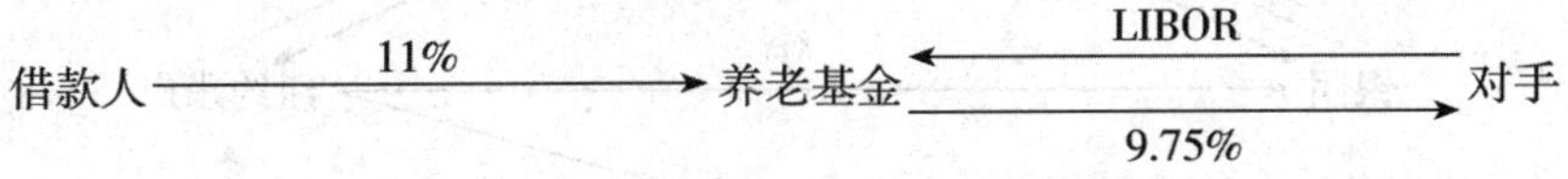

图5-35 创造合成浮动利率资产的互换交易

3.管理浮动利率投资

当投资者拥有一个浮动利率投资组合时，他可以先后从事两个方向相反的利率互换交易来增加其资产收益（见图5-36）。

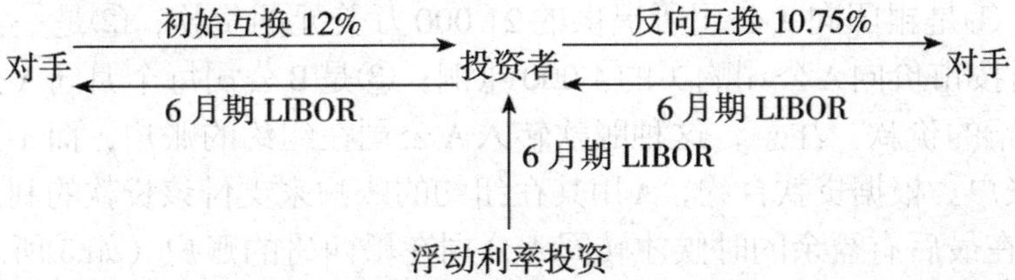

图5-36 管理浮动利率投资的互换交易

在第一个利率互换交易中，投资者支付6月期LIBOR的浮动利率，并收入固定利率12%。在接下来的反向互换中，投资者收入6月期的LIBOR，并支出一个固定利率10.75%。由于投资者在反向互换中支付的固定利率低于在初始互换中收到的固定利率，因此，他的浮动利率投资收益增加了，具体数额为LIBOR+1.25%。

4. 管理固定利率投资

当投资者有一个固定利率投资组合时，他同样也可以从事两个相反的利率互换交易来增加投资回报，但操作方法与上述例子正好相反。其现金流量图如图5-37所示。

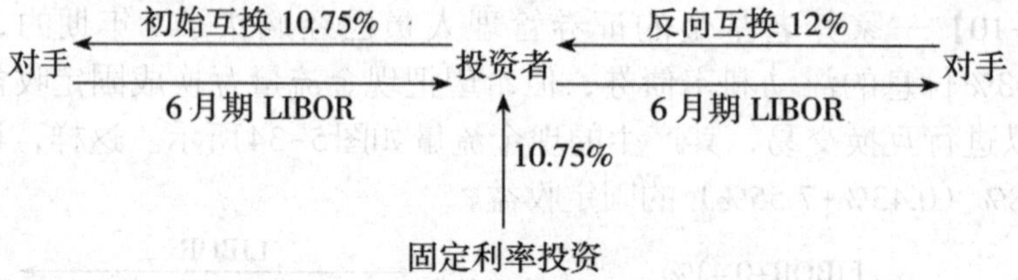

图5-37　管理固定利率投资的互换交易

5.6.3　互换交易的案例分析

A是墨西哥一家铜出口公司，在20世纪80年代末期，由于其所面临的风险水平较高，很多银行拒绝贷款给它。这种风险一部分来自墨西哥国内政局的不稳定，另一部分来自国际铜业市场价格的较大幅度波动。但在一定的互换前提下，由10家银行组成的一个银团终于在1989年借给A公司期限为38个月的2.1亿美元贷款。其资金及物资流程图如图5-38所示。

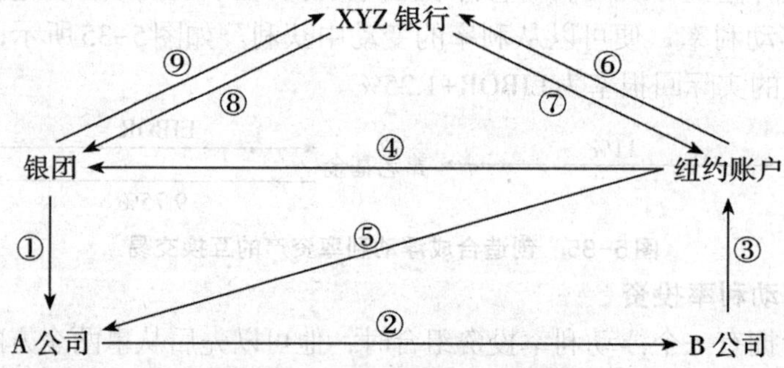

图5-38　资金与物资流程图

图中：①是银团向A公司所提供的21 000万美元的贷款；②是一家比利时公司B每个月按市价向A公司购买的4 000吨铜；③是B公司每个月向A公司所支付的4 000吨铜的价款。注意，这种账款转入A公司在纽约的账户，而不是A公司在墨西哥的账户。根据贷款合约，A用其在纽约的账户来支付该贷款的利息（如④所示），只有在最后有盈余的时候才转回A公司在墨西哥的账户（如⑤所示）。但是，这种支付方式是存在风险的，为了规避风险，从而保证银行贷款及利息的及时偿还，A公司根据银团在提供贷款时的要求与一家名为XYZ的银行达成了一项以商品为基础的互换合约。在这项合约中，以每月出售给B公司的4 000吨铜为基础，A公司愿意以市价向XYZ银行付款（图中⑥），XYZ银行以2 000美元/吨的固定价格向A公司付款（图中⑦）。当然，这笔账款应入A公司在纽约的账户。这样，A在纽约的账户每个月就有800万美元的固定收入，除掉政治因素及铜价因素的影响，这部分收入不仅可以用于还本付息，而且还有很大一部分节余。与此同时，银团为了规避来自市场利率上涨的风险，也利用互换合约来保值。其合约内容为：银团向XYZ银行支付固定利率，而XYZ银行则向该银团支付浮动利率。这样，如果利率上涨，银团可以从中取得收益；当然，如果利率下跌，银团就要承担风险。

此案例中的商品互换和利率互换的合理运用，不仅保障了企业的偿债能力，使得企业可以利用资金市场为其自身发展服务，而且提高了银团在市场利率上升预期中的收益。

● 思考与练习

（1）什么是互换？它有哪些功能和特点？

（2）试述互换市场的发展概况与未来前景。

（3）什么是利率互换、货币互换、商品互换和股权互换？了解它们的定价原理并分别举例说明。

（4）从金融工程的“配置”思想出发，互换交易可由哪些金融工具合成？

（5）互换交易的变形有哪些？请简单举例说明。

第6章　商品价格风险管理

◇学习目标

- 商品价格风险管理中的各种金融工具的定义及特征
- 套期保值的原理、原则及交易策略
- 商品期货、商品期权、商品互换在商品风险管理中的不同作用
- 不同的金融工具对商品价格风险的规避

6.1　商品价格风险

6.1.1　商品价格风险的含义

当投资者受到商品价格波动的影响时，商品风险就会产生。

被称为“商品”的实物资产范围很广，包括：①金属，如铜、黄金、白银；②农业产品，如小麦、木材、大豆和猪肚；③能源产品，如原油、天然气、天然或提炼的石油产品；④不动产和房地产等。任何生产或者消费一定量这些商品的机构都会面临商品风险，明显的例子有石油公司、航空公司、汽车制造商和食品加工商。商品风险也有一些不明显的间接影响，都具有相同的破坏性。例如，虽然既不直接生产也不直接消费石油，但旅游公司和旅游业的经营者对石油成本非常敏感，因为一趟海外假日旅游报价中很大一部分是机票的成本，这块成本又取决于燃料的成本，油价的上涨不可避免地导致海外旅游费用上涨，如果旅客们改变主意打算呆在家中，那么旅游公司最终就会缩减一大块业务收入。

6.1.2　商品价格风险的管理

商品风险在很多方面比货币风险或利率风险更广泛地存在，这也许可以解释为什么商品衍生工具比金融衍生工具更早问世。1848年创立的芝加哥期货交易所（CBOT）交易的第一个衍生工具就是商品期货，而直到1972年才出现第一个金融期货合约，但现在，这些金融衍生工具占领了交易所交易的衍生工具市场。到1992年，世界前20位的交易所交易合约中只有两个是商品衍生工具——在NYMEX中交易的原油合约，以及在CBOT中交易的玉米合约，分别排在交易量从大到小的第5名和第19名。

很多面临着商品风险的公司很可能都认为这种风险的存在是必需的而且是不可

避免的。例如，经营咖啡生意的公司认为它必须接受随着世界咖啡价格波动导致的需求变化。在某种程度上，这可能是对的，但正确使用商品衍生工具有助于平息并抵消商品价格不稳定所带来的一些最不利的影响。直到20世纪80年代末，可以使用的商品风险管理工具只有期货和期权。期货和期权的到期日种类有限，很少有超过一年的。尽管期货和期权提供了针对短期价格波动的保护措施，但是它们不能提供更长期限的保护。当然，公司可采用滚动式的期货套期保值，但这种方法只能固定一系列较短期限内的不同价格，这不同于在一个较长期限内固定单一的价格。曾经，长期限的商品价格保护工具的缺乏是商品期货和商品期权无法被广泛使用的原因之一。但随着人们对以金融工程学来解决商品风险问题的兴趣越来越浓厚，很多避险新产品纷纷出现。在利率工具如互换、上限、领形组合、互换权等的成功推出的激励下，适合商品市场的相应产品已经开发出来。商品互换的使用增长稳定，商品上限、领形组合，甚至商品互换的期权也有了。

6.2 商品价格风险管理中的金融工具

6.2.1 商品期货

商品期货是指标的物为实物商品的期货合约。商品期货历史悠久、种类繁多，主要包括农副产品、金属产品、能源产品等几大类。具体而言，农副产品约20种，包括玉米、大豆、小麦、稻谷、燕麦、大麦、黑麦、猪肚、活猪、活牛、小牛、大豆粉、大豆油、可可、咖啡、棉花、羊毛、糖、橙汁、菜籽油等，其中大豆、玉米、小麦期货被称为三大农产品期货。金属产品9种，包括金、银、铜、铝、铅、锌、镍、钯、铂。化工产品5种，有原油、取暖用油、无铅普通汽油、丙烷、天然橡胶。林业产品2种，有木材、夹板。这些细目也不是一成不变，会根据形势有所调整、变化。

并不是所有的商品都适于做期货交易，在众多的实物商品中，只有具备下列属性的商品才能作为期货合约的上市品种：

（1）价格波动大。只有商品的价格波动较大，有意回避价格风险的交易者才需要利用期货价格预先把价格确定下来。比如，有些商品实行的是垄断价格或计划价格，价格基本不变，商品经营者就没有必要利用期货交易来回避价格风险或锁定成本。

（2）供需量大。期货市场功能的发挥是以商品供需双方广泛参加交易为前提的，只有现货供需量大的商品才能在大范围内进行充分竞争，形成权威价格。

（3）易于分级和标准化。期货合约事先规定了交割商品的质量标准，因此，期货品种必须是质量稳定的商品，否则，就难以进行标准化。

（4）易于储存、运输。商品期货一般都是远期交割的商品，这就要求这些商品易于储存、不易变质、便于运输，保证期货实物交割的顺利进行。

商品期货交易是代表特定商品的“标准化合约”（即“期货合约”）的买卖。期货合约对商品的质量、规格，交货的时间、地点等都做统一的规定，唯一的变量是商品的价格。买卖者交纳一定的保证金后，按一定的规则就可通过商品期货交易所公开地竞价买卖。

1.商品期货交易的特点

（1）以小博大。只需交纳2%~20%的履约保证金就可控制100%的虚拟资金。

（2）交易便利。由于期货合约中的主要因素如商品质量、交货地点等都已标准化，合约的互换性和流通性较高。

（3）信息公开，交易效率高。期货交易通过公开竞价的方式使交易者在平等的条件下公平竞争。同时，期货交易有固定的场所、程序和规则，运作高效。

（4）期货交易可以双向操作，简便、灵活。交纳保证金后即可买进或卖出期货合约，且只需用少数几个指令在数秒或数分钟内即可达成交易。当行情处于有利价位时再以相反的方向平仓或补仓出场。

（5）合约的履约有保证。期货交易达成后，须通过结算部门结算、确认，无需担心交易的履约问题。

2.商品期货交易的功能

（1）风险转移

人们往往有一种错误的印象：期货合约的买卖纯粹是为了投机，而不能带来社会效益的增长或促进市场经济的发展。事实上，商品期货合约是为了解决某些商品的内在经济风险而制定的。如果在玉米生长期间天公作美的话，农民可望获得丰收。但结果，玉米因充斥市场而供过于求，价格下跌，这时，种植玉米的农民因为多收了“三五斗”，不得不低价售卖玉米，收入可能反而下降。如果在玉米生长期间，气候干燥或雨水过量或风沙过大，就会造成作物歉收，结果，市场上没有足够的玉米满足需求，价格上涨，这时，用玉米饲养生猪的农民只能购买高价玉米，饲养成本大大提高。农民怎样才能预测玉米的价格呢？预测是困难的，因为在市场经济条件下，商品价格是由供求关系决定的，影响商品价格变化的因素很多。这时，期货合约就可以为农民提供转移价格风险的工具。如果这些农民希望以合理的价格卖出他们的产品，那么，他们就可以通过期货交易，转移他们可能遇到的一些商业风险，获得一定程度的安全保障。

期货合约是一种将商业风险由生产经营者转移给希望通过合约交易获取巨额收益的投机者的工具。价格风险可以说无处不在。在国际市场上，干旱、洪水、战争、政治动乱等各种情况都会产生波及效应，并直接影响某种商品的价格。拥有大量这种商品的个人或公司会很快发现，几乎一夜之间，他的存货已大幅贬值了。激烈的市场竞争也会导致价格在较短时期内大幅波动。与供求相关的风险因素还包括一些商品收获的季节性和需求的季节性。由供求的不可预测性所带来的潜在价格风险是市场经济所固有的，也是买主和卖主无法抵御的。

由此可见，期货市场的风险是从现实的经济活动中派生出来的，是一种客观存在，这也是期货交易与赌博的最本质区别。在期货交易中，风险的产生不同于赌博。赌博是随着将钱压在滚动的骰子或分发的牌上，其风险是人为制造的，如果他不赌博，风险就不存在。但在期货交易中，风险是商业活动中固有的一个组成部分，期货交易的主要目的就是将价格风险由套期保值者转移给投机者。

（2）发现价格

在市场经济中，生产经营者根据市场提供的价格信号做出经营决策。价格信号的真实、准确程度，直接影响到他们经营决策的正确性，进而影响经营效益。在期货市场产生以前，生产经营者主要是依据现货市场上的商品价格进行决策，根据现货价格的变动来调整自身的经营方向和经营方式等。由于现货交易是分散的，生产经营者不易及时收集到所需要的价格信息，即使收集到现货市场反馈的信息，这些信息也是零散和片面的，其准确性、真实程度较低，而且现货价格信息不能反映未来供求关系的变动。当用现货市场的价格指导经营决策时，现货价格的滞后性往往会造成决策的失误。例如，长期以来，我国的粮食流通市场受到粮价低时卖粮难、高时买粮难的困扰，其原因之一就是粮食生产经营单位缺乏以远期价格指导生产销售的机制。自期货交易产生以来，发现价格功能逐渐成为期货市场的重要经济功能。发现价格功能是指在期货市场通过公开、公平、公正、高效、竞争的期货交易运行机制形成具有真实性、预期性、连续性和权威性的期货价格的过程。

（3）套利

期货也是一种投资工具。由于期货合约的价格波动起伏，交易者可以利用价差赚取风险利润，这就形成了套利。

3.商品期货的交易策略

（1）套期保值

①买入套期保值，又称多头套期保值，是在期货市场中购入期货，以期货市场的多头来保证现货市场的空头，以规避价格上涨的风险。

某油脂厂3月份计划两个月后购进100吨大豆，当时的现货价为每吨0.22万元，5月份期货价为每吨0.23万元。该厂担心价格上涨，于是买入100吨大豆期货。到了5月份，现货价果然上涨至每吨0.24万元，而期货价为每吨0.25万元。该厂于是买入现货，每吨亏损0.02万元；同时卖出期货，每吨盈利0.02万元。两个市场的盈亏相抵，有效地锁定了成本。

②卖出套期保值，又称空头套期保值，是在期货市场出售期货，以期货市场上的空头来保证现货市场的多头，以规避价格下跌的风险。

例如，5月份供销公司与橡胶轮胎厂签订8月份销售100吨天然橡胶的合同，价格按市价计算，8月份期货价为每吨1.25万元。供销公司担心价格下跌，于是卖出100吨天然橡胶期货。8月份时，现货价跌至每吨1.1万元。该公司卖出现货，每吨亏损0.1万元；又按每吨1.15万元价格买进100吨的期货，每吨盈利0.1万元。两个市场的盈亏相抵，有效地防范了天然橡胶价格下跌的风险。

（2）风险投资

①利用某一品种价格的波动进行投机操作

• 买空投机

例如，某投机者判断7月份的大豆价格趋涨，于是买入10张合约（每张10吨），价格为每吨2 345元。后果然上涨到每吨2 405元，于是按该价格卖出10张合约，获利：

（2 405−2 345）×10×10=6 000（元）

• 卖空投机

例如，某投机者认为11月份的小麦会从目前的1 300元/吨下跌，于是卖出5张合约（每张10吨）。后小麦果然下跌至1 250元/吨，于是买入5张合约，获利：

（1 300−1 250）×10×5=2 500（元）

②套期图利

利用相关品种的价差套利。

利用不同期货市场上同一品种的价差套利。

利用同一品种不同交割月的价差套利。

利用现货与期货的价差套利。

6.2.2 商品期权

期权，又称“选择权”，指在确定的日期或这个日期之前，持有人所享有的依照事先约定的价格买进或者卖出商品或期货的权利，而不是义务。对于期权的买方（期权的持有者）来说，购买期权并没有立即得到商品，而是购买到一种权利，这种权利使他可以在合同到期日前的时期内以有利的价格购买或者出售一定数量的商品或者期货，也可以在价格不利的情况下自动放弃这种权利。当然，享受这种权利的前提是期权购买者必须支付一定的期权费，或称“权利金”，这笔费用也是期权买卖的价格。对于期权的卖方而言，必须承诺在期权有效期内期权持有者行使权利时出售或者买进约定的商品或者期货。期权买卖具有较大的灵活性，可以控制固定成本，规避风险。

对于投资者来说，期权交易具有投资少、收益大、降低风险、保有权利的优势。购买者只需支付一笔期权权利金，就可取得买入或卖出商品或期货合约的权利。一旦投资者预期与市场变化相一致，即可获得可观收益；如果与预期相反，又可放弃行使权利，而损失的只是权利金。在交易中，投资者的风险是固定的，但可能的潜在盈利却不受投资者限制。

对于期权的卖方而言，既可以进行保值，转嫁风险，规避损失，也可以获得一定收益。以生产厂商为例，企业卖出看涨期权，可以以收入的权利金降低库存成本。如果产品价格上扬，期权的买方势必要行使权利按约定的价格从企业购买产品，此时企业有义务按约交货。由于这时产品价格上扬，企业按原先价格交货必然有一定损失，但这时其库存产品同样可以按较高价格出售，所以，从整体上看是有盈有亏，而一旦市场价格下降，该期权买方必然会放弃行使权利，此时企业可以用收入的权利金降低库存成本。

依照不同的标准，期权可以有多种划分形式。如果按照期权相关合约的买进和卖出性质划分，期权可以划分为看涨期权、看跌期权和双向期权。

看涨期权，指期权买入方按照一定的价格，在规定的期限内享有向期权卖方购入某种商品或期货合约的权利，但不担负必须买进的义务。看涨期权又称“多头期权”“延买权”“买权”。投资者一般看好价格上升时购入看涨期权，而卖出者预期价格会下跌。

看跌期权，指期权买方按照一定的价格，在规定的期限内享有向期权卖方出售商品或期货的权利，但不担负必须卖出的义务。看跌期权又称“空头期权”“卖权”“延卖权”。在看跌期权买卖中，买入看跌期权的投资者是看好价格将会下降，所以买入看跌期权；而卖出看跌期权方则预计价格会上升或不会下跌。

双向期权，又称“双重期权”，指期权购买方在向期权卖方支付一定的权利金后，获得在未来一定期限内根据合同约定的价格买进或卖出商品、期货的权利。投资者在同一时期内既买了看涨期权，又买了看跌期权，这种情况是在对未来价格确定不准时而采取的一种投资策略。对于买入双向期权者来说，只要价格有波动，就可以从行使权利中获利。但一般而言，这种期权的卖出者坚信价格变化不会很大，所以才愿意卖出这种权利，获得一定的权利金收益。

标准商品期权合约的内容主要包括：

（1）交易标的。主要指交易商品的品质与单位，如成色为995的黄金，每手100盎司。

（2）当事人。包括期权的购买方与出售方，双方的权利义务关系一般不进入合约。

（3）权利金。期权买方支付给期权卖方以换取期权的费用。权利金是期权合约中唯一变化的量，其大小受很多因素的制约。其价格大小受该合约交易量、整个市场的买卖成交量、商品自身价格走势及合约有效期等多种因素影响。

（4）约定价格。指买卖双方依据规定买卖商品的价格。约定价格通常由交易所规定。约定价格又称“敲定价格”、“协定价格”或者“履约价格”。

（5）通知日。指期权买方在决定履行期权合同时，应在到期日前预先通知期权卖方，以便卖方能有充分时间做好履约准备。

（6）到期日。指期权合约双方当事人预先订立的期权买方可以行使期权的最终有效期。

（7）停板额。指期权合约每日价格波动幅度与上一交易日价格间的限度。

（8）合约月份。买卖双方交付、接受实物以履行合约的月份。

（9）交易时间。指每天买卖期权合约的规定时间。

商品期权买卖交易程序大致有四个过程：一是准备阶段。当事人应该选择期权交易公司或期权经纪人公司及经纪人，收集资料，预测市场走势，并确定买卖期权及权利金。二是要约阶段。期权买方或当事人下达期权交易指令给经纪人公司和经纪人，由经纪人送达场内交易员进行交易，场内交易员按照期权买方或卖方的交易指令下单操作。三是定约阶段。一项期权合约的合法有效，必须以交易所内核定与清算中心结算、登记为前提，且期权买方应在结算之后立即支付权利金，而期权卖方也要立即在其保证金账户内存入相应数量的履约保证金和清算中心提出的追加保证金。四是平仓阶段。包括对冲平仓与履约平仓两种形式。期权买卖双方可以在期权有效期内，通过卖出相关期权的空头和买进相关期权的多头实现对冲平仓，期权买方还要在规定的履约日或到期日之前办理好相关交割手续。到此，交易程序结束。

6.2.3 商品互换

商品互换与利率互换略有不同，它使交易对方在将来一连串日期里锁定一个固定的商品价格。图6–1列出了一个典型的结构，表明商品互换能够使生产商和消费者都获益。

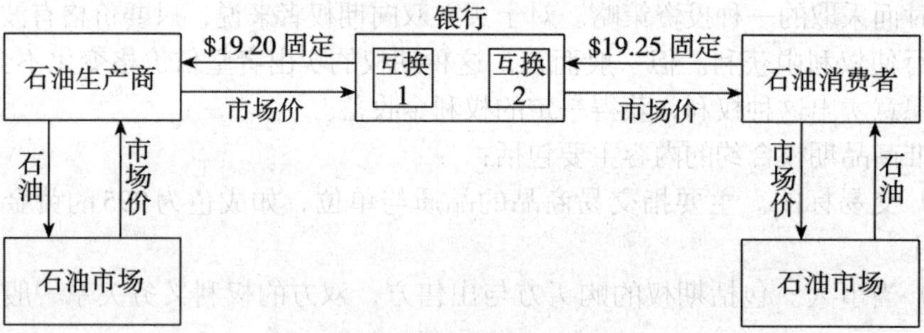

图6–1 商品互换示例

图中，石油生产商以固定价格方式进入商品互换，同意对一定数量的石油接受定期的付款，固定价格为以名义上的每桶19.2美元支付市场价格。当生产商在市场上销售石油时，他交付石油并收取现行的市场价，因而与市场价相联系的生产商的现金流就抵消了。因此，商品互换的作用就是固定生产商所销售石油的价格。

同样的道理，石油消费者与银行进入另一笔商品互换，这次支付固定价格每桶19.25美元并接受市场价。当消费者在现货市场上购买石油时支付市场价，与市场相联系的现金流再次互相抵消，石油消费者可以只支付固定价格而不论市场价格是多少。

这样，生产商和消费者都消除了各自暴露于石油价格波动中的风险。商品互换能够对双方都确保价格的稳定：假设银行能够将两个商品互换的时间和名义数量进行配对，它就能够利用这两笔商品互换的固定价格之间的差价盈利。或者，银行可以在期货市场上分别对每笔互换进行套期保值。

值得一提的是，商品本身并不进行交换，商品互换是以相应商品的一定名义上的数量为基础的。例如，每月100万桶石油，但这一数量仅仅是用于计算互换支付款项的基础。如果在基准日石油即期价为19美元，对于100万桶石油的名义数量，石油生产商将净获得200 000美元，而石油消费者将净支付250 000美元。和利率互换一样，定期支付一般是通过借贷方的净额来结算的。

商品互换是以石油、橙汁、咖啡、可可、玉米、棉花、糖和小麦等为交易对象。标准互换的一种变形是该互换的浮动价格是以一段时间内每日市场价格的平均数为互换价格。这种方法在期货溢价市场上很有吸引力，因为这里的期货价格比即期价格有相当多的溢价。

商品互换/互换权是这样工作的：若没有互换权，商品消费者将面临比现行的商品价格高得多的固定互换价格。通过卖出与相应互换相同数量的互换权，商品消费者能够利用期权费降低互换价格，并且将成本固定在较低水平。如果商品价格上升，互换权将过期失效，消费者收入期权费；如果价格下降，互换权就对消费者行使，消费者将对双倍于原始名义数量的商品支付固定价格。后面一种情况下，消费者虽然要对更大数量的商品支付高于市场的价格，但我们必须假定价格仍然有吸引力，否则消费者开始就不会选择互换交易。由于如果互换权执行消费者将对双倍数量的商品进行互换，因此有时这种结构被称为加倍商品互换。

商品互换的最新发展是不动产和房地产互换、通货膨胀指数互换，同时在设计和推销关于困难贷款、信用质量、保险、税收甚至反污染信贷方面的互换及其他衍生工具方面也都已经大有进展。

第一笔房地产互换交易于1993年1月份成交，摩根·斯坦利是双方的交易商。首先，一家大型美国养老基金同意对与不动产指数（Property Index）相联系的款项支付（该指数被称为Frank Russell-NCREIF指数），以接受美元LIBOR作为回报；而另一方，一家中等规模的人寿保险公司，支付LIBOR以获得与不动产联系的款项。养老基金的目的是实现对不动产转向股权的资产分配，但无需买卖相应的资产。房地产互换允许基金将不动产转化为LIBOR。

另一笔LIBOR-股权互换也是由摩根·斯坦利交易的，完成了这一不动产到股权的转换，标志着房地产互换市场的发展进入初始阶段，因为只有银行找出了两家合适的参与者安排背对背交易，这笔特别的交易才可行。不动产缺乏流动的市场以及估价上的主观性造成的潜在困难会妨碍其发展，至少在目前是这样的。

通货膨胀指数互换可能更不为人知。它始创于英国，那里存在的一个与通胀指数相关的小型政府债券市场有可能提供套期保值，而当时私有化的公用事业公司可能是潜在的购买者。由于法律限制他们以当时的通货膨胀率上调价格，这些公用事业公司理所当然会作为指数支付方以获得固定收入流。通货膨胀指数上限提供了另一种可能性，但目前通货膨胀衍生工具市场还处于发展阶段。

困难贷款的衍生工具的一个例子是对于贷款组合的卖出期权，比如以60%的贷款面值为约定价格。如果贷款组合被证明比约定价格更低，卖出期权持有者可以获得一笔支付款项，比如该款项等于组合现价与约定价格之间的差值。或者，可以构造互换使浮动方与贷款组合的情况相联系。其他的构造方法也被设想过。长期以来，所有保险公司都有抵消风险的愿望，于是产生了再保险市场。在芝加哥交易所创造出来的保险期货和期权，将价格与美国的赔付率（100 Ratio）挂钩，提供了另一种解决方法，尽管这尚未有大的发展。

对商品衍生工具的潜在新应用是无止境的，正如这里列举的例子所表明的，从理论上说，只要有风险出现，就有可能设计出适合的衍生产品。一些衍生产品，如石油互换已经得到长足发展，而其他产品则尚未达到关键的数量。实际的困难还有很多，不仅仅是要找到能够被广泛接受的指数，还要能够对衍生产品进行套期保值，但是，如果银行发现了对某一特别设计的需求，那么就没有不可克服的困难了。

6.2.4 混合商品衍生工具

目前我们论述的几乎所有的商品衍生工具都涉及商品指数和现金之间的某种交换。但是，一旦有可能提供期权或将商品指数转化成现金的互换，那么固定的资金支付就成为共同标准，因此在两个商品指数之间构造一个衍生工具是可能的。或者，标准的金融工具如债券可以被改造成包含与商品相联系的支付，这些产品被称为混合商品衍生工具。下面简述几种：

（1）石油指数票据。如1986年俄亥俄标准石油公司所发行的。这一债券的发行包括一个普通的息票债券加上与商品相关联的零息票债券。零息票债券到期时的支付包括已注明的面值加上一笔额外的金额，该金额相当于当时石油价格高出25美元差额的170倍。例如，如果石油以每桶30美元交易，红利就等于每份债券850美元。这个结构使发行者能够以低于其他可能的成本融资（但以40美元封顶），并且给投资者提供低成本的手段来投机石油价格。如果石油价格上扬，标准石油公司票据能够通过增加的收入来应付额外的债务。

（2）本金指数化黄金债券。该债券支付1 000美元加上黄金价高出每盎司400美元的差额的2.5倍的本金。

（3）与石油和币种相联系的债券。这种债券的本金和息票支付都与石油价格相联系，石油价格以非美元货币标价。如果石油价格上涨或者日元升值，日本汽车制造商的出口前景就会黯淡，导致公司收入减少。因为存在敞口，公司更愿意获得本金和息票与石油价格和日元的走势反向相关的融资。指数的一个合适公式是：(50-P) ×S/3 333，这里的P是以美元标价的石油价格，S是即期美元兑日元汇率。

要使这些产品能够成功，必须有促使发行者发明混合产品的激励机制，而且要让投资者有动力去购买它们。如果该衍生工具的结构可以降低发行者的成本和/或风险，那么就可以满足第一个条件。投资者们常常被一些因素所激励，诸如，不寻常的市场机会、参与或投机于他们不涉足的市场的能力，以及高于市场的投资回报的愿望，因而，第二个要求就经常能通过有技巧的分销、有效的营销手段，以及敏锐的定价来满足。

6.3　金融工具在商品价格风险管理中的应用

6.3.1　商品价格风险管理的基本原理——套期保值理论及其应用

1.套期保值的基本思想

（1）套期保值的概念。套期保值是指把期货市场当作转移价格风险的场所，将期货合约作为将来的现货市场商品的临时替代物，对现在买进准备以后售出的商品或对将来需要买进的商品的价格进行保险的交易活动。

（2）套期保值的基本特征。套期保值的基本做法是，在现货市场和期货市场对同一种类的商品同时进行数量相等但方向相反的买卖活动，即在买进或卖出实货的同时，在期货市场上卖出或买进同等数量的期货，经过一段时间，当价格变动使现货买卖出现盈亏时，可由期货交易上的亏盈来抵消或弥补，从而在“现”与“期”之间、近期和远期之间建立一种对冲机制，以使价格风险降到最低限度。

（3）套期保值的逻辑原理。期货市场作为高度组织化、系统化的市场，能为投资者提供套期保值服务，满足其规避风险的需要。套期保值的经济原理：第一，期货价格与现货价格保持基本相同的走势，要涨都涨，要跌都跌。第二，当期货合约的交割期到来时，期货价格与现货价格相互靠拢，两者大致相等。套期之所以能够保值，是因为同一种特定商品的期货和现货的主要差异在于交货日期前后不一，而它们的价格，则受相同的经济因素和非经济因素的影响和制约，而且，期货合约到期必须进行实货交割的规定性，使现货价格与期货价格还具有趋合性，即当期货合约临近到期日时，两者价格的差异接近于零，否则就有套利的机会。因而，在到期日前，期货和现货价格具有高度的相关性。在相关的两个市场中，反向操作必然有相互冲销的效果。

2.套期保值的方法

（1）生产者的套期保值。不论是向市场提供农副产品的农民，还是向市场提供铜、锡、铅、石油等基础原材料的企业，作为社会商品的供应者，为了保证其已经生产出来准备提供给市场或尚在生产过程中将来要向市场出售的商品的合理经济利润，以防止正式出售时价格的可能下跌而遭受损失，均可以采用套期保值的交易方式来减小价格波动的风险，即在期货市场以卖主的身份售出数量相等的期货作为保值手段。

(2) 经营者套期保值。对于经营者来说，他所面临的市场风险是商品收购后尚未转售出去时商品价格下跌，这将会使他的经营利润减少甚至发生亏损。为规避此类市场风险，经营者可采用套期保值方式来进行价格保险。

(3) 加工者的综合套期保值。对于加工者来说，市场风险来自买和卖两个方面。他既担心原材料价格上涨，又担心成品价格下跌，更怕原材料上升、成品价格下跌局面的同时出现。只要该加工者所需的材料及加工后的成品都可进入期货市场进行交易，那么他就可以利用期货市场进行综合套期保值，既对购进的原材料进行套期保值，也对其产品进行套期保值，这样就可解除他的后顾之忧，锁牢其加工利润，从而专心进行加工生产。

3. 套期保值的作用

企业是社会经济的细胞，企业用其拥有或掌握的资源去生产经营什么、生产多少以及如何生产经营，不仅直接关系到企业本身的生产经济效益，而且还关系到社会资源的合理配置和社会经济效益的提高。而企业生产经营决策正确与否的关键，在于能否正确地把握市场供求状态，特别是能否正确掌握市场下一步的变动趋势。期货市场的建立，不仅能使企业通过期货市场获取未来市场的供求信息，提高企业生产经营决策的科学合理性，真正做到以需定产，而且为企业通过套期保值来规避市场价格风险提供了场所，在增进企业经济效益方面发挥着重要作用。

4. 套期保值的原则与策略

(1) 为了更好地实现套期保值的目的，企业在进行套期保值交易时，必须遵循以下原则：

①交易方向相反原则。指在做套期保值交易时，套期保值者必须同时或先后在现货市场上和期货市场上采取相反的买卖行动，即进行反向操作，在两个市场上处于相反的买卖位置。只有遵循交易方向相反原则，交易者才能得到在一个市场上亏损的同时在另一个市场上必定盈利的结果，从而才能用一个市场上的盈利去弥补另一个市场上的亏损，达到套期保值的目的。如果违反了交易方向相反原则，所做的期货交易就不能称做套期保值交易，不仅达不到规避价格风险的目的，反而增加了价格风险，其结果有可能是在两个市场上都亏损。

②商品种类相同原则。指在做套期保值交易时，所选择的期货商品必须和套期保值者将在现货市场中买进或卖出的现货商品在种类上相同。只有商品种类相同，期货价格和现货价格之间才有可能形成密切的关系，才能在价格走势上保持大致相同的趋势。从而使得在两个市场上同时或前后采取反向买卖的行动取得效果。在做套期保值交易时，必须遵循商品种类相同原则，否则，所做的套期保值交易不仅不能达到规避价格风险的目的，反而会增加价格波动的风险。当然，由于期货商品具

有特殊性，不是所有的商品都能进入期货市场，成为期货商品，这就给套期保值交易带来了一些困难。为解决这一困难，在期货交易的实践中，就推出了"交叉套期保值交易"做法。所谓交叉套期保值，就是当套期保值者为其在现货市场上将要买进或卖出的现货商品进行套期保值时，若无相对应的该种商品的期货合约可用，就可选择另一种与该现货商品的种类不同但在价格走势上互相影响且大致相同的相关商品的期货合约来做套期保值交易。一般的，选择作为替代物的期货商品最好是该现货商品的替代商品，两种商品的相互替代性越强，套期保值交易的效果就会越好。

③商品数量相等原则。指在做套期保值交易时，所选用的期货合约上所载的商品的数量必须与交易者将要在现货市场上买进或卖出的商品数量相等。做套期保值交易之所以必须坚持商品数量相等的原则，是因为只有保持两个市场上买卖商品的数量相等，才能使一个市场上盈利额与另一个市场上的亏损额相等或接近。当然，结束套期保值时，两个市场上盈利额或亏损额的大小，还取决于当时的基差与开始做套期保值时的基差是否相等。在基差不变的情况下，两个市场上的亏损额和盈利额就取决于商品数量，只有当两个市场上买卖的数量相等时，两个市场的亏损额和盈利额才会相等，进而才能用盈利额正好弥补亏损额，达到完全规避价格风险的目的。当然，由于期货合约是标准化的，每张期货合约所代表的商品数量是固定不变的，但是，交易者在现货市场上买卖的商品数量却是各种各样的，这样，就使得在做套期保值交易时，有时很难使所买卖的期货商品数量等于现货市场上买卖的现货商品数量，这就给做套期保值交易带来了一定困难，并会影响套期保值交易效果。

④月份相同或相近原则。指在做套期保值交易时，所选用的期货合约的交割月份最好与交易者将来在现货市场上实际买进或卖出现货商品的时间相同或相近。在选用期货合约时，之所以必须遵循交割月份相同或相近原则，是因为两个市场上出现的亏损额和盈利额受两个市场上价格波动幅度的影响，只有使所选用的期货合约的交割月份和交易者决定在现货市场上实际买进或卖出现货商品的时间相同或相近，才能使期货价格和现货价格之间的联系更加紧密，增强套期保值效果。因为，随着期货合约交割期的到来，期货价格和现货价格会趋向一致。

(2) 在套期保值交易中主要有两种基本的战术策略：

①卖出套期保值。是指生产者在未来的一定时期将收获一批实物，为了防止以后交货时实物价格下跌而遭受损失，就在期货市场上预售同样数量、同一交货期的期货合约。

【例6-1】某期货经纪有限公司的某一粮食企业客户于2001年年初在美国订购了20 000吨现货大豆后，因船期是在1个月之后，于是动用保证金委托期货公司进行卖出套期保值操作。当时，2001年7月期货合约的成交价位为2 280元/吨，于是便将该合约卖出保值（虚盘）。由于市场预期看空，7月期大豆期货率先下跌，到

2001年2月底为止期价已跌破2 000元/吨，偏离了现货价格，该客户在当日平仓离场，经结算共盈利200余万元，相当于该企业全年净利润的70%。平仓后，期价大幅反弹，该客户又在价位较高的9月合约上进行套期保值。本次操作，前后历时不到1个月，期货交易不仅帮助客户实现了套期保值的目的，还起到了资金增值的作用，即套期保值的延伸功能——投资。

【例6-2】2018年年初，某油脂厂看好今年豆粕和豆油价有走高的可能，压榨利润可观，于是在年初购入大量大豆以备加工所需，当时大豆市场价格普遍较高，且由于豆粕货紧价高，高价收购也是有利可图的。但该厂在大量收购的同时也有一丝隐忧，特别是担心国内大豆高价会吸引大量进口大豆流入国内市场，将来大豆价格会出现大幅下挫，库存的大量大豆会急剧贬值，连带豆粕及豆油价格走弱，从而严重影响压榨利润的实现。通过与某公司期货的业务人员共同研究，该油脂厂制订了通过在大连商品交易所抛出大豆期货进行套期保值的操作方案。当时，由于市场看涨气氛甚浓，连收获期现货压力最大的11月大豆期货合约也升上了4 103元/吨的高位，经过周密准备后，该厂于2018年4月9日在大连商品交易所抛出2018年11月合约300手（每手合约10吨），平均价格在4 070元/吨，所需保证金为97.68万元，实际上已将6个月内价格下跌的风险锁定，从而避免了大豆价格下跌可能带来的风险。到了2018年7月30日，在大量进口大豆的冲击下，国内大豆现货价格跌至3 700元/吨以下，豆粕及豆油价格也是一路暴跌，该厂加工已无利可图，但由于其在大连商品交易所进行了套期保值交易，当期价跌至3 620元/吨后平仓300手，期货市场的获利为1 350 000元（300×10×450），从而有效规避了大豆价格下跌的负面影响，在同行竞争中取得了明显的优势。

②买进套期保值。是指经营者在未来的一定时期必须消耗一批实物，为了防止以后购货时实物价格大幅上涨而遭受损失，就在期货市场上预先购入同样数量、同一交货期的期货合约。

【例6-3】2021年春节前因现货铝价持续上扬，供应趋紧的现象明显，而某有色金属经销厂将要在未来半年内持续购入铝锭完成原有的供货合同。为了防止价格持续上扬带来的损失，该厂在期货市场上开始买入期货铝，2021年2月24日上海期货交易所的6月份期铝价格为16 490元/吨，该厂以此价格买入上海6月期铝10手，到2021年5月25日，上海期铝价格已涨至18 340元/吨，该厂以18 340元/吨价格卖出10手，获利高达1 850元/吨，保障了其在现货市场上的购入价格没有因铝价持续走高而增加，使其生产经营得以顺利进行。

5. 进行套期保值的具体运作方式

下面，以一面粉加工商为例，说明在不同情况下企业进行套期保值的运作方式。

（1）企业组织生产时，必须垫付一定的生产流动资金，用来购进原材料以便组织生产。严格地说，从这部分原材料签订合同时就应该进行期货的卖出套期保值，对于一个每月小麦用量2 000吨的面粉加工企业来说，假设其每两个月采购一次小麦，共计4 000吨，当月用掉2 000吨，剩余2 000吨留作下月使用。为防止小麦在接下来的一个月内跌价，该企业可在期货市场卖出2 000吨小麦期货，进行套期保值。若麦价上涨，则现货盈利期货亏损；若麦价下跌，则可以期货盈利弥补现货亏损。可见，无论商品价格如何波动，通过套期保值都可以使企业规避市场风险。

（2）当企业产品滞销，库存积压时，对超出正常备料部分的原材料数量，应及时在期货市场进行卖出保值。假设上述该企业小麦库存达到10 000吨，而正常库存大约为4 000吨，可在期货市场上将超额的6 000吨小麦开仓卖出。

（3）企业在资金紧张时，常常压缩购买原材料的数量，即出现销售量大于采购量的情况。这时该企业应在期货市场进行买入套期保值，买入量应控制在企业正常周转用料的水平。期货市场采取保证金制度，如小麦的保证金规定为合约总价值的5%，即在期货市场上以1 200元/吨买入4 000吨小麦需交保证金24万元（1 200×4 000×5%）。而在现货市场购买同样数量的小麦要交纳货款480万元。可见，通过期货市场的操作，既节约了资金又保证了生产。

（4）企业在卖断远期闭口销售合同时，应在期货市场买入相应的原材料。如果在现货市场售出一定数量的面粉，为避免其原材料小麦价格上涨而增加生产成本，可在期货市场买入相应量的小麦。

（5）当库存量低于正常库存时，应当作买入保值。如果麦价处于高位或中位时，如期价高于1 500元/吨时，可做部分买入，保持低库存，维持正常生产；若麦价处于低位时，如期价低于900元/吨，可在期货市场大量买入，保持较高库存水平。

（6）当库存量高于正常库存时，应当作卖出保值：若麦价处于高位时，可卖出全部多余库存；当麦价处于低位时，可少量卖出，适量减少库存。

综上所述，粮食部门如能在期货保值这个基础上达成共识，以此避免现货市场波动带来的价格风险，稳定企业经营利润，整个粮食系统的各企业将受益匪浅。

6.3.2　商品期货的应用

在我国，随着改革开放的深化和社会主义市场经济模式的确立，期货市场成为继证券市场之后的又一新兴市场。期货交易所具有的发现价格、锁住成本、回避风险和以小博大的特性和功能，引起了越来越多的企业和投资大众日益浓厚的兴趣。经过10多年的探索和实践，以1999年底国务院颁布的《期货交易管理暂行条例》[1]为标志，我国期货市场已走向了规范化健康发展的道路。到2021年6月，全国共有5家期货交易所，近200家期货经纪公司，上市交易的期货品种达数十种，不断成熟的中国期货市场将为市场经济的进一步发展发挥积极作用。

1　该条例于2007年随《期货交易管理条例》的颁布废止。

商品期货价格与现货价格之间的关系比金融期货更易受到供求关系的影响。当商品的需求上涨时，就像冬季的供暖油，期货价格就会比现金买入并持有套利定价机制决定的还要高些。当供给大于需求，比如春季的活猪或夏季的供暖油，期货价格将下降，甚至可能比现货价格还低。后一种情况，即期货价格低于现货价格，被称为期货折价（Backwardation），以便与经常使用的期货溢价（Contango）相区别，在这个市场上，期货价格对现货价格是溢价。

虽然商品期货价与现货价之间的关系不如金融期货那么直观，但是这两个市场确实是联动的。如果现货市场价格上涨，那么商品期货价格也会上涨相似的数量。这说明商品期货，特别是高流动性的近期合约，可以成为相应商品的有效替代。虽然长期合约变动不会如此敏感，但这只是预期。现货价格的短期波动并不预示着价格的永久改变，因此短期合约能够及时应变而长期合约则不会。但是，如果市场上有结构性的变化影响了对商品价格的长期期望值，那么长期合约也会相应地变动。

相比于金融期货，商品期货市场存在较低的流动性和更大的差价。因此，对商品衍生工具进行套期保值成本较高，而且基差风险也更高。例如，做市商可以采取一套短期商品期货合约对5年期石油互换进行套期保值，并连续在每笔期货合约到期时进行滚动套期保值。如果现货与期货之间的基差最终与互换被定价时的估计不同，做市商将遭受基差风险。

当做市商利用期货对商品互换进行交叉套期保值时，基差风险也会产生。例如，航空燃料互换协议能够以原油期货来套期保值，因为市场中没有航空燃料期货合约。原油和航空燃料价格走势相近似，但两者之间并不完全吻合，基差风险仍然存在。

6.3.3 商品期权的应用

我们已经确认了利用商品期货作为相应商品价格替代的可行性，那么创造出其他商品衍生工具相对来说就容易了。商品期权可以通过标准的布莱克-斯科尔斯或二项式模型定价，并且通过买卖数量为德尔塔倍的商品期货合约来进行动态套期保值。对商品上限、下限、领形组合定价，正如前面解释的要将组成它们的一连串期权的期权费加总。在这一点上，商品衍生工具和相应的利率衍生工具非常相似。

对于将来一年内的单一商品交易价格可以利用商品期货固定，如果套期保值者希望在商品价格的相反运动中得到保护，但又能从有利的走势中继续得到收益，交易所或柜台商品期权可以解决这个问题。例如，图6-2表明在2009年7月24日采用4份不同的NYMEX买入期权购买9月份轻质原油时的实际价格。图中也列出了利用9月份期货合约的成本线，以及如果买方没有套期保值的结果。

这些图形并不陌生，与我们在前面章节中见过的货币期权和利率期权的图形有相同的特征。85美元的价内买入期权显示了与期货套期保值相似的价格特征——在例示的大部分价格区间中成本固定，但如果油价跌到85美元/桶以下，它有可能

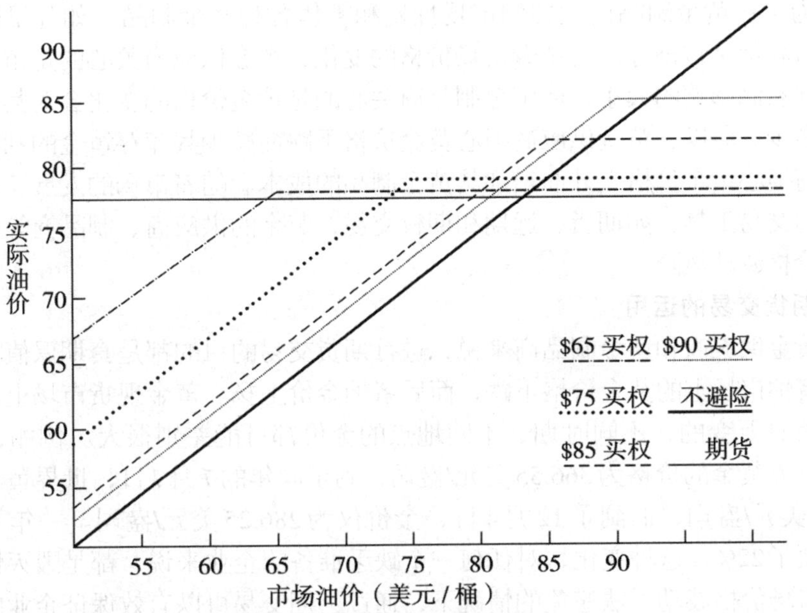

图6-2 使用商品期权套期保值

节省资金。另一方面，价外期权约定价格为90美元，它的盈亏图与没有进行套期保值的相似。它使得当石油价格低时有相当可观的节省，而一旦石油价格上升突破每桶90美元，它就只提供保护。和通常一样，约定价格在近价（Near-the-Money）的期权提供了两个极端间的折中。

6.3.4 商品互换的应用

短期的商品互换可以通过一连串的期货合约来定价和套期保值。和利率互换一样，商品互换率是商品远期价格的加权平均，以零息票折现因子作为权数。为了对长期限的互换定价，由于没有合适的期货合约，做市商必须推断出商品远期价格曲线以便计算出商品期货价格，如果它仍存在的话。采用前面章节中介绍的方法，推选套期保值（Stack Hedge）措施就能以较长期限的互换进行套期保值。

商品互换的价格不但要考虑前面章节考察的问题，如期货与敞口日期的不一致，而且还必须考虑到价差、基差风险，以及对变动保证金的融资。但是，商品互换能定在一个有足够吸引力的价位上，以为暴露于商品风险中的商品提供有效的成本风险管理办法。

6.3.5 金融工具在商品价格风险管理中的应用综合举例

这里，我们以黄金供应商和黄金制品商如何转嫁市场价格风险来说明金融工具在商品价格风险管理中的综合应用。

黄金市场上的黄金供应商和制品商是有区别的。黄金供应商主要是黄金的开采企业或向市场批发销售黄金的银行和大金商，销售的黄金主要以金砖和分量比较大的金条为主；黄金制品商主要向市场批发和零售各种黄金制品，如分量较小的金条、金币和黄金首饰等。对黄金市场价格的变化，黄金供应商关心的是市场价格变化会对其利润影响的大小；而黄金制品商关心的是黄金价格的变化会对其生产成本影响的多少。所以，黄金供应商担心黄金价格下跌而减少其库存黄金的利润，而黄金制品商担心黄金价格上升而增加其黄金制品的成本。随着市场的发展，利用黄金市场上的交易工具，如期货、远期和期权交易，黄金的供应商、制品商等可以规避和转移价格波动风险。

1. 期货交易的运用

对黄金供应商和黄金制品商来说，进行期货交易的目的都是套期保值，但不同的是前者怕市场上的黄金价格下跌，而后者怕金价上扬。黄金现货市场上，黄金的价格是瞬息万变的，不同时期、不同地点的金价都可能差别很大。例如，1997年年初，世界黄金的价格为366.55美元/盎司，到了同年的7月7日，世界黄金价格跌到314.1美元/盎司，而到了12月4日，金价仅为286.25美元/盎司。一年不到，市场金价跌了22%。这种变化，对任何一个缺乏准备的企业来说，都是毁灭性的。因此，在市场价格波动无法避免的情况下，通过远期交易可以有效保证企业的成交价格，避免因价格变化给企业的利润带来影响。

（1）黄金供应商的策略。假如一个黄金供应商预计3个月后有1 000盎司的黄金可供出售，市场现价为300美元/盎司，则折合总价为30万美元，而供应商担心到了3个月后市场价格会低于现价，于是他会在黄金期货市场上找一家有信誉的金商或银行卖出3个月1 000盎司的远期黄金，而远期黄金价格是由黄金即期价格、美元利率和黄金租赁利率所决定的。假设3个月美元利率和黄金租赁利率分别为年息6%和0.5%，则远期价格为300×［1+（6%−0.5%）×90÷360］=304.13（美元/盎司）。于是，供应商会签订3个月后以304.13美元向金商出售1 000盎司的合同。如果3个月后果如供应商所预料的那样，金价大跌，变成了280美元/盎司，虽然他手中的实物黄金价格下跌，但仍能按照3月前的合同以304.13美元的价格成交，可以成功地避免价格的影响。当然，如果价格变化与该黄金供应商预计的相反，涨到320美元/盎司，他也无法获取这部分因价格上涨而多得的利润。

（2）黄金制品商的策略。对黄金制品商来说，金价的上升会直接影响到自己的生产成本，进而对利润产生影响。例如，某黄金制品商将在3个月后按定价交付一批产品，但生产只能在一个月后开始，为了防止1个月后金价上升对成本的影响，该黄金制品商应按照目前的金价买入一份1月期的黄金期货。这样，1个月后，他就能按照规定的金价买到黄金，完全不必担心金价的波动。当然，这里他同样不能享受到黄金价格下降给他带来的额外利润。

2. 期权交易的运用

所谓期权交易，实际上就是“权利”的买卖，这种“权利”是指持有人享有依照事先约定的价格或买进或卖出某种产品或期货的权利。期权按买入和卖出的权利不同可以分为买入期权和卖出期权。期权的卖方在收取买方的期权费或称权利金（期权的价格Premium）后有义务履行合约。影响期权价格的因素非常多，其中重要的有：行权价格与该商品价格的关系、期权的有效期内市场的波动性、短期资金利率等等。

运用期权工具，黄金供应商和制造商们既可以避免金价波动的风险，又不会损失获取额外利润的良机。如上例，该黄金供应商可以买入3个月后到期的约定价格为304美元/盎司的卖出期权，即其支付期权费后有权在3个月后向卖出期权的银行以304美元的价格卖出1 000盎司的黄金。如果到期时市场黄金价格低于304美元，该黄金供应商可以要求对方履行合约，即行权；而如果金价果真涨到320美元/盎司，该供应商必然放弃行权，而在市场上以320美元的价格抛出手中的实物黄金。同样，对于那个黄金制品商而言，如果担心金价上扬，可以买进一个1月期的买入期权，如果到期时金价高于约定价格，该企业可以要求履约。如果当时市场价向不利于买方的方向发展，买方可以行权；但当市场价格利于买方时，买方可以以市场价格成交，而放弃行权。与远期期货交易方式相比不难看出，期权买方的盈利可能很大或无限，但风险却能被锁定，最大损失就是购买期权的期权费，因此，利用期权方式避险，即使对行情判断有误，也可以将损失限定住，为买方有效防范黄金价格变动的风险。

从以上的分析不难看出，期权交易对买方而言，风险较小、损失有限，选择灵活是其优点。但也不能想当然地认为买黄金期权就一定好，而是要根据自身保值的需要，结合市场行情，在专业投资机构的指导下，选择适合自己的保值方式。

● 思考与练习

（1）掌握有关概念：

商品风险　商品互换　买进套期保值

（2）什么是双向期权？试分析它与看涨、看跌期权的异同。

（3）分析商品互换对参与互换的交易各方的作用。

（4）试阐述商品价格风险管理中的套期保值原理。

（5）综合评价期货、期权、互换、混合商品衍生工具在商品价格风险管理中的作用。

第7章 股票风险管理

◇学习目标

- 股票风险的定义、特征
- 基于期货的金融工具配置与股票风险管理
- 基于期权的金融工具配置与股票风险管理
- 其他金融工具配置与股票风险管理

7.1 股票风险

7.1.1 股票

股票是有价证券的一种，与其他证券相比，股票有如下特点：

（1）股票无返还性。股票一经购买，股东不得要求退还股金。股东只能通过股票的转让收回资本。若退还股金，会导致公司资本的不稳定，不利于社会经济的发展。

（2）股票价格有较大的波动性。股票价格由其预期收益和市场利率决定，还受诸如经济、政治、心理等其他因素的影响。各种因素的变化，都会带来股价波动，甚至是大幅度波动。

（3）股票有较大的风险性。任何投资都存在一定的风险，投资股票比进行其他投资风险更大。风险不仅来自收益的不稳定性，还源于价格的剧烈波动。所以，常有这样一句话：股市有风险，投资者请谨慎入市。

7.1.2 股票收益与风险

在进行股票投资时，投资者最关心的就是收益和风险。我们知道，投资的收益与风险存在正比关系，即风险随着预期收益的增高而变大。把钱存在银行里，风险很小，但收益很低；投资于股市，收益可能会很高，但损失也可能会很大。股票投资风险与收益的相互关系如图7-1所示。

下面，我们来具体考察一下股票的收益与风险：

1.股票收益

股票风险与收益有关。何谓股票投资收益？股票收益指投资者投资股市所得的报酬。一般来说，股票收益分为两类，一类是货币收益，另一类是非货币收益。货币收益是投资者购买股票后一定时期内获得的货币收入，包括两部分：一是投资者购买股票成为公司的股东后，按照其持股的多少从公司获得相应的股利，如股息、现金红利等；二是因持有的股票价格上升所形成的资本增值，即投资者通过低价买进后高价卖出，或高价卖出低价买进所赚取的差价利润。非货币收益的形式多样，如大额投资者购买到一定比例的公司股票后，可进入公司的董事会，进而影响公司的经营决策。在研究股票收益时，一般不考虑非货币收益。

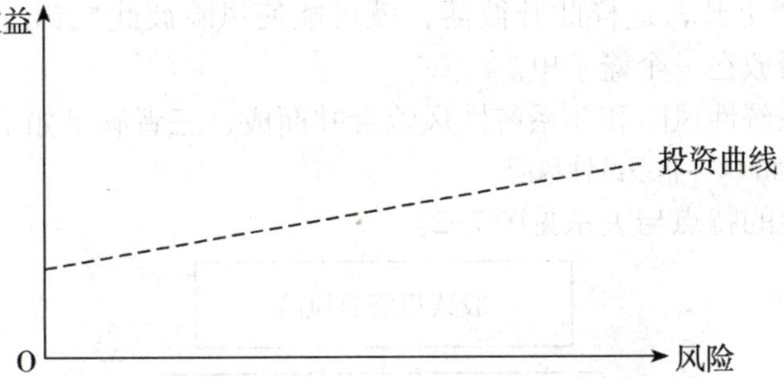

图7-1 股票风险与收益的关系图

衡量股票投资收益大小的指标有本期收益率与持有期收益率。本期收益率是股利与本期股票价格的比率。即：

$$本期收益率=\frac{股利}{本期股票价格}\times 100\%$$

式中的"本期股票价格"指股票市场上该股票的当日收盘价；"股利"指上一年每一股股票获得的股利。

持有期收益率指投资者买入股票持有一段时间后又卖出该股票，在投资者持有该股票期间的收益率。即：

$$持有期收益率=\frac{卖出价格-买入价格+现金股利}{买入价格}\times 100\%$$

可见，股利的减少与股票价格的非预期变动都会造成实际收益低于预期收益。

2.股票风险

(1) 风险的分类

股票风险通常以其影响的范围与能否分散为标志划分为两大类：系统性风险和非系统性风险。

系统性风险（Systematic Risk），指由于某种因素使股票市场上所有股票都出现价格变动，并给所有投资者带来损失的可能性。该风险是投资者无法控制的总体市场行为，会对所有股票产生影响，且无法通过投资者的证券多样化组合来加以规避，故又称不可多样化风险（Undiversifiable Risk）。系统性风险通常可分为市场风险、利率风险、外汇风险、购买力风险和政治风险等。不过，这种风险对不同股票的影响程度会有不同，有的股票易受整个经济环境的干扰，有的股票抗干扰能力则强一些。

非系统性风险（Unsystematic Risk），指某些个别因素对某一股票收益造成损失的可能性。它与系统性风险不同，特指个别股票所独有的并随时变动的风险，主要包括经营风险和财务风险等。由于非系统性风险只对局部股票收益产生影响，因此，它可通过投资者的分散投资组合来加以规避，故又被称为可多样化风险（Diversifiable Risk）。如持有多种股票，当有些股票价格下跌、股息减少时，另一些股票价格可能上升，这样此升彼落，就可能使风险彼此抵销。也就是我们常说的：不要把鸡蛋放在一个篮子里。

总风险由系统性风险和非系统性风险合并而成，三者满足如下关系：

总风险=系统性风险+非系统性风险

这三类风险的特点与关系见图7-2。

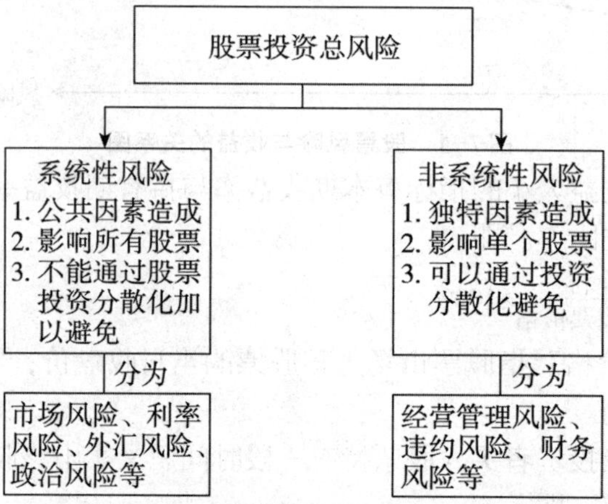

图7-2　股票风险分类

（2）系统性风险

系统性风险使几乎所有的股票以同样的方式变动。1997年东南亚发生的金融危机，令几乎所有在我国香港证券交易所上市的股票都受到影响大幅下跌；2001年美国发生的“9·11事件”，导致标准普尔500、NASDAQ指数等都大幅下跌，这就是系统性风险。

系统性风险可分为市场风险、购买力风险、利率风险、国际政治和外汇风险。

①市场风险。市场风险是指由于直接影响股票市场的内外部因素和市场形势而给投资者带来损失的可能性。根据引起市场变化的不同因素，市场风险可分为宏观经济风险、社会政治风险与预期风险。

宏观经济风险主要是由于经济的周期性波动、宏观经济政策以及国际经济因素的变化给股票投资者可能带来的意外损失。

经济周期会对股票市场产生重大影响。它包括四个阶段：繁荣、危机、萧条和复苏。在经济复苏和繁荣时期，社会总需求、总投资旺盛，经济呈增长态势，就业率与个人收入水平也有较大提高。与此相应，股票市场筹资与投资也很活跃，股票收益看好。然而，在经济萧条特别是危机时期，经济活动停滞不前，甚至萎缩、倒退，那么股票市场也必然受到冲击。在这种情况下，股票价格会大幅波动并呈跌势，投资者的实际收益率会下降，甚至出现亏损。

政府的宏观经济政策也会从多方面影响股市。产业政策对不同行业板块的股票价格有不同影响；税收政策会从企业收益与消费者投资实际所得两方面影响股市；金融管理政策对证券市场影响更大，严格的管理法规有利于市场交易的正常进行，不健全的法规环境则会导致暗箱操作、内幕交易。此外，政策的连续性与稳定性也至关重要，随意地发布重大信息必然会造成股票市场的非正常波动。

国际经济环境的变化也会影响股市。在当今世界经济一体化、全球化的形势下，一国经济发生问题，往往会在国际上引起连锁反应。1997年的亚洲金融危机首先在泰国爆发，后殃及印尼、马来西亚等众多国家；2001年美国股市的大幅下跌，对东京、伦敦等主要股票市场都产生了巨大影响。

稳定的社会、政治环境对一国股市的稳定至关重要。设想一国政局出现很大变动，比如政权更迭、战争内乱等，一国的股市怎么可能牛气冲天？此外，政界人士参与证券投机活动或证券从业人员从事内幕交易的丑闻都会造成股市的剧烈动荡。

投资者的预期风险主要基于投资者对客观政治、经济、社会事件变化所做出的判断与反应。而这种判断与反应决定了投资者买、卖股票的行为。比如，股市的最初下跌可能使很多投资者信心动摇，他们如果预计股市还会有进一步下跌的可能，就会大量抛售股票，从而造成股市真的进一步下跌，如此下去，甚至会出现股市狂跌。但假如在股市最初下跌时绝大多数投资者认为股市只是小幅波动，市场上多头方力量强盛，那么市场就不会继续下跌。由此可见，投资者的预期对股市的影响也很大。

②购买力风险。购买力风险又称“通货膨胀风险”，是指由物价上涨、货币贬值而使投资者遭受损失的可能性。

股票的收益可分为名义收益率和实际收益率，名义收益率是指股票投资的本期收益率或持有期收益率，实际收益率为名义收益率减去通货膨胀率。例如，投资者一年的股票收益率为10%，若此时通货膨胀率为8%，那么投资者的实际收益率只有2%，当通胀率大于10%时，该投资不但不会盈利，反而会亏损。

通货膨胀是一种常见的经济现象，它的存在必然使投资者面临购买力风险，而且这种风险不能因退出股票市场就可以避免。进行股票投资时，投资者往往选择具有较高收益的股票来消除风险。

③利率风险。某种股票的利率风险指市场利率的波动而导致的该股票收益的潜在变动。一般而言，市场利率上升，股票价格会下跌；市场利率下降，股票价格则回升。原因有二：其一，人们持有金融资产的目的是获取收益，在收益率相当的情况下，银行储蓄的风险远小于股票投资，所以，一旦银行存款利率上升，资金就会

从股市中抽出，从而使股票投资需求下降，股票价格下跌。其二，银行贷款利率上升后，信贷市场银根紧缩，企业资金借贷成本升高，生产发展与盈利能力也会随之削弱，这也可能造成股票的价格下跌。

④国际政治风险与外汇风险。对于国际股票投资，系统性风险中还包括国际政治风险和外汇风险。

国际政治风险指国际上的突发事件、国家政策变化等对投资者投资收益造成损失的可能性。比如，剥夺非居民的资产，不让外国投资者撤回资金，不利的税收和关税政策等都会影响股票收益。

外汇风险主要来自汇率的波动。汇率的波动，尤其是短期汇率的变动是很难预测的。当投资者投资于某种外国资产时，就会遭受汇率变动带来股票收益下降的可能性。

（3）非系统性风险

非系统性风险是个人、企业由于经营和管理不善所带来的风险，只影响个别的、少数的股票。

非系统性风险主要包括经营风险、违约风险和流动性风险。

①经营风险。是指由于企业内部经营管理和外部经营环境方面的问题造成企业收入变动而引起股票收益下降的可能性。其中，内部经营管理所导致的风险称为管理风险；外部环境导致的风险称为环境风险。

管理风险源于管理人员所做出的管理决策。管理风险的大小与管理者的知识水平、经验阅历、决策能力有关。一般来说，管理风险包括以下三个方面：一是对不可抗力缺乏保护性措施。不可抗力指难以预料、不可抵抗的自然现象，如地震、暴风、旱涝等。不可抗力事件有时会给企业财产带来摧毁性打击。如果企业没有对其财产进行保险，公司就可能会遭受突然破产的巨损。而保险以后，企业所遭受的由不可抗力带来的损失就可由保险公司来承担。二是产品更新方面的决策失误。产品有其生命周期，任由企业的产品老化过时，就会影响企业的产品销售，降低公司的收入。因此，企业的管理者必须注意研发新产品，从而保持和扩大对市场的占有率。相反，若企业没有做到这一点，那么必然会使投资者遭受长久持续的损失。三是销售策略的错误。企业要生存并发展，一方面需要提高产品的质量，不断更新产品；另一方面，还要加强销售管理，如果任由公司的产品依赖于某几个特定的顾客群，就会使企业最终因销售不畅而陷入困境。

环境风险指政府针对某一特定企业或行业的经济政策和管理措施对企业的经营活动产生的不利影响。例如，政府有意识地扶持某企业或赋予其垄断经营权，而对另一企业则进行干预，以限制其活动范围和方式。

②违约风险。是指企业由于财务状况不佳而不能对某一股票按期支付股息而给股票投资者带来的风险。由于违约是企业失去信誉的表现，一旦公司出现违约，将

立刻导致投资者在市场上抛售该公司股票，使其市价很快下滑。如果是临时违约，当投资者了解了情况并恢复信心后，会终止抛售。否则，一旦投资者失去信心，集体抛售，其结果必然会导致该股票价格猛跌。一般来说，违约带来的风险程度还要视企业长期信用和财务恶化状况而定。

③流动性风险。是指由于资产变现困难而造成的投资者收益损失的可能性。一种股票在不做出大的价格让步的情况下卖出的困难越大，则拥有该种股票的流动性风险越大。在流通市场上交易的各种股票之间的流动性差异很大，有些股票极易脱手，而另一些股票在投资者急于要将其变现时，除非在价格上做出很大的牺牲，否则很难脱手。因而，投资者在进行股票投资时，不同股票的流动性风险也是要予以考虑的问题。

7.1.3 股票风险的衡量

在股票市场上投资者要规避风险，除了要对风险加以识别外，还应将投资风险加以量化、估算。

1.β系数

在股票风险估量中，β系数是一个常用的统计指标。所谓β系数就是相对整个股票市场某一证券或证券组合收益变动性的衡量指标。比如，某股票的β系数为1.5，就表示若整个股市上升10%，则该股票的价格将上升15%；反之，若整个股市下跌10%，则该股票价格将下跌15%。又如，某股票的β系数为0.5，则表示若整个股市上升10%，则该股票价格只上升5%；相反，若整个股市下跌10%，该股票价格也只下跌5%。这表明，相对整个市场而言，前一种股票的风险较大，而后一种股票的风险较小。总的来说，β值大的风险大，β值小的风险小。若某股票的β值大于1.5，一般就可将其看做高风险股票。

β值在股票投资中有重要作用。通常以β值小于1的股票为防守性股票，β值大于1的股票为进攻性股票，投资者选择何种股票，因经验、能力而定。β值的大小可由数据、资料通过回归方法求得。

2.标准差

标准差（σ）也是股票风险中的一个常用统计指标，它通常用来衡量一个统计数列的变动大小。其计算公式为：

$$\sigma = \sqrt{\frac{\sum (X - \overline{X})^2}{N}}$$

式中：X——变量；$\overline{X}$——平均值；N——单位数。

在股票风险评估中，标准差大的股票，其风险大；相反，其风险小。例如，利用甲公司股票年收益率资料，先求得8年的平均收益率为9%，然后算出其标准差为4.2%，这就说明，甲公司股票收益率高时可达13.2%，低时只有4.8%。若乙公司8年的平均收益率也为9%，标准差为6.3%，那么乙公司股票年收益率最高可达

15.3%，低时只有2.7%。很显然，乙公司股票的风险比甲公司的大。

最后还需指出，β和σ都是利用统计资料计算出来的，因此只是对过去情况的说明。而预测收益是对未来的估计，与过去未必一样，这两种统计方法只是向投资者提供一种预测依据而已。

7.2 基于期货的金融工具配置与股票风险管理

在上一节中，我们已经指出股票投资有两类风险需要防范，一类是非系统性风险，一类是系统性风险。那么，针对这两种风险的期货衍生工具也有两种：股票期货和股指期货。

7.2.1 股票期货

1.股票期货简介

股票期货是以单只股票作为标的的期货，属于股票衍生品的一种。在股票衍生品中，股票指数期货与期权诞生于20世纪80年代初；而股票期货则是80年代后期才开始出现，市场影响力较小。据美国期货业协会的统计数据显示，较早开设个股期货交易的在全球有五家交易所（阿姆斯特丹交易所、布达佩斯证券交易所、香港交易所、斯德哥尔摩证券交易所以及悉尼期货交易所）。2000年时全年个股期货交易量逾260万张，不过也仅占上述五家交易所期货交易总量的1%不到。

但进入21世纪后，股票期货作为一个相对较新的产品越来越受到人们的关注，特别是英国的伦敦国际金融期货与期权交易所（LIFFE）推出的全球股票期货（USF）成长速度很快。LIFFE于2001年1月29日推出了25只股票的期货交易，4月2日起增加了15只股票，从5月14日起再增加25只股票期货品种，总计达到65个股票期货合约。这些股票包括英国、欧洲大陆和美国的蓝筹股，涵盖电信、科技、银行、石油、医药、保险、传媒、零售及汽车制造等9大类行业。

美国于2000年12月颁布了《2000年商品期货现代化法案》，该法案推翻了美国国内有关单只股票期货交易长达18年之久的禁令。新加坡交易所也推出了单只股票期货。

下面，以香港股票期货交易为例，介绍股票交易的情况：

早在1995年，香港期货交易所就在全球率先推出了股票期货交易，经过20多年的时间和发展，目前已拥有83个上市公司股票期货品种。表7-1列出了这83个股票期货合约。从合约细则设计（参见表7-1、表7-2）来看，香港期交所的股票期货有以下独特之处：

（1）合约乘数因标的股票的股本规模而异。表7-1列出的不同股票期货品种其合约乘数各不相同，利丰有限公司合约乘数高达2 000，而恒生银行合约乘数却只有100。灵活的合约乘数设计使股票期货的交投与对应股票现货结合得更加紧密，并可以有效地规避对个股的操纵。

表7-1 **香港期货交易所股票期货产品及其合约乘数**

号数	股票编号	正股名称	HKATS	合约乘数
1	1	长江和记实业有限公司	CKH	500
2	2	中电控股有限公司	CLP	500
3	3	香港中华煤气有限公司	HKG	1 000
4	4	九龙仓集团有限公司	WHL	1 000
5	5	汇丰控股有限公司	HKB	400
6	6	电能实业有限公司	HEH	500
7	11	恒生银行有限公司	HSB	100
8	12	恒基兆业地产有限公司	HLD	1 000
9	16	新鸿基地产发展有限公司	SHK	1 000
10	17	新世界发展有限公司	NWD	1 000
11	19	太古股份有限公司A	SWA	500
12	23	东亚银行有限公司	BEA	200
13	27	银河娱乐集团有限公司	GLX	1 000
14	66	香港铁路有限公司	MTR	500
15	175	吉利汽车控股有限公司	GAH	5 000
16	241	阿里健康信息技术有限公司	ALH	2 000
17	267	中国中信股份有限公司	CIT	1 000
18	268	金蝶国际软件集团有限公司	KDS	2 000
19	386	中国石油化工股份有限公司	CPC	2 000
20	388	香港交易及结算所有限公司	HEX	100
21	688	中国海外发展有限公司	COL	2000
22	700	腾讯控股有限公司	TCH	100
23	728	中国电信股份有限公司	CTC	2 000
24	762	中国联合网络通信（香港）股份有限公司	CHU	2 000
25	788	中国铁塔股份有限公司	TWR	10 000
26	823	领展房地产投资信托基金	LNK	1 000
27	857	中国石油天然气股份有限公司	PEC	2 000
28	883	中国海洋石油有限公司	CNC	1 000

续表

号数	股票编号	正股名称	HKATS	合约乘数
29	902	华能国际电力股份有限公司	HNP	2 000
30	914	安徽海螺水泥股份有限公司	ACC	500
31	939	中国建设银行股份有限公司	CCB	1 000
32	941	中国移动有限公司	CHT	500
33	981	中芯国际集成电路制造有限公司	SMC	2 500
34	998	中信银行股份有限公司	CTB	20 000
35	1024	快手科技	KST	500
36	1088	中国神华能源股份有限公司	CSE	500
37	1171	兖州煤业股份有限公司	YZC	2 000
38	1288	中国农业银行股份有限公司	ABC	10 000
39	1299	友邦保险控股有限公司	AIA	1 000
40	1336	新华人寿保险股份有限公司	NCL	1 000
41	1359	中国信达资产管理股份有限公司	CDA	5 000
42	1398	中国工商银行股份有限公司	ICB	1 000
43	1800	中国交通建设股份有限公司	CCC	1 000
44	1810	小米集团	MIU	1 000
45	1816	中国广核电力股份有限公司	CGN	10 000
46	1833	平安健康医疗科技有限公司	PHT	500
47	1876	百威亚太控股有限公司	BUD	1 000
48	1898	中国中煤能源股份有限公司	CCE	1 000
49	1918	融创中国控股有限公司	SUN	2 000
50	1928	金沙中国有限公司	SAN	400
51	1988	中国民生银行股份有限公司	MSB	10 000
52	2007	碧桂园控股有限公司	COG	5 000
53	2018	瑞声科技控股有限公司	AAC	1 000
54	2238	广州汽车集团股份有限公司	GAC	4 000
55	2269	药明生物技术有限公司	WXB	500
56	2318	中国平安保险（集团）股份有限公司	PAI	500

续表

号数	股票编号	正股名称	HKATS	合约乘数
57	2328	中国人民财产保险股份有限公司	PIC	2 000
58	2333	长城汽车股份有限公司	GWM	10 000
59	2382	舜宇光学科技（集团）有限公司	SNO	1 000
60	2388	中银香港（控股）有限公司	BOC	500
61	2600	中国铝业股份有限公司	ALC	2 000
62	2601	中国太平洋保险（集团）股份有限公司	CPI	1 000
63	2628	中国人寿保险股份有限公司	CLI	1 000
64	2800	盈富基金	TRF	50 000
65	2822	CSOP富时中国A50 ETF	CSA	5 000
66	2823	iShares 安硕富时 A50 中国指数ETF	A50	5 000
67	2828	恒生中国企业指数上市基金	HCF	5 000
68	2899	紫金矿业集团股份有限公司	ZJM	2 000
69	3188	华夏沪深300指数ETF	AMC	2 000
70	3328	交通银行股份有限公司	BCM	1 000
71	3333	中国恒大集团	EVG	2 000
72	3690	美团点评	MET	500
73	3888	金山软件有限公司	KSO	1 000
74	3968	招商银行股份有限公司	CMB	500
75	3988	中国银行股份有限公司	BCL	1 000
76	6030	中信证券股份有限公司	CTS	1 000
77	6618	京东健康股份有限公司	JDH	500
78	6837	海通证券股份有限公司	HAI	10 000
79	9618	京东集团股份有限公司	JDC	500
80	9626	哔哩哔哩集团股份有限公司	BIL	60
81	9888	百度集团股份有限公司	BIU	150
82	9988	阿里巴巴集团控股有限公司	ALB巴	500
83	9999	网易	NTE	500

资料来源：香港交易所网站http：//www.hkex.com.hk/，2021年3月更新数据。

注：①每一交易所会员账户或每一客户账户，在任一合约月份以500张多头及空头合约为限。

②每一交易所会员账户或每一客户账户，在任一合约月份多头及空头仓位超过200张必须呈报。

表7-2 **香港期货交易所股票期货产品一般合约规格**

项目	合约细则
相关股票及HKATS代码	请参考股票期货名单http：//www.hkex.com.hk/Products/Listed-Derivatives/Single-Stock/Stock-Futures？sc_lang=zh-HK
合约乘数	一手正股
合约价值	立约成价乘以合约乘数
最低价格波幅	港币$0.01
合约月份	现月，下两个月，之后的两个季月
交易时间	上午9时30分至中午12时整及下午1时整至下午4时整
最后交易日	该月最后第二个营业日
最后结算日	最后交易日之后的第一个营业日
最后结算价	相关股票于最后交易日当天的联交所所报的正式收市价
结算方法	以现金结算
交易费用及征费	交易所费用 新三级收费类别 证监会征费 港币0.10 佣金 商议

资料来源：香港交易所网站http：//www.hkex.com.hk/，2021年3月更新数据。

（2）持仓限额与大量未平仓合约呈报制度。不同的股票期货品种规定了不同的持仓限额，但与合约乘数不同的是，持仓限额的大小不是由流通股规模决定，而是与对应个股的板块、交投活跃程度相关。高科技板块（如中国移动、联想集团、电讯盈科）和金融板块（如恒生银行、汇丰控股）的股票期货持仓限额都在1 000张以上，东业银行更是高达2 000张，但传统能源类如华润创业持仓限额却只有500张。

香港期交所规定，合约月份多头及空头仓位超过200张必须呈报。呈报制的好处在于：期交所可以随时知道谁持有大量未平仓合约，如果认定其投资者的未平仓合约可能增加市场风险，就可以提高该投资者的保证金需求，或是强行平仓，从而有效防止人为操纵。

（3）不设每日价格涨跌幅限制。在指定的交易时间内，不管现在的期货价格与市价的差别有多大，所有合约月份的合约都可以买卖，没有任何涨跌停板的限制。这是由于股票期货是对应个股的完全替代，只要现货市场继续不停地买卖，期货市场就不应有价格波动。但是，缺乏每日价格涨跌停板的限制，当现货市场价格频繁变动时，可能为不法分子操纵期市提供可乘之机。

（4）最后结算价的合理设定。香港期交所的股票期货合约的最后结算价，并不是当天现货市场的收盘价，而是最后交易日标的股票在现货市场每5分钟最高买入价与最低卖出价的中间价的平均价。与收市价比较，这一安排使得影响合约的最后结算价变得较为困难，由此可以提高市场的公平性，吸引投资者参与股票期货市场买卖。

香港期交所股票期货合约的保证金水平（见表7-3）因对应股票现货不同而不同，作为恒生指数主要成分股，地产板块（长江实业、恒基兆业、和记黄埔、新鸿基等）保证金比率远高于其他类型的股票期货。对于结算所注册会员（HKCC Membership），只需交纳客户保证金金额的80%。客户的维持保证金水平定为初始保证金金额的80%。

表7-3　**香港期货交易所部分股票期货合约保证金一览表**

产品		客户		结算所参与者
		初始保证金（港币）	维持保证金（港币）	初始保证金（港币）
iShares 安硕富时 A50 中国指数 ETF	按金（每张）	6 689	5 351	5 030
	跨期按金（每对）	2 008	1 606	1 510
瑞声科技控股有限公司	按金（每张）	4 721	3 776	3 550
	跨期按金（每对）	1 423	1 138	1 070
中国农业银行股份有限公司	按金（每张）	1 915	1 532	1 440
	跨期按金（每对）	574	459	432
安徽海螺水泥股份有限公司	按金（每张）	1 542	1 233	1 160
	跨期按金（每对）	462	369	348
友邦保险控股有限公司	按金（每张）	9 735	7 788	7 320
	跨期按金（每对）	2 926	2 340	2 200
阿里巴巴集团控股有限公司	按金（每张）	11 265	9 012	8 470
	跨期按金（每对）	3 391	2 712	2 550
中国铝业股份有限公司	按金（每张）	1 888	1 510	1 420
	跨期按金（每对）	566	452	426

资料来源：香港交易所网站http：//www.hkex.com.hk/，2021年3月更新数据。

香港期交所的股票期货合约还可进行交叉交易（Cross Trade），分为“客户-客户交叉交易”和“客户-结算所参考者交叉交易”两种。交叉交易的保证金双向收取，每边收取的初始保证金和维持保证金分别为同种股票期货初始保证金和维持保证金的30%。

从报价上来看，为了确保市场的流通量充足，注册庄家（简称庄家）以标的股票现货两个最小价差为股票期货最大价差的基础同时报出买入价和卖出价：

股票期货价格（港元）	最大价差（港元）
0.01—0.25	0.15
0.25—0.50	0.15
0.50—2.00	0.15
2.00—5.00	0.15
5.00—30.00	0.15
30.00—50.00	0.20
50.00—100.00	0.50
100.00—200.00	1.00
200.00—1 000.00	2.00
1 000.00—9 995.00	5.00

庄家的报价，加上其他交易所会员的参与，使股票期货市场变得更加活跃，更具流动性，为投资者创造了良好的交易环境。

2. 股票期货交易策略

股票期货这种新型衍生金融工具，有其自身的特点。相对于股票现货而言，其最主要的特点是：

（1）低成本。投资者不需要支付全部款项，经纪公司只要求存一笔保证金，杠杆效应明显。而且，股票期货交易无需缴纳印花税。

（2）便利性。投资者可以在一个交易平台上交易许多以世界知名公司股票为标的的期货合约，而股票现货交易则要在许多国家的证券交易所进行。

（3）高效率。股票期货卖空时可以避免股票现货做空带来的成本和管理负担，可利用股票下跌盈利。它还可以使投资者迅速改变组合而不必对持有的股票现货头寸进行调整。

7.2.2 股票指数期货

与其他任何期货品种一样，股票指数期货的套期保值也可分成空头套期保值与多头套期保值两种。

1.空头套期保值

当投资者持有股票现货时，若股票价格下跌，则其持有的股票现货价值将随之减少。因此，投资者可用股票指数期货对其进行套期保值，即投资者在买进股票现货的同时，卖出一定数量的某种股票指数期货合约。这样，若股票价格下跌，投资者持有股票现货的损失将被期货头寸的盈利所抵消。

【例7-1】一投资者于3月1日在现货市场买进一批股票，总价值为5 000 000英镑，当时FT-SE100指数为1 580。为防止股价下跌而导致损失，该投资者决定用6月份到期的FT-SE100指数期货合约来对股票现货进行空头套期保值。3月1日，该期货价格为160英镑。

投资者在套期保值时所需卖出的合约数应为125张（5 000 000÷（25×160×10））。25为合约中交易单位的乘数。关于套期保值所需的合约数，即套期保值比率问题将在后一节详细论述。

假如到4月1日，FT-SE100指数跌至1 501点，那么，投资者持有股票现货的价值将减少250 000英镑。但同时，FT-SE100指数期货价格也相应跌至152英镑。故该投资者平仓其期货头寸，获利为250 000英镑（（160-152）×250×125）。若忽略交易成本，该投资者则实现了完全的套期保值（Perfect Hedging）。

2.多头套期保值

多头套期保值主要的功能在于使投资者免受因股价上升而带来的损失。

【例7-2】5月1日，投资者预计6月底可收到总额为1 000 000美元的款项。他准备用这笔款项购买A公司股票和B公司股票，但如果这两种股票市场价格上涨，那么他购买股票的数量将会减少。为避免这一可能损失，他决定用MMI做多头套期保值。

假设在5月1日，A公司股票价格为每股15美元，B公司股票价格为每股25美元。该投资者用1 000 000美元可买到这两种股票各25 000股。5月1日，MMI期货价格为368美元，则该投资所应买的期货合约数为11份（1 000 000÷（368×250））。

6月30日，A、B公司股票果真上涨，如A公司上涨至每股18美元，B公司为30美元，那么购买A、B公司各25 000股则需支付1 200 000美元，即多支付200 000美元，若他未做套期保值，则需另筹200 000美元。而现在，MMI期货价格已升至448美元，那么，他卖出11份期货合约，可获利220 000美元（（448-368）×250×11）。

在上述两个例子中，投资者都进行了完全的套期保值，而实际上这很难办到。原因有二：其一，投资者所持有的股票与股票指数所包含的股票未必有完全相同的价格变动性；其二，现货价格与期货价格未必有完全相同的价格变动幅度，存在基差风险。

3.股指期货套期保值的其他形式

（1）交叉套期保值。在股指期货的套期保值交易中，如果被保值的股票现货无相应的期货与其对应，那么，投资者就必须选择其他的股票期货对其进行保值，这样的套期保值形式我们称之为交叉套期保值。

但是，套利者选择的期货价格应与这种现货价格具有高相关性，否则，就达不到预期的效果。尽管这样，还是会存在一定风险，我们称为交叉套期保值风险（Cross Hedge Risk）。这种风险不同于基差风险，在交割日不会降为0。对于股票组合来说，组合的构成往往也不会与指数所包含的股票完全对应，那么，交叉套期保值风险仍然存在，而且是股票组合的非系统性风险。

下面，我们举一个例子来演示这一过程：

【例7-3】某投资者仅拥有A公司的股票，市值10 000 000英镑，但他仍希望在目前到9月5日这段时间内，通过FT-SE100指数期货对其进行套期保值。该投资者估测到他所持有的股票与9月5日到期的期货价格之间的相关系数为+0.8，投资者持有股票现货的价格方差为14 4000 000（英镑），期货合约的价格方差为10 000（英镑）。故风险最小化套期保值比率为：$b=\sigma_{fs}/\sigma_f^{\ 2}=\rho_{fs}\sigma_s/\sigma_f=0.8\times 12\ 000\div 100=96$。

假设他持有1个单位股票，则他需卖出96张（$X_s\times b=1\times 96$）FT-SE100期货，FT-SE100指数为2 600点，相对应的现值为6 240 000英镑（96×2 600×25）。

我们还可以通过另外一种方法计算：

现有股票价相当于$\frac{10\ 000\ 000}{2\ 600\times 25}$=153.84615（份）FT-SE100期货合约。投资者估测所持有的1个单位股票的方差为6 084（英镑）。这样，套期保值比率$b=\sigma_{fs}/\sigma_f^2=\rho_{fs}\sigma_s/\sigma_f=0.8\times 78\div 100=0.624$，所以他应持有0.624×153.84615=96（张）合约。

这里需要说明一下，X_s指的是一个需要保值的现货资产数量，它的计算为总的需保值的现货资产价格除以一张期货合约所对应的现货资产价格。在本例中，X_s=10 000 000÷（2 600×25）=153.84615。而X_f指的是期货合约的数量。

（2）对不同风险部位的套期保值。在实际操作中，投资者往往持有不同风险的股票现货，但又想用同一期货合约对其进行套期保值，那么该如何进行呢？

如果套期保值的目标在于实现风险最小化，则可以对各个风险资产分别计算，然后加总。这样做的理由在于股票组合与期货价格之间的协方差可由各个单股与期货价格之间的协方差加总，即：

$$\sigma_{fs}=\omega_1\sigma_{1f}+\omega_2\sigma_{2f}+\cdots+\omega_n\sigma_{nf}$$

式中：ω_i——市场权重；σ_{if}——$t+k$那天单股i与期货价格之间的协方差。因此，股票组合的风险最小化套期保值比率$b=\omega_1\sigma_{1f}/\sigma_f^2+\omega_2\sigma_{2f}/\sigma_f^2+\cdots+\omega_n\sigma_{nf}/\sigma_f^2=\sum b_i\omega_i$，$b_i$为第$i$种股票的风险最小化套期保值比率。

【例7-4】某投资者拥有A、B、C、D四只股票，想通过期货合约对其进行套期保值，FT-SE100指数为2 667点，一个单位的股票组合现值为2 667×25=66 675（英镑），方差及权重数见表7-4。

表7-4 股票的各项数据

名称	现值（英镑）	σ_{fs}	ω_i	b	$\omega_i b_i$
A	10 000 000	6 000	0.1	1.2	0.12
B	20 000 000	5 000	0.2	1.0	0.20
C	30 000 000	4 000	0.3	0.8	0.24
D	40 000 000	3 000	0.4	0.6	0.24
总计	100 000 000	—	1.0	—	0.80

由该表可见，需卖出的期货合约数为100 000 000÷66 675×0.8=1 200（份）。

（3）复合套期保值。到目前为止，我们所探讨的套期保值，仅仅是用一个期货合约来完成的。实际中，对股票组合可选择一系列的指数期货。比如在美国，可选择S&P500、NYSE指数、MMI指数等等。采用这种复合套期保值的方式，则可对保值部位进一步降低风险。

在这里，我们考虑两种不同类型的期货合约v和w。则风险最小化套期保值比率bv和bw分别为：

$$bv=-X_v/X_s=(\sigma_{sv}\sigma_w^2-\sigma_{sw}\sigma_{vw})/(\sigma_v^2\sigma_w^2-\sigma_{vw}^2)$$

$$bw=-X_w/X_s=(\sigma_{sw}\sigma_v^2-\sigma_{sv}\sigma_{vw})/(\sigma_v^2\sigma_w^2-\sigma_{vw}^2)$$

式中：bv——运用期货合约v后的风险最小化套期保值比率；bw——运用期货合约w后的风险最小化套期保值比率；σ_{vw}、σ_{sv}和σ_{sw}——$t+k$时刻，期货v和期货w价格、期货v与现货s价格、期货w和现货s价格的协方差；σ_v^2、σ_w^2——期货v和期货w在$t+k$时刻的方差。

显然，当考虑多种期货合约时，套期保值比率的计算要复杂得多。

【例7-5】某基金经理想通过S&P500以及NYSE综合指数对股票现货进行套期保值，现货价值为100 000 000美元。S&P500与股票组合的相关性为0.7，NYSE综合指数与股票组合的相关性为0.7，S&P500与NYSE综合指数的相关性为0.9。S&P500指数对应股票现价为200 000美元，所以相应的组合被保值的数量为500个单位（100 000 000÷200 000），NYSE综合指数对应的股票现价为120 000美元，所以相应的组合被保值的数量为833个单位（100 000 000÷120 000）。S&P500标准差（σ）为6 000美元，NYSE综合指数为3 000美元，股票组合为8 000美元。

因为$\sigma_{ab}=\rho_{ab}\sigma_a\sigma_b$，所以每个单位S&P与股票组合协方差为33 600 000美元，S&P与NYSE综合指数协方差为16 200 000美元，NYSE综合指数与股票组合协方差为16 800 000美元。因此，三种套期保值的方案如下：

①仅用S&P500，则 $b=\sigma_{fs}/\sigma_f^{\ 2}$=33.6÷36=0.9333，所以需要500×0.9333=466.65（份）合约。

②仅用NYSE，则 $b=\sigma_{fs}/\sigma_f^{\ 2}$=16.8÷9=1.8667，所以需要833×1.8667=1 554.96（份）合约。

③用复合套期保值

$b_{S\&P}$=（33.6×9−16.8×16.2）÷（36×9−16.2²）=0.4912。则需要卖出的S&P指数合约为：500×0.4912=245.6（份）。

b_{NYSE}=（16.8×36−33.6×16.2）÷（36×9−16.2²）=0.9825。则需要卖出的NYSE综合指数合约数为：833×0.9825=818.42（份）。

（4）尾部套期保值。当考虑期货的逐日盯市制度，那么就应将保证金变动部分的利息支出包括进去，这就存在尾部风险（Tail Risk）。

具体说来，当期货价格变化时，为维持保证金水平，就会产生保证金的收支变化，而这一部分多出的资金在交割日前存在时间价值。如果拆、借利率相同，那么，期货价格在 t 至 $t+1$ 时刻的变化对套期保值结束日（$t+k$）现金流的影响为（$F_{t+1}-F_t$）×（$1+i$）$^{k-1}$。那么，在 $t+k$ 时刻所获收益即为：

$$P_{t+k}^{\ d}=X_s\left[S_{t+1}-S_t+D_{t+k}^{\ *}-b\left(F_{t+1}-F_t\right)\times\left(1+i\right)^{k-1}\right]$$

风险最小化套期保值：

$$b=\left(\sigma_{fs}/\sigma_f^{\ 2}\right)\times\left[1/\left(1+i\right)^{k-1}\right]$$

其中，每日尾部因子（Tail Factor）$\Phi^d=1/(1+i)^{k-1}$。

在考虑尾部因子后，套期保值的比率 b 的数值则会相应减小。表7-5列出了不同利率下每日尾部因子的数值。

表7-5　**不同利率下的每日尾部因子数值**

k	年利率			
	5%	10%	20%	30%
10	0.9988	0.9977	0.9955	0.9936
20	0.9975	0.9951	0.9905	0.9864
50	0.9935	0.9873	0.9758	0.9654
100	0.9869	0.9745	0.9517	0.9313
150	0.9803	0.9618	0.9282	0.8984
200	0.9737	0.9494	0.9053	0.8667
250	0.9673	0.9370	0.8830	0.8361
300	0.9608	0.9249	0.8612	0.8066

【例7-6】某投资者利用FT-SE100期货空头套期保值，套期保值比率为0.56。卖出合约数为560份，若年利率为10%，考虑每日尾部保值因素后，$\Phi^d=1\div(1.000261)^{64}=0.9834$，故$b=0.56\times0.9834=0.5507$，卖出合约数551份，比先前少了9份。

如果每日对套期保值进行再平衡，势必会增加交易成本，那么就要考虑一个在整个套期保值期间的单一尾部因子。

在t至$t+k$这段时间内再套期保值所获收益：

$$P_{t+k}=X_s\left[S_{t+1}-S_t+S_{t+2}-S_{t+1}+\cdots+D_{t+k}{}^*\right]X_f\left[(1+i)^{k-1}\times(F_{t+1}-F_t)+(1+i)^{k-2}\times(F_{t+2}-F_{t+1})+\cdots+(F_{t+k}-F_{t+k-1})\right]$$

假设期货价格、现货价格及其相互之间的变化无相关性，而且股息确定，每日期货价格与现货价格方差为常量。则：

$$\mathrm{Var}(P_{t+k})=X_s{}^2\left[k\sigma_s{}^2+b^2\sigma_f{}^2\Phi-2b\sigma_{fs}\Psi\right]$$

其中：$\Psi=(1+i)^{k-1}+(1+i)^{k-2}+\cdots+1=\dfrac{[(1+i)^k-1]}{i}$

$$\Phi=(1+i)^{2(k-1)}+(1+i)^{2(k-2)}+(1+i)^{2(k-3)}+\cdots+1=\frac{[(1+i)^{2k}-1]}{i(2+i)}$$

则：$b=(\sigma_{fs}/\sigma_f{}^2)\times(\Psi/\Phi)$

单一尾部因子$\Phi^s=(\Psi/\Phi)=\dfrac{[(1+i)^k-1]\times(2+i)}{[(1+i)^{2k}-1]}$。单一尾部因子数值见表7-6。

表7-6　　**不同利率下的单一尾部因子**

k	年利率			
	5%	10%	20%	30%
10	0.9994	0.9988	0.9978	0.9968
20	0.9987	0.9975	0.9953	0.9932
50	0.9967	0.9936	0.9878	0.9824
100	0.9934	0.9871	0.9753	0.9644
150	0.9900	0.9805	0.9628	0.9465
200	0.9867	0.9740	0.9503	0.9286
250	0.9834	0.9675	0.9378	0.9107
300	0.9800	0.9610	0.9254	0.8929

【例7-6】中，若该投资者想利用单一尾部因子，则$\Phi^s=2.000261\times(1.000261^{65}-1)/(1.000261^{130}-1)=0.9916$。因此，风险最小化套期保值比率$b=0.56\times0.9916=0.5553$。他需卖出555份合约，比每日尾部因子多出4份。

单一尾部因子Φ^s比每日尾部因子Φ^d/k平均值略小。

比如，在30%年利率下，k=10，从第1天到第10天每日尾部因子分别为0.9936、0.9943、0.995、0.9957、0.9964、0.9971、0.9978、0.9986…，平均值为0.9968。而恰好单一尾部因子数值为0.9968。

如果k=100，则每日尾部因子平均值为0.9653，单一尾部因子值为0.9644。

7.3 基于期权的金融工具配置与股票风险管理

与期货相同，规避股票投资风险的期权工具主要也分为两类：股票期权与股票指数期权。它们针对的风险也是非系统性风险和系统性风险，只是期权更富于变化。

7.3.1 股票期权及其组合策略

首先，我们考察的是股票期权及其相应的组合策略。在规避风险的实际运用中，可将情况分为投资者没有股票和持有股票两种。读者也许会问：没有股票，谈什么股票风险呢？的确，投资者现在没有股票，但他经过股价预测后，可能想在股价的波动中赚取一定的收益。很显然，这种收益是不确定的：如果预测准确，投资者可通过低买高卖或高卖低买策略而获益；如果预测错误，投资者势必亏损。我们引进期权的目的就在于尽量减少这种潜在收益所带来的风险。

在这里只对预测股价上升，即牛市的情况加以分析，熊市的情况可类比推导。

1. 买入看涨期权

买入看涨期权可以使买方从标的股票价格的上涨中获利，同时又可以防范股票价格下跌产生的风险。股票期权的选择范围可以是损价、平价或是溢价期权。假设A公司的股票现价为100点，两月期平价看涨期权的价格定为4.5点；同样期限的损价期权的协定价格为110点，期权价格为1点。

图7-3为三种不同决策的图示：直接买入股票，买入协定价格为100点的看涨期权，买入协定价格为110点的看涨期权。每一种策略中，股票数量均为1 000股，而且策略实施后，相应的价格也随即变动。

如果从货币的绝对数量来考虑，直接买入股票的效果要明显好于其他两种投资策略，不过这也有些问题，因为我们知道期权是一种具有高度杠杆作用的金融工具，但图7-3是按相同的股票数量来比较三种策略的投资效果，而不是按股票的相同价值来进行比较。除了完全溢价的期权之外，期权的价值变动总是小于作为标的资产股票的价值变动，这是由期权的δ值所决定的。如果股票价格上涨10点，图中所示的两种期权的价格将分别上涨7.5点和4点；如果股票价格下跌10点，则两种期权的价格将分别下跌3.5点和1点。结果，就产生了盈利和亏损。

如果我们将三种投资策略结果用百分比图表示，那么盈亏的杠杆作用会变得更加明显，如图7-4所示。

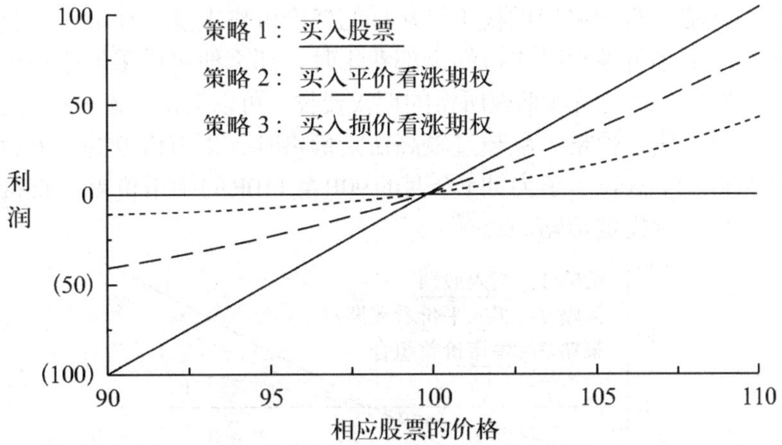

图7-3 买入期权策略的比较——盈利与亏损绝对数

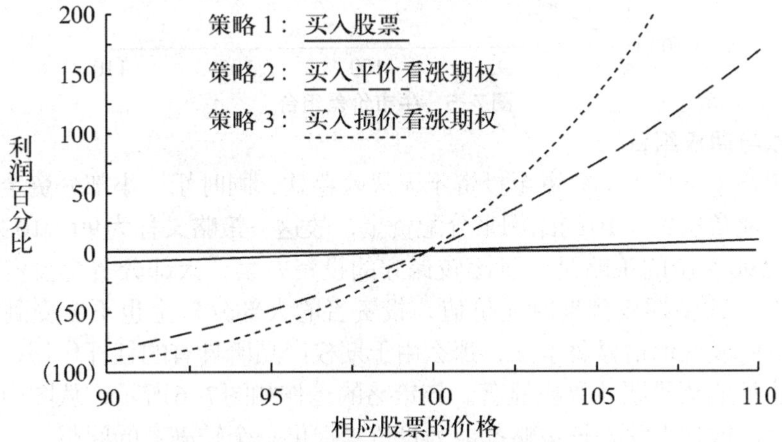

图7-4 买入期权策略的比较——盈亏百分比

股票价格变动范围为-10%至+10%，平价期权的变化范围是-78%至+167%，而损价期权的变动范围是-100%至+400%。若投资者对第三种策略感兴趣，那么他就应该牢记，该种策略虽然可为投资者创造巨大利润，但也很有可能买入的损价期权到期时无价值，最终使投资者亏损100%。

2.买入牛市价差期权

关于价差的概念在前面的章节中已涉及。价差期权即为一种期权的多头配以同类期权的空头，但期权的协定价格不同或到期期限不同。价差就是一种典型的金融工具搭配。

价差可分为垂直价差、水平价差和对角价差。在垂直价差中，如果买入的期权协定价格低于卖出的期权协定价格，我们称这种组合为牛市价差（Bull Spread）。

牛市价差与一般看涨期权相比，主要的优点在于成本比较低。当投资者预期标的资产价格会上涨，希望采用期权工具从标的资产价格上涨中获取杠杆收益，同时又不希望承担买入平价期权时支付的全部费用时，那么他可以采取牛市价差期权组合。出售协定价格较高的看涨期权所得的期权费收入可以抵消一部分已付的期权费。

但是，当标的股票价格上涨超过较高协定价格时，牛市价差的买方就失去了继续获利的机会。图7-5表示了为期1个月的90P至110P的牛市价差、直接买入股票和买入看涨期权三种投资策略。

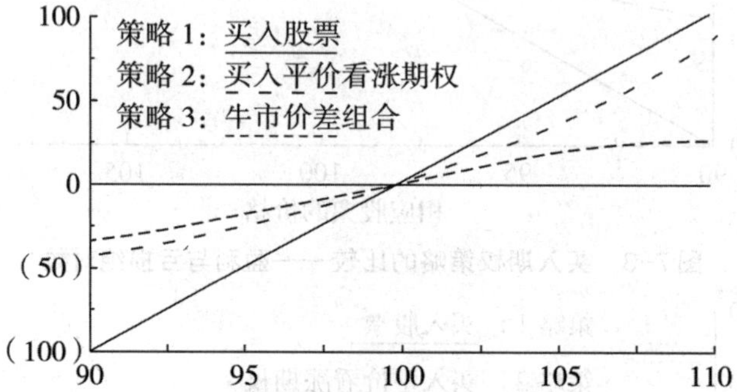

图7-5　牛市价差组合

3.存款与期权组合

这种组合策略将大部分资金投资于无风险存款，同时用一小部分资金购买某种股票期权。通常按90∶10的比例来分配资金，故这一策略又称为90∶10策略。

应该说90∶10的策略是一种比较保守的投资方案，大部分资金投资于无风险存款，因此，即使期权到期时无价值，投资者的大部分资金也不会受到损失。相反，如果标的股票价格显著上涨，那么由于期权产品所具有的杠杆作用，这种组合策略要比直接购买股票效果更显著。该策略的运作如图7-6所示，从图中可知，无论股价是大涨或是大跌，该策略都能为投资者提供一个较满意的回报。

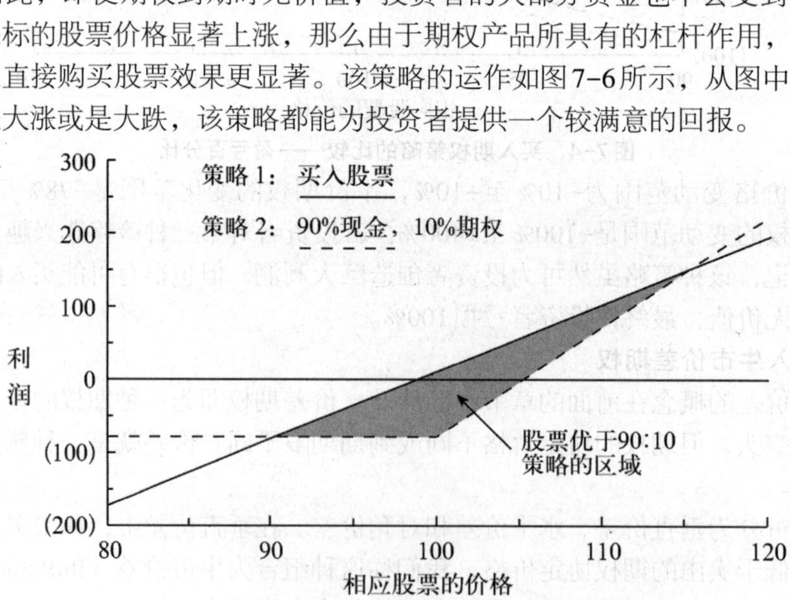

图7-6　存款期权

到目前为止所论述的三种期权策略与仅买卖股票的简单策略相比，具有如下优点：

第一，如果市场变化与预期相反，期权面临的下跌风险是有限的。

第二，期权具有高度的潜在杠杆作用，损价越多的期权，这种特点就越明显。

第三，利润状态曲线斜率大于0，期权有利润加速（Profit Acceleration）效应，即利润增加的幅度大于标的资产价格的上升幅度。

第四，期权使投资者进行股票远期交易成为可能。

当然，期权的杠杆作用是有两面性的，它同样会使亏损放大。此外，平价期权的时间价值也会随时间的推移而受损，不过，这种损失可通过价差组合策略来削减。

下面，我们开始讨论投资者持有股票的策略，根据侧重点的不同，投资者的持股策略可分为收益增加策略与保值策略。

首先，我们讨论收益增加策略：

这类策略的主要特点在于提高投资者持有股票的收益。

（1）出售抛补看涨期权

对于持有股票的投资者来说，出售所持股票的看涨期权是一种常用的策略。如果到期时期权溢价，那么，投资者就需交割已持有的股票，因此，这种策略又被称为“抛补看涨期权的开出（Covered Call Writing）”。这里，抛补可理解为保值之意。举例来说，假定某投资者持有10 000股A公司的股票，此时该股票的交易价格为100点。投资者认为A公司股票价格在未来的几个月内不会上涨，所以投资者出售了两个月期的看涨期权，以平价成交，每股的期权费收入为5点。这样，期权到期时可能会有三种结果：

①A公司股票价格没有发生变化，期权到期时无价值，投资者获得每股5点的期权费，每股的投资收益相应也就提高了。

②A公司股票价格上涨，期权到期时溢价，投资者按协定价格100点交割所持有的A公司股票。每股5点的期权费收入意味着投资者实际上是以105点的价格交割A公司股票。

③A公司股票价格下跌，期权到期时无价值。投资者手中持有的股票不发生交割，在市场下跌的情况下不受保护，但通过提高每股实际价值5点，期权费收入抵消了股票下跌的影响。

图7–7显示了期权到期时投资者的盈亏情况，图中不仅有平价期权，还包括溢价期权和损价期权。如果股价上升，出售看涨期权可构成一种有保证的获利价格；而如果股价保持不变或下跌，出售看涨期权所收取的期权费可以使股票资产的价值有所增加。出售期权的协定价格越低，所确定的价格上限也越低，但这种价格上限所涵盖的股价范围也比较大，甚至包括股价下跌的情况。在本例中，如果投资者出售协定价格为90点的抛补看涨期权，收取的期权费为12点，那么确定的价格上限

为102点，即使相应股票价格跌至90点也是如此。反之，协定价格越高，确定的价格上限也就越高，但带来的期权费越少。

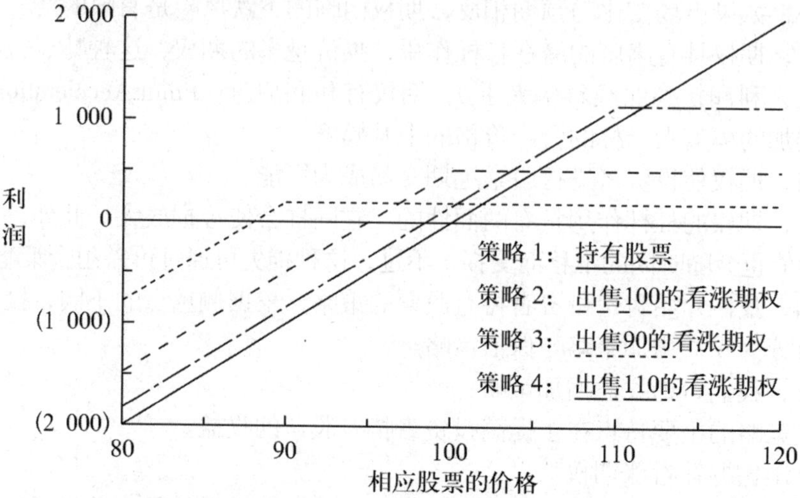

图7-7　出售抛补看涨期权

还需指出，出售抛补看涨期权并非对投资者提供完全的保值。它实际上是在股价上涨时，确定了某种收益上限，在股价不变或下跌时可以使持有的股票资产价值有所增加。

（2）按比例出售抛补看涨期权

这种投资策略与第一种不同，出售的看涨期权与所持有的股票成一定比例。按这种投资策略，期权费收入要少一些，但如果股价上涨超过协定价格时，投资者可以从未抛补的部分股票资产中获益。假定投资者按所持股票的50%比例出售平价看涨期权，这一投资策略的盈亏图如图7-8所示。与图7-7相比，这种投资策略的收益增加的幅度仅为其一半，但当股价上涨超过协定价格100点时，投资者就可以按50%的比例参与利润的分配。

（3）出售裸式看跌期权

这种投资策略与前两种有些不同，因为该策略允许投资者持有股票，但对该公司前景保持看涨预期。如果直接购买股票，那么当股价维持不变时，投资者将承担一定的融资成本，因而这种策略未必最优。投资者可采取的另一策略是出售裸式看跌期权，裸式看跌期权即无担保看跌期权。只要投资者愿意购买股票，就不会在乎已出售的看跌期权是否会被执行，因而，这种策略可以说是无风险的。

例如，假定投资者出售10 000股A公司的平价看跌期权，期限2个月，投资者本身也很乐意买入这10 000股股票。A公司股票的现行交易价为100点，看跌期权的定价为每股$3\frac{1}{2}$点。那么，期权到期时可能出现三种结果：

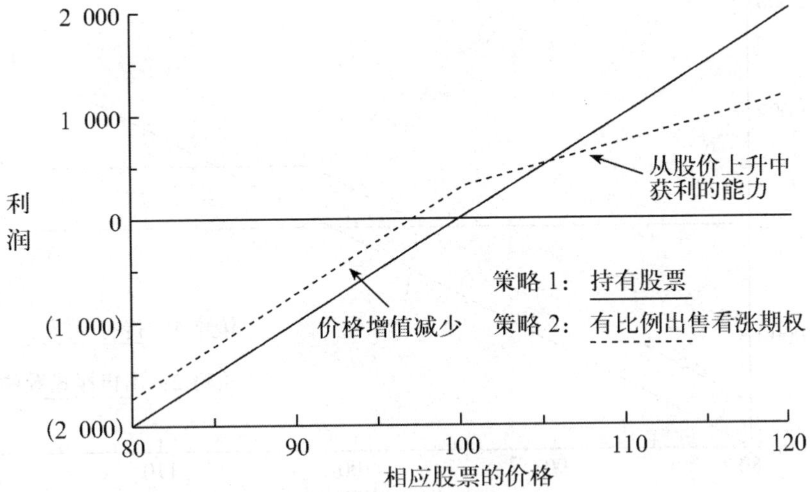

图7-8 有比例地出售抛补看涨期权

①A公司股价保持不变，看跌期权到期时无价值，投资者正好获得350英镑期权费收入，或者也可将期权费收入冲抵部分购买股票的成本，使实际成本降至$96\frac{1}{2}$点。

②A公司股价上升，例如升至110点，看跌期权到期时损价。投资者有两种选择：或者持有350英镑期权费收入，或者用它来补贴以$106\frac{1}{2}$点价格购买股票的成本。当然，如果一开始投资者就买进股票，他就可以从股价上涨中获利1 000英镑。

③A公司股票价格下跌，看跌期权被执行。这意味着投资者最终要以$96\frac{1}{2}$点实际价格买入A公司股票，该价格比原有的市场价格便宜。他也有机会在2个月的期权有效期内，在资金用于买入股票之前，先投资获得利息。

这种投资策略在图7-9中被反映出来。该图的结构与图7-8实际上是相同的，因为标的资产的多头与看涨期权的空头恰好组合成看跌期权的空头结构。

④按比例出售看跌期权。这种策略与按比例出售看涨期权相类似。投资者如果认为他所投资的股票价格可能保持不变，或者有可能上涨，他就可以将一半数量的股票出售，并出售相同数量的看跌期权。例如，投资者目前持有10 000股A公司的股票，他可以售出其中的一半，再售出一份5 000股的看跌期权。如果A公司股票价格不变或者上涨，期权到期时无价值，投资者既可以获得期权费收入，又可以从仍持有的另一半股票中获利。反之，若A公司股票价格下跌，与投资者预期相反，看跌期权会被执行，投资者持有与开始相同数量的股票，但好处在于一开始就获得了期权费收入。

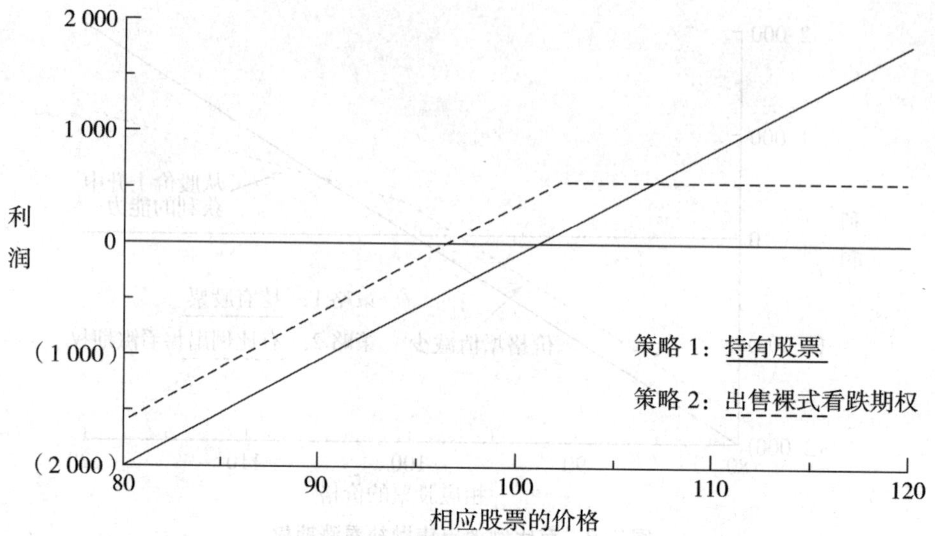

图7-9　出售裸式看跌期权

接下来，我们讨论保值策略：

收益增加策略主要针对在预期现有股票价格不变的条件下，如何增加股票资产的投资回报率。一般而言，这样的策略包括出售期权以获得期权费，以及确定资产增值的上限两个方面。相反，保值策略的目标在于确定某种下限，在此之下，股票资产的价值便不再下跌，但若股票价格上涨，投资者依然获利。

①买入看跌期权。这是一种最简单、最传统的股票资产保值方法。买入平价或略微损价看跌期权就可以确定某种价格下限。如果股价跌破这一下限，就可以执行看跌期权，以协定价格出售。若股价上涨，看跌期权到期时无价值，投资者可以从持有的股票价格上涨中继续获利。该策略的唯一缺陷在于期权费成本，较高的期权费降低了实际的价格下限水平，在某种程度上抵消了股票价格上涨所产生的利润。所以，股价必须有等于期权费金额的上涨幅度，才能使该策略保平，如图7-10所示。

②股票变现并买入看涨期权。买入看跌期权并且持有相应资产，则合成了多头看涨期权。而形成这种结构的另一种做法是将投资者持有的股票变现，以此进行投资获得利息，同时买入看涨期权，一旦股票价格上涨，就仍有分享获利的机会。这样，投资者持有的不再是股票，而是看涨期权，如果股票价格急剧下跌，投资者可以受到保护。其盈亏曲线图与图7-10一致。

7.3.2　股票指数期权

股票指数期权与其他普通股票期权原理一样，只不过相应的资产不是单个股票的价格，而是像S&P500这样的股票指数。

股票指数期权主要有两类：一类是以股票指数本身作为标的资产，期权到期时只能以现金进行结算，S&P500股票指数期权就属于这一类；另一类是以股票指数

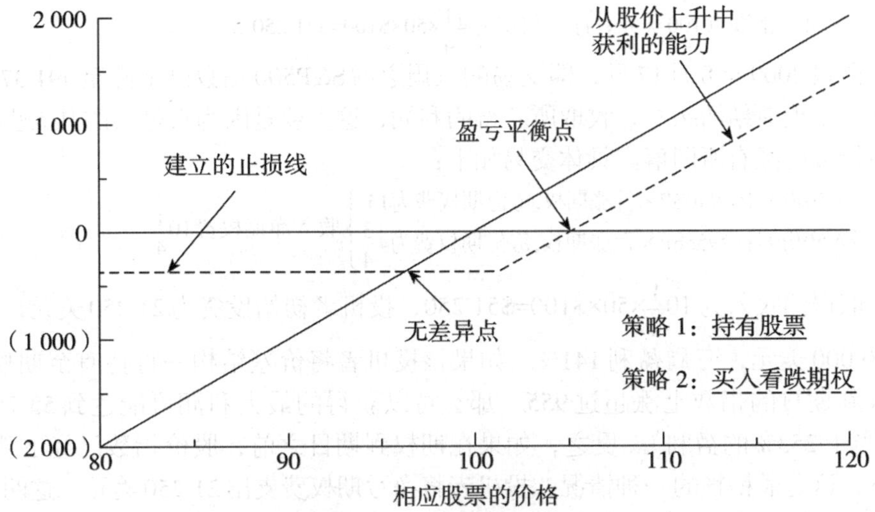

图7-10 买入看跌期权

期货作为标的资产，期权到期时可以转换成相应的期货合约，FTSE100指数期货期权就属于这一类。以S&P500指数为例，就欧式期权而言，指数期权和指数期货期权的费用相同。但在美式期权条件下，如果是看涨期权，指数期货期权的价格要高于指数期权的价格；如果是看跌期权，则指数期货期权的价格低于指数期权的价格。美式期权价格差异产生的原因在于美式期权有可能被提前执行；另一个原因则是指数期货成交价一般要高于即期指数价格，因而在同样的协定价格条件下，指数期货看涨期权比相应的指数期权溢价更多。

指数期权或指数期货期权在用法上与股票期权十分相似，即主要用于套期保值和投机。某投资者如果希望从股票价格水平的上涨中获利，同时又要在市场下滑时止损，那么，他就可以通过买入看涨期权或牛市看涨价差组合来达到目的。另外，一个资产管理者持有由多种股票构成的股票资产组合，他就可以应用指数期权或指数期货期权来构成上限、下限、对称或其他金融组合来达到保值和增值的目标。

【例7-7】曾经，某投机者对美国股票市场的走势持乐观态度，时间为2009年7月24日，S&P500指数为979.26。该投机者认为股市在今后两个月内将上涨5%~10%，然后将回落至原来的水平。他不打算持有单种股票，也不想短期持有股票资产组合，因为这样会产生交易成本。最后，如果股市走势与他的判断相反，他也不希望冒股市下挫而产生的风险，这就排除了使用指数期货的可能性。该投机者决定以9月份S&P500指数期权来构造牛市看涨价差结构，具体交易如下：

$$\left.\begin{array}{l}\text{买入50份9月份940SP}\times\text{(SP指数) 看涨期权合约,}\\ \text{期权费每份}5\frac{1}{2}\\ \text{出售50份9月份955SP}\times\text{看涨期权合约,期权费每份}1\frac{1}{4}\end{array}\right\}\text{支付净期权费为}4\frac{1}{4}$$

如果每一指数点100美元，净期权费为$4\frac{1}{4}$×50×\$100=\$21 250

假设2009年8月17日，即交易的三周之后S&P500指数已上涨至991.37。该投机者决定提前结清头寸，收取所获得的利润，这主要是因为在过去的几天里，股票价格指数已经有所回落。具体交易如下：

出售50份9月份940SP×看涨期权，每份期权费为15
买入50份9月份955SP×看涨期权，每份期权费为$4\frac{3}{4}$
} 收入净期权费$10\frac{1}{4}$

取得的收入为$10\frac{1}{4}$×50×\$100=\$51 250，投机者初始投资为21 250美元，净利润为30 000美元，三周盈利141%。如果该投机者将价差结构一直持有至期权到期，并且到期日的指数上涨超过955，那么可以获得的最大利润可能达到53 750美元（相当于253%的盈利）。反之，如果在期权到期日之前，股价指数已经下跌至940以下，这是最糟糕的一种情况，投机者将净亏期权费支出21 250美元。这两种极端显示了期权运作的高度杠杆性。

如果在7月中旬不采取结清头寸的措施，投机者可以在本例中采用向上滚动价差的策略，同样也能达到获利的目的。具体说，投机者可进行以下交易：

出售50份9月份940SP×看涨期权，每份期权费为15
买进100份9月份955SP×看涨期权，每份期权费为$4\frac{3}{4}$
出售50份9月份960SP×看涨期权，每份期权费为$3\frac{1}{8}$
} 收入净期权费$8\frac{5}{8}$

这种策略虽然一开始使期权费收入有所下降，为43 125美元，而且利润也从30 000美元减少至21 875美元，但此时，投机者构造的955—960牛市价差使他有机会从股价指数进一步上涨至960中获利，或者说，投机者的盈利空间进一步扩大了。

持有许多股票品种的资产管理人还可以采用股票指数期权来达到某些目的。任何以期权为基础的投资策略能否获得成功，取决于股票指数与被保值或投机的股票资产之间的吻合度，也就是β系数的问题。

β系数已在第一节中介绍过了。它是衡量股票组合与股票指数关系强弱的指标。如果假定某种特定股票的β系数为2，那么当股价指数上涨时，股票的价格也随之上涨，涨幅为指数涨幅的两倍；反之，若股价指数下跌，股票价格也以两倍跌幅下跌。

一旦求出了某种股票资产的β系数，保值所需的期权合约数就可以确切地计算出来。比如，构成某股票资产组合的股票现行交易价值26 000 000英镑，现在要采用FTSE100指数期权进行保值，每一指数点的价值定为10英镑。若FTSE100指数的现值为3 045，那么保值所需的指数期权份数为：26 000 000÷（10×3 045）=854（份）。而该资产组合β系数为1.24，则所需期权份数就由原来的854份增加到1 059

份。由于β系数大于1，所以保值所需的期权份数大于原先的份数。不仅指数期权如此，其他期权策略也都要以修正后的期权份数为基础。

7.4 其他金融工具配置与股票风险管理

金融业的发展日新月异，金融创新层出不穷。在金融工程中，为避险、增益及特定要求所设计的金融产品也不断涌现，从上一节的期权策略中我们就可以看出这一点。本节中，我们将继续介绍三种金融工具及其在股票风险管理中的运用。

7.4.1 证券组合保险

证券组合保险（Portfolio Insurance）是20世纪80年代初发展起来的一项技术，在1987年股灾之前运用得相当普遍。1987年之后，这项技术应用虽大不如前，但依然有其市场。证券组合保险有时会与程序交易（Program Trading）和资产配置（Asset Allocation）混淆，因为这三者确实有相似之处。

程序交易，指一种电脑化系统，交易者可以通过它发出指令进行交易。这种程序交易系统可被用于捕捉或利用市场上出现的无风险套利机会。与股票市场有关的程序交易系统通常被用来识别和利用指数期货价格与构成指数的成分股价格之间出现的差异。

资产配置，这是一种将股票指数期货或债券期货作为一种廉价、灵活的手段来调整投资结构的做法。比如利用股票指数期货将存款型的生息资产转换成综合性的股票资产，或者反过来，将股票资产转换成生息存款型资产。通过买入或者卖出不同数量的股票指数期货和债券期货，就可以将由现金、债券和股票构成的某种资产组合转换成另一种符合要求的资产组合。这种做法比起变现并购买所需资产的做法，成本要低得多。

证券组合保险，应用这样一种投资策略，可以将股票资产构造成类似于看涨期权的结构，即当股价下滑时，可以将损失限定在某个水平上；而当股价上涨时，可能有无限的盈利空间。这种策略首先是为养老基金投资者而设计的。这类基金的投资者要求能保证一个确定的最低回报，而且在可能的情况，收益越高越好。有几种方案可满足这种类似看涨期权的投资需求：

第一，买入股票或债券，同时买入具有保值作用的看跌期权以确定某种下限价格。

第二，投资于无风险的带有利息的存款，并买入股指看涨期权，股价上涨时，就获得了盈利空间。

第三，采用动态资产配置策略，即证券组合保险。

前面两种方案比较容易理解。问题是，既然投资者希望获得的投资结果具有期权的特征，为什么不直接采用清一色的期权呢？这是因为大多数可使用的股票期权和股票指数期权的到期期限非常短，一般只有几个月。而长期股票期权常常只以认股权证的形式存在，或者说流动性非常有限。

第三种方案可根据市场条件将基金在不同类型的资产中进行动态分配。当处于牛市时，基金的大部分应投向股票，当股价超过预期最高价位时，基金可完全投资于股票。反之，若股市下跌，投资于股票的基金比例就应该降低，资金更多地投向存款型生息资产或债券，这样就可以缓冲股票价值的进一步损失。当股市跌至最低水平时，资金应完全投放于存款。这样，股市若进一步下跌，资产价值也不会受损，这就是下限水平。介于两者之间，基金可以按一定的比例在股票和存款之间进行分配，并随股票价格的变化而相应变动。这种策略的结果如图7-11所示。可见，这种策略的期权类特征相当明显。

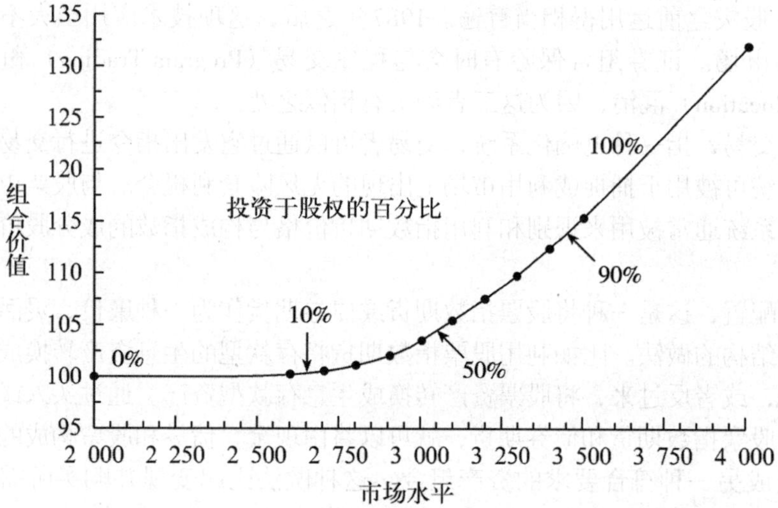

图7-11　动态资产分配

实际上，这种投资方法充分体现了金融工程中工具搭配的思想。具体而言，多头看涨期权其实等同于一部分标的资产与一部分借款的组合。当这种组合的投资比例随市场股价指数变化而相应变动时，其期权特征也就越明显。

这一策略的唯一缺陷在于较高的交易成本。为了保证基金投资于股票的比例始终正确无误，就需要随时买卖股票，由此会产生较高的交易成本。当然，如果减少为保证正确投资比例而进行股票交易的次数，在某种程度上可以降低交易成本，不过这样，其期权特征将变得粗糙模糊。

期货的引入比较成功地解决了这一问题。不直接买卖股票，而是买入或出售股票指数期货就可以完成证券与存款之间按规定要求的组合。由于期货交易成本远比股票交易成本低得多，因此正可以弥补证券组合保险策略交易成本高的缺陷。不过，资金管理人员也都意识到这种机制不可能绝对保证在市场急剧下跌时下限依然有效。1987年的股灾就是很好的例证。

7.4.2 认股权证

认股权证（Warrants）是股票风险管理中非常重要的一种金融工具，前文也不止一次地提到。那么，究竟什么是认股权证呢？

认股权证类似于某种公司股票的长期期权。认股权证和期权有许多相似点，但也有重要区别。首先，认股权证的执行通常需要公司发行新股，而期权的执行就不需要有类似的要求。其次，认股权证的到期期限和协定价格也与一般的股票期权明显不同，认股权证一般只有一个特定的协定价格，而且到期日也是某一特定日期。另外，关于费用，两者也容易产生混淆。就一般期权而言，期权费就是购买期权支付的价格。对于认股权证，费用一般理解为认股权证价格加上协定价格后，高于现行股价的部分。例如，某种认股权证价格是20点，其协定价格为150点，如果发行公司的股票时价为100点，那么认股权证的费用就是股价的70%。

认股权证通常与新股票的发行联系起来使用，它可以使新股发行更为吸引人，这在日本的股票市场特别流行。如果发行公司的业绩良好，投资者会行使认股权证，以发行时就固定的价格买入公司的股票。

有少数公司把认股权证作为抬高股票持有人身份、获得稳定的新投资来源的工具。例如，自1988年以来，英国的大型企业集团BTR每年向其股东赠送红利性质的认股权证，其协定价格为损价。

从投资角度看，认股权证也是投资于公司股票的一种投资形式，这与买入公司的股票的性质相同，只不过认股权证投资的初始成本相当低。如果持有股票的投资者既可以清偿已经持有的股票，又不想放弃持有股票可能产生的获利机会，他们还可以采用另一种投资策略，即所谓“现金抽取法（Cash Extraction）”。其做法是：投资者出售持有的股票，将出售股票所得的一部分收入买入认股权证，数额与股票价值相同，并将其余出售股票的收入进行投资以获利。不过要记住，损价认股权证在到期之前，并不一定会与股票价格同幅度变化，一旦投资者将股票投资转化为认股权证投资，很可能会出现股票价格上涨100，而认股权证价格只上涨40的情形。因此，投资认股权证很可能要放弃一些即时可得的利润，以及放弃获得股息或红利收入的机会，这或许也是认股权证投资成本较低的缘故之一吧！

7.4.3 可转换债券

可转换债券是指在未来某一确定的日期或某一确定的日期之后，可以转换成固定数量的股票。可转换债券对投资者的吸引力与认股权证类似，具体地说这种债券是一种相当可靠的安全投资，一旦公司股票价格上涨的幅度达到某种水平时，投资者就可以将债券转换成股票。认股权证与可转换债券有几点不同，即可转换债券为投资带来一连串的收入流，而且除非违约，债券价格也不会跌至下限以下；认股权证不产生收入流，而且到期时可能无价值。此外，执行认股权证需要进一步的现金投入，而转换债券不需要这种投入。

一些发展前景被看好的中等规模的公司往往成为可转换债券的使用者。可转换债券所具有的优点使投资者愿意接受较低的利率。这对于债券发行者当然有利，因为这实际上等于提高了债券发行公司的筹资能力。

可转换债券的持有方有权选择是否将债券转换成股票，这个特点类似于在这种债券中预置于某种嵌入式期权。除此之外，可转换债券还常常与其他一些显性期权（Explicit Options）一起发行。其中有一种形式叫收兑规定（Call Provision），这实际上是债券发行者强迫进行转换的一种手段。另一种形式是抛售期权（Put Option），投资者有权将可转换债券抛售给债券发行方。对投资者来讲，这种债券具有完全可靠性。虽然这种债券使发行者可以以较低的息票率筹资，但这种金融产品在经济衰退时就不太受人欢迎。以英国为例，20世纪90年代初期的经济衰退，使英国公司的股票遭到灾难性的重创，可转换债券市场也大受冷落。一些著名的英国公司在投资者纷纷执行可抛售期权的压力下，都被迫以发行价130%的价格赎回债券，由此，这些公司都出现了不同程度的财务问题。

思考与练习

（1）简述股票风险的含义与种类。

（2）什么是股票期货？如何用它来管理股票风险？

（3）什么是股票指数期货？如何用它来管理股票风险？

（4）什么是股票期权？如何用它来管理股票风险？

（5）简述证券组合保险的含义与应用。

（6）简述认股权证的含义与应用。

（7）简述可转换债券的含义与应用。

第8章 外汇风险管理

◇学习目标

- 外汇风险的含义、类型、特征
- 基于远期的金融工具配置与外汇风险管理
- 基于期货的金融工具配置与外汇风险管理
- 基于期权的金融工具配置与外汇风险管理

8.1 外汇风险

外汇风险（Foreign Exchange Risk）又称汇率风险。它是指汇率变动对外汇持有者或外汇经营者的外汇资产、负债和经营活动的影响。处在开放的宏观经济体系下的企业，不管其是否直接从事对外贸易、国际借贷、直接投资等对外活动，汇率变动都会对企业的生产经营活动产生直接或间接的影响，可能给持有者或经营者带来收益或损失。

外汇风险一般包括三个要素：本币、外币和时间，三者缺一不可。例如，我国企业对外国开展进出口业务，如果只用人民币结算，由于不涉及货币兑换问题，也就不可能出现外汇风险。又如，某企业在同一天收入一笔外汇，并支出币种相同、金额相等的另一笔外汇，不存在时间间隔，因而也没有外汇风险。一笔应收或应付外币款项的时间结构对外汇风险有着直接影响。时间越长，在此期间汇率波动的可能性越大，外汇风险也相对越大；时间越短，在此期间汇率波动的可能性越小，外汇风险也相对越小。

8.1.1 外汇风险的类别

根据外汇风险的表现形式，可将其划分为三类：会计风险、交易风险与经济风险。

1. 会计风险

会计风险（Accounting Exposure）又称换算风险（Translation Exposure），是指汇率变动对企业财务报表上项目价值变动的影响。企业的外币资产负债收益和支出等通常都需要按一定的会计准则，将其转换为本币表示。显然，当汇率变动时，即使企业的外币资产或负债数额没有发生变化，但在其会计账目中，本币数目还是会发生相应的变动。

2. 交易风险

外汇交易风险（Transaction Exposure）是指汇率变动对企业交易过程中所发生

的资金流量的影响。交易风险主要涉及以下范围：

（1）进出口过程中的外币收付。对进口者来说，他需要将本币或某种外币换成另外一种外币。对出口者来说，他需要将外币换成本币或将一种外币换成另一种外币。在这些兑换的过程中，如果汇价发生变化，势必对经营者造成影响。

（2）外币存款、借款和贷款过程中涉及的货币兑换。对存款来说，如果存外币，一般需要将本币换成外币。到期取款时，往往要将外币换成本币或其他货币。对借款来说，如果借外币，在用款时的汇率一般不同于还款时的汇率。对贷款来说，如果发放外币贷款，发放贷款时的汇率一般不同于收款时的汇率。

（3）投资中涉及的货币兑换。对投资者而言，在境外投资时，往往要将本币换成外币，而待到汇回利润或收回投资时，则需要将外币换成本币或其他货币。

3. 经济风险

经济风险（Economic Exposure）指汇率变动对经营者所预期的未来现金流量的净现值的影响。汇率变动影响的净现值公式如下：

$$NPV_0=\sum_{t=0}^{n}\frac{(CIF_t-COF_t)\,ER_t}{(1+d)^t}$$

式中：NPV_0——净现值（本币等值额）；CIF_t——现金流入量（以国外子公司的当地货币表示）；COF_t——现金流出量（以国外子公司的当地货币表示），包括纳税额的支付；ER——汇率（1单位外币等于多少本币）；d——贴现率（母公司对其国外子公司投资所要求的收益率）；t——时期；n——现金流量预期的最后时期。

经济风险取决于企业产品所投入的市场竞争结构以及这些市场如何受汇率变动的影响。这种影响又取决于一系列经济因素，如产品的价格弹性、来自国外的竞争等。

4. 三种外汇风险的比较

三种外汇风险的比较情况见图8-1。

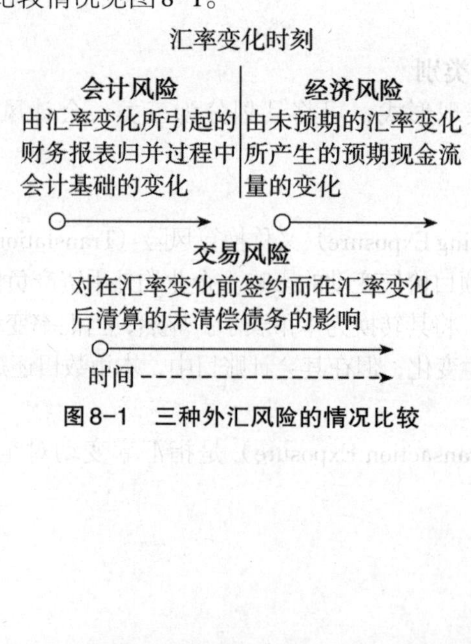

图8-1　三种外汇风险的情况比较

8.1.2 外汇风险测量

由于外汇风险有多种类型，因而在对其进行测量时所依据的标准及方法也大相径庭。

1.会计风险的计算方法

拥有外币业务的经营者无时无刻不面临着会计风险。其受险部分主要产生于企业及其海外机构所进行的以外币计价的交易及其所产生的外币现金债权债务。会计风险是通过资产负债表和利润表具体反映出来的，其大小完全取决于将外币资产、负债、收入与费用折算成本币时所选用的汇率。在货币折算时，可以选择历史汇率（History Rate）与现行汇率（Current Rate）。前者指原始交易发出时的汇率，后者指报表截止日期的市场汇率。

由于对会计科目所使用的汇率不同，所反映出来的会计风险也就不同。国际上使用的换算方法主要有以下几种：

（1）全现行汇率法

全现行汇率法也叫现行汇率法，这种方法的处理最为简单，即对资产负债表和损益表中所有的项目均按现行汇率折算。该方法首先由英格兰和威尔士特许会计师协会（ICAEW）与苏格兰特许会计师协会（ICAS）倡导，被英国公司广泛应用。采用这种方法，如果公司的外币资产超过外币负债，那么外汇贬值必然导致损失，反之则获益。

（2）短期/非短期法

这种方法将会计科目按期限来分类，一类为短期项目，一类为长期项目。短期项目指期限在一年或一年以内的科目，包括现金、应收账款和存货、应付账款等；长期项目则指期限在一年以上的科目，包括固定资产、流动负债等。短期项目按照现行汇率换算，长期项目按照历史汇率换算。

（3）货币/非货币法

该方法将资产和负债分为货币资产与负债和非货币资产与负债，对货币性资产和负债使用现行汇率，对非货币性资产和负债使用历史汇率，进行折算。货币资产包括现金和应收账款，货币负债包括应付账款和长期债务；非货币资产包括存货和固定资产，非货币负债包括股本。

（4）时态法

该方法与货币/非货币法很类似。两者的区别在于，时态法下，存货一般按历史汇率折算，但若它在资产负债表中是以市场价值计算的，则可用现行汇率折算。而货币/非货币法下，存货基本是以历史汇率折算。

尽管两者在内容上差不多，但它们的理论基础却不相同。货币/非货币法中折算汇率的选择基于资产和负债的类型，而时态法中其选择则基于成本的估价方法是按历史成本还是按市场成本。

表8-1是对上述四种方法的总结。

表8-1 **不同换算方法下的汇率选择**

科　目	全现行汇率法	短期/非短期法	货币/非货币法	时态法
现金	C	C	C	C
应收账款	C	C	C	C
库存				
按成本算	C	C	H	H
按市场价算	C	C	H	C
投资				
按成本算	C	H	H	H
按市场价算	C	H	H	C
固定资产	C	H	H	H
其他资产	C	H	H	H
应付账款	C	C	C	C
长期债务	C	H	C	C
普通股股本	H	H	H	H

注：C——现行汇率；H——历史汇率。

在不同的会计制度下，同一资产负债表的折算结果可能不一致，甚至相差很大。但无论采用何种折算方法，会计风险的衡量在概念上都是一致的，都要涉及外币资产和负债转换时哪些项目采用现行汇率、哪些项目采用历史汇率的问题。只有采用现行汇率折算的项目才被认为是暴露的，而会计风险头寸仅指暴露资产和暴露负债的差额。

2. 交易风险的测量

交易风险源于未了结的应收应付账款和债权债务。由于汇率变动，这些项目可能增加收入，也可能出现损失。测量交易风险时，需首先确定哪些交易承担着交易风险，并掌握结算日与成交日汇率变化的幅度。

造成交易风险的交易类型有：

（1）买卖商品或劳务，合同金额以外币计价

例如，一家英国企业向美国出口产品，货款为200万美元；同时从美国进口一批产品，货款为164万美元；双方约定3个月后以美元交付此两笔款项。此时，英国企业便产生了36万美元的外汇头寸，面临着美元贬值的风险。设买卖成交时1英

镑兑换1.5美元，3个月后汇率没有改变，则英国企业可获得24万英镑，若美元贬值，贬值后汇率为1英镑兑换1.8美元，则英国企业只能收到相当于20万英镑的款项，遭受损失4万英镑。

（2）借入或贷出外币资金

例如，一家企业在美元债券市场上发行2年期的债券3亿美元，债券到期时，企业拟定以欧元换取美元偿还债务。此时企业产生3亿美元的外汇头寸，将蒙受美元升值的风险。设发行债券时汇率为1欧元兑换3美元，则所获得资金为1亿欧元。若到期美元升值为1欧元兑换2美元，则需支付1.5亿欧元偿还债务。那么，仅本金支出，企业就多支付5 000万欧元。

（3）成为未交割远期交易的一方

进行远期外汇买卖的目的，往往是为了防止或减轻由汇率波动所造成的损失。不过，也有出于投机目的的远期交易，结果造成投机者的暴露头寸，从而产生交易风险。

例如，一家企业预料美元汇率将下跌，于是在远期交易市场上做空头，出售100万美元，3个月后交割。若90天内美元汇率果然下跌，企业就可低价买进同一数额、交割日期相同的远期美元，到了交割日后便可取得投机利润。但如果在90天内美元汇率没有像预期的那样下跌，或反而上升了，则企业将遭受损失。

3.经济风险的测量

会计风险和交易风险比较容易界定，而经济风险主要来自对经济的主观分析，受多种因素影响，一般说来测量难度较大。

经济风险可分为真实资产风险、金融资产风险和营业收入风险三方面。

（1）真实资产风险

真实资产又称实际资产，与名义资产相对，指扣除了通货膨胀因素的资产。企业经济风险的大小取决于真实资产而非名义资产的变化，其计算方法为：

$$E_r=(A_r)\cdot(P_f-P_d-\Delta EX)$$

式中：E_r——真实资产风险；A_r——外币真实资产；P_f——外币通货膨胀率；P_d——本币通货膨胀率；ΔEX——外币贬值率。

在相对购买力平价成立的情况下，即$\Delta EX=P_f-P_d$时，企业并未面临真实资产风险。若相对购买力平价不能成立，则企业面临真实资产风险：若$P_f-P_d>\Delta EX$，则为风险报酬；若$P_f-P_d<\Delta EX$，则为风险损失。

（2）金融资产风险

金融资产是投资于股票、债券、商业票据等金融工具上的资产。金融资产风险的计算方法为：

$$E_f=(A_f-D_f)\cdot(r_f-r_d-\Delta EX)$$

式中：E_f——金融资产风险；A_f——外币金融资产；D_f——外币金融负债；r_f——外

币利率；r_d——本币利率；ΔEX——外币贬值率。

同样，在利率平价成立的条件下，企业不会面临金融资产风险。

（3）营业收入风险

$$E_o = R_f \cdot (\Delta R - \Delta EX)$$

式中：E_o——营业收入风险；R_f——外币营业收入；ΔR——外币营业收入增长率；ΔEX——外币贬值率。

综合上述三个方面，总的经济风险就是：

$$E_t = E_r + E_f + E_o$$

8.2 基于远期的金融工具配置与外汇风险管理

远期交易是外汇风险管理中运用得最为广泛的金融工具之一。远期外汇交易的最大特点是以确定的汇率于日后交割清算。本节主要讨论远期交易与其他金融工具的综合配置以及相关衍生产品的运用。

8.2.1 远期与即期、远期与远期交易

这两种交易其实就是掉期交易，也称调期交易或互换交易。其中，外汇掉期交易指同时买卖不同交割日货币的外汇交易。根据两笔交易的期限不同，可分为即期/远期掉期交易和远期/远期掉期交易。

【例8-1】某进出口贸易公司需要一笔美元资金，它向其开户银行借款，但开户银行吸收的存款为港币，一时难以满足要求。在这种情况下，该银行可以在即期外汇市场上用港币买进美元，贷放给贸易公司；同时，为了避免收回贷款偿还客户存款时的汇价风险，该银行可在远期市场上对港币卖出美元。若客户的存款期和贸易公司借款的期限均为1年，该银行的远期交易期限也应该为1年。1年后，银行用收到的美元，按远期汇率换成港币，偿还客户的港币存款。这便是一笔即期买美元、远期卖美元的掉期交易。

如果该贸易公司不是现在需要这笔资金，而是3个月后需要这笔美元资金，那么，该银行可通过远期/远期掉期交易来消除汇率风险。银行可用港币买入3个月期的美元，然后对港币卖出1年期的美元。3个月后，银行用港币存款按3个月期的远期汇率买入美元，放款给贸易公司。1年后，银行从贸易公司收回美元放款，然后，按照1年期的远期汇率，用美元买入港币，以此满足存户的提款要求。这便是远期/远期的掉期交易。

8.2.2 “提前+远期”“推后+远期”交易

提前即提前收付，指对某种货币提早付出或提早收入。推后即推后收付，指对某种货币推迟付出或推迟收入。这两种保值手段的运用可通过表8-2[1]来说明。

1 叶永刚．外汇经营管理［M］．武汉：武汉大学出版社，1995．

表8-2　　　　　　　　　　　　**提前、推后策略**

币别 / 保值手段	硬货币	软货币
应收款	推后	提前
应付款	提前	推后

从表中可以看出，对外币应收款来说，当它为硬货币，即该货币的汇率趋于上升时，经营者应采取推后的保值手段；当它为软货币时，则应采取提前的保值手段。对于应付款来说，如果外币为硬货币时，经营者最好提前付出，若等到汇率上升后付，势必支付更多的货币。

1.“提前+远期”交易策略

“提前+远期”（Lead-F），指的是提前的保值手段与远期交易的综合交易。我们用图8-2加以说明。

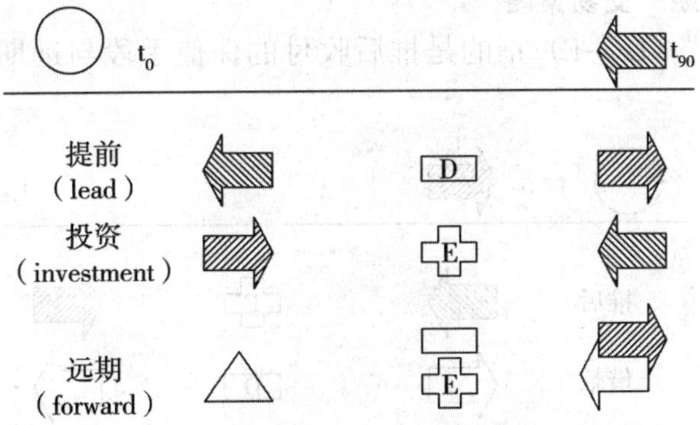

图8-2　“提前+远期”策略

图中，横线以上的部分说明某一经营单位拥有一笔90天期限的外币应收款。

横线以下的部分：

第一行表示提前收款的情况。箭头表示外币流量。第一个箭头朝内，表示第90天的应收款在今天（t_0）收回；第二个箭头朝外，表示对90天期限应收款的抵消。既然该经营者今天收回了90天后到期的应收款，到第90天时，对方无需再支付了。中间的“□”号表示提前收款的成本，为负。经营者提前90天收款，相当于向对方借入了一笔90天期限的资金，90天之后，用应收款来偿还这笔借款。但提前收款者要支付相应的成本，大小等于对方在国内市场筹集这笔资金的成本。所以，负号表示提前收款者所支付的相当于借款利率的折扣率。负号中的“D”，表示外币的国内（Domestic）利率。

第二行表示将提前收回的外币用于投资，其期限与应收款项的期限一致。其收益率为该外币的境外利率（External Interest Rate）。

第三行表示一笔远期交易。“△”表示即期汇率，负号与正号表示两种货币的境外利率。因为在国际外汇市场上，远期报价都是按境外利率计算的。这里之所以要使用远期交易，是因为投资的外币款项仍存在汇率风险。如果到期时外币汇率下浮，势必影响其收益。

单纯的提前收款不是已经达到避险的效果了吗？为什么还要运用外币投资与远期交易呢？这里就涉及成本问题。任何保值措施都会涉及成本或收益，究竟孰优孰劣，就需要进行比较。单纯提前收款涉及的净成本或收益由外币的国内利率（负）和本币的国内利率（正）相加决定，因为提前收款要支付一定费用，但同时又可将外币换成本币，在国内继续投资，期限为t_{90}。而提前收款加远期的净成本收益为：

外币的国内利率(负) + 本币的国内利率(正) + 外币的境外利率(负) + 本币的境外利率(正)

因此，对经营者来说，若后者比前者更有利，经营者则有可能选择后者。这就是金融工程思想。

2.“推后+远期”交易策略

“推后+远期”（Lag-F）指的是推后收付的保值手段与远期交易的综合运用（见图8-3）。

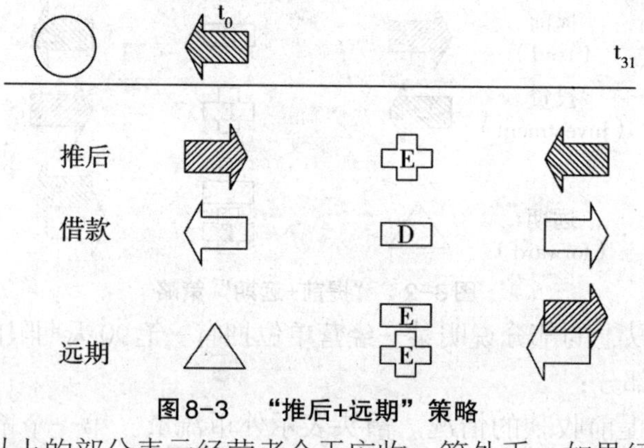

图8-3 “推后+远期”策略

图中，横线以上的部分表示经营者今天应收一笔外币。如果经营者预计外币会升值，他有可能会推后收款。

横线以下第一行表示将应收款推后收取，这相当于给对方一笔融通资金，因此，应得到一笔收益，“E”就表示这笔收益。横线以下第二行考虑本币情况。如果不使用推后收款的手段，经营者今天就可以得到一笔用外币换成的本币。但由于推后收款，经营者则损失与这笔本币资金相应的利息。第三行的远期交易用来对推迟的外币应收款进行保值。

有兴趣的读者仍然可将这种情况与单纯推后加以比较，会发现其中的成本收益差别。

8.2.3 “远期+担保”交易

“远期+担保”交易[1]是远期外汇交易同担保业务结合在一起的一种避险措施。

【例8-2】某一中外合资企业向我国一家经营外汇业务的银行申请办理用美元买入欧元的一年期的远期外汇业务。该银行资金部在办理这笔远期外汇买卖业务时，担心该企业到期不能及时交割。由于资金部做的是代客买卖业务，如果客户不能及时提供交割资金，该部势必要拿出这笔资金来与国外的买卖对象交割。因此，资金部存在信用风险。

为了扩大该行的业务，保证资金部到期时无需担心该“三资”企业的支付能力，该行的信贷部这时出来向资金部担保，并出具保证文件。该文件表明，若该企业到期时不能提供美元交割，由信贷部给该企业提供同等数额的一笔美元贷款，以解燃眉之急。该信贷部之所以愿意为该企业担保，是因为该企业是信贷部的客户，而且，信贷部对该企业的经营状况非常了解，判断其不存在美元贷款的偿还问题。

于是，他们创造性地把远期交易、担保业务与银行外汇贷款业务有机地结合在了一起，使各方均受益。

8.2.4 综合远期外汇协议

综合远期外汇协议（SAFE）是20世纪80年代末发展起来的一种表外业务，它实际上是资产负债表外的远期对远期的外汇互换交易，但它与互换交易究竟有什么不同呢？我们通过【例8-3】加以说明。

在分析举例之前，有必要对汇率协议（ERA）和远期交易协议（FXA）两个概念加以重申。这两种金融产品都属于SAFE家族，但二者在计算交割数额时会有所不同，也正是由于这种不同，才使得这两种金融工具各自所承担的保值功能出现了细微的差别。[2]

汇率协议针对的是最初签约时确定的合约远期差额与最终市场上的结算远期差额之间的差额，所以，交割数额仅与一个变量有关，即它是随着交割日和到期日之间的换汇汇率而动。

而远期交易协议不仅涉及协议期内的换汇汇率，还与汇率变动的绝对水平有关。换句话说，远期协议不仅与合同远期差额和远期估算差额之间的差额有关，还与完全汇率和即期结算汇率之间的差额有关。

【例8-3】在考虑各金融产品时，我们设定了两种不同情况加以对照分析。一种是即期汇率不变情况下的对比；另一种是即期汇率变动条件下的分析。

（1）假定初始的市场汇率与市场利率分别如表8-3所示。

1 叶永刚．外汇经营管理［M］．武汉：武汉大学出版社，1995.
2 瞿卫东．金融工程学［M］．北京：中国财政经济出版社，1997.

表8-3 初始的市场汇率与利率

	即期汇率	1个月	4个月	1×4个月
欧元/美元汇率	1.8	53/56	212/215	159/162
欧元利率		6%	6.25%	6.3%
美元利率		9.625%	9.875%	9.88%

（2）假定1个月后的市场汇率与利率如表8-4所示。

表8-4 1个月后的市场汇率与利率

	情况一		情况二	
	即期	3个月	即期	3个月
欧元/美元汇率	1.8	176/179	1.7	166/169
欧元利率		6%		6%
美元利率		10%		19%

注：情况二与情况一的利率相等，但即期汇率各不相同。

（3）假定一投资者预计1×4（1个月对4个月）欧元和美元远期利差为3.58%（9.88%-6.3%），但他估测该利差会进一步扩大，于是，考虑以下几种投资策略：

①在1×4远期对远期互换中用美元卖出、买进欧元。

②卖出1×4FXA。

③卖出1×4ERA。

在卖出、买进1×4互换时，投资者是以162基点（215-53）买入远期欧元。若两种货币之间的利差进一步扩大，那么远期欧元升水就越多，投资者就可能以更高的升水（即更高的价格）出售这些远期欧元。

在情况一和情况二之下，1个月后利率之差果真进一步扩大了。在情况一下，3个月的换汇汇率便为176基点，赚14基点；在情况二下，变成166基点，赚4基点。基于点数变动的获利分别达1 400美元和400美元。

图8-4描述了每种情况下所产生的资金流动情况和远期对远期互换所产生的利润状况。

图8-4还根据货币的时间价值原理，采用现值法计算出了实际的利润。在第一种情况下，最终净利润是1 495美元（与1 400美元比较）；在情况二下，获得的最终利润为2 959美元（与400美元比较）。

在第二种情况下盈利如此之大的直接原因在于即期汇率的变动。即期/3个月互换交易包含了一种义务——买入即期欧元和卖出3月期美元，这样做是为了1个月后对原先的远期对远期交易进行平仓。当欧元大幅下降后，投资者3个月后所收到的美元也将会明显少于原先远期对远期交易中所售出的美元。从图中可以发现，104 900美元的亏空几乎抵消了全部即期账上105 300美元的盈利，净利润仅为400美元。然而，由于减少的104 900美元是在将来产生的，并且可以折现，这样这部分损失的影响就比原先少得多。另外，投资者还可考虑将105 300美元的盈利进行为期3个月的投资，3个月之后，再用来冲抵104 900美元的减少。因此，无论采用哪种方法，如果把时间因素考虑进去的话，实际盈利将提高到2 959美元。

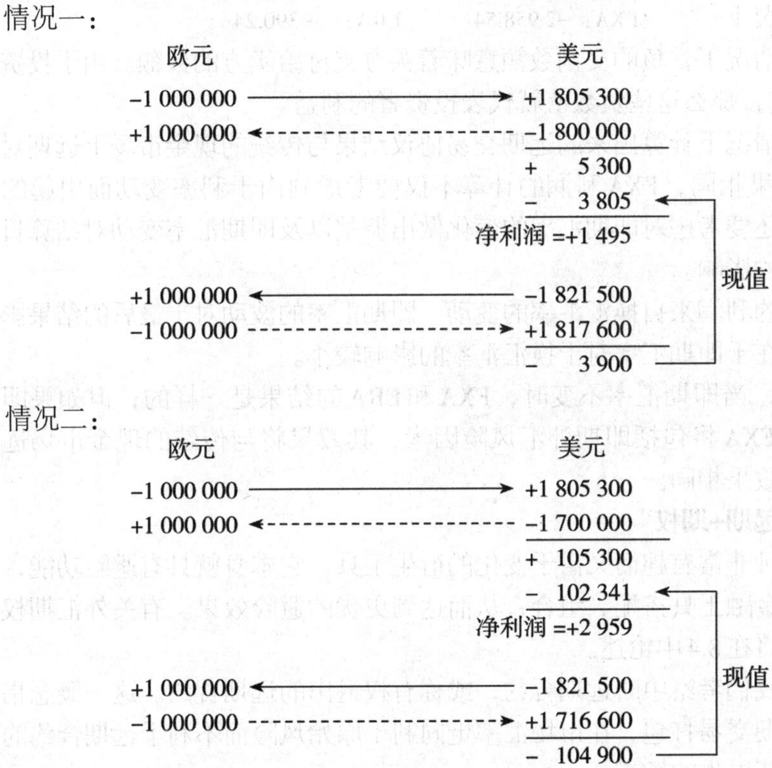

图8-4 远期对远期互换的估价

根据公式：

$$\text{交割数额ERA} = A_M \times \left[\frac{W_C - W_R}{1 + \left(i \times \dfrac{D}{B} \right)} \right]$$

和

$$\text{交割数额FXA} = A_M \times \left[\frac{F_{MC} - F_{MR}}{1 + \left(i \times \dfrac{D}{B} \right)} \right] - A_S \times [F_{SC} - F_{SR}]$$

式中：A_M——在到期日交换的初级货币的名义数额；A_S——在交割日交换的初级货

币的名义数额；F_{MC}——在协议原先约定的到期日的直接汇率；F_{MR}——在基准日决定的到期日的直接汇率；F_{SC}——在协议原先约定的协议期间的换汇汇率；W_R——在基准日决定的协议期间的换汇汇率；i——次级货币利率；D——协议期限的天数；B——次级货币按年转换成的天数（一年360天或365天）。

可计算出：

第一种情况下　　FXA：−1 495.12　　ERA：−1 365.85

第二种情况下　　FXA：−2 958.54　　ERA：　−390.24

在这两种情况下，负的交割数额意味着买方支付给卖方的数额。由于投资者已经出售了SAFE，那么这些负数值就代表投资者的利益。

在这两种情况下计算出来的远期交易协议结果与传统的现金市场上远期对远期互换所得的结果相同，FXA利润的计算不仅要考虑到由于利率变动而引起的互换点数的变化，还要考虑对即期汇率的变化做出调整以及即期汇率变动对结算日和到期日资金流动的影响。

汇率协议的利润来自换汇汇率的变动。即期汇率的波动对于最后的结果影响要小得多，原因在于即期汇率对于换汇汇率的影响较小。

综上所述，当即期汇率不变时，FXA和ERA的结果是一样的；但如果即期汇率发生变化，FXA将包括即期外汇风险因素，其效果将与传统的现金市场远期对远期外汇互换效果相同。

8.2.5　“远期+期权”

期权是一种非常有趣而又富于变化的衍生工具，它本身就具有避险功能，还可以与其他多种金融工具搭配、组合，从而达到更优的避险效果。有关外汇期权工具的运用，我们将在8.4中论述。

在这里，我们考察中断远期合约，或称有权退出的远期合约。这一概念指的是客户用一种远期交易打包，在市场汇率走向利于原始风险而不利于远期合约的情况下，客户可中断原先的承诺。

这一概念的提出很自然，因为在套期保值之后，经营者遇到了倾向于原始风险方向的市场变化。那么，经营者希望的是没有进行套期保值，否则便无利可图。中断远期合约就为解决这个问题提供了路径。

那么，如何构造一个中断远期合约呢？过程其实很简单，即银行卖给客户一份可以将远期交易翻转的期权，但并不直接收取期权费用。这笔期权的成本，加上其他的融资成本，被计入到非市场的远期利率中去了。下面我们就来说明这个原理：

【例8-4】美国某公司需要100万欧元，这家公司可以按市场价1.7美元购买这些欧元的远期，但是公司希望当欧元下降到一定水平后能够将其卖掉，假定他选择1.6美元作为中断价格。协定价格为1.6美元的欧元看跌期权价格为每欧元0.0332美元，加上融资成本，则为0.0347美元，把这些因素综合起来，并将0.0347美元的期权费加到非市场远期汇率上去，就可以得到以下结果：

①公司以每欧元1.7347美元购买100万欧元。

②公司有权中断远期合约，而且在9个月时期内，欧元下跌到1.6美元以下，公司可在即期市场上购买欧元。

不过，公司必须以合约价1.7347美元买入欧元。中断远期允许公司所做的是在中断价格上停止其承诺，在这里它实际上已损失了欧元从1.7347美元下跌到1.6美元过程中的获利能力，这实际上是一种机会成本。可以推测，这家公司对结果是满意的，因为它可以按1.7347美元这个有保证的价格去购买欧元，而且一旦欧元降到中断价1.6美元之下，中断远期又允许其从中获利。表8-5列出了中断价与偏离市场远期汇率的组合。

表8-5　**中断价与远期汇率**

中断价格	远期汇率
1.7000	1.7707
1.6500	1.7502
1.6000	1.7347
1.5500	1.7233
1.5000	1.7152
2.0000	2.0125
1.0000	1.7000

中断价格越高，公司会越快地中断远期合约，并从欧元下跌中获利。假如公司以更高于市场价格的远期汇率进行交易，那么上述好处也就被抵消了。比如，若中断价格被定在当前的远期汇率1.7美元上，提供给公司的偏离市场的汇率将升为1.7707美元，提高了4%以上。设定的中断价格越低，该远期合约被中断的可能性也就越小，但公司能以一个更接近真实市场汇率的远期汇率进行交易。1.5美元的中断价格允许公司按1.7152美元的价格去执行交易，该价格仅比真实的远期汇率高不到1%。

我们从图8-5中能更清楚地看到这一点。在中断价格定为1美元的情况下，该合约被中断的机会很小，因此公司在1.7美元的实际远期汇率上交易。这个中断远期的盈亏线退化为完全的直线状态，就像一个通常的远期合约。在2美元这个高的中断价格上，这个合约将肯定会被中断，该公司将几乎不可避免地以市场即期汇率成交。因此，偏离市场的汇率被定得很高，但却非常接近这个中断价格。

图8-5所列的各种状况实际上与通过一种简单看涨期权来套期保值完全等同。也就是说购买基础资产和购买一种看跌期权能创造出一种合成的看涨期权。

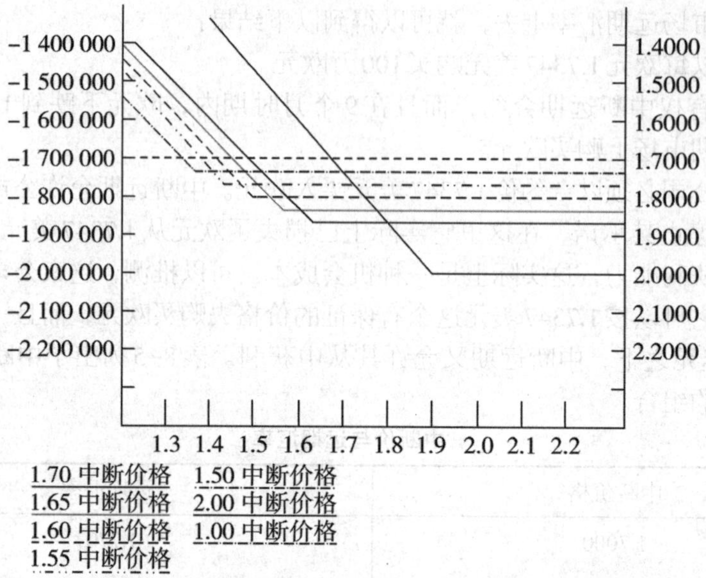

注：左竖轴表示现金流量（单位：美元）；右竖轴代表实际有效汇率；横轴单位：欧元/美元。

图8-5　各种中断式远期合约

在中断远期和通过实际看涨期权保值之间的唯一区别，就在于期权费用的支付时间上。在中断远期的情况下，期权费实际上是事后支付，并在到期时附加到基础资产价格上去。因此可以再进行一次性质相当于1.7/1.7707美元的中断远期交易，办法是通过让公司购买一份1.7美元的看涨期权，以及将0.672美元的期权费进行投资或出借。

8.3　基于期货的金融工具配置与外汇风险管理

8.3.1　外汇期货交叉保值的基本策略

利用外汇期货进行套期保值的基本形式可分为两种：

一是买入保值。指交易者先在外汇期货市场买入期货，以便将来在现汇市场买进现汇时不至于因价格上涨而给自己造成经济损失的一种保值方式。这种用外汇期货市场的盈利对冲现汇市场亏损的做法，可将远期价格固定在预定的水平上。买入套期保值是需要现汇而又担心价格上涨的客户常用的保值方法。

二是卖出保值。是指交易者先在外汇期货市场上卖出期货，当现汇汇率下跌时以期货市场的盈利来弥补现汇市场的损失，从而达到保值目的的一种套期保值方式。和买入保值一样，卖出保值通过外汇期货交易使一个市场上的盈利弥补另一个市场上的亏损，从而将远期汇价固定在预定水平。卖出套期保值主要适用于未来某日期将取得外汇收入的出口商担心外币贬值的情况。这里主要探讨怎样进行外汇期货交叉保值。

交叉保值是指交易者利用两笔市场上现有的不同币种外汇期货交易，买进一笔，卖出一笔，构造出市场上存在的一种外币对另一种外币的期货交易，满足交易者特定的套期保值要求。

【例8-5】日本某公司与德国一进口商于5月1日签订合同，卖给该进口商一批药品，6月10日将收到一笔2 200 000美元的款项。签订协议时，美元、日元对欧元的现汇价格分别为：0.7226欧元/美元、0.00833欧元/日元，则交叉汇率为0.01153美元/日元。该公司财务经理预测美元对日元的汇率将下降，公司6月10日才进账的美元应收款可能会因此蒙受损失。因此，该公司财务经理决定对这笔应收账款项进行货币交叉保值。

具体做法：该公司委托其期货交易经纪人在期货市场上买进16份6月份日元期货合约，同时卖出16份6月份美元期货合约。

如果到6月10日进行货款结算时，日元对欧元汇率上升，美元对欧元汇率下跌，现汇价格分别是0.0092欧元/日元，0.7154欧元/美元，交叉汇率为0.01286美元/日元。期货市场上6月份日元期货价格为0.0092欧元/日元，6月份美元期货价格为0.7154欧元/美元。该公司在现货市场和期货市场的损益情况如下：

• 现货市场——

时间	5月1日	6月10日
应收货款	2 200 000美元	2 200 000美元
即期汇价	0.7226欧元/美元	0.7154欧元/美元
	0.00833欧元/日元	0.0092欧元/日元
	0.01153美元/日元	0.01286美元/日元
折合成日元数	190 806 592日元	171 073 095日元

可见，由于美元贬值，该公司在现汇市场上少收了19 733 497日元应收款。

• 期货市场——

日元期货

5月1日买入日元期货合约价格	0.00821欧元/日元
6月10日抛出日元期货合约价格	0.0092欧元/日元
价格收益	0.00099欧元/日元
16份合约利润总额	198 000欧元，合21 521 739日元

美元期货

5月1日卖出美元期货合约价格	0.7253欧元/美元
6月10日买进美元期货合约价格	0.7154欧元/美元
价格收益	0.0099欧元/美元
16份合约利润总额	19 800欧元，合2 152 173日元

该公司在期货市场上的总收益为23 673 912日元，期货市场上的盈利充分抵补了现汇市场的损失。在结算日，该公司日元综合收入为171 073 095+23 673 912=194 747 007（日元），这与在5月1日出口时即收货款相比多收汇折合3 940 415日元。

如果6月10日汇价变动恰好相反，美元相对于欧元升值，日元相对于欧元贬值，则该公司在现汇市场上将多收款项，而期货市场上日元期货和美元期货均将损失。但现汇市场和期货市场仍是反方向变动，其综合效果仍是将日元对美元的交叉汇率固定在了预期水平，同样可以达到保值效果。

利用现有外汇期货，构造出市场上不存在的外汇期货品种为我所用，交叉保值体现了金融工程的目的性、应用性和创造性。在此我们不仅是为了拓展读者对外汇期货交易实战策略的了解，更重要的是展示一种金融工程师特有的思维方式，即创造性地运用金融工具和策略，来解决现实中面临的各种金融问题。金融工程师不仅要向客户提供一系列金融工具供其选择，更应当主动地按客户的具体需求对金融工具加以组合、创新。

现实中，使用外汇期货进行套期保值的还有：持有大量外汇资产和外汇头寸的银行、进行跨国证券投资的投资者、到期偿还外币贷款的债务人、母公司与子公司之间存在资金往来的跨国公司以及出国旅游的个人等等。由于其标的资产不同，面临的风险和要达到的目的也各有差异，不同客户在使用外汇期货进行套期保值时有着不同的特殊要求。

比如，对墨西哥国债（其实际收益率高达50%以上）进行投资的跨国投资者，在利用外汇期货进行套期保值时还应当考虑到资产价值变动所带来的风险；墨西哥国债在保值期限（Hedging Horizon）内不一定恰好为1 000 000比索的面值，该国经济、金融状况的不稳定性也加剧了该国金融资产价格的波动。

再如，某投资基金进行海外投资，买进英国LIFFE的股票投资组合，除了利用CME的英镑期货对其外汇进行风险套期保值，基金经理还会卖出相应的股票指数期货或个股期货，控制投资组合价格变动的风险。

可见，就套期保值策略而言，一个合格的金融工程师不仅应当考虑客户所面临的外汇风险，也不能忽视特定资产的价格波动、利率变化等可能产生的损失，不仅能够选取或组合适当的外汇期货合约来满足客户要求，也可以灵活运用外汇远期、掉期、期权、利率互换、短期利率期货等外汇市场避险工具，达到最佳的工具配置效果。

8.3.2 “期货+期权”

外汇期货的期权交易将外汇期货交易与外汇期权交易熔于一炉，它是以外汇期货为对象的期权交易。若你行使这种期权，你的合约便成为外汇期货合约。

与外汇期货、外汇期权交易一样，外汇期货期权交易也是在今天便确定了今后交割的汇率。

在期货交易中，这种预定的价格称为期货汇率；在远期交易中，称为远期汇率；在期权交易中，称为协定价格。在外汇期货期权交易中，这种价格也称为协定价格。

所不同的是，在外汇期权交易中，行使期权时，其盈亏的计算是将市场上的即期汇率与协定价格进行比较；而在外汇期货期权交易中，行使期权时，是将市场上的期货价格与合约中预定的协定价格进行比较，来计算损益。因此，在这种交易中预定的协定价格，实际上就是今后行使期权时买卖期货的价格。这种预定的期货价格与行使期权时市场上的期货价格相比，通常会有差别。

【例8-6】一进口商在半年后需支付一笔日元货款，而手中持有的是美元。如果美元对日元贬值，将存在汇率风险。

那么，他便可在此市场上做外汇期货期权交易。假定在这种交易中，将协定价格预定为100日元，等于120美分。后来日元果真升值，市场上100日元的即期价格为140美分，而期货价格假定也是140美分。这时可以行使期货期权。

如果预定的协定价格为120美分，而现在市场上的期货价格为140美分，每100日元便赚取了20美分。这样一来，尽管在市场实际购入的价格是每100日元花了140美分，但扣除在期货期权交易中20美分的收益，其综合价格仍为120美分。[1]

读者可能会问，只做外汇期货交易，不也可以达到这个目的？当然，如果汇率上升，外汇期货价格等同于期货期权中的协定价格，市场的即期汇率等同于当时的期货价格，二者的作用会是一样的。但如果日元汇率下跌呢？在期货交易的情况下，就必须按预定的汇率交割或在市场上对冲。而在期货期权交易时就可不必这样做，不行使期权就是了。由于得到了这样一种选择的权利，在成交时就必须付出一笔期权费。

可见，外汇期货期权交易是一种比期货交易更复杂而且更灵活的金融工具，如果上述交易不与日元的保值业务相联系，外汇期货期权交易便成了一笔投机业务。通过这笔投机业务，投机者赚取的是预定的期货价格与行使期权时期货价格之间的差额。

8.4 基于期权的金融工具配置与外汇风险管理

期权工具是金融工程中最富于变化，也是应用最为广泛的工具。期权工具不仅可以自己相互组合，还可以与其他金融工具搭配，从而达到比较好的避险效果，比如在前面介绍的中断远期、外汇期货的期权，以及在下一章要提到的互换期权等都是很典型的例子。

在本节中将着重分析期权工具在市场中的基本避险策略以及期权工具间的相互

1 叶永刚. 金融新工具笔谈［M］. 长沙：湖南科学技术出版社，1998.

组合。

8.4.1 期权工具的基本保值策略

1. 期权避险策略的特点

假定德国某进口商需要3个月后支付美元，那么他有以下三种保值选择：

①以1.7500USD/EUR的远期汇率买进3个月远期外汇合约。

②买进3个月的美元看涨期权。

③卖出3个月的美元看跌期权。

下面分别讨论后两种交易策略下对相同到期日、不同协定价格的期权的选择，并与第一种策略进行比较。

（1）买进看涨期权

表8-6列出了与远期汇率比较，分别处于损价、平价、溢价状态的美元看涨期权，并进行了盈亏分析。

表8-6　**买进看涨期权的选择**

	期权一	期权二	期权三
协定价格（USD/EUR）	1.7700	1.7500	1.7300
期权费（USD/EUR）	0.0120	0.0250	0.0320
远期损益	OTM-F	ATM-F	ITM-F
最不利汇率（K+P）	1.7820	1.7750	1.7620
潜在不利差额	0.0320	0.0250	0.0120
时间价值	0.0120	0.0250	0.0120
期权溢价	0.0200	0	0
盈亏平衡点	1.7380	1.7250	1.7180

“最不利实际汇率”是指当执行外汇期权时，可能面临的最不利于期权持有者的实际汇率。当即期汇率大于或等于该汇率时，持有者选择行使期权，将汇率固定在协定汇率水平。所以，最不利价格等于协定汇率（K）加上期权费（P）。与远期合约比较，外汇期权在履约时会产生“潜在不利差额”，这是由于期权合约的成本（期权费）中包括了期权价格波动带来的可能盈利，即期权的时间价值，还有溢价期权协定价格超出远期价格的部分。

外汇期权与远期交易两种合约的盈亏平衡点（Breakeven Spot）发生在期权没有履约的时候，在即期市场买进美元，即期汇率等于当初的远期汇率减去所支付的期权费。此时外汇期权交易的成本为即期汇率加期权费，与远期交易成本相等。当汇率低于盈亏平衡汇率时，持有者放弃执行期权，在即期市场直接购入美元，净收益为正；当汇率介于盈亏平衡汇率与最不利汇率之间，持有者仍然不行使期权，但此时净收益由零转负。

期权的溢价程度的增幅大于相应的期权费增幅，而且看涨期权的溢价程度越高，履约的可能性就越大，所以溢价越大的期权效益也就越大，不过一旦得以履约，损价大的外汇期权支付的成本也是最高的。对损价期权而言，即期汇率走势看好时，损价期权损价的程度越深，期权费越低，期权履约的可能性越小，越可能以即期汇率在市场上直接交易。综上所述，当市场走势等因素有利于外汇期权履行时，应选择溢价看涨期权，且溢价越多的期权性质越类似于远期合约，实际汇率也越接近远期汇率；当市场走势等因素有利于放弃外汇期权时，应选择损价看涨期权，且损价越多的期权越类似于即期合约，其实际汇率也只略逊于即期汇率。平价看涨期权是否履约的可能性各占一半，比较类似于即期合约与远期合约之间的折中情况。

（2）卖出看跌期权

对于需要在未来买进美元的保值者，既可以通过买进美元看涨期权保值，也能销售美元看跌期权，用销售期权的期权费收益来降低购买美元的成本。期权基本策略中的卖出看跌期权，希望持有者不执行期权，从而赚取期权费；而这里的卖出看跌期权是套期保值策略，美元的看跌期权卖方以保值而不是以营利为目的，此时卖方对市场走势的判断与买方相同，即卖方将在对美元市场走势看跌时卖出美元看跌期权，并希望买方执行期权。期权卖方既不能因美元贬值而以更低价格买入美元，也不愿美元升值时期权被放弃执行，从而净赚一笔期权费。看跌期权的出售者的唯一目的是将未来购买美元的汇率固定在某一水平，防范汇率上升的风险，同时尽可能降低成本。

在相同的市场条件下，看跌期权卖方也面临着从到期日时间、协定价格不同的外汇期权中进行选择的问题。表8-7列出了损价、平价、溢价的美元看跌期权卖方的损益情况，并与买进美元的远期合约进行了比较。

表8-7 **卖出看跌期权的选择**

	远期合约汇率	1.7500 USD/EUR	
	期权一	期权二	期权三
协定价格（USD/EUR）	1.7700	1.7500	1.7300
期权费（USD/EUR）	0.0310	0.0250	0.0110
远期损益	OTM-F	ATM-F	ITM-F
最有利实际汇率（K-P）	1.7390	1.7250	1.7190
潜在有利差额	0.0110	0.0250	0.0310
时间价值	0.0110	0.0250	0.0110
期权溢价	0	0	0.0200
盈亏平衡点	1.7810	1.7750	1.7610

对于出售方而言，“最有利实际汇率”是指期权买方履行合约时，期权卖方按协定价格买进美元并取得期权费收益，此时美元贬值到协定价格之下，所以，期权卖方最有利实际汇率为协定价格减去期权费。对出售方而言，最不利的情况是美元大幅升值，而期权未被执行，期权卖方被迫以较高的即期汇率买进美元，所以，最不利实际汇率等于到期日的即期汇率减去期权费。

与期初远期汇率相比，销售美元看跌期权的实际汇率具有“潜在有利差额”，这是由于期权执行者有获得潜在盈利的可能，期权卖方必须得到承担这部分潜在价格变动的报酬（期权费的时间价值部分），此外还有溢价期权的溢价部分。

当期权未被执行时，期权卖方在即期市场购入美元，支付成本为到期日即期汇率减去期权费，所以，销售美元看跌期权与远期合约的盈亏平衡即期汇率为期初远期汇率加上期权费。当汇率高于盈亏平衡汇率时或汇率介于最有利汇率与盈亏平衡汇率之间时，期权买方放弃执行期权，期权卖方在现汇市场高价购入美元，且美元升值越多，期权卖方的损失越大，其损失额为到期日即期汇率减去期权费部分。

如果市场向有利于看跌期权卖方的方向发展（即美元贬值时），期权被执行，期权卖方会选择溢价期权，且销售的期权溢价程度越高，期权卖方的美元购入成本越低；如果市场汇率向不利于看跌期权卖方的方向变动（即美元升值，并超过协定价格），期权持有者不会执行，期权卖方最理想的策略是买进远期合约而不使用外汇期权。单纯就销售期权的选择来看，最有利的策略是选择损价最多的期权，以取得最多的期权费收益。

2. 实例分析

外汇期权相对于零成本的远期合约，通常是一种次优选择。但是，期权交易的不对称性和套期保值的灵活性使其备受企业财务经理和交易商青睐：外汇期权的期权费固定了期权买方汇率行情不利的风险，可以对外汇资产或头寸的不利风险进行有效保值（如进出口企业的延期收付汇率）；外汇期权买方无必须履约的义务，是对可能发生但不一定实现的资产或收益的最理想的保值（如进行国际投标时不能确定是否中标等）。此外，外汇期权不必逐日清算，到期前无现金流产生，而且能够为客户提供一系列的协定汇价。种种优点使得外汇期权成为了实际运作中优于期汇和外汇期货的保值避险方式。它既可以单独用于保值，也可同远期交易或期货交易结合起来达到综合保值及盈利的目的。下面举例说明外汇期权的保值避险功能。

【例8-7】对进口商应付货款进行保值。

6月2日，德国某进口商从美国购进某种商品，按合同规定，德国公司将在9月份支付一笔金额为12 500 000美元的货款。美元应付债务使德国公司面临巨大的外汇风险，为了防止美元升值带来的不利影响，该公司的财务主管决定对这一潜在的汇兑风险进行保值。

当时外汇市场上的即期汇率为0.6685欧元/美元，财务主管不能肯定美元汇率将向哪个方向变动。如果采用期汇或外汇期货保值，虽然可以固定美元债务的欧元成本，达到保值目的，但无法在汇率向有利方向变动时获取好处，进一步降低支付成本。采用外汇期权保值，当美元向不利方向变动时，可以执行期权，将最大成本固定在某一水平，而当美元向有利方向变动时，放弃行使期权，可以更有利的即期汇率购入美元，降低支付成本。因此，该公司财务主管选择买进外汇看涨期权来保值。

6月2日，该公司购进200份客户定制的3个月美元看涨欧式期权，标准金额为每份合约62 500美元，协定价格为0.6583欧元/美元。每份合约的期权费支出额为0.0136欧元，200份合约的总保值成本合计为170 000欧元（62 500×0.0136×200）。

在“外汇期权策略”一节中曾提到看涨期权买方“最不利汇率”即最大成本价格为协定价格与期权费支出之和，即0.6583+0.0136=0.6719（欧元/美元），与期初市场汇率0.6685欧元/美元十分接近，较好地发挥了保值作用。

3个月后期权到期，若美元升值，市场汇率高于0.6583欧元/美元时，该公司行使期权，按协定汇率支付欧元，购入美元，总支付成本为8 398 750欧元（12 500 000×（0.6583+0.0136））。

若期权到期日美元贬值，市场汇率低于0.6583欧元/美元，该公司将放弃行使期权，直接在即期市场购进所需美元，总支付金额小于8 398 750欧元。

【例8-8】对出口商应收货款进行保值。

德国某出口商6月2日向美国某公司出口商品，合约规定，美国公司将在3个月内以美元支付金额为75 000 000美元的货款。德国公司财务主管不能肯定应收货款到账的具体时间，而且担心在收到款项之前美元有可能贬值，使公司实际收取欧元金额减少，遭受外汇汇兑上不必要的损失。

财务主管为了在消除不利风险的同时保留盈利的可能，决定采用外汇期权进行保值。从相关银行获悉，当时市场汇率为1.534欧元/美元，3个月的完全远期汇率为1.525欧元/美元，3个月到期的美元看跌期权（即欧元看涨期权）协定价格为平价（1.525欧元/美元）的美式期权，价格为交易数额的2.45%，所以期权费总额为1 837 500美元（75 000 000×2.45%）。支付期权费后，财务主管有权在期权有效期间任一时刻美元货款到账时行使期权。

假定美元于8月10日入账。如果此时美元已贬值至1.505欧元/美元，财务主管将按协定汇率1.525欧元/美元行使期权，支付75 000 000美元，并收取114 375 000欧元，除去期权费成本1 837 500美元×1.505欧元/美元=2 765 437.5欧元，净收入为111 609 562.5欧元。如果当时美元走强，汇率为1.535欧元/美元，期权无执行价值，财务主管不采取任何措施，任期权于9月2日到期。财务主管按市场汇率将收取货款75 000 000美元兑换为115 125 000欧元，除去期权成本2 765 437.5欧元，净收入为112 359 562.5欧元。

【例8-9】国际招标企业外汇风险头寸的保值。

在国际招标与投标中，有关工程承包及物资采购不可避免地涉及外币资金的收付与结算。对招标企业来说，以外币计价的采购费用与工程承包费用使企业在从正式与中标企业签订合同到实际付款日期间存在着不确定的外汇风险，如果外币升值，招标企业的实际支付成本就上升。

某美国公司综合海上钻探基地大型工程由某德国公司中标后，双方签订承包合同，规定第一期工程于5个月后完工，美国公司验收后支付第一期承包费用65 375 000欧元。由于实际招标与承包过程中存在许多不确定因素，从合同签订日到实际支付日，时间不一定十分明确，工程延期、质量不合格等问题都有可能发生，使用一般的远期合约无法应付时间上的不确定性。

为了规避不利汇价变动的风险，同时享受汇价有利变动带来的好处，并克服国际招标企业面临的支付时间不确定的问题，美国企业的财务经理买入6个月到期的平价美式欧元看涨期权，交易总金额为65 375 000欧元。银行给出的标价为即期汇率1.535欧元/美元，6个月完全远期汇率1.5305欧元/美元，则期权交易的协议价格为1.5305欧元/美元，期权费为交易金额的2.15%，即65 375 000欧元×2.15%=1 405 562.5欧元。

无论德国企业在5个月内按时完工验收合格，还是延期到6个月才完成工程，财务经理都可以随时要求履行合约，获得所需欧元。若当时市场汇率为1.505欧元/美元，欧元升值，美国公司可以要求对方履约，以较低的协定价格买到欧元；若当时市场汇率为1.55欧元/美元，欧元贬值，美国公司可选择不执行期权，因为此时可从现汇市场购入更便宜的欧元，美国公司此时唯一的损失就是期权费。

【例8-10】国际投标企业外汇风险保值。

相对于招标企业而言，投标方的外汇风险情况复杂得多。投标方的外汇风险主要是从投标日到中标后合同签订日投标人承担的不确定性外汇风险。投标企业不能确定是否中标，一旦中标，获取招标人支付的外币面临风险暴露；若未能中标，这一风险就不存在。此外，投标方中标后可能需要垫付购买进口原材料、机械设备或物资的外汇款项，投标方收取的货款或承包收入有可能是外币，相应外币款项面临着风险暴露。

仅从风险暴露期的不确定性来看，运用远期外汇合约或外汇期货保值都无法令人满意：一旦投标未中，企业不会收到招标人支付的外币款项，期汇或期货合约空头将使企业面临外币升值的巨大压力，而一旦期汇或期货合约到期，企业还面临着交割的压力。但外汇期权的灵活性有效地克服了风险的不确定性，成为优于期汇、期货的保值手段。

假设某美国公司投标英国伦敦一大型体育复合设施的建设，投标的货币规定为英镑，总标的金额为25 000 000英镑。经过论证，该公司认为该项目至少需要

34 375 000美元。投标日为1月1日，当天市场汇率为1.437美元/英镑，开标日为3月1日，项目资金采用承兑信用证结算方式，支付日为9月1日，如果中标，公司将在9月1日获得25 000 000英镑。但是，由于支付日距离投标日有长达8个月的时间，汇率不断发生变化，如果英镑汇率下跌，公司将遭受损失。

美国公司的财务主管决定在投标日就到外汇期权市场做一笔交易，以1.4美元/英镑的协定价格买入客户定制英镑9月份欧式看跌期权800份，每份合约金额为31 250英镑。为了保证收到不低于34 375 000美元的资金，期权费可接受的总额范围不超过625 000美元，即期权费不超过2.5美分/英镑。

运用期权合约对投标日到收汇日之间的汇率风险进行套期保值。下面分四种情况对9月1日的保值结果进行分析：

（1）企业中标，英镑贬值到1.3美元/英镑，低于协定价格1.4美元/英镑。

财务主管执行看跌期权，按协定汇率卖出25 000 000英镑，获得35 000 000美元。减去支付的期权费成本，该企业净收益为35 000 000−625 000=34 375 000（美元）。

（2）企业中标，英镑升值至1.48美元/英镑，高于协定价格1.4美元/英镑。

财务主管放弃执行损价期权，按现行市场汇率卖出25 000 000英镑，获得37 000 000美元，减去期权费成本，该企业净收益为37 000 000−625 000=36 375 000（美元）。

（3）企业未中标，英镑贬值至1.3美元/英镑，低于协定价格1.4美元/英镑。

财务主管从现汇市场购入25 000 000英镑，成本为25 000 000×1.3=32 500 000（美元）。行使看跌期权，按协定价格卖出购进的25 000 000英镑，获得35 000 000美元。该企业净收益为25 000 000×（1.4−1.3）−625 000=1 875 000（美元）。

（4）企业未中标，英镑升值至1.48美元/英镑，高于协定价格1.40美元/英镑。

财务主管放弃行使溢价期权，净损失为期权费支出625 000美元。

针对国际投标与招标外汇风险的特殊性，有的银行对外汇期权进行了某些改进，创造出具有针对性的期权工具，对投标过程中的特殊外汇风险进行防范。

“投标期间买汇期权”（Tender To Contract Options）是银行为客户在投标期间提供外汇兑换担保的期权。如果中标，企业可像正常的远期外汇交易一样，按预定汇率交割，但此时客户无权在汇率有利时放弃期权而直接在即期市场交易；如果未中标，这一期权自动失效。期权费先付一半，其余中标后补足。客户虽然放弃了有利汇率下的潜在盈利，但可以在未中标时节约一半期权费，降低支付成本。这种期权属于复合期权（Compound Option）的范畴，实质上是一个“期权的期权”。

“投标中分担权益的期权”（Share Currency Option Under Tender），是银行将期权卖给招标人，再由招标人转卖给投标人，期权费由投标人分担的期权。如果中标，期权将自动转让给中标人；如果未中标，期权将自动失效。这实际上是银行提供的发生概率确定事件的保险，投标人只需付出少量"保费"，就可取得中标时的买汇保障。

8.4.2 期权的对称组合策略

对称（Collar）在金融工程学中指的是用正、反两个方向的力量将风险管理限制在一定范围，从而使保值成本最小化的金融工具。具体来说，期权的对称组合指通过购买一种类型的期权以限制汇率向下变动的风险，同时卖出另外一种相反类型的期权以限制汇率向上变动的风险。这两种期权一般都是损价期权，它们在当前价格的上下一定幅度内，使套期保值不起作用。

【例8-11】假设有一家德国公司9个月后要支付100万欧元，欧元的即期汇率为1欧元兑1.6634美元，9个月的远期汇率为1欧元兑1.7美元，美元和欧元9月期的利率分别是6%和3%，公司估计欧元汇率会在1.4美元和2.1美元之间波动。

在进行套期保值时，公司希望做到：①在欧元升值的情况下避免遭受太大损失；②若欧元汇率下跌，能从中获利；③在欧元汇率向不利方向运动时，应该获得足够程度的保护，同时使保值成本最小化。

我们采用三种不同的期权对称组合。这三种对称都在1.8美元的水平设立了上限，而它们的下限分别设在1.4美元至1.6美元之间。在每一种情况中，公司是通过购买协定价格为1.8美元的100万欧元看涨期权，以及卖出相应的以下限价格为协定价格的100万欧元看跌期权，来构成相应的对称结构。图8-6列出了各种对称情况。

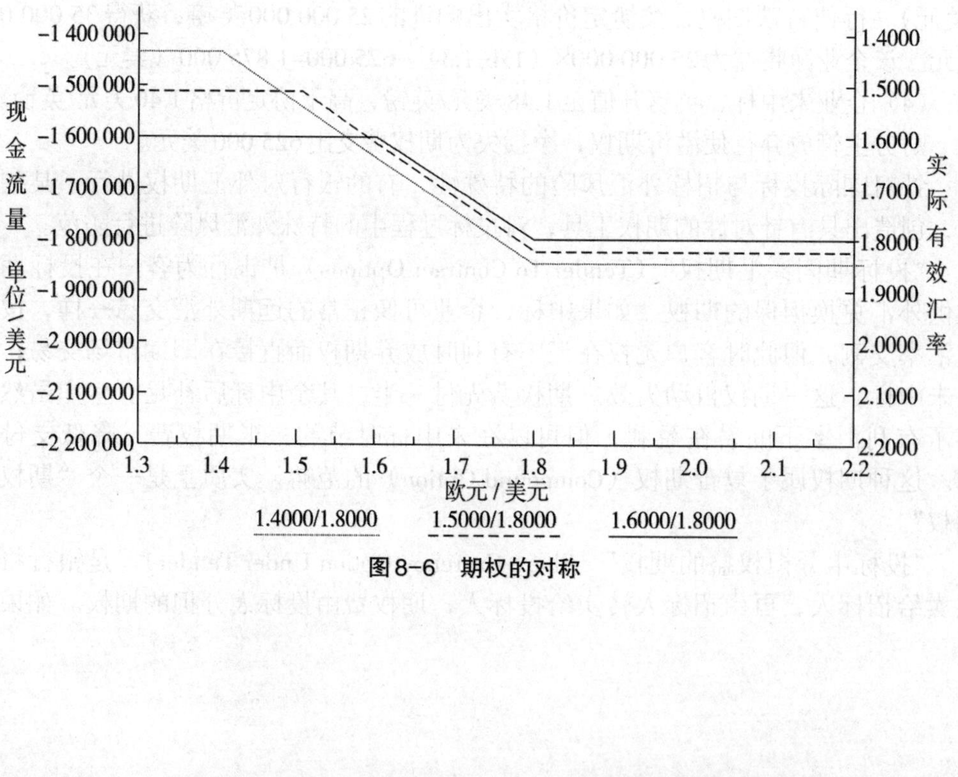

图8-6 期权的对称

从图中可以看出，三种对称有相同的形状：中间一段为斜线，两边则是水平直线。斜线部分与初始的风险相对应，在欧元贬值时费用较低，在欧元升值时费用较高，唯一的区别在于需要支付的净费用不同。有关各种情况的费用净值参见表8-8。

表8-8 **对称的净费用**

对称范围	看涨	看跌	净值	净利息
1.4/1.8	+36 700	−5 700	+31 000	+32 400
1.5/1.8	+36 700	−14 500	+22 200	+23 200
1.6/1.8	+36 700	−33 200	+3 500	+3 700

注：①支出（+）/收到（−）的期权费（单位：美元）。

②四舍五入到100美元。

值得注意的是1.6/1.8这一对称期权，它卖出看跌期权所收到的期权费，几乎与其买入看涨期权支付的期权费相等，把费用相抵之后只有3 700美元，这一较小的净期权费意味着这一对称的斜线部分与基本风险暴露的差距仅为3 700美元，而另外两种对称组合的净费用要略高一些。作为对它们额外成本的补偿，保值的下限被定在较低的协定价格水平，这可以使该公司在美元下跌时在总成本上获得更高的节省。

通过这个例子我们知道，当一个客户来询问对称的报价时，他应该对以下三个要素做出说明：①上限的协定价格；②下限的协定价格；③要支付的净期权费。这三个要素紧密相联，若给定基础资产的价格水平、利息率及波动率水平，确定上述两项便可自动决定第三项的情况。一家公司往往给出上限执行价格和净费用水平，而让银行制定下限执行价格水平。上限执行价格水平通常与公司可接受的财务风险水平相一致，且净费用通常指定为0，从而构造出一个零成本的套期保值。

表8-9列出了零成本对称期权的几种不同下限水平，而图8-7则画出了这些对称的盈亏曲线。

表8-9 **零成本对称期权的下限水平**

上限水平	下限水平
1.8000	1.6133
1.9000	1.5382
2.0000	1.4738
2.1000	1.4193

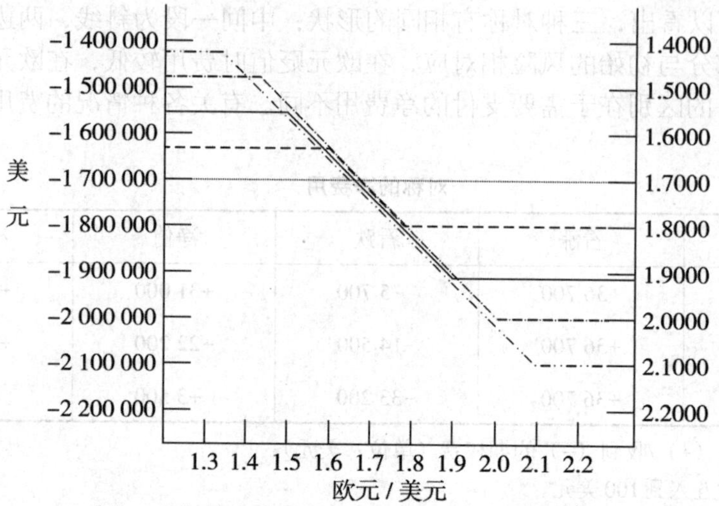

（注：左竖轴表示现金流量；右竖轴表示实际有效汇率）

1.7000 上限　2.0000 上限
1.8000 上限　2.1000 上限
1.9000 上限

图8–7　零成本对称期权

从图中我们可以看出，这些对称的盈亏情况具有连续性。一种极端的情况是1.7美元的上限导致一条完全平直的盈亏线，这与购买100万欧元的9个月远期进行保值是相同的，其原因在于1.7美元的上限是一种两平的远期汇率，所以为了构造一个零成本的对称期权，其下限水平也必须为0。以相同的协定价格买入看涨期权和卖出看跌期权构成了一个合成的对称的资产的多头，因此，在这种特殊的情况下，零成本的对称期权相当于一种简单的远期合约。

另一种情况为2.1美元的上限所产生的盈亏线是一条与未保值的风险暴露完全相同的斜线。将上限水平定得如此之高意味着下限水平必须降低到1.4193美元的水平，才能构造出一个零成本的对称期权，除非美元的价格变动突破这一范围，两种期权在到期时均为虚值，否则无法实现，所以该期权保值相当于并不存在，这就使得100万欧元的债务实际上并未得到保护。

除极端情况外，零成本对称在最大费用（如果欧元汇率上升）与最小费用（如果欧元下跌）之间可有不同的选择。例如，若使用1.5382/1.9的期权，德国公司购入100万欧元的最高成本为190万美元，而最低成本则为1 538 200美元。

应该说，零成本对称期权这种产品对公司来说是很有吸引力的。首先，当汇率变动时它能为公司的标的资产提供保护。其次，它可以从汇率的有利变动中获利。最后，这种产品是免费的。

8.4.3 回廊式期权

我们已经知道，对称期权的盈亏状况图由中间的斜线部分和两边的水平线组成。而回廊式期权恰恰相反，中间为水平线，两边为斜线。对称期权的目的是在一个确定的范围内允许风险存在，但消除该范围以外的风险；而回廊式期权则是在一定汇率变化幅度内消除风险，但对此范围之外的风险不予保护。对称期权构造方式为：通过将不需要的获利机会售出从而为所需的保护筹措资金。而回廊式期权构造方式为：通过购买期权来获得所需要的保护，然后卖出同一种类型的、虚值程度更高的期权，以便把不需要保护的部分售出。

为了说明回廊式期权的运作，我们来考察三组期权，它们具有不同的协定价格及标的资产数量。表8–10列出了每组期权的组成，并用一个简单的平价看涨期权来与之比较。

表8–10 回廊式期权的净费用

	购买的看涨期权	出售的看涨期权	净期权费	净期权费加利息
回廊式期权	1.6000 1.7000 1.7000	1.8184 1.9000 2.0000	95.700 47.000	100.000 49.100

通常情况下，构造一个零成本的回廊式期权是不可能的，因为卖出的期权往往比买入的期权虚值程度更高。不过，有两种方式可以构造出实际成本为零的回廊式期权。一种方法是调整卖出虚值期权的执行价格，使所获得的期权费与买入的实值期权的时间价值相等。然后，使所支付的净期权费等于这个实值期权的内在价值。假如该期权最终被执行，付出的总额将等于最初的远期价格。这样，该期权保值策略的实际成本就为零了。表8–10中就列出了这种期权，如1.6000/1.8184。第二种方法是按标的资产的数倍出售期权。这种方法会导致风险大于原有的风险暴露，从而使潜在的损失加倍。因此，这种方法必须慎用。

图8–8画出了表8–10中的三种回廊式期权，并将其与买入协定价格为1.7000美元平价期权的基本策略相比较。为了提供进一步的参考，该图还画出了原始风险的斜线，以及使用1.7000美元价格买入欧元的远期合约进行无风险保值时的水平线。

从图中可以看出，每一种回廊式期权的形状都是：中间部分为一条水平线，两边为两条斜线。1.6000/1.8184美元的回廊式期权的水平部分为该德国公司提供了以固定价格1.7000美元买入100万欧元的确定性，只要到期时美元的价格在两个执行价格之间。这与使用远期合约所能固定下来的买入价相等。如果欧元价格降至1.6000美元以下，公司开始获利，且若欧元的价格为1.4000美元，即比远期价格1.7000美元下降30个百分点时，公司将节省200 000美元。不过，若到期时欧元汇

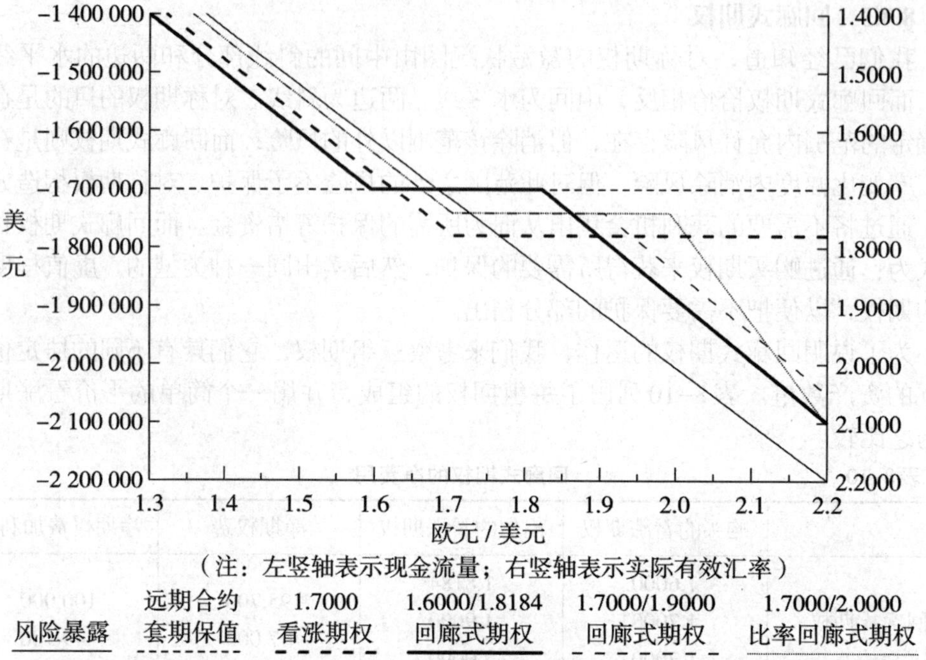

图8-8　回廊式期权的例子

率高于1.8184美元，这个回廊就不再提供保护了。美元汇率升得越高，这家公司所支付的美元就越多。当然，这家公司的损失总比不进行套期保值时要小，因为只有欧元价格超过1.8184美元时，公司才开始出现损失。

第二个例子是使用实值程度较小的期权来构造回廊。若到期时的欧元汇率处于1.7000美元与1.9000美元之间，则该期权可以提供一个无风险的区间，使得该公司能够以实际成本1.7491美元买入欧元，仅仅略高于远期汇率1.7000美元的水平。与第一种回廊式期权相比，1.7/1.9美元的方案在开始时的支出比第一种方案的一半还要少。除了1.65/1.87美元之间的区域以外，对于大部分的欧元汇率而言，该策略要优于第一种策略。

最后的例子是一个使用协定价格为1.7美元和2美元的看涨期权来构造的比率回廊式期权，只不过卖出看涨期权的标的资产规模不是100万欧元，而是100万欧元的1.75倍。之所以这样设计，是为了使支出的净期权费与上一例相等，即均为47 000美元，尽管被出售的看涨期权要便宜一些。这种做法的优点是创造了一个更大的范围，使公司的欧元成本在这个范围内保持不变。在这个例子中，这家公司将支付与上例相同的固定价格1.7491美元，但是保值范围扩大了，从1.7美元至2美元。其不利后果是，一旦欧元超过了上限协定价格，其损失就开始迅速增加，这就是比率杠杆效应。不过，这种比率回廊式期权只有在欧元价格超过2.135美元时才比前一例子中的情况更差，并且只有在欧元价格超过2.335美元时才比不进行保值的结果更糟，而这些情况发生的可能性极小。

● **思考与练习**

（1）简述外汇风险的含义与分类。
（2）外汇风险如何度量？
（3）如何用远期工具管理外汇风险？
（4）如何用期货工具管理外汇风险？
（5）如何用期权工具管理外汇风险？

第9章　利率风险管理

◇学习目标

- 利率风险的含义、类型与特征
- 相关利率理论
- 基于远期的金融工具配置与利率风险管理
- 基于互换的金融工具配置与利率风险管理
- 基于期货的金融工具配置与利率风险管理
- 基于期权的金融工具配置与利率风险管理

利率是金融领域一种特有的价格，是以相对数表示的货币资本使用权的价格。利率可以被定义为：在一定时期内，货币资本的利息额与本金额之间的比率。由定义我们可知利率的几个特点：①它是一个相对数，即利息额与本金额的比率关系。②它表现为货币资本使用权的价格，而不是货币资本本身的价格。③它是一个具有时间性的概念，是按照一定的时间单位来计量的。

9.1　利率风险

9.1.1　影响利率的因素

利率风险由利率的变化引起，故研究影响利率的因素是研究利率风险的前提。

总的来说，利率水平由市场上资金的供求关系决定。而供给和需求又相应地受一国货币和财政政策，以及借贷双方对未来经济活动结果的预期等因素影响。这里暂不讨论宏观因素对利率变动的影响。对特定的金融工具来说，利率的变动受其风险结构和期限结构的影响。下面以债券为例进行阐述：

1.利率的风险结构

利用利率的风险结构，可说明为什么期限相同的债券的利率间却存在着差异。构成利率风险结构的因素有：债券的违约风险、流动性和所得税待遇。

（1）债券的违约风险

债券违约风险即债券发行人违约的可能性，也即当债券到期时，发行人不能支付利息或偿还本金的可能性。一般认为，国库券是无违约风险债券，但这种债券毕竟是少数。贷款人之所以愿意承受比国库券更高的风险而持有其他的风险债券，是为了获取更高的利息回报。测量借款信用的一种方法就是信用评级，信用评级越高，借款人违约的可能性就越小。按照穆迪公司的信用评级，Aaa为信用评级最高的债券，其发行人的违约风险最小。

将期限相同的公司债券与美国国债相比，Aaa级的公司债券的利率一般比国债利率高出55个基点；A级债券的利率则比国债利率高出112个基点；Baa是中级债券，其利率一般比国债高出169个基点。可以此为基础，根据实际情况来确定每一种债券的利率。债券的利率确定后，还可以根据具体情况加以调整。

总之，在其他条件相同的情况下，由违约风险引起的那部分债券利率的差额叫做风险补贴。

（2）债券的流动性

影响债券利率高低的另一个因素是债券的流动性。一般而言，资产的流动性是指在需要时能够以低廉的成本迅速变现的可能性。一种资产的流动性越强，投资于这种资产的风险就越小，对投资者就越具有吸引力。因此，流动性越高的债券，利率就越低；反之，债券的流动性越低，利率就越高。在所有的债券中，美国国债的交易最广泛，销售费用低廉，流动性很强，其利率也相对较低；相反，公司债券的交易量小，急于出手时费用很高，所以流动性较差，只能以高利率来补偿债券流动性的不足。各种债券在利率上的差异不仅反映了违约风险的差异，也反映了债券在流动性上的差异。由流动性差异引起的那部分债券利率差异被称为流动性补贴。

（3）所得税因素

在研究期限相同的不同债券在利率上的差异的时候，往往会遇到一个奇怪现象，比如美国的地方政府债券，其违约风险大于美国国库券，但其利率却往往低于国库券。究其原因，就在于影响利率水平的第三个因素——所得税因素。

由于地方政府债券往往少征或免征债券投资所得税，这相当于增大了债券的预期报酬率，从而增加了对地方债券的需求。需求增加，供给不变，债券价格就会上升，而债券的价格与利率水平呈反方向变动，所以地方政府债券的利率水平就相对较低。如果购买一张面值1 000美元的美国国库券，售价为1 000美元，息票利息为100美元，但在纳税后只能保留50美元的利息收入，实际收益率只有5%；而购买一张同样面值的地方政府债券，售价仍为1 000美元，息票利息仅80美元，但由于它是免税债券，其实际收益率为8%，高于美国国库券到期收益率。所以，虽然地方政府债券票面利率低于国库券，但人们还是愿意持有风险较大且流动性较低的地方政府债券。

2. 利率的期限结构

影响债券利率的另一个因素是债券离到期日的期限。由于债券的期限不同，风险、流动性和纳税特性相同的债券往往有不同的利率。期限不同的无违约风险政府债券的收益率构成收益率曲线，它代表了政府债券利率的期限结构。收益率曲线图表明了短期利率和长期利率的关系（见图9-1）。

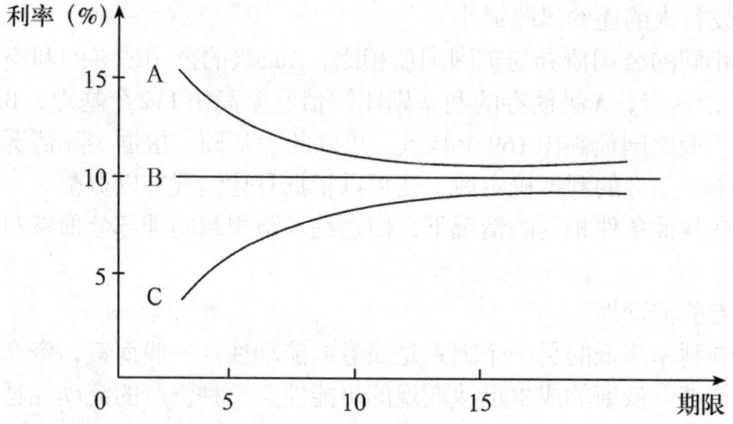

图 9-1 短期利率和长期利率的关系

收益率曲线可能出现三种情况：

①曲线向下倾斜，短期利率高于长期利率。

②曲线呈水平形状，短期利率与长期利率相等。

③曲线向上倾斜，短期利率低于长期利率。

西方关于利率期限结构的理论有以下三种：

（1）预期理论

该理论的主要内容为：长期债券的利率等于人们预期的在长期债券期限内将出现的短期利率的平均数，即当前的长期利率是当前的短期利率与预期的未来的短期利率的平均数。如果预测到未来短期利率将要上升，那么，这些短期利率的平均数提高，当前的长期利率上升，并高于当前的短期利率，利率曲线向上倾斜。相反，如果预测未来利率下降，那么，这些短期利率的平均数就会降低，当前的长期利率就低于短期利率，利率曲线向下倾斜。

预期理论还解释了期限不同的债券的利率在一段时间内为什么会同时发生波动。由于短期利率现在的上升将提高人们对未来短期利率的预期，短期利率在未来可能会更高；同时由于长期利率同预期的未来短期利率的平均数有关，短期利率的上升就会提高长期利率，从而导致短期利率和长期利率一起发生同向移动。

从利率的预期理论发展起来的另一种利率期限结构理论是通货膨胀溢价理论，它把预期学说和通货膨胀理论结合起来说明长期利率和短期利率的关系。这种理论认为长期利率反映了投资者对未来短期利率的预期再加上风险溢价，而风险主要来源于通货膨胀使货币购买力下降的可能性，所以长期利率就由投资者对未来短期利率和未来通货膨胀率的预期决定。由于投资者感兴趣的是投资的真实回报，对通货膨胀率的预期是投资者从名义利率中得到实际利率的关键所在，因而在不同的持有期限内对通货膨胀程度的预期也就成为利率期限结构的决定因素。

预期理论的缺陷在于不能很好地解释收益率曲线为什么通常是向上倾斜的。

（2）市场分割理论

该理论认为，期限不同的债券市场是完全隔离和分割的。这样，每一种期限的债券利率由此债券的供求所决定，并不受其他期限债券预期报酬率的影响。

市场分割的理论前提在于期限不同的债券根本没有替代性，所以持有某种期限债券的预期报酬率对另一种期限债券的需求没有影响。这样，该理论与预期理论恰好相反，因为后者假定期限不同的债券是完全可替代的。

为什么期限不同的债券不能相互替代？该理论的解释是：投资者强烈地偏好某种期限的债券而非别的期限的债券，所以他们仅仅关心所偏好的那种期限的债券的预期报酬率。由于投资者在心里有一个具体的债券持有期限，那么这种期限债券的预期报酬率就对其他期限债券的需求没有影响。如果他们使债券的期限与他们愿意持有的期限相符的话，投资者可以在根本没有风险的情况下获得一个确定的报酬率。按照这种理论，收益率曲线向上倾斜是因为对短期债券的需求相对高于对长期债券的需求，结果短期债券的价格高而利率低；而收益率曲线向下则表示对长期债券的需求相对较高，于是其收益率就比较低。由于收益率曲线通常是向上倾斜的，这种理论认为人们通常更愿意持有短期债券而不是长期债券。

该理论的缺陷在于仍不能清楚地解释期限不同的债券利率会倾向于同方向变动这个经验事实。

（3）优先聚集地理论

该理论认为，长期债券利率等于预计在长期债券有效期内出现的短期利率的平均数，加上与那种债券的供求状况相对应的风险补贴。

该理论还认为，期限不同的债券并非完全隔离和分割，不同期限的债券具有替代性，所以一种债券的预期报酬率能够影响另一种期限债券的预期报酬率。但这种理论也承认投资者在债券的不同期限之间有所偏好。我们可以假设投资者对某种期限的债券存在偏好，这样就存在一个投资者愿意加入的债券市场，称为偏好的聚集地。不过投资者仍然关心与他们所偏好期限不同的债券的预期报酬率，所以他们不会任由一种债券的预期报酬率与另一种期限不同债券的预期报酬率差别过大。由于投资者偏好某种期限的债券，因此当其他非偏好期限债券的预期报酬率高到一定程度时，他们就会愿意购买其他非偏好期限的债券，而放弃对所偏好债券的购买。

优先聚集地理论是最被广泛接受的利率期限结构理论。它综合了预期假说和分割市场理论的特色，肯定长期利率等于风险补贴（由期限不同债券的供求决定）加上预计在长期债券有效期内出现利率的平均数，较完善地解释了关于期限结构的经验事实。

9.1.2　利率风险的含义

利率风险是指利率变动对某个经济实体的收入或净资产价值的潜在影响。当某个经济实体表内表外资产负债的本金和利息的现金流动期限不相匹配时，就会出现利率风险。利率风险的大小可以看做是利率变动的大小、方向和不匹配头寸的数量和期限的函数。

与外汇风险、股票风险一样，利率变动也可能带来有利影响。投资者可以充分利用对自己有利的利率变动，增加本单位的收入和资产价值或减少债务负担和利息支出。不过，我们考察利率风险，主要针对利率变动给投资者带来损失的可能性。

利率风险包括两个要素：

（1）投资风险。投资风险有时也被称做价格风险，指由于利率变动，引起表内或表外的以固定利率计息的资产与负债市场价值发生变化的风险。由于利率和以固定利率计算利息的金融资产的价格成反比关系，当利率上升时，金融资产的市场价格会有所下降。

（2）收入风险。收入风险指贷款利率发生不完全对称的变动，引起投资收入发生损失的风险。收入风险实质是一个“缺口”问题。所谓缺口（Gap），就是利率敏感性资产和利率敏感性负债的差额。利率敏感性指的是利率变动的频繁性，至少一年一次。正是缺口的存在，使得经济主体的投资收入受到利率变动的影响。

9.1.3 利率风险的衡量

利率风险的衡量就是要弄清利率变化使经济主体发生损失的可能性及损失的程度。具体来说，就是要测量由于利率水平的波动，经济主体的投资收益和资产价值遭受损失的可能性与程度。衡量利率风险的方法包括净利息收入分析和利息差幅分析。

1.缺口与净利息收入

缺口被广泛地用于衡量资产和负债对利率的敏感性，当利率敏感性资产（Rate Sensitive Assets，RSA）大于利率敏感性负债（Rate Sensitive Liabilities，RSL）时，银行处于正缺口；反之，银行处于负缺口。对于一个经济主体来说，只要存在缺口，无论是正缺口还是负缺口，都说明利率敏感性资产与利率敏感性负债不平衡，短期利率的变动对资产价值和收益的影响与对负债的价值和成本的影响不能相互抵消，因而该主体的经济利益会受到利率波动的影响，从而面临利率风险的威胁。

以金额表示的缺口乘以利率的变动量（Δr）就等于净利息（ΔNII）收入的变动。净利息收入是利息收入与利息支出的差额，因此净利息收入的变动反映了利率变动对投资收益的影响。其计算公式为：

$$\Delta NII = Gap \times \Delta r$$

例如，某家银行有负缺口100万美元，若利率增长1%，其净利息收入将会减少1万美元（-100×1%）。在计算中，负缺口用“-”表示。若利率下降2%，则银行的净利息收入可以增加2万美元（-100×（-2%））。在计算中，利率下降也用

"–"表示。

2.利率差幅

利率差幅有时也被称做净利息差幅。利率风险也可以从利率差幅的角度来加以衡量。为说明利率风险对利率差幅的影响，我们以一家资产总值小于1亿美元的小银行（这样的银行利率缺口通常为负）和一家资产总值大于10亿美元的大银行（利率缺口通常为正）进行对比分析。两家银行的RSA与RSL比例如表9-1所示。

表9-1 **银行利率敏感性表**

银 行	资 产		负 债	
小银行	RSA	20%	RSL	40%
	非RSA	80%	非RSL	60%
大银行	RSA	60%	RSL	50%
	非RSA	40%	非RSL	50%

银行的投资收益如下：

	资产收益	资金成本
利率敏感性资产（RSA）	12%	14%
非利率敏感性资产（非RSA）	17%	11%

利率差幅是由加权平均的资产收益与加权平均的资金成本之差求得，也是反映在一定利率水平下的投资收益的指标。由于当利率发生变动时，利率差幅会随之增大或减小，从而利率差幅可以反映利率变动对收入的影响。因而，利用利率差幅可以衡量经济主体所面临的利率风险。

对于小银行来说，平均资产收益为$0.2\times0.12+0.8\times0.17=0.16$，平均资金成本为$0.4\times0.14+0.6\times0.11=0.122$，所以，该银行的利率差幅为$0.16-0.122=0.038=3.8\%$。

如果短期利率增加200个基点，那么该银行的净利息差幅将降至$(0.2\times0.14+0.8\times0.17)-(0.4\times0.16+0.6\times0.11)=3.4\%$，损失了40个基点。

小银行利率敏感性资产的比例小于利率敏感性负债的比例，缺口为负。当利率上升时，新的成本较高的负债比例要大于可以获取较高收益资产的比例，因此，其利率差幅将会变小。可见，若某一经济主体的利率敏感性缺口为负，利率上升会使经济主体的收入减少。

大银行的净利息差幅为：

$$0.6\times0.12+0.4\times0.17-(0.5\times0.14+0.5\times0.11)=1.5\%$$

由于大银行处于正缺口，其利率敏感性资产大于利率敏感性负债。当利率上升时，新的可以获取较高收益资产的比例要大于新的成本较高的负债比例，新增加的收益就会大于新增加的成本，因此，它可以从利率的上升中获得好处。若利率上升200个基点，这家大银行的净利率差幅上升到1.7%，就增加了20个基点。

综上所述，当利率上升（下降）时，处于正缺口的银行的利率差幅随之上升（下降），亦即缺口为正的银行的利率差幅与利率的变动方向相同。反之，对处于负缺口的银行来说，其利率差幅的变动方向与利率的变动方向相反。

9.2 基于远期的金融工具配置与利率风险管理

这里，我们主要讲述一下远期利率协议。

远期利率协议（FRA）的概念在前面的章节已介绍过，它是指交易双方为规避利率波动风险或者利用利率波动进行投机而约定的一份协议。远期利率协议在未来一个单一的特定期间内有效。比如某一公司要进行为期3个月，但从6个月后才开始的借款。该公司所面临的风险就是距今6个月之后的3个月期的利率，其实是一种短期远期利率风险。远期利率协议对这部分暴露头寸能进行比较好的套期保值。

用FRA进行避险可分为两种情况：

第一种情况是投资者的利率风险与LIBOR相关联，而且涉及的期限与某种远期利率协议标准合约正好相吻合，则远期利率协议可以提供比较理想的保值效果。

第二种情况是投资者面临的利率风险期限与标准的远期利率协议期限不相同，在此投资者可有三种选择：

①利用灵活的场外交易市场，从银行获得专门为之设计的定价。这种方法的优点在于可以对合约进行调整，使其与面临的利率风险相适应，从而获得比较好的保值效果。缺点在于缔结这种非标准的远期利率协议成本要高一些。

②运用最接近的标准FRA来保值，同时要承担剩余的基差风险，即保值结果会与实际面临的风险不完全吻合。不过，这部分未保值的基差风险不会很大，通常仅为未受保值利率风险的一部分。

③运用标准FRA合约保值，但要对基差风险进行管理。由于期货合约的使用者也面临着相同的问题，期货市场上已经出现了一些做法使基差风险最小化，所以这里不再赘述。

如果FRA的用户面临的是非标准的风险，但想使用标准的FRA来避险，就可以运用这些技巧。

下面的案例分析的是第一种情况。

【例9-1】A是美国某一中等规模的公司。2006年11月，该公司的财务主管正在编制公司2007年的预算，并预计在2007年的5月至11月有季节性借款需求，平均余额为500万美元。

由于利率已升至目前的9%，为了对利率结构有更准确的了解，财务主管同他的银行取得联系，并获得了关于即期与远期利率协议的利率报价。

即期市场上向下倾斜的收益率曲线与远期利率协议市场递减的价格都预示着美国利率在下一年度存在大幅下跌的可能。公司的财务主管不能肯定利率是否会下降，以及如果下降，是否会低得像隐含的远期利率所表示的那样。因此他决定购买一个FRA来锁定6月期的远期利率，假设条件如下：

名义本金：500万（美元）

确定日：2007年5月18日

成交日：2007年11月18日

清算日：2007年5月20日

现时日期：2006年11月20日

最后到期日：2007年11月22日

合约利率：7.23%

合约期限：186天

在2007年5月18日，美元的LIBOR确定为7.63%，虽然利率比2006年11月时的8.6875%确有下降，但财务主管认为利率不会跌破7.23%是正确的。在2007年5月20日支付的清算额是9 941.43美元，按公式计算可得：

$$\frac{(0.0763-0.0723)\times 5\,000\,000}{(360/186)+0.0763}=9\,941.43\text{（美元）}$$

公司可以将清算额按7%的利率投资并获得额外利息359.55美元，这样，在最后到期日时，从远期利率协议获得的总收入为10 300.98美元。在5月18日，该公司可借入所需的500万美元，利率为现行利率7.63%外加正常的加息率30个基本点。

这项协议于5月20日签订，并于186天后的11月22日进行偿付。在最后到期的具体现金流量为：

从远期利率协议所获得的总收入：10 300.98美元；以7.93%借入500万美元186天的应付利息：204 858.33美元；扣除远期利率协议收入后的借款净成本：194 557.35美元。

借款净成本为194 557.35美元，得出实际借款利率为7.53%，即FRA利率加上A公司30个基本点的加息率，这正好与预期一致。于是，运用远期利率协议使得A公司将借款利率准确地锁定在进行保值时预期的水平上。

9.3 基于互换的金融工具配置与利率风险管理

互换工具针对的是一系列短期远期利率所产生的风险，如果说FRA是管理暴露于单一远期利率风险的工具，那么利率互换则是暴露于未来多期利率的风险管理工具。

互换工具的应用主要可分为两种：一种是资产相关互换（Asset Linked Swap），它与特定资产相联系，目的是改变投资者收入流量的特征；另一种是负债相关互换（Liability Linked Swap），它是借款人改变其现金流量的工具。从某种意义上说，这种分类有些牵强，因为进行互换的债务工具对于发行者来说是债务，而对于持有债券的投资者来说又是资产。为了以示区别，我们以互换交易的主导方为准。

9.3.1 负债相关互换

这里可分为四种情况：

1.浮动对固定

一种最为简单的互换是将一笔借款融资从浮动利率转化为固定利率，这样就规避了任何利率产生的风险。

【例9–2】某公司按6月期LIBOR+80bp的浮动利率借入一笔为期3年的款项。公司财务主管担心利率会上升，因此希望按现在的利率水平将资金成本锁定下来。对于这笔为期3年、每半年付息一次的互换，在收到了一项3年期每半年以7.40%~46%交换LIBOR的可接受报价后，该公司作为固定利率支付者签订了该互换合约。图9–2显示了这笔互换交易的现金流量，从中可清楚地看到该互换有效地将LIBOR+80bp的浮动利率债务转化成了8.26%的固定利率债务。虽然这使该公司无法从利率下跌中受益，但却可以规避利率上升的风险。

图9–2 浮动对固定互换

2.固定对浮动

将融资从固定利率转变成浮动利率可能是较为少见的，但互换可以为这一转换提供便利。

【例9–3】某公司在2年前发行了一笔7年期债务，并按9.75%的息票利率每年付息一次。之所以按固定利率借债主要是想避免利率风险，同时该公司认为利率不大可能下跌。但这之后，预期被证明是错误的，利率大幅度下跌。当前的收益率曲线向上倾斜而且很陡直，其中6个月的LIBOR为4.5%，12个月的LIBOR为5%，2年期的互换利率约为6%，5年期的互换利率约为7%。财务主管想利用目前利率较低的有利机会，并根据LIBOR12个月期统一利率得到为期5年、每年付息一次的互换报价6.95%~7.50%。如果该公司签订了一份5年期、固定利率为6.95%的年度互换合约，则可以将其债务转变为利率为LIBOR+280bp的浮动利率债务（如图9–3所示）。由于1年期LIBOR为5%，所以借款成本将从9.75%降至仅为7.8%，确实有很大的节约。

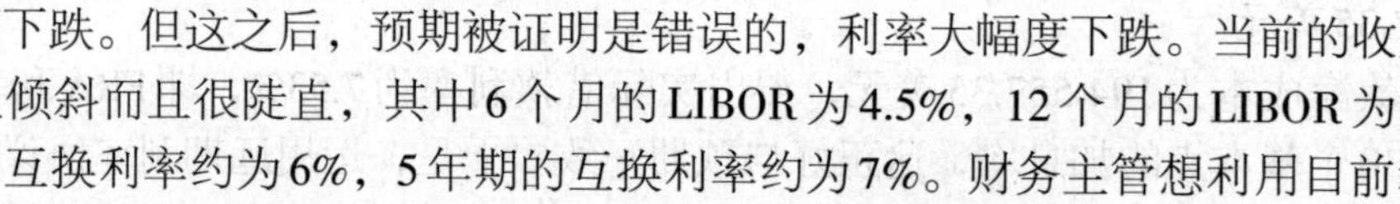

图9–3 固定对浮动互换

这一策略的问题是该公司现在要承受利率上升的风险。上斜且陡直的收益率曲线意味着5年后的12个月期的利率将达到9.5%。在此情况下，按照LIBOR+280bp的利率借款将使实际利率提高到12.3%，远远高出原先9.75%的利率水平。因此，这笔互换交易可以在初期节约1.95%，但在将来会造成损失，而且利率如像远期收益率曲线所示的那样上升的话，这种损失还会更大。如果公司决定进行这一负债相关互换，表明公司相信利率不会像收益率曲线所示的那样急剧上升。

3.固定对浮动对固定

在对一笔负债安排了互换以后，公司的财务主管同样可以再安排一次互换。原因可能是借款人的需求发生了变化，或者是对未来的判断有所改变，还有就是想从市场利率的变动中获利。

【例9-4】某公司2年前按8.65%的固定利率借入一笔为期5年的资金，同时做一笔互换，按6个月LIBOR付息，以8.26%收息互换之后，该公司债务的有效利率是6个月期LIBOR+39bp的浮动利率。假设互换利率现已下跌，为期3年、每半年付息一次的互换报价现为5.80%~85%。该公司现在可以再转回固定利率，从目前低利率中获得好处。如果该公司进行第二次为期3年的互换，按5.85%的固定利率付息，按6月期LIBOR收息，那么整个互换结构的净成本是6.24%的固定债务利率（如图9-4所示），与最初8.65%的固定借款利率相比节约了2.41%，也就是两个互换利率间的差额。

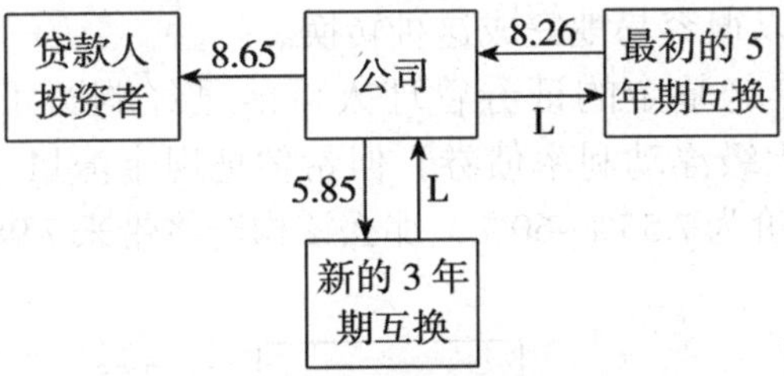

图9-4 固定对浮动对固定互换

4.交叉货币浮动对浮动

大公司，尤其是跨国公司，能够在不同国家的资本市场上以不同的币种借款，这就开辟了多种融资渠道，而且由于有了利率互换与交叉货币互换，可以把从最便宜的市场上获得的融资转换成想要的币种与形式。

【例9-5】一家英国的跨国公司正计划发行新债，它发现既可以按8.2%的固定利率发行10年期的英镑债券，也可以按6月期LIBOR+12bp发行相同期限的美元浮动利率债券。10年期英镑利率互换为8.02%~07%对6个月期的LIBOR，美元利率互换的报价为7.55%~65%，而英镑对美元的交叉货币基差互换的报价为6月期英镑LIBOR-5bp/LIBOR-16bp对6月期美元LIBOR。

该公司现有的风险要求按浮动利率借入英镑资金。有两种选择：

其一，按8.2%的固定利率借入英镑，然后运用英镑利率互换转换成浮动利率。这种方法的筹资成本为LIBOR+18bp。

其二，运用交叉货币互换。该公司没有运用基本的基差互换，而是签订了一份非标准化的交叉货币互换协议，即按英镑LIBOR+11bp付息，按美元LIBOR+12bp收息。这一构造恰好与该公司浮动利率的美元融资相吻合，从而保证了美元现金流量的净值为0。剩余的债务只是按LIBOR+11bp支付英镑，比起第一种选择节约了7bp。图9-5说明了这两种方法。

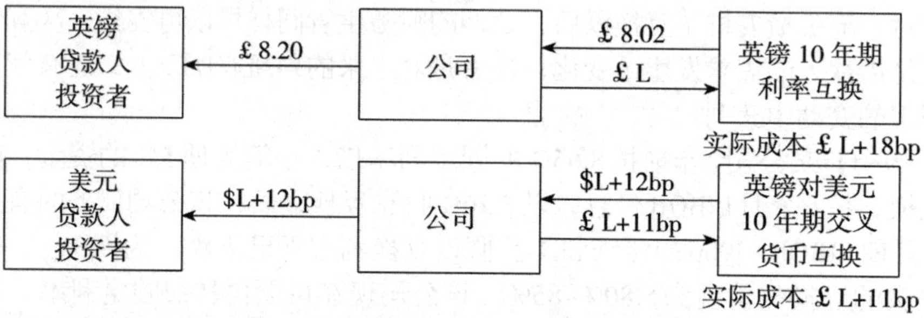

图9-5　交叉货币浮动对浮动基差互换

9.3.2　资产相关互换

1. 浮动对固定

虽然很多借款人发行浮动利率票据，但还是有不少投资者需要固定收入的有价证券。运用互换便可以很容易地完成这种转换。

【例9-6】一家养老基金的证券管理人可能已经购买了7年期的、按6个月LIBOR+43bp付息的优级浮动利率债券，但希望把现金流量互换成固定收益流量。如果该期限的互换报价为7.55%~60%，那么该构造将带来7.98%的固定收益率（如图9-6所示）。

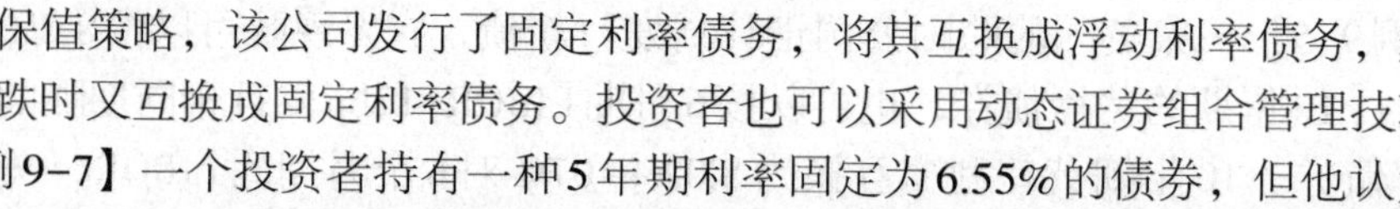

图9-6　浮动对固定互换

2. 固定对浮动对固定

每一种负债相关互换都有一种与之相应的资产相关互换。图9-7显示了某公司的动态保值策略，该公司发行了固定利率债务，将其互换成浮动利率债务，然后在利率下跌时又互换成固定利率债务。投资者也可以采用动态证券组合管理技巧。

【例9-7】一个投资者持有一种5年期利率固定为6.55%的债券，但他认为利率将上升。若5年期互换的报价为6.22%~28%对6个月期的LIBOR，该投资者可以构造一个按LIBOR+27bp付息的合成浮动利率结构。2年以后，利率确已上升，而3年期的互换报价为7.85%~92%对6月期LIBOR。通过一个反向互换，该投资者可以构造一种按8.12%付息的新的合成固定利率结构，增加的1.57%收益就是两笔互换固定利率的差额（如图9–7所示）。

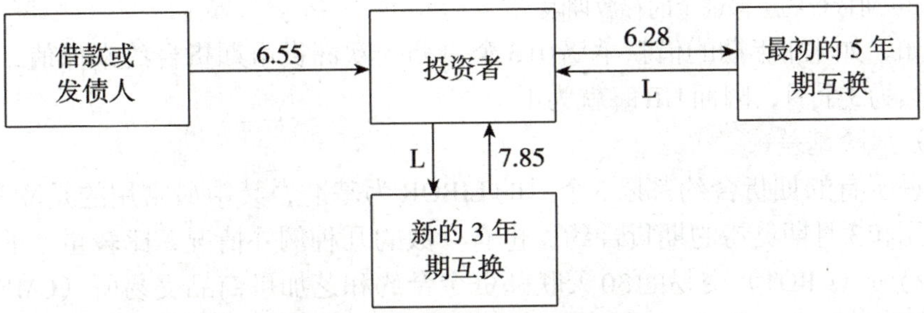

图9–7　固定对浮动对固定互换

9.4　基于期货的金融工具配置与利率风险管理

9.4.1　短期利率期货的应用

在使用期货合约套期保值时，可加入其他方法对其进行完善。在这里，我们从两个方面探讨进一步优化保值的方法。

1. 对套期保值比率做进一步调整

在期货保值中，非常重要的一项就是计算套期保值比率（Hedge Ratio，HR），即要决定应买入或卖出多少份期货合约，才能使保值后资产组合的总值与基础资产风险相匹配。

要对套期保值比率进行调整，就需要考虑如下因素：受险本金、清算金额、风险期限、保证金流量和风险基差。其中，前两项因素是最重要的，设计期货合约套期保值策略时必须把这两个因素考虑进去。其余的因素在构造巨额或精密的保值时才有必要考虑。根据这一点，我们可把HR定义为两个部分：

$$HR=HR_{基本}\times HR_{高级}$$

式中：HR——最终保值比率；$HR_{基本}$——调整风险本金与风险期的保值比率的成分；$HR_{高级}$——调整风险基础、清算金额和保证金流量的保值比率的成分。

下面，分别介绍套期保值比率各个成分的计算方法，然后举例加以说明。

（1）受险本金

这是最容易计算的一个成分，它是风险本金额与期货合约名义本金间的比率。

$$HR_{本金}=\frac{基本风险暴露的本金}{期货合约的名义本金}$$

比如，若基本风险暴露为5 000万美元的借款，且准备用3个月欧洲美元期货合约来保值，该合约的名义本金为100万美元，因此$HR_{本金}$即为50。

（2）风险期限

这也可以直接计算，即基本风险的风险时期与期货合约下保证金的存放期限之间的比率。

$$HR_{期限}=\frac{基本风险的期限}{期货合约下保证金的存放期限}$$

比如，如果1年期的借款承诺由3个月期的欧洲货币期货合约来保值，该固定期间当然为3个月，因而$HR_{期限}$就为4。

（3）风险基差

几乎所有的期货合约都以3个月的LIBOR为基准，其中最常用的是欧洲美元、欧洲日元和3月期英镑的期货合约。也有少数的几种例外情况，比较重要的有在芝加哥交易所（CBOT）交易的30天联邦资金合约和芝加哥商品交易所（CME）交易的1个月期的LIBOR合约，但这些合约的交易额都较为有限。

至于美元以外的其他货币，可选择的品种就局限于各自的3个月期合约，而期限很短的美元合约则因流动性相对较低而实际上被排除在选择范围以外。如果基本风险暴露与上述某种货币的3个月LIBOR联系在一起，就不会产生问题，但许多情况下风险暴露会有所不同。比如，借款是同银行利率或优惠利率相关联的；借款或投资是与商业票据利率相关联的；借款计价货币中没有利率期货合约。

以上这些情况的解决办法是使用相关的期货合约，并根据合约下的欧洲货币利率与风险下的利率间的关系调整保值比率。

（4）清算金额

如果利率期货合约的清算金额以FRA方式计算，相应的套期保值比率也应按如下定义修正：

$$HR_{清算}=\frac{1}{t\left(\frac{BASIS}{DAYS}+1-\frac{FP}{100}\right)}$$

式中：t——期货合约的名义长度；$BASIS$——按日计算惯例（如美元为360天，英镑为365天）；$DAYS$——期货合约期的实际天数（通常为91天）；FP——当前期货合约价格。

如果保值计划在合约到期日之前进行对冲，则必须使用如下公式：

$$HR_{清算}=\frac{1}{t\left[\frac{BASIS}{DAYS}+\left(1-\frac{FP}{100}\right)\left(1+\frac{T}{DAYS}\right)\right]}$$

式中：T为期货头寸平仓日至到期日间的天数。

（5）保证金流量

在期货头寸平仓或到期之前支出或收入变动保证金会影响期货套期保值的结果，影响在于流量支出或收入的利息变化。所以，期货保值的规模必须相应地成比例缩小。

假定一投资者考虑过上述四种因素，并计算出所需的合约数量为N，对变动保证金的利息忽略不计，其在合约到期或平仓时最终收到的金额将为：

$$VM_{total}=N\times(F_T-F_o)\times TV$$

式中：VM_{total}——收到或付出的变动保证金总额，不计息；N——期货合约数；F_T——到期日或清算日的期货价格；TV——期货合约价格的单位变动价值。

假定期货价格从F_o至F_T是线性变动，那么第t天的变动保证金流量为：

$$VM_t=\frac{N\times(F_t-F_o)\times TV}{D_H}$$

式中：VM_t——第t天的变动保证金；D_H——保值期的天数。

再假定投资者可以以利息率i借款或投资。这样，第t天的变动保证金流量从目前至到期日的剩余期间内的利息为$VM_t\times i\times[(D_H-t)/BASIS]$。所以：

$$\begin{aligned}VM_{total}&=\sum_{t=1}^{D_H}\left[VM_t\left(1+i\frac{(D_H-t)}{BASIS}\right)\right]\\&=N\times(F_T-F_o)\times TV\left[1+\frac{i}{2}\frac{(D_H-1)}{BASIS}\right]\\&=VM_{total}\times\left[1+\frac{i}{2}\frac{(D_H-1)}{BASIS}\right]\end{aligned}$$

基于上述可知，实际收到或支出的变动保证金由于上式右边因子而增加。将这一因素考虑进去，保值比率也应缩小相同的比例，即：

$$HR_{margin}=\frac{1}{\left[1+\frac{i}{2}\frac{(D_H-1)}{BASIS}\right]}$$

【例9-8】利用调整后的套期保值比率进行期货合约套期保值。

A基金管理公司经营若干投资基金，每一个基金都以一种世界主要货币来计值。2019年10月7日，A公司正在考虑实施英镑基金经营策略。2020年3月16日（星期一）公司收到到期的投资收入25万英镑，打算将其投资于6月期的短期存款。根据该公司与一家主要银行的协定，公司可以在整个存款期内获得比存款前两个工作日的银行基准利率低25个基本点的利率。但英国利率近期内的变动引起了A公司的关注，就在两周以前，英镑基准利率下调了1%，从10%降到了9%。在期货市场上，12月合同已经被扣去半点，来年3月合同再被扣去半点。但A公司相信，英国经济面始终向好，英国利率的下调比率将比期货市场的预期更大更快。于是A公司决定运用LIFFE的欧洲英镑期货来保值，并根据下列具体条件计算恰当的保值比率：

当前日期：2019年10月7日星期一	当前基准利率：9%
存款确定日：2020年3月12日星期四	当前期货价格（2020年3月合同）：92.05
存款起息日：2020年3月16日星期一	保值期：157天
存款到期日：2020年9月16日星期三	存款期：184天
存款额：25 000 000	期货到期日：2020年3月18日星期三
合同额：500 000	期货期限（2020年3月合同）：91天

回归方程：（BASE）=0.05+0.9889×EURO

基准利率　（欧洲英镑利率）

这样，A公司可以计算出下列保值比率：

$HR_{本金}$（HR Principal）=50.0000　　$HR_{期限}$（HR Period）=2.0220

$HR_{风险基础}$（HR Emphasis）=0.9889

$HR_{清算金额}$（HR Settlement）=0.9779　　$HR_{保证金}$（HR Margin）=0.9832

$HR_{基本}$（HR Basic）=101.1000　　$HR_{高级}$（HR Advanced）=0.9509

HR=96.1360

因此，A公司以92.05的价格购买了96份2020年3月的欧洲英镑合同，并在生息券中存款120 000英镑作为初始保证金（在这以后保证金要求已有变化）。期货价格为7.95%表明基准利率应为7.81%，并表明A公司的投资利率应为7.56%。

几周以后，英国基准利率跌至8%，2020年3月期货价格稳定在94，表明届时利率将跌至6%。A公司随即收到了200 000英镑的变动保证金，并在期货头寸最终结清前将这笔保证金收入进行了投资并赚取利息计4 463.02英镑。

2020年3月12日A公司以94.1的价格出售期货，赚取了246 000英镑的利润（205个变动单位，每一单位值12.50英镑），加上利息，期货保值的总利润为250 463.02英镑。这笔资金连同250 000英镑的本金于2020年3月16日按照5.75%的利率进行6月期的投资，该利率比当时6%的基准利率低25个基本点。

6个月的利息是73 917.53英镑，因此到2020年9月16日时最终收入为25 982 380.55英镑。在最初的25 000 000英镑本金上增加近100万英镑，收益率相当于7.79%。根据等式：

$$保值效率=\frac{T_{ACT}}{T_{TGT}}$$

式中：T_{ACT}——实际的金融结果，T_{TGT}——目标金融结果。

保值效率为103%，与理想保值相差3%。本例中A公司幸运地多得了23个基本点的收益，这主要归因于期货与其针对的欧洲英镑利率之间缺乏趋同性。

2.叠加式保值与平列式保值

在确定需要买卖多少份期货合约后，就应确定需用哪一种保值合约，这取决于两个因素：特定期货市场的流动性与基础金融资产面临的风险期限。而针对这两点，有两种策略：叠加式保值与平列式保值（Strip Hedge）。

叠加式保值，顾名思义，就是采用一组具有相同到期日的期货合约。选用的合约是在基础资产风险利率确定之后最先到期的那一种。买入一份到期日早于利率决定日的合约是没有意义的，因为为了保持相应的保护，该头寸需要向后进行滚转。

平列式保值，则是运用一组期货合约来尽可能地覆盖基本风险所包含的期间。

这一系列期货合约中的第一份合约仍应在基本风险确定后到期，而这一系列合约中最后一份合约所包含的期间一般应延伸至基本风险到期日之后。

叠加式保值比较容易操作，因为只需要进行几种合同的交易，缺陷在于导致了另一种基础风险。运用3月份期货合约来为6月份利率保值的依据是假设3月份和6月份利率同步变动，若假设正确，则保值效果不错；若假设有误，则叠加式保值不够完美。

平列式保值之所以能把这种特定的基础风险降低到最低限度，是因为一组平列的期货可以结合起来构成一个单一的远期利率。如果用f_1，f_2，…，f_n分别表示平列式保值中几个连续期货合约各自代表的远期利率，那么当整个平列组合期限不超过1年时，该项保值的单一远期利率fstrip可由下式给出：

$$(1+nt\,\text{fstrip})=(1+tf_1)\times(1+tf_2)\times\cdots\times(1+tf_n) \quad\cdots\cdots9.4.1式$$

若期限超过1年，则有：

$$(1+\text{fstrip})^{nt}=(1+tf_1)\times(1+tf_2)\times\cdots\times(1+tf_n)$$

式中：fstrip——平列式期货保值利率；f_n——第n个期货合约所代表的利率；n——平列组合使用的合约数；t——期货合约名义长度。

我们可以援引【例9-8】说明叠加式保值与平列式保值的异同。

上例中提到的那家基金管理公司A，需要对从今天（2019年10月7日）到来年3月1日之间英镑利率的下跌做保值，因为届时该公司将收到1 000万英镑并打算按伦敦银行同业拆放利率进行1年期投资。2019年10月7日的市场利率如下所示：

3月期：9%	2020年3月合同：92.25
6月期：8.75%	6月合同：92.33
12月期：8.4375%	9月合同：92.27
	12月合同：92.04

根据9.4.1式，平列式期货组合所反映的1年期远期利率为8.01%，这比现行的12月期利率8.4375%已经低了43个基本点，但A公司相信到下一年3月时英镑利率会更低。

A公司首先运用前面介绍过的方法来计算保值比率，并确定总共需要购买75份期货合同。该公司随后考虑了两种方案：①购买75份2020年3月合同，做一个叠加式保值。②购买19份2020年3月合同、19份6月合同、19份9月合同和18份12月合同，做一个平列式保值。

考虑到叠加式保值隐含着潜在的基差风险，而英镑期货市场既有深度又有流动性，A公司决定做一个平列式保值。又考虑到LIBID与LIBOR之间有12个基本点的利差，A公司预期其投资收益率为7.89%。

2020年3月12日，A公司同意把它的1 000万英镑资金按现行利率5.5%进行投资，于3月16日起息。与此同时，该公司按下列价格结清了期货保值交易：

2020年3月合同：94.10　　　　　　　9月合同：94.72

　　　　6月合同：94.51　　　　　　　12月合同：94.69

期货保值赚了213 525英镑，加上变动保证金5个月的持仓期与随后约1年投资期内产生的利息，最终收入为229 101.25英镑，相当于1 000万英镑在1年内获得229个基本点的收益。因此有效收益率为7.79%，比预期收益率仅低10个基点。运用等式保值效率=$\frac{T_{ACT}-T_{MIN}}{T_{TGT}-T_{MIN}}$（$T_{MIN}$为最低可接受金融结果），并令$T_{MIN}$为5.5%，可知平列式保值的效率为96%。

如果A公司选择了叠加式保值，那么投资有效收益率仅为7.36%，而保值效率将降为78%。在这个案例中，平列式保值比叠加式保值更能有效地为利率保值。

9.4.2　中长期债券期货的保值策略

对债券的组合进行套期保值，往往会使用债券期货合约。在前面的相关章节中，我们已经知道了债券期货合约是如何追随最便宜交割债券变动的，这样，我们可以设计一种简单而有效的工具，对只包含最便宜交割债券的组合进行套期保值，其中卖出期货合约的名义价值应等于转换因子乘以需保值债券的面值。

然而，实际中投资者将持有一个高度分散化的债券组合。这种组合可通过债券期货合约成功地进行套期保值，但在设计套期保值策略时须分为两个阶段进行：

①确定需保值债券与最便宜交割债券之间价格的相对波动率；

②确定最便宜交割债券与债券期货合约之间价格的相对波动率。

于是，对持有目标债券进行套期保值时所需的期货合约数为：

$$N=\frac{NOM_{TGT}}{NOM_{FUT}}\times RV_{TGT\to CTD}\times RV_{CTD\to FUT}$$

式中：NOM_{TGT}——目标债券的名义价值；NOM_{FUT}——期货合约的名义价值；$RV_{TGT\to CTD}$——需保值债券与最便宜交割债券间价格的相对波动率；$RV_{CTD\to FUT}$——最便宜交割债券与期货合约间的价格波动率。

对于第一阶段，假定目标债券和最便宜交割债券均依据同一收益率曲线定价，那么可用两种债券的修正久期来计算$RV_{TGT\to CTD}$。

根据修正久期的定义：

$$\Delta P=-MD\times P\times\Delta i$$

式中：ΔP——债券价格变动；MD——修正久期；P——债券价格；Δi——利率变动。

于是，由此式可得目标债券相对波动率的计算公式：

$$RV_{TGT\to CTD}=\frac{\Delta P_{TGT}}{\Delta P_{CTD}}\times\frac{MD_{TGT}P_{TGT}}{MD_{CTD}P_{CTD}}$$

式中：MD_{TGT}——目标债券的修正久期；MD_{CTD}——最便宜交割债券的修正久期；P_{TGT}——目标债券价格；P_{CTD}——最便宜交割债券价格。

第二阶段计算更为简便：

根据最便宜交割债券价格与期货价格的关系：

$$RV_{CTD\to FUT}=\frac{\Delta P_{CTD}}{\Delta FP}\approx CF_{CTD}$$

式中：ΔFP——债券期货合约价格变动；ΔP_{CTD}——最便宜交割债券价格变动；CF_{CTD}——转换因子。

为了对这种方法加以说明，表9-2列出了一个包含了6种不同的美国国债券的组合在1992年10月5日的各项具体内容。该面值总额为1亿美元的债券组合在1992年10月的市场价值要略高于1.2亿美元。在该债券组合的6种债券中，只有两种可以在国债期货合约中进行交割，且这两种债券均不是最便宜交割的债券。实际上，最便宜交割债券是2016年2月到期的利率为9.25%的债券，其在1992年10月5日的定价为121-00，收益率为7.35%，且该债券的转换因子为1.1298，修正久期为10.52年。

表9-2 **使用债券期货合约对债券组合进行避险**

1992年10月5日—1993年2月22日								
债券	名义本金（百万美元）	价格	收益（%）	价格	收益（%）	修正后的存续期间	相对波动率	合约数量
$6\frac{3}{8}$Jul99	12	103-12	5.76	103-29	5.63	5.40	0.4382	59.4
$13\frac{1}{8}$May01	16	146-03	6.13	145-16	6.01	5.61	0.6435	116.3
$6\frac{3}{8}$Aug02	22	101-02	6.22	101-21	6.13	7.20	0.5709	141.9
$9\frac{3}{8}$Feb06	8	122-26	6.74	125-08	6.46	8.08	0.7789	70.4
$11\frac{1}{4}$Feb15	24	143-07	7.30	147-26	6.96	10.03	1.1274	305.7
$7\frac{1}{4}$Aug22	18	98-28	7.34	102-25	7.02	11.94	0.9271	188.5
合计	100							882

9.5 基于期权的金融工具配置与利率风险管理

本节中，我们将探讨如何采用以期权为基础的金融工具来防范利率风险。这一类工具既能防止不利结果，同时还保留了有利结果出现的可能性。因此，期权工具往往还能与其他工具进行组合、搭配，形成更有效的避险工具。

鉴于期权在外汇风险、利率风险和股票风险管理中运用的普遍性，我们在论述中尽量避免重复。

9.5.1 利率保证

远期利率协议（FRA）保证了将来某一指定时期的一种特定利率。那么，人们通常就把对于远期利率协议的期权称做“利率保证”。它可以使期权持有者在以下两者间选择：①一个特定的利率；②到时的市场利率。

借款者可以买一份远期利率协议的看涨期权，选择一个特定的利率水平。如果利率水平最终高于执行利率，那么借款者可以行使期权并使用远期利率协议限定的借款成本上限。如果利率水平最终低于执行利率，那么借款者就可以放弃执行期权，而以市场利率借款。同理，作为投资者或贷款方可以运用卖方期权来保证最低的投资利率水平。

例如，假设某家公司需要借入一笔6个月期的资金。一种选择是买一份6×12远期利率协议，其利率水平定为8%。6个月后，由于该公司已购入FRA，无论利率到时如何变动，公司的利益都不会受影响，它将以8%的6个月LIBOR借款。另一种选择就是公司买入一份以8%利率水平作为执行利率的远期利率协议的看涨期权。在支付了期权费用之后，公司可以根据6个月后市场利率的变化而调整对策。如果利率到期时高于8%，公司行使期权并买入FRA，保证以8%的利率借入资金。反之，如果利率到期时低于8%，公司就不执行期权，以市场利率借款。可见，利率保证的结果就可以使公司以低于或等于8%的利率借款，同时还不遭受利率上涨带来的损失。

下面我们探讨利率保证的费用情况。

表9-3列出了当6月期市场利率和6×12远期利率协议均为8%时利率保证的价格。买方和卖方期权均对6个月期的利率水平进行了担保：买方期权保证了利率水平上限，而卖方期权则确保了利率水平的下限。从表中我们可以看出执行利率从7%至9%买方、卖方期权的6个月和年度的期权费。比如，7.5%的买方期权费为名义本金数额的32个基点。

由于协定价格是以年度为基础报价的，这样，如果以年为基础考察这些数据更易于理解这些期权费。以7%的利率作为协定价格的买方期权是一种非常有利可图的期权，最终所有102个基点都是期权的内在价值。从表面上看，我们很可能认为当远期利率为8%时，该期权的内在价值是100个基点，因为7%的协定价格与8%的远期利率正好相差100个基点。而实际上，该买方期权的内在价值为92.5个基点。因为期权费是在期初支付的，而且在利率保证下，最终的期权支付通常要进行贴现。这一点类似于远期利率协议下要对结算金额总值进行贴现。当买方期权以7%的利率作为协定价格时，100点的名义内在价值必须以保证期6个月的远期利率8%加以贴现，然后再以现金市场8%的利率进行6个月期的贴现，直到期权到期为止。这样就得到92.5的期权内在价值，从而时间价值为9.5基点。

表9-3 **利率保证期权费示例**

约定价格	买权（借款者的保证）		卖权（投资者的保证）	
	实际（6个月）	每年	实际（6个月）	每年
7.0	51	102	$4\frac{1}{2}$	9
7.5	32	64	$8\frac{1}{2}$	17
8.0	16	32	16	32
8.5	$9\frac{1}{2}$	—	33	65
9.0	$6\frac{1}{2}$	13	53	106

注：所有期权都以基点表示。

当买方期权的协定利率提高时，期权费会逐步下降；而卖方期权的期权费则会随着协定利率的提高而上升。道理很简单，因为买方期权表示的是以协定价格借款的权利，当利率提高时，借款成本增加了，相应期权费就应减少；而卖方期权表示以协定价格进行投资的权利，当利率提高时，投资回报也随之增加。

最后，我们分析一下利率保证的盈亏图。图9-8画出了市场利率下的实际借款成本，并表明了5个不同协定价格下的利率保证盈亏图。在每一种利率水平上，实际借款成本已根据预先支付的期权费用加以贴现调整。比如，协定价格为7%的买方期权，期权费为102基点，其借款成本初看起来为8.2%，但实际借款成本最高可达到8.1%。为了进行比较，图中还画出了合约利率为8%的远期利率协议保值曲线固定在8%的水平线以及没有任何保值的曲线（过原点的45度直线）。

采用FRA保值，借款人固定了借款利率，无论出现什么结果，借款人都以8%的利率借款，那么其结果自然是8%的水平线。与利率保证相比较，在市场利率高于7%的协定价格水平时，FRA与溢价的利率保证具有类似的保值效果。但当市场利率跌至7%以下，利率保证显然比FRA具有优势。借款人不采用任何保值手段，其借款成本随市场利率变化而变化。利率低，借款成本小；利率高，借款成本大。这一次，我们比较协定价格为9%的利率保证。只要市场利率在9%以下，这一品种就没有保值功能，只有当市场利率超过9%时，该品种才对利率进行封顶。可见，当市场利率小于9%时，利率保证工具与不进行保值没有什么区别。在上述两种情况之间，不同协定价格的利率保证提供的是不同的保值与获利的结果，即在期权费、利率上涨时的保值程度、利率下跌时的获利能力等方面追求平衡。

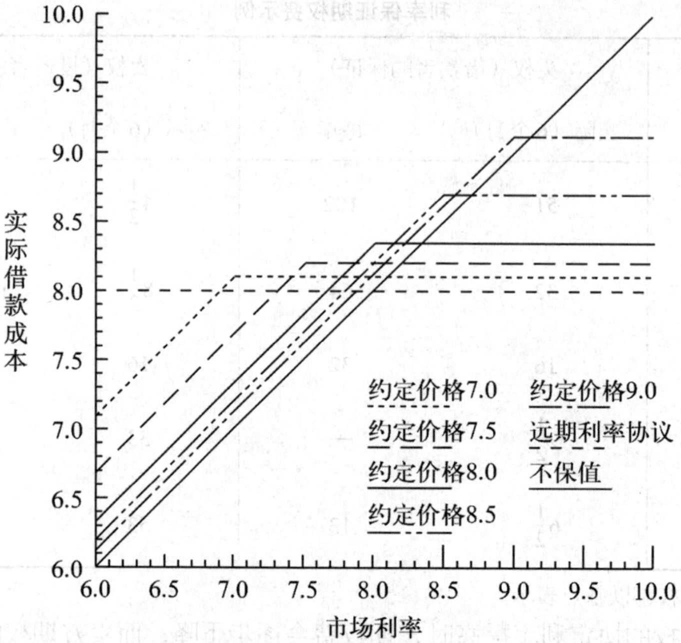

图9-8 利率保证盈亏图

9.5.2 利率期货的期权

利率期货的期权是指在将来的特定日期，以协定价格买卖利率期货的权利。利率期货的期权通常有短期利率期货期权和长期利率期货期权。前者的主要上市品种有欧洲美元利率期货和美国国库券期货期权。就市场规模和流动性而言，欧洲美元是最具有代表性的交易商品。原因在于：①欧洲美元现货市场基础深厚；②欧洲美元期货交易活跃。而后者的主要产品是美国中长期国债期货期权。

与利率期权相比，利率期货的期权有如下优势：

（1）期货在资金效益方面占优。现货交易的期权执行后，无论是交易本身还是为清算头寸而进行的相反交易，都需要大量的资金。而期货交易，在设立头寸时采用保证金方式，而且清算时以差额结算，所以可以较少的资金完成交易。

（2）由于期货期权的交易已标准化、统一化，具有较高的流动性，因此易于进行交易。

（3）现货期权的大宗买卖是以零售方式在交易双方间进行的，因此有发生信用风险的可能性。与此相反，在交易所进行的期货期权则不存在信用风险，因为前者买卖双方签订合同时仅以商业信誉作为担保，而后者的交易双方是交易所的清算机构，而且，交易所要求期权卖方支付保证金并逐日清算。

利率期货期权的不足之处在于：

（1）若资金效益向相反方向转化时，损失的可能性也很大。

（2）由于在交易所进行交易，上市的商品种类有限，协定价格、期限等方面的交易条件不能自由决定。

下面，举例分析欧洲美元期货期权的交易策略。

【例9-9】某公司拟于1个月后的9月中旬借入资金100万美元，期限为3个月。为在利率上升时能够限定资金筹措成本，同时在利率下降时又能够获得低利率收益，于是购入1份9个月期欧洲美元利率期货的看跌期权。看跌期权购入时的市场行情如下：

3个月的欧洲美元利率	9.0%
协定价格	91.0
期权费	0.1
9月期欧洲美元期货价格	91.3

通过期货期权进行套期保值时，最高的资金成本为9.1%（100−91+0.1）。9个月期的期货价格是91.3（8.7%），因此期货套期保值的做法是有利的，但那样的话，当利率下跌时就无法筹措到有利的资金了。

1个月后，利率上升到10%，该公司行使期权，以91的协定价格出售数量为1份合约的9个月期期货。与此同时，以90的实际价格水平买回1份合约的期货。通过上述买卖，实际筹资成本变为9.1%。

①期权费用：1×10×25=$250

②3个月欧洲美元筹措成本：$1 000 000×10%×90÷360=$25 000

③利率期货买卖收益：（91−90）×100×1×25=$2 500

从而成本为：$250+$25 000−$2 500=$22 750

将成本换成年利率为：

$$\frac{22\,750}{1\,000\,000}\times\frac{360}{90}=9.1\%$$

可见，通过行使期权，固定了资金筹措成本的上限。

反之，如果利率明显下降时，若放弃该项期权，以低成本筹措资金，就可以获得利率下降幅度减去0.1%的那份益处。

9.5.3 上限和下限

上述两小节的工具针对的是一个时期的利率风险，那么从本小节开始将探讨针对多个时期利率风险的期权产品。

首先我们来探讨上限（Caps）和下限（Floors）这两个工具。

上限也称期权的封顶交易，它既可防范利率走高的风险，又保留了利率下跌时获利的机会。在一个多期条件下，每一次重新确定利率时，若市场利率低于上限利率，借款方均可以以较低的市场利率筹资。若市场利率高于上限利率，借款方又可以从利率上限获得一笔收入，用来抵消高利率引起的借款成本的上升。

表9-4给出了利率和变动性的期限结构，我们可以计算出一组在不同执行利率条件下有代表性的上限和下限期权费。而表9-5小结了这些上限和下限期权费的计算结果。

表9-4 **利率和变动性的期限结构**

时间（年）	互换利率（%）	零息票利率（%）	远期利率（%）	变动性（%）
0.5	3.25	3.25		
1.0	3.50	3.53	3.75	15
1.5	3.69	3.73	4.07	14
2.0	3.88	3.92	4.46	14
2.5	4.02	4.08	4.64	13
3.0	4.17	4.23	4.95	13
3.5	4.31	4.39	5.26	12
4.0	4.46	4.55	5.59	12
4.5	4.60	4.71	5.91	12
5.0	4.75	4.87	6.25	12

表9-5 **上限与下限期权费的例子**

		上限约定利率				下限约定利率		
		4%	5%	6%	7%	4%	4.5%	5%
一次性期权费	2年	43	7	–	–	66	137	222
	3年	121	33	7	–	74	158	266
	5年	413	191	80	31	79	174	303
	7年	892	535	310	175	80	178	314
分期支付的期权费	2年	22	3	–	–	35	72	116
	3年	43	12	2	–	26	56	95
	5年	93	43	18	7	18	39	68
	7年	151	91	53	30	14	30	53

注：所有的报价都以基点表示。

例如，假定某公司准备借入一笔资金，使用期限为5年。借款的利率根据当期的LIBOR每隔6个月调整一次。图9-9表明了使用协定价格分别为4%、5%、6%和

7%的5年期上限时公司的实际借款利率，每一种上限的期权费在表9-5中列出。为了便于比较，图9-9中还画出了使用纯粹的利率互换或者完全不保值的直线图。

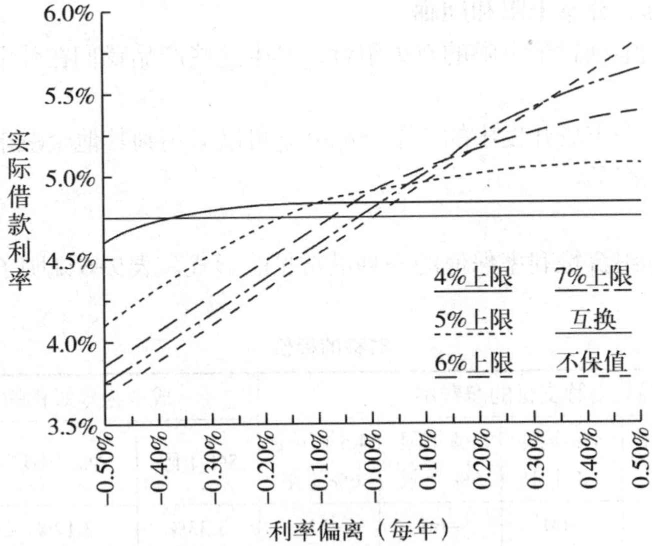

图9-9 使用不同上限时的实际借款利率

我们分别来考察几种不同的策略：

（1）溢价最高的上限是协定价格为4%的品种，曲线的形状非常平坦，几乎与互换曲线（水平线）的特点完全相同。这样的品种可以把最大的借款成本锁定在一定的利率水平上，不论市场利率上涨多高，实际借款利率都不受影响。但若市场利率走低，借款人也就很难获利了。虽然这一上限的期权费最高，为每年93个基点，但其中的主要部分是内在价值，并且在所考察的不同协定价格中，大部分的期权期满时都为溢价。因此，上限的实际成本很低，最大的实际借款成本有可能始终小于4.84%，我们可以通过下述方法计算出来。最坏的情况是第一期结束后市场利率高于4%，但此时每一期权到期时都可能溢价，从而把实际借款成本限定在上限4.93%的水平上，即4%的协定价格加上93个基点的上限期权费。但借款初期利率已被固定为3.25%。和4%相比，省下了75个基点，将75个基点分摊到贷款的10个时期中，大约节省了9个基点（考虑贴现因素）。因此，净最大成本为：4.93%-0.09%=4.84%。

（2）损价最严重的上限。它实际类似于完全不保值的情况。以协定价格7%的上限为例，一次性支付的期权费很少，只等于每年7个基点，它基本不起保值作用。只有当市场利率至少上涨17个基点，期权到期时才会溢价。即使市场年利率上涨50个基点，这一品种的上限也只在后几个利率期内开始获利。

（3）从协定价格4%的上限到协定价格为7%的上限，也就是从几乎完全的保值到几乎没有保值，其图形的连续性特点与单纯的期权保值策略是相同的，只不过上限图形是曲线，而期权盈亏图是直线，其原因在于上限产品的多期间性质。

9.5.4 对称、分享上限和回廊

这一节我们继续讨论上限的有关组合，其中这些产品我们在外汇风险管理中都有所论述。

其实，在一个市场开发出的金融产品完全可以运用到其他金融市场上，尤其像期权这种灵活的产品。

1. 对称

期权的对称组合是利率保值的一种最常见的形式。表9-6说明了利率对称标价的种种情形。

表9-6 **对称的标价**

	为特定对称支付的净费用				成本为零对称的下限水平		
	3.5%下限 5%上限	4%下限 5%上限	4%下限 6%上限	4.5%下限 6%上限	5%上限	6%上限	7%上限
2yr	−11	−60	−66	−136	3.33%	3.12%	2.79↑
3yr	+13	−41	−67	−151	3.65%	3.32%	3.15↑
5yr	+171	+113	+1	−94	4.58%	4.01%	3.62↑
7yr	+514	+445	+230	+131	—	4.99%	4.48↑

表的左半边一组对称，上限和下限的水平均已事先给定，表中的数据为必须支付的净期权费。表的右半边所列示的是一组零成本（无风险）对称（Zero-Lost Collars），上限和零成本对称的期权费已预先确定，下限的水平作为一个未定变量加以处理。

在大多数情况下，公司采用期权的对称组合时，一般不喜欢在预付的期权费和可能收取的期权费之间加以平衡，而愿意购买一个零成本的对称。表9-5的右半边表示的是一组零成本对称，其中下限的利率水平针对每一种相应的上限已进行过调整，其目的是使售出的下限所获得的期权费正好抵补因购入上限而付出的期权费。例如，一个包含5%上限的3年期零成本对称应该以3.65%的协定价格卖出下限。显然，上限溢价越多，卖出的下限利率水平也越高，只有这样才能收取足够多的期权费来加以平衡，其结果必然使下限溢价更多。

根据表9-6中右半边列出的3个5年期零成本对称的数据可做出图9-10。

从图中可看出对称的两个显著特征：①期权的最大成本和最小成本都已被限定。②有连续变化的特征。一种极端情形是协定价格为3.62%~7%的对称，非常类似于45度线表示的不保值情形；另一种极端情形是协定价格为4.58%~5%的对称，类似于水平线表示的互换情形。

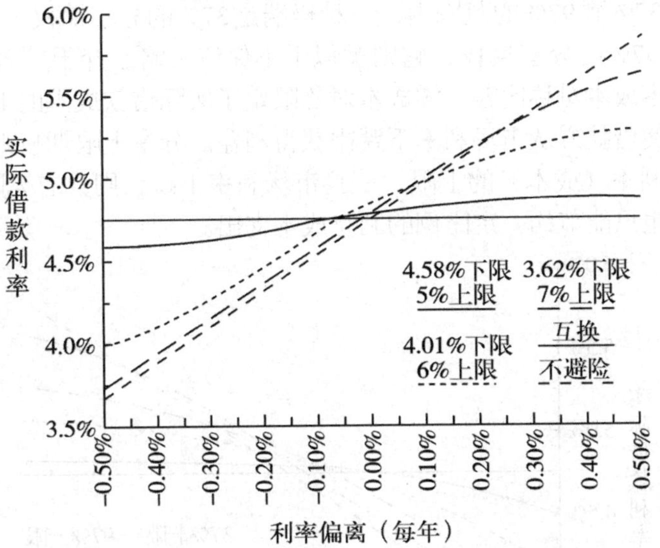

图9-10 使用各种零成本对称的实际借款利率

2. 分享上限

分享期权的基本特征是以同样的协定利率买入上限和出售下限，这种做法不同于零成本对称时需对下限利率进行调整使期权费收支平衡的情况。表9-7列出了一些有关不同协定价格的分享上限和分享利率的数据。

表中所列的第一行数据，当LIBOR上涨超过5%时，分享上限将会对借款方的利息成本加以封顶。同时，若市场利率下跌到5%以下，借款方又可分享到所节约的37%的利息成本。而且，分享期权可使借方无需多支付期权费。如果一个时期6个月的LIBOR为6%，借款者只要以5%的LIBOR为基础付息。如果LIBOR是4%，借款者则支付4.63%。为什么呢？因为市场利率与期权协定价格相差100个基点，其中37%即37个基点为借款方的分享利率，借款方实际支付利率为：5%-0.37%=4.63%。

表9-7 **分享上限报价**

上限/下限约定利率	上限价格	下限价格	上限金额	下限金额	上限/下限价格比率	分享率
191	303	1 000 000	630 363	0.63	37%	5.5%
125	459	1 000 000	272 331	0.27	73%	6%
80	637	1 000 000	125 589	0.13	87%	7%
31	1 034	1 000 000	29 981	0.03	97%	5%

图9-11揭示了分享上限的这种特点。首先，这些曲线与前面的图形很相似。

在分享利率从37%到97%的范围内，一种极端是37%的分享期权，它接近于互换；另一种极端是97%的分享期权，它则类似于不保值策略。介于二者之间的是一些中间情形。与零成本对称比较，零成本对称限定了实际借款成本的上限和下限，但同时它又可以使借款方从市场利率下跌中获得利益。分享上限期权则仅仅限定了借款方实际借款利率（成本）的上限，一旦市场利率下跌，则具有无限获利的能力。当然，借款方也只能节约一定比例的利息成本支出。

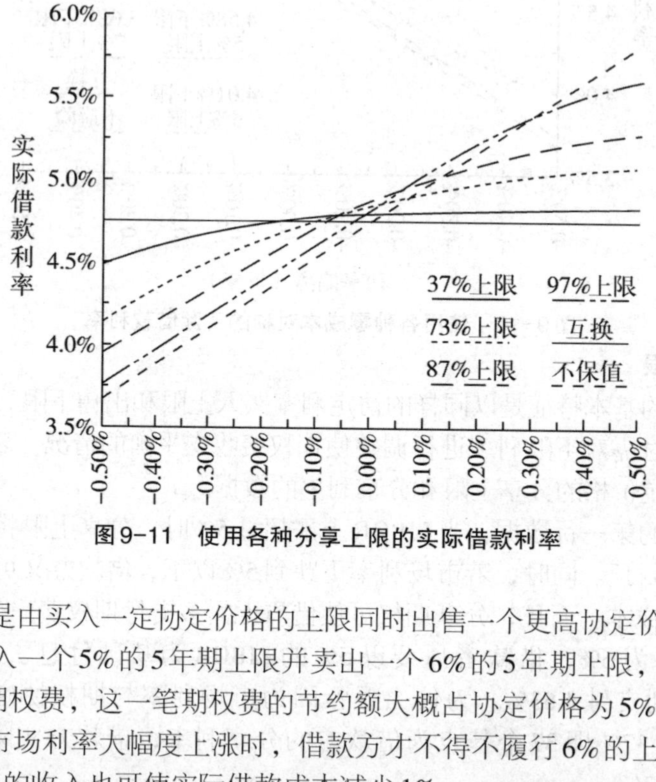

图9-11 使用各种分享上限的实际借款利率

3. 回廊

回廊一般是由买入一定协定价格的上限同时出售一个更高协定价格的上限来组成。例如，买入一个5%的5年期上限并卖出一个6%的5年期上限，其结果可降低111个基点的期权费，这一笔期权费的节约额大概占协定价格为5%的上限费用的40%。只有当市场利率大幅度上涨时，借款方才不得不履行6%的上限，但即便如此，在5%上限的收入也可使实际借款成本减少1%。

回廊实质上是一种垂直价差期权。借款者的另一策略就是使用水平价差期权，就是买入一个上限同时出售一个上限，执行利率相同，但期限不同。例如，假定借款者预测未来的市场利率变化将按照远期利率的走势变化，因而，他认为6月期利率水平3年后最终会上涨到5%以上。

他买入一份协定价格为5%的5年期上限，期权费成本为191个基点，但同时卖出3年期相同约定价格的上限，收入33个基点，这样，净期权费降至158个基点，节约了17%的期权费。若市场利率确如所预期的那样变化，那么在头3年内，两份合约都不会给借款方带来其他成本支出，也就是说在较短期的上限期权有效期内，借款者不必担心任何现金流出的风险，而他还能从最初的现金流入中获益。

从另一个角度看，水平型回廊就是一个延迟启动上限（Deferred Start Cap）。因为在前3年里，期限较长的上限与期限较短的上限头寸恰好轧平，只留下了另一个2年期的上限。应该说，这个例子充分运用了金融工程技术来构造期权组合品种，从而更好地满足了借款者的需求。

9.5.5 上限期权和互换期权

上限与互换本是两种不同的利率保值手段。而这两种金融产品又可以与期权组合起来形成新的金融工具，从而进行更有效的保值。

上限期权和互换期权原理与其他期权相同，只不过前者的交易标的是上限，后者的交易标的是利率互换。下面我们就5种特别适用的情形对这两种工具加以讨论。

1.意外情况

由于外部环境因素的影响，有些意外情况的发生不是公司管理层能够控制的，因此为防止意外情况的出现，公司需要进行利率保值，一种常见的情况是当一家公司正在对某个项目进行投标时，投标的成功或失败往往取决于是否能筹措到资金，以及借款的利率风险能否得到规避。另一种情况出现在接管和合并时，对计划中的归并活动的融资以及相应的利率保值方案都将取决于投标是否成功。

在上面这两种条件下，签订一份推迟启动互换（Deferred-Start Swap）合约或买入一份推迟启动上限（Deferred-Start Cap）都不是最理想的。因为采用互换工具，公司将按合约规定进行一系列支付，一旦投标失败，这一系列的支付是完全不必要的。另外，如果采用上限方式，由于是否实施上限并没有强制性义务，那么一旦意外情况没出现，所支付的预付费可能是巨大的，这种浪费也是不必要的。

我们将期权工具引进以后组成新的金融产品，对应付公司意外情况的出现就明显地具有节省大笔费用的优势。表9-8对上述三种金融产品价格进行了比较。

表9-8 **互换期权、推迟上限和上限期权价格比较**

	执行利率=4.79%	执行利率=5.50%
互换期权	82bp	14bp
推迟上限	165bp	84bp
上限期权	38bp	23bp

表中所列的分别是三种金融产品：期权与4年期互换结合形成6个月的互换期权；推迟6个月的4年期上限；期权与4年期上限结合形成6个月的上限期权。如果某家企业在6个月内面临着意外的借款需求，期限为4年，那么上述三种金融产品都是可供考虑采用的合适选择品种。这里采用了两种有代表性的执行利率，一种执行利率为4.79%，另一种执行利率为5.5%。

如果公司签订了一份推迟互换合约，它就要在未来的4年内定期地按4.79%的利率支付费用。这种费用支出不仅要比市场通行的6月期利率要高，而且如果意外情况没有出现，公司也不可能对利率水平加以调整，因而费用并不会随之而降低。互换期权则不同，一方面它可以授权公司签订一份推迟互换合约，另一方面它不是一种义务，即不一定必须履行签订的合约。6个月后，如果意外情况发生，要求进行借款时，公司可以执行互换期权；或者当互换利率超过4.79%的执行利率时，公司也可以执行互换期权。预付的期权费为82个基点，为了实施这样一种利率保值而付出这一笔预付费可能还是可以接受的。

如果买入一份推迟上限（Deferred Cap），那么当意外情况并没有发生时，也不需要加以保值，在这种情况下，这一工具的不利之处与互换合约相似。但这一工具的预付费用高达165个基点，令人咋舌。特别是当意外情况没有出现时就不需要进行保值，为此而支付高额预付费用一般令人难以接受。当然，也有这样一种可能性存在，就是6个月后公司出售期权获得的收入可以抵消期权费支出。

费用最低的利率保值形式是上限期权（Caption），因为至少从预付费的多少这一角度看，上限期权的费用最低为38个基点，这一数额不到互换期权费用的一半，连推迟上限的费用的1/4都不到。这一工具使公司有机会以165个基点的费用购入一份上限，如果公司在6个月的时间里确实有这种需要，它就可以这样做，或者在最初的6个月里利率水平下降，那么公司还可以因为预付费支出较少而明显地降低期权费用成本支出。另外，作为上限期权基础的上限这一工具本身也是一种有效的风险防范手段，一方面它可以防止因利率上涨而带来的风险，另一方面当利率走低时也可以使公司的借款成本降低。唯一的缺陷在于总费用较高，因为如果到时上限期权被执行的话，总的费用将达到203个基点（165+38），这笔开支和最初购入一份推迟上限的费用相比要高出大约23%。

2. 提供廉价的利率保值手段

有些借款人为防止市场利率上升带来的风险而把互换期权和上限期权作为低成本的保值工具来使用。令人觉得难以理解的是，抱有这种动机而应用上述互换期权和上限期权工具的借款人只有“不”需要进行保值的情况下才会达到预期的保值目的。买入一份基础金融工具并在此基础上进行期权保值，这样的风险管理战略要比一开始就直接买入那种金融工具进行保值所花费的成本高，这是因为所有的期权费都由两部分构成：时间价值和内在价值。如果期权被执行或一直被持有人持至到期日为止，期权的时间价值是无法弥补的。所以，如果借款人认为时机有利时将执行互换期权或上限期权，那么他最好从一开始就直接买入基础金额工具来进行保值，这样可以使期权费的支出相应减少。在上面所引述的例子中，互换期权的买方要获得期权的购买权需要支付82个基点的预付费。与此不同，借款方如果要签订一份推迟互换合约则不需要任何预付费。同样的道理也适用于上限期权。基础金融工具上限的价格为165个基点，上限期权的预付费为38个基点，如果买方最终确定执行上限期权的话，他的总支出费用将为203个基点，也就是在上限价格费用之上再加上上限期权的价格费用，总价格费用是两者之和。

假设借款方认为市场利率会上涨，但上涨趋势不会如远期利率所预期的上升趋势那么快（当然这只是假设，事实也可能相反），签订一份互换协议的价格可能太昂贵，因为互换协议的价格费用是以远期利率的加权平均来定价的。而这样的定价方法对借款人而言未免太高了。

因此，如果市场利率的走势恰与借款方的预期相反，那么损失就比较大，在这种情形之下，比较好的保值方法是采用互换期权和上限期权。一旦利率走势与借款方预期不一致，他就可以执行期权，把损失的可能范围加以固定，或者当利率并未上涨而是下跌时，借款方可以将期权作废，以市场低利率来筹措资金。

例如，假设一家公司准备借入一笔为期5年的资金，如果该公司预期市场远期利率将逐渐上涨至5%，而不是像远期收益曲线所表示的那样上升至6.25%。我们对采用互换和互换期权这两种不同的金融工具进行保值的策略加以比较。签订一份5年期利率为4.75%的互换协议与买入一份1年期的、执行利率为4.75%的互换期权配之以4年期互换相对比，互换协议可以在未来5年时间里不论市场利率如何变动都能锁住借款方的实际借款成本；而若买入互换期权，借款方可以在市场利率下跌时得到好处，只有当利率趋势与预计的相反或不同，借款方才有必要实施期权。

在互换期权条件下，如果借款方的预计是正确的，那么把期权的预付费约157个基点考虑进来，实际的借款成本为平均4.5%左右，这意味着比互换保值策略大约节省25个基点的开支，即使借款方的预计事后被证明是错误的而且最终要实施期权的话，实际的借款成本上升至4.83%，也只比原来的互换利率高出8个基点。采用互换期权策略的唯一风险在于：若一开始市场利率很低，没有必要执行互换期权，而当放弃实施期权后，利率又迅速上涨，此时已没有适当的保值工具来防范这种风险了。

3.嵌入式债务期权

一般公司债券通常都包括要求收回债券的条款，这一条款的目的是让债券的发行者在利率下跌时可以提前偿还债务。当现行利率利于较高水平的特别需要时制定这一条款。一般债券的到期年限为10年，但在最初3年过后，发行方有权在任何时候收兑购回的债券。由此可见，债券的投资者已经出售给债券发行者一种债券买方期权，不过这种期权是附于债券发行条款之后的，我们称之为嵌入式债务期权。债券发行者可以采用互换期权这样的金融工具来使这种期权货币化，从而使一部分期权形式的债券得以解脱。假设一家公司正好发行了一种7年期的利率固定的债券，这种债券2年后即可由该公司收兑，与此同时该公司可以出售给债券持有者一份有效期为2年的互换期权，使之与5年期的互换工具相结合，期权的执行利率等于债券利率。2年后，如果市场利率低于债券利率，该公司可以买入债券，然后再发行一份远期利率协议，这样就可以以当时较低的市场利率进行再筹资。与此同时，互换期权的持有者实施互换期权，这样公司就只需支付固定的债券利率，最终的结果是公司依然支付与以前相同的固定债券利息，但可以获得一笔预付的互换期权费。反之，如果市场利率到期居高不下，公司就没有必要兑回债券，互换期权会变得毫无价值而自动作废。无论哪一种情况出现，公司依然按原来的利率水平支付固定的债券利息，但可以获得一笔等价于内在期权价格的预付期权费。

4. 延长或缩短互换

借款方有时候可能需要利用期权延长或缩短现有互换合同的期限的方法规避风险，采用互换期权这一金融工具可以很容易地达到这种目标。假定某借款方持有的互换合约期限为3年，他是一个固定利率的支付者。现在他希望利用期权工具将互换期限延长2年。他可以购买一份3年期的付出方互换期权（Payer's Swaption）并与2年期的互换合同相结合，期权的执行利率等于现有互换的固定利率，那么就可以完全满足该借款方的要求。再假定另有一个借款人持有5年期的互换合约，支付的是固定利率，现在他希望采用某种金融工具来使互换合约的期限缩短为3年。这时，他就可以买入一份3年期的收入方互换期权（Receiver's Swaption）并与2年期的互换合约相结合，期权的执行利率等于原来的互换利率。如果需要缩短互换的期限，那么借款方执行互换期权并签订一份新的互换合约即可达到预期的目标。

互换期权的另一种变化形式叫可折叠互换（Collapsible Swap），这种金融工具与前面介绍过的中断远期合约具有相似的特点。一家公司计划在将来借入资金，它可能希望对利率上涨加以防范，同时又希望从利率的下跌中获得好处。满足这一要求并不难，只需买入一份付出方互换期权即可，但需要支付一笔预付期权费。另一种办法是以固定利率支付者的身份签订一份推迟启动互换合约，同时买入一份收入方互换期权，这样就可以起到抵消互换的作用。

为了补偿收入方互换期权费用支出，推迟启动互换的执行利率应该偏离市场利率。如果到时候市场利率上涨，公司可以继续履行互换合约，放弃实施互换期权，让其自动作废。如果到时候利率下跌，公司就可以实施互换期权，取消原先的互换合约，在新的较低的市场利率水平上签订一份新的互换合约。当然，取消互换要付出一笔取消费，因为互换期权的执行利率等于推迟启动互换的市场利率水平，而实际互换的利率水平低于该市场利率水平。

5. 投机

我们研究金融工程学的目的主要并不是讨论如何利用金融工具作为投机手段。然而，金融衍生工具在投机领域的运用前景十分诱人。在这方面用途最广泛的当数以期权为基础的金融产品，由于这类产品成本有限，可以锁定风险，潜在的收益却是无限的，因而备受青睐。互换期权也不例外。如果某投机商坚信利率将要上涨，他就可以买入一份付出方互换期权。举例来说，一份执行利率为5.1%的4年期互换合约与一份1年期的付出方互换期权相结合可能要支付85个基点的预付期权费。一年以后，如果4年期的互换利率上涨至6%，对互换期权进行现金结算时有320个基点的获利，其盈利高达280%。如果利率稳定在原来的水平或利率下跌，投机者的最大损失也仅限于预付的互换期权费。

思考与练习

（1）简述利率风险的含义及其影响因素。
（2）简述主要的利率理论。
（3）如何用远期工具管理利率风险？
（4）如何用互换工具管理利率风险？
（5）如何用期货工具管理利率风险？
（6）如何用期权工具管理利率风险？

参考文献

[1] 周爱民. 金融工程 [M]. 北京：科学出版社，2017.

[2] 吴卫星，潘慧峰，李平，等. 金融工程方法与应用——以MATLAB为基础 [M]. 北京：中国金融出版社，2017.

[3] 彭红枫，王芳，刘铭. 结构性金融产品的设计与评估：理论、方法、模式 [M]. 武汉：武汉大学出版社，2014.

[4] 林清泉. 金融工程 [M]. 4版. 北京：中国人民大学出版社，2016.

[5] 格利茨. 金融工程学 [M]. 唐旭，等译. 北京：经济科学出版社，1998.

[6] 马歇尔，班塞尔. 金融工程 [M]. 宋逢明，朱宝宪，张陶伟，译. 北京：清华大学出版社，1998.

[7] 宋逢明. 金融科学的工程化 [J]. 金融研究，1997 (7).

[8] 中国人民银行研究生部课题组. 论金融工程学的发展 [J]. 国际金融研究，1996 (5).

[9] 赫尔. 期权、期货和衍生证券 [M]. 张陶伟，译. 北京：华夏出版社，1997.

[10] 罗斯. 外汇市场和货币市场 [M]. 周炜，译. 上海：上海财经大学出版社，1999.

[11] 罗斯，维斯特菲尔德，杰富. 公司理财 [M]. 吴世农，沈艺峰，等译. 北京：机械工业出版社，2000.

[12] 叶永刚，郑康彬. 金融工程概论 [M]. 2版. 武汉：武汉大学出版社，2010.

[13] 叶永刚. 衍生金融工具 [M]. 北京：中国金融出版社，2004.

[14] 叶永刚，李源海. 远期结售汇——人民币兑外汇远期市场研究 [M]. 武汉：武汉大学出版社，2000.

[15] 门明. 金融工程学 [M]. 北京：对外经济贸易大学出版社，2000.

[16] 吴信如，潘英丽. 金融工程学 [M]. 上海：立信会计出版社，2000.

[17] 江秀平. 金融衍生品基础知识 [M]. 北京：中国物价出版社，2001.

[18] 罗孝玲，杨艳军．期货与期权教程［M］．北京：清华大学出版社，1999．

[19] 路透．金融衍生工具导论［M］．杨洋，向莉，译．北京：北京大学出版社，2001．

[20] 荀厚平，李硕．国际工程承包企业外汇风险管理策略［J］．国际经济合作，2007（5）．

[21] 科因，克兰，莱德曼．利率风险的控制与管理［M］．唐旭，等译．北京：经济科学出版社，1999．

[22] 罗斯，赫金斯．商业银行管理［M］．刘园，译．北京：机械工业出版社，2007．

[23] 博蒙特．金融工程［M］．叶永刚，等译．北京：机械工业出版社，2010．

[24] 威尔莫特．金融工程与风险管理技术［M］．刘立新，冯建芬，潘慧峰，等译．北京：机械工业出版社，2009．

[25] 林苍祥，郑振龙，蔡莳铨，等．金融工程：理论与实务［M］．北京：北京大学出版社，2012．

[26] HULL. Options, Futures and Other Derivatives [M]. 6th edition. New York: Pearson Education Inc., 2006.

[27] WALMSLEY. New Financial Instruments [M]. Hoboken: John Wiley & Sons, 1998.

[28] JARROW, TURNBULL. Derivative Securities [M]. Houston: South-Western College Publishing, 1996.

[29] MARSHALL, KAPNER. The Swaps Market [M]. 2nd edition. Miami: Kolb Publishing, 1993.

[30] BROWN. Managing Foreign Exchange Risk with Derivatives [J]. Journal of Financial Economics, 2001, 60 (2-3).

[31] MELLO, PARSONS. Hedging and Liquidity [J]. Review of Financial Studies, 2000, 13 (1).

[32] FLAVELL. Swaps and Other Derivatives [M]. Chichester: John Wiley & Sons, 2002.

[33] CHAPUT, EDERINGTON. Option Spread and Combination Trading [J]. Journal of Derivatives, 2002, 10 (4).

[34] MCMILLAN. Options as a Strategic Investment [M]. 4th edition. Upper Saddle River: Prentice-Hall, 2002.

[35] NEFTCI. Principles of Financial Engineering [M]. 2nd edition. Amsterdarm: Elsevier Inc, 2008.

[36] HULL. Fundamentals of Futures and Options Markets [M]. 7th edition. Upper Saddle River: Prentice-Hall, 2010.

